Quatro décadas com LULA

CLARA ANT

Quatro décadas com LULA

O poder de andar junto

1ª reimpressão

autê**ntica**

Copyright © 2022 Clara Ant

Todos os direitos reservados pela Autêntica Editora Ltda. Nenhuma parte desta publicação poderá ser reproduzida, seja por meios mecânicos, eletrônicos, seja via cópia xerográfica, sem autorização prévia da Editora.

EDITORAS RESPONSÁVEIS
Rejane Dias
Samira Vilela

PREPARAÇÃO DE TEXTO
Samira Vilela

REVISÃO
Julia Sousa

CAPA
Diogo Droschi
(sobre imagem de Ricardo Stuckert)

DIAGRAMAÇÃO
Guilherme Fagundes

TRANSCRIÇÃO DAS ENTREVISTAS
Laura Martin

SELEÇÃO DE IMAGENS
Mariângela Araújo

Dados Internacionais de Catalogação na Publicação (CIP)
(Câmara Brasileira do Livro, SP, Brasil)

Ant, Clara
   Quatro décadas com Lula : o poder de andar junto / Clara Ant. -- 1. ed., 1. reimp. -- Belo Horizonte, MG : Autêntica, 2022.

   ISBN 978-65-5928-189-3

   1. Ant, Clara 2. Autobiografia 3. Brasil - Política e governo 4. Experiência de vida 5. Mulheres - Biografia 6. Relatos pessoais 7. Silva, Luiz Inácio Lula da, 1945- I. Título.

22-115944   CDD-920.72

Índices para catálogo sistemático:
1. Mulheres : Biografia 920.72
Aline Graziele Benitez - Bibliotecária - CRB-1/3129

Belo Horizonte
Rua Carlos Turner, 420
Silveira . 31140-520
Belo Horizonte . MG
Tel.: (55 31) 3465 4500

São Paulo
Av. Paulista, 2.073 . Conjunto Nacional
Horsa I . Sala 309 . Cerqueira César
01311-940 . São Paulo . SP
Tel.: (55 11) 3034 4468

www.grupoautentica.com.br
SAC: atendimentoleitor@grupoautentica.com.br

Para minha irmã Anita Ant Rodney.

Para todas e todos profissionais e trabalhadores da saúde, do SUS e da rede privada, que expõem suas vidas para preservar as nossas.

Para que mais brasileiras e brasileiros vejam na política uma via pela qual a sociedade escolhe seus destinos e os parceiros com quem constrói a democracia.

9 **INTRODUÇÃO**
O dia em que me tornei assessora do presidente da República

13 **PARTE I** – Brasileira de coração

49 **PARTE II** – Criação e recriação de raízes

99 **PARTE III** – Resgates e saltos da democracia

127 **PARTE IV** – Sementes para um bom governo

215 **PARTE V** – Entrando no século XXI

239 **PARTE VI** – O governo Lula

357 **PARTE VII** – Glória, asfixia, prisão

385 **PARTE VIII** – Lula livre

389 **AGRADECIMENTOS**

391 **IMAGENS**

427 **REFERÊNCIAS**

Clara e Lula em reunião na sala do presidente no Centro Cultural Banco do Brasil (CCBB) em 2010, durante a reforma do Palácio do Planalto.

INTRODUÇÃO
O dia em que me tornei assessora do presidente da República

FALTAVAM POUCOS DIAS para a posse do presidente Luiz Inácio Lula da Silva quando fui convidada pelo futuro titular do Ministério Extraordinário de Segurança Alimentar e Combate à Fome (MESA), José Graziano da Silva, para um encontro com os companheiros Frei Betto e Oded Grajew. Graziano trazia, em nome de Lula, uma proposta para zerar a fome no país, um programa promissor que teria como base um tripé de atuação: as organizações populares, junto a Frei Betto; o empresariado, junto a Oded Grajew; e o movimento sindical, junto a mim, Clara Ant.

Foi uma conversa animada, permeada de ideias e de um forte entusiasmo. Estávamos acariciados pela brisa da vitória e pela emoção da expectativa da posse de Lula, que seria no dia 1º de janeiro de 2003. Na ocasião, Frei Betto, militante católico vinculado ao movimento popular e defensor dos direitos sociais, expôs a ideia do "Talher", uma oficina de capacitação para quem fosse disseminar o objetivo do programa. Oded Grajew, presidente da Fundação Abrinq e fundador do Instituto Ethos em defesa da responsabilidade social das empresas, apresentou sugestões para envolver empresários e buscar novas adesões no setor. E eu, fundadora da CUT e militante sindical, idealizei uma rede a ser formada pelas centrais sindicais, que poderia, unificadamente, sensibilizar lideranças em cada categoria de trabalhadores para incluir a luta contra a fome em suas pautas. Cheguei a formular uma proposta de campanha nacional para acelerar a construção de cisternas, que teriam, cada uma, o nome de um doador ou de uma instituição.

Ao final do almoço, eu disse a Graziano que fazia questão de conversar diretamente com Lula sobre minha participação no programa.

O passo seguinte foi procurar Gilberto Carvalho, que viria a ser o chefe do gabinete pessoal do presidente, para pedir esse encontro. Não foi fácil. Sabendo exatamente como Lula é com as pessoas mais próximas, tive a sensação muito precisa de que o papo só viria a acontecer depois que todos os estadistas, as lideranças estrangeiras, as demais celebridades e os amigos que prestigiaram a posse voltassem para seus países ou para seus locais de atuação no Brasil. Afinal, dá para imaginar como foi a disputa pela atenção do presidente naquele momento em que Brasília era tomada pela euforia de amigas, amigos, companheiras e companheiros de todas as fases de luta que Lula participou e liderou. A batalha que precisava ser lavrada por uma entrevista da imprensa nacional e internacional. Gente de todos os cantos do Brasil querendo chegar até ele, o primeiro operário a vencer as eleições para a presidência da República.

Nosso encontro aconteceu no dia 9 de janeiro de 2003. Foi emocionante. A cada segundo eu sentia minha expectativa crescer, imaginava qual reação ele teria ao ouvir minha proposta, que acabara seguindo um caminho diferente daquele apresentado por Graziano.

Mas a expectativa não durou muito, e a conversa foi bem rápida.

Eu disse: "Lula, lutamos tanto para conseguir chegar a este momento que estou disposta a assumir o papel que você achar melhor, mais adequado ao meu perfil, que você conhece bem. Entretanto, a verdade é que, além de mim, existem muitos dirigentes sindicais com experiência e capacidade para levar à frente a batalha para zerar a fome no Brasil. Mas há outra atividade que acredito que só eu possa fazer".

Ele me olhava com certa impaciência, pela curiosidade que eu havia despertado com minhas palavras.

Então, continuei: "Eu te conheço muito bem. Você, sempre rodeado por tanta gente, às vezes pede algo para uma pessoa e depois cobra de outra. O governo é gigantesco. É preciso garantir que as demandas sejam levadas adiante e que você seja informado em que pé cada coisa está sempre que precisar".

Ele mal piscava.

Concluí o raciocínio com uma analogia. O trabalho que eu propunha realizar era como o que os continuístas desempenham no teatro e no cinema: garantir a continuidade das cenas, evitar truncagens e propiciar um conjunto harmônico. No contexto do governo, eu garantiria que os encaminhamentos dados pelo presidente em reuniões e demais atividades fossem registrados e os acompanharia até sua concretização, ou, em caso negativo, até que fosse justificada a impossibilidade de realizá-los.

Eu mal havia terminado de falar quando Lula chamou seu futuro chefe de gabinete: "Gilberto, Clara vai fazer uma coisa bem legal para acompanhar minhas decisões. Veja do que ela precisa e lhe dê um lugar para trabalhar".

Fui parar numa sala muito próxima à dele.

Tudo o mais que aconteceu antes, durante e depois do governo, eu conto aqui, neste livro.

E conto tendo algumas referências que me conduziram até aqui. Exponho com certo detalhamento a minha origem. Descrevo alguns períodos durante os quais minha trajetória e a de Lula estiveram muito próximas, como no movimento sindical, onde o conheci, e durante as demais lutas pela democracia. Conto sobre a criação e a inserção do Partido dos Trabalhadores nas lutas sociais de mulheres e homens, de negros, de indígenas, de jovens, de excluídos. E, a partir de 1991, sobre o que foi trabalhar com Lula no PT, no Instituto Cidadania, na presidência da República e, finalmente, no Instituto Lula.

Este livro é, também, uma resposta às inúmeras indagações que me fazem sobre o jeito de Lula trabalhar, de decidir, de se relacionar. Fiz o possível para transmitir o que conheci dele nessas mais de quatro décadas, de 1977 até o dia 7 de abril de 2018, quando ele foi preso, e eu, por estar fora de São Paulo, só pude me comunicar por meio de um bilhete, que foi recebido com um sorriso.

É um testemunho. O meu testemunho. O meu olhar.

Conto essa história para que não seja esquecida. Para impedir que o negacionismo apague nossas batalhas. Para que todos saibam que uma liderança que alcança a dimensão que Lula alcançou não surge da noite para o dia. Não é fruto de publicidade. É a expressão de décadas de participação, de luta de milhões de mulheres e homens, de todas as idades, pela democracia, pela liberdade e pela justiça social.

Família Ant. No alto, à esquerda: Carmen (mãe), Simão (pai), Sara (irmã) e Clara na Bolívia em 1950. Acima: família Ant com Anita, a caçula, no Brasil em 1962. À esquerda: Simão mascate e seu ajudante, Pedro, nas ladeiras de La Paz, na Bolívia, em 1950.

PARTE I
Brasileira de coração

NASCI EM LA PAZ, na Bolívia, em 7 de fevereiro de 1948. Aos pés do Monte Illimani, um vulcão extinto de 6.462 metros de altitude, uma das quatro montanhas mais altas dos Andes da Bolívia. Tão ou mais imponente para La Paz quanto o Cristo Redentor é para o Rio de Janeiro. As mudanças de cor da paisagem nos diferentes horários do dia e nas diferentes estações do ano são deslumbrantes.

Cheguei ao Brasil, na cidade de São Paulo, em 1958, aos 10 anos de idade. Me naturalizei brasileira e sou grata à Bolívia pelos dez anos em que vivi lá.

Eu escolhi ser brasileira e vivo de perto a história do Brasil. Participei da luta contra a ditadura, ajudei a reconstruir o movimento sindical e a criar o maior partido de massas do Brasil, o Partido dos Trabalhadores (PT). Trabalhei no governo do presidente Luiz Inácio Lula da Silva do início ao fim, com orgulho de ter contribuído para reduzir a desigualdade, elevar a autoestima do povo, ter o Brasil em destaque no mundo e ampliar a democracia. Ao fim do mandato, ajudei a eleger a primeira presidenta da história da República, Dilma Rousseff. Depois, fui diretora do Instituto Lula da sua fundação, em 2011, a 2017, quando me tornei uma de suas conselheiras.

Hoje, tantos anos após o golpe militar no Brasil, escrevo estas linhas com um enorme nó na garganta. Os terríveis acontecimentos que estamos presenciando fazem voltar à tona o pesadelo autoritário que começou em 1964 e se estendeu por vinte e um anos, permeando o final da minha adolescência e boa parte da minha vida adulta. Nem todo mundo se lembra dos graves fatos precursores da Segunda Guerra Mundial que levaram à ascensão do fascismo e do nazismo na Europa dos anos 1920 e 1930. Seja por conveniência, seja por não darem atenção à história, muitos, hoje, fazem questão de ignorar essa que foi uma das maiores tragédias da humanidade. Por ser judia, filha de mãe e pai poloneses que sobreviveram à Segunda Guerra, há muito fui confrontada com uma das grandes manifestações contemporâneas do negacionismo: a negação do Holocausto judeu. Mas o que eu não imaginava à época é que me defrontaria novamente, no século XXI, com essa tormenta que age para devastar o conhecimento, a ciência, a cultura, a liberdade e a civilização.

Em tempos como esses, tenho vontade de sair à rua com uma estrela amarela de seis pontas – a identificação que os nazistas impunham aos judeus durante o Terceiro Reich – num braço e uma estrela vermelha de cinco pontas – o símbolo do PT – no outro. Seria a forma mais direta, mais explícita de recusar e enfrentar o ódio e a ignorância. Ao assumir quem sou, mantenho viva não apenas a memória dos que lutaram antes de mim, mas também a força dos que seguem enfrentando o legado de um dos piores momentos da história.

E são muitos os que lutaram e lutam.

Em 2016, Marielle Franco, candidata a vereadora pelo Partido Socialismo e Liberdade (PSOL), foi eleita na cidade do Rio de Janeiro. Dedicou seu mandato à defesa dos direitos humanos, com ênfase no direito das mulheres, de pessoas negras e da população de baixa renda, além de defender, indistintamente, tanto ativistas quanto policiais assassinados. Também fez denúncias importantes sobre os maus-tratos da Polícia Militar contra os moradores de Acari, bairro periférico na zona norte do Rio de Janeiro. Até que, em 14 de março de 2018, ela e o motorista que a guiava na ocasião, Anderson Gomes, foram executados, a tiros.

Diante desse brutal acontecimento e da perda irreparável de uma liderança como Marielle – mulher negra, lésbica, mãe, periférica –, duas fortes e trágicas lembranças ocupam minha mente sem cessar.

A primeira, popularmente conhecida como Esquadrão da Morte, diz respeito aos grupos compostos, em geral, por policiais que se dedicavam a executar pessoas consideradas uma ameaça ao governo militar, ação para a qual a Justiça fechava os olhos. No final dos anos 1960 e começo dos 1970, o promotor paulista Hélio Bicudo arriscou-se denunciando a atuação do Esquadrão. Embora vivêssemos sob a ditadura civil militar, o promotor buscava apoio legal para questionar a atuação desses agentes, então acobertados pela função pública que exerciam.

O papel de Hélio Bicudo em defesa dos direitos humanos teve um forte impacto sobre minha formação política. Estávamos, então, em 1968. Eu tinha acabado de entrar na Faculdade de Arquitetura e Urbanismo da Universidade de São Paulo (FAU/USP), e, à boca pequena, corria que uma das nossas colegas de classe era filha do Dr. Hélio, professor de Direito da USP. Ela quase não conversava com ninguém e tinha instruções rígidas para não se expor. O trabalho do pai, além de glorioso na época, requeria comportamentos e atitudes mais do que discretos de toda a família. Era preciso ter muita coragem para enfrentar o Esquadrão da Morte.

Outro fato que aflora em minha memória – e que não por acaso associo ao caso de Marielle, pois também ocorreu em março, mas em 1968 – é o assassinato do estudante secundarista Edson Luís de Lima Souto, no restaurante de estudantes conhecido como Calabouço, na cidade do Rio de Janeiro.

O crime aconteceu na noite de 28 de março, aniversário do meu então marido, Moisés Trajber. Na manhã seguinte, eu tinha aula na FAU, que ficava num antigo palacete *art nouveau* na rua Maranhão, em Higienópolis, bairro de classe média alta próximo ao centro de São Paulo. Antes de ir para a sala de aula, passei pelo banheiro. Todos os espelhos tinham uma inscrição, feita com pincel atômico por algum colega que havia madrugado para nos alertar da triste notícia: "Mataram um estudante". O assassinato foi o estopim das novas mobilizações estudantis de 1968. A repercussão do gigantesco cortejo fúnebre que acompanhou o caixão do menino Edson Luís foi como uma porta aberta, um sinal para a intensificação da mobilização estudantil no Rio de Janeiro, em São Paulo e em diversas outras cidades. Os movimentos perduraram por meses, até a promulgação do Ato Institucional n.º 5, o AI-5, no dia 13 de dezembro de 1968.

Viver em meio à mobilização de estudantes, de trabalhadores e demais movimentos sociais das décadas de 1960 e 1970 marcou meu jeito de ser e minha vida, formou minhas convicções igualitárias e me impulsionou a apostar na liberdade.

Desse ponto de vista, percebo que o Brasil está vivendo perigosamente, flertando com ideias, conceitos e atitudes que representam o pior da sociedade: desprezo pela vida e pela democracia, negacionismo da história e da ciência. Aliás, boa parte do mundo parece estar nesse clima de horror. Isso me causa um temor imenso. Às vezes, o medo surge de forma quase inexplicável; outras, vem estampado no rosto das vítimas do racismo, da homofobia, da aporofobia, que se sobrepõem às imagens de refugiados no pós-Segunda Guerra Mundial e aos rostos conhecidos dos meus próprios familiares.

Meus pais

Escombros e destroços, fome e miséria. Se sinto que tudo isso me diz respeito, é porque diz. Embora não tenham ido para campos de concentração, meus pais cruzaram, a partir de 1939, milhares e milhares de quilômetros para chegarem vivos à cidade onde se conheceram: Akmolinsk, atual Nursultan, capital do Cazaquistão, país integrante, à época, da União das Repúblicas Socialistas Soviéticas, a URSS. Lá se casaram, em 1944. Minha mãe, Carmen, tinha 19 anos, e meu pai, Simão, 24. Pelo que me lembro dos relatos deles, o lugar era uma espécie de alojamento de refugiados.

Meu pai nasceu em 1920, em Biłgoraj. Minha mãe, em 1925, em Wyszków. As cidades são muito distantes uma da outra: Wyszków fica a nordeste de Varsóvia, e Biłgoraj, quase na fronteira com a Ucrânia. A guerra acabou no começo de 1945, quando os dois partiam para uma nova vida em um novo mundo. Minha irmã mais velha, Sara, nasceu durante esse percurso, em Bergen-Belsen, na Alemanha Oriental. A família da minha mãe havia ido para Israel, a bordo de um daqueles navios que levavam centenas de refugiados da guerra.

Meus pais e minha irmã Sara partiram para a América, desejo quase unânime dos sobreviventes dessa destruição gigantesca.

Somente em 1945, meu pai conseguiu saber o destino de seus pais e demais familiares diretos. Das pessoas com o sobrenome Ant, mais de quarenta haviam morrido – bombardeados, fuzilados ou queimados vivos na sinagoga – em Biłgoraj, a mesma cidade citada por Bertolt Brecht num poema conhecido como "Cruzada de crianças". O poema é, na verdade, uma metáfora da Segunda Guerra Mundial: menciona essa pequena cidade com população aproximada de oito mil habitantes, dos quais cerca de quatro mil eram judeus, para falar de toda a matança promovida pelos nazistas. Também é possível conhecer um pouco da vida cotidiana dessa e de inúmeras pequenas cidades da Polônia, entre os anos 1920 e 1930, através de contos de Isaac Bashevis Singer, escritor judeu, vencedor do Nobel de Literatura, que nasceu numa cidade próxima a Biłgoraj e passou lá alguns anos de sua vida.

A história dos milhões de judeus que viveram na Polônia antes da Segunda Guerra é a história das pequenas cidades com populações de alguns poucos milhares. Grande parte era composta por judeus pobres que se ocupavam de trabalhos artesanais, oficinas de costura, pequenos comércios e similares. Era o caso da família do meu pai, que produzia peneiras para uso doméstico, tal como muitos artesãos da região fronteiriça entre a Polônia e a Ucrânia.

"Cruzada de crianças", embora faça referência direta à cidade do meu pai, também me lembra os relatos de minha mãe. Ela tinha apenas 14 anos quando a guerra começou, em 1939. Nas muitas andanças que fez com a família, carregava no colo sua pequena irmã, sete anos mais nova.

Certo dia, entre 1939 e 1940, a vida pacata da pequena cidade de Wyszków, a cerca de setenta quilômetros de Varsóvia, foi interrompida por um oficial nazista: "Saiam todos de suas casas. Mataram um oficial alemão nas proximidades, e certamente foi alguém daqui. Todos vocês pagarão por isso!", berrou ele, conforme as lembranças de minha mãe. Dezenas de homens judeus adultos foram enfileirados e obrigados a abrir uma vala na terra, dentro da qual foram soterrados após morrerem fuzilados.

Nos documentários sobre a Segunda Guerra, há várias imagens semelhantes a essa descrita por minha mãe. Não sei se eu sairia emocionalmente ilesa de uma cena como essa – ela me assombra até os dias de hoje. A casa de sua família, de madeira como muitas outras, foi incendiada. Era um sobrado de oito cômodos, onde viviam oito famílias. Escorraçados do próprio lar, tiveram que partir para uma longa jornada, levando consigo quase nada.

Sempre com muita ternura, minha mãe nos contava sobre uma vizinha não judia que havia conseguido passar para ela uma porção de batatas cozidas. Os bolsos do seu casaco estavam descosturados, pois ela vinha protelando o conserto. Naquele dia, esse fato, que tanto lhe pesara a consciência por ser uma tarefa não realizada, acabou ajudando-a a sobreviver. As batatas doadas furtivamente pela vizinha alojaram-se no forro do casaco e escaparam da revista dos nazistas, servindo de alimento por alguns dias.

Se por um lado a violência e a brutalidade dos nazistas ainda me horrorizam, por outro, fico comovida com a incrível solidariedade de pessoas como essa vizinha. No meu pequeno círculo familiar, pude conhecer muitos episódios, a maioria dramáticos, mas alguns muito emocionantes. É o caso de um primo do meu pai que vivia numa cidadezinha próxima a Biłgoraj: ele sobreviveu porque, na hora que os nazistas enfileiraram os judeus para conduzi-los à morte, o padeiro da cidade estranhamente pediu ao oficial nazista que deixasse ele mesmo matar o rapaz. Meu parente foi tirado da fila e empurrado em direção ao padeiro, que não o matou, e sim o escondeu durante toda a guerra no porão da padaria. Não há palavras ou gestos para relatar a gratidão desse homem para com o padeiro e sua família até o fim de seus dias.

Polônia

Em 2013, visitei a Polônia. Fui a Wyszków, que continua sendo uma pequena cidade, e conheci a casa – agora de alvenaria – no endereço em que minha mãe morava, na Rua da Igreja, n.º 6. Dando uma volta pela praça da igreja, passei ao lado de onde havia sido a residência da família Segal, sobrenome da minha avó materna antes de se casar com meu avô e adotar o sobrenome Levin.

Uma foto dos meus bisavós maternos no interior dessa residência foi publicada num jornal nova-iorquino, em 1928. A legenda dizia, em inglês e em ídiche: "O inverno severo não afeta o amor do casal Segal".

Saindo da praça, caminhei até o rio onde minha mãe e as demais meninas e mulheres lavavam roupas, conforme as muitas histórias que ouvi na infância. Depois visitei um memorial construído no meio de um descampado por uma família judia de Wyszków. O monumento consiste em uma sequência de lápides com inscrições em hebraico de várias datas, pregadas num longo muro, remanescentes de algum cemitério da região. Uma verdadeira relíquia se lembrarmos que os cemitérios foram profanados não só por ataques de ódio e fúria antissemita, mas também pela escassez de cimento ao final da guerra.

Pouco antes de voltar para a estrada que leva a Varsóvia, parei na avenida principal de Wyszków para visitar outro memorial: um pedestal com três partes de granito cinza, com inscrições em polonês, inglês e ídiche, muito parecidos com vários que encontrei na capital polonesa. Trata-se de uma homenagem a um jovem natural daquela cidade, Mordechaj Anielewicz. Mordechaj foi um dos líderes do Levante do Gueto de Varsóvia, que ocorreu em abril de 1943. Morreu ali, aos 24 anos de idade. Me marcou muito o fato de que minha mãe e Mordechaj, duas forças tão importantes para mim, nasceram na mesma cidade. Cada um a seu modo, ambos enfrentaram os nazistas com garra e coragem maiores do que eu jamais poderia conceber.

O Levante do Gueto de Varsóvia sempre foi, para mim, um símbolo de dignidade, heroísmo e busca por liberdade. Um verdadeiro escudo contra o nazismo. Por isso, resgatar essa história é como resgatar uma parte do meu ser.

Naquele momento, olhando para a escultura, fui atravessada por um orgulho imenso. Aquele monumento parecia homenagear as maiores escolhas que fiz na vida. A escolha de apostar sempre na democracia. A escolha de perseguir a liberdade. A escolha de levar ao pé da letra os ensinamentos mais marcantes do que eu entendia ser a cultura judaica, que me foi transmitida como sendo a busca pela justiça social.

Em Wyszków, também desfilaram pela minha mente imagens de quando vivi na Bolívia. Em La Paz, no Círculo Israelita, todos os anos era realizada uma cerimônia em memória ao Levante, com uma peça de teatro que recriava o ambiente do gueto, na qual meu pai atuou duas vezes. Era um dia para celebrar o heroísmo, a coragem e a resistência desses judeus frente ao nazismo.

Bolívia

A Bolívia foi um dos poucos países que recebeu refugiados judeus durante a Segunda Guerra. O escritor Leo Spitzer fala sobre o papel de destaque do país durante esse período sombrio em seu livro *Hotel Bolivia: The Culture of Memory in a Refuge from Nazism* ["Hotel Bolívia: a cultura da memória em um refúgio do nazismo", em tradução livre], de 1998. O simples dado informando que, entre 1939 e 1946, sessenta mil judeus passaram pela Bolívia já demonstra o significado desse raro acolhimento.

Meus pais chegaram à Bolívia em 1947. Com o fim da guerra, grande parte dos sobreviventes buscava um destino em comum para escapar do horror que se alastrara por sua terra natal: os Estados Unidos da América, onde meu pai tinha uma tia. O problema era que, na época, os Estados Unidos, tal como a maioria dos países, não concediam visto a refugiados. Essa tia sugeriu então que meus pais e minha irmã Sara fossem para a Bolívia, "a meio caminho da América". O que ninguém esperava era que a tia morreria antes da liberação dos vistos. Pelas regras estadunidenses, era necessário ter um parente que acolhesse os imigrantes no país através de uma "chamada". Como isso já não era possível, os três acabaram ficando em La Paz, onde encontraram uma comunidade judaica vigorosa, edificada antes da guerra por judeus alemães, com sinagoga, escola, cemitério, clube e vida social.

Sempre tive muita curiosidade em saber como era a vida na Bolívia antes da chegada da minha família. Acabei encontrando um relato muito emocionante em um presente que ganhei de Marcos Iberkleid, filho de um amigo do meu pai que viveu em Oruro,[1] a pouco mais de trezentos quilômetros de La Paz: o livro *Hubiera sacudido las montañas* ["Teria abalado as montanhas", em tradução livre], organizado em 2005 pela escritora italiana Marcella Filippa a partir do relato oral de Giorgina Levi, judia, comunista e com uma trajetória admirável na política.

Nascida em Turim, na Itália, em 1910, Giorgina chegou à América em 1939 junto com o marido, Enzo Arian, médico judeu alemão. Era praticamente impossível para um casal de judeus comunistas sobreviver à dupla perseguição de Hitler e Mussolini. Então, partiram para Oruro, na Bolívia. Lá, Giorgina viu de perto as miseráveis condições dos trabalhadores locais, sobre os quais relembra: "Metade da minha alma é boliviana. Ali me formei nos aspectos mais importantes da minha vida, como comunista, como mulher e, nalgum sentido, como professora. Foi uma experiência na qual aprendi a viver e a não ter medo da morte, a encarar os perigos, constatando que sabia enfrentá-los sem me assustar". Quando voltou para a Itália pós-guerra, já viúva, dedicou-se a uma bem-sucedida carreira política em Turim.

Giorgina era sobrinha do escritor italiano Primo Levi, autor de *É isto um homem?*, entre outras obras consagradas como contundentes testemunhos sobre o nazismo. Químico de formação, Primo Levi recebeu seu diploma com os dizeres "raça judia" destacados no papel, fator que o impediu de conseguir um emprego. Acabou capturado pela polícia de Mussolini, entregue aos nazistas e levado para o campo de Auschwitz, onde permaneceu por cerca de um ano, até sua libertação pelas tropas soviéticas em janeiro de 1945. Sua obra foi essencial para o reconhecimento do Holocausto. A descrição que faz da rotina no campo de concentração é tão preciosa quanto documental, talvez o mais dilacerante relato de como pessoas foram totalmente despidas de sua humanidade. Em visita à Polônia, também pude conhecer Auschwitz, e a cada passo que dava, tinha como guia as imagens narradas por Primo Levi.

---

[1] Uma das cidades mineiras que viu a prata se exaurir, assim como o estanho. Segundo os bolivianos, seria possível construir uma ponte da Bolívia até a Espanha com a prata que os espanhóis extraíram do país.

Meus idiomas

Meus pais costumavam conversar em polonês, particularmente, quando não queriam que nós, crianças, os entendêssemos. Meu pai se gabava de saber falar russo e estava sempre cantando em russo ou nos ensinando palavras novas. Até onde me lembro, nas ruas de La Paz o que mais se ouvia eram as línguas indígenas, predominantemente Quechua e Aymara, faladas pelo povo tanto ou mais que o espanhol. Nessa espécie de Torre de Babel que foi minha infância, acabei tendo que dominar três línguas: o espanhol do dia a dia das ruas, o ídiche de casa e o hebraico das aulas e rezas na escola onde estudava, o Colégio Boliviano Israelita.

Meu vocabulário ídiche, no entanto, permaneceu limitado à infância. Meus pais até que se esforçaram bastante, contratando um professor particular para nos ensinar, mas, mesmo com as estantes cheias de tudo quanto havia disponível da literatura ídiche, nunca consegui entender totalmente um conto de Sholem Aleichem, Sholem Asch, I. L. Peretz ou mesmo de Isaac Bashevis Singer, de quem, felizmente, muito mais tarde, conheci algumas obras traduzidas em língua portuguesa. Minha irmã, ao contrário, esforçava-se para ler tudo que via – em espanhol e em ídiche –, e quando adulta se formou professora de ídiche e hebraico.

Na escola judaica, aprendi hebraico e espanhol. Aprendi, também, uma lição muito bem dada pela professora do primário. Certa ocasião, um garoto da classe derramou tinta no chão, e ela, vendo a bagunça, perguntou quem havia sido o responsável. Todos sabíamos, mas nos calamos. Ao final da aula, ela se virou para aquelas crianças de 8 e 9 anos e nos parabenizou: delatar alguém era um ato indigno, e jamais deveríamos fazer isso com quem quer que fosse.

Meu pai gostava de ler o jornal vespertino *Última Hora*, que circulava mais ou menos às 4 horas da tarde. A essa hora, minha irmã e eu já tínhamos chegado da escola e feito a lição de casa, e todos os dias antes de o meu pai voltar, descíamos correndo até a banca para comprar o jornal. Morávamos numa ladeira, uma das muitas de La Paz, numa travessa da Calle Comercio. No caminho até a banca, enxergávamos diariamente crianças da minha idade sentadas na calçada junto às mães, pedindo ajuda. Então, eu ajudava. Doava roupas e o que mais podia sem pedir permissão aos meus pais. Minha mãe descobriu, mas, é claro, não me repreendeu.

Subíamos a ladeira olhando as tirinhas do jornal. Eu era vidrada nos super-heróis Mandrake e Fantasma, mas como ainda não sabia ler, minha irmã é que lia para mim. Comecei a juntar as coisas: ia vendo uma letra aqui, outra ali, até que um dia não precisei mais dela para isso. De tanto observar e fazer associações, aprendi a ler em espanhol. Eu tinha 5 anos. Depois, aos poucos, também comecei a escrever. Em ídiche e hebraico, cujo alfabeto é diferente, e a escrita, da direita para a esquerda, esse processo aconteceu um pouco mais tarde, entre os 6 e 7 anos. Era muita língua e muita letra para pouca criança.

O catolicismo boliviano, herança da forte influência dos jesuítas no país, também deixou lembranças. Meus pais diziam que católicos não gostavam de judeus. Então, quando havia procissões, eu acreditava se tratar de um cortejo contra nós, e nunca saíamos de casa.

Mas não foi só medo que o catolicismo me inspirou: ele também me ajudou a desenvolver uma forte relação de confiança e cumplicidade. Quando minha mãe saía para ajudar meu pai na loja, eu ficava sob os cuidados de Rebocha, uma senhora indígena boliviana. Ela me carregava amarrada nas costas enquanto dava conta de seus afazeres, como é o hábito no país, tanto em casa quanto nas ruas. Rebocha, que frequentava uma igreja católica bem próxima de nossa residência, me levava à missa escondida, porque não podia me deixar sozinha em casa e também porque meus pais jamais aprovariam. Era o nosso segredo.

Certo dia, meus pais conversaram sobre demitir Rebocha. Ela percebeu e perguntou a eles o motivo daquela decisão. Inicialmente, meus pais insistiram que não a demitiriam, até que perguntaram quem havia contado a ela, uma vez que só tinham discutido isso em ídiche. Ela revelou que já entendia bastante do idioma, dada a convivência diária de muitos anos. Eu não compreendi na época, mas, naquele momento, Rebocha havia derrubado o muro da invisibilidade a que empregados domésticos são empurrados, mostrando que tinha habilidades jamais imaginadas por seus empregadores.

Ao reviver minha infância, me vem uma lembrança dura envolvendo solidão, medo e abandono. O Colégio Boliviano Israelita, onde eu estudava, foi apedrejado num raro mas violento ato de antissemitismo. Naquele dia, as crianças foram dispensadas. Minha irmã estava doente e havia ficado em casa. Então, esperei sozinha, na frente da escola, alguém vir me buscar. A comunicação era mais difícil naquela época, já que só existia telefone fixo. Mas mais tarde, para meu alívio, meu pai apareceu.

A Bolívia foi, para a minha família, um cenário a mais de instabilidade e tensão política. Um lugar desafiador para quem havia sobrevivido a cinco anos de uma grande guerra e que, por algum tempo, só falava polonês, russo e ídiche. O país vivia uma forte efervescência política e sindical. Enfrentava duras provações, cheias de idas e vindas, para alcançar conquistas sociais importantes como o voto universal, a nacionalização das minas de estanho, a reforma agrária, a criação da Federação dos Mineiros e a formação do Congresso Indígena, um conjunto de ações que, ao lado de iniciativas produtivas como a construção da primeira refinaria de petróleo boliviana, desagradava a oligarquia. Algum dia ainda vou me debruçar detalhadamente sobre a história desse país que protagonizou episódios importantes para a luta e a organização de trabalhadores mineiros e camponeses, com a participação de militantes trotskistas, entre muitos outros.

Hoje, no entanto, menciono a Revolução Boliviana de 1952 por um motivo pessoal. O evento foi desencadeado pela unificação das forças nacionalistas para garantir a posse do presidente eleito, Victor Paz Estenssoro, que governou de 1952 a 1957, aliando mineiros, operários, camponeses e classe média por meio do Movimento Nacionalista Revolucionário (MNR) e da Central Obrera Boliviana (COB). À época, eu tinha apenas 4 anos. Morávamos próximos ao Quartel de Miraflores, e muitos dos enfrentamentos se davam com troca de tiros sobre os telhados do bairro. Até que um dia uma bala perdida acertou meu colchão. Por sorte, eu não estava no quarto na hora. Mas o risco que corri preocupou tanto meus pais que passamos a dormir no chão.

A insegurança que meus pais sentiam na Bolívia era similar a de boa parte dos integrantes da comunidade judaica. Éramos famílias destroçadas. Não tínhamos parentes diretos, e todos tínhamos pelo menos uma história para contar sobre separação, desaparecimento, perda e morte. Em nossa família, uma dessas histórias era a do irmão caçula do meu pai, Bentzi. A guerra o levou. Ninguém sabe o que aconteceu. Meu pai escreveu para dezenas de embaixadas e instituições de reaproximação de familiares, publicou anúncios em jornais de vários países. Ninguém nunca soube nem onde, nem quando, nem como a vida de seu irmão acabou. Sua ausência até hoje é parte de nossas vidas.

Em La Paz, a pessoa mais próxima do meu pai, seu melhor amigo, era tio Salomão. Um tio adotado por afeto, pois não havia nenhum grau de parentesco. A proximidade se dava pela trajetória em comum e pela oportunidade que haviam tido de serem recebidas por uma comunidade já estabelecida.

Salomão Miedzigorski tinha um número tatuado no antebraço. Quando criança, eu vivia perguntando o que significavam aqueles números, e ele sempre respondia que era o número do seu telefone. Eu achava estranho, não entendia por que alguém tatuaria aquilo no braço. Mais velha, descobri que ele havia sido prisioneiro em Auschwitz, assim como sua esposa, tia Fela, que havia sido dispensada – duas vezes! – pela triagem do Dr. Mengele. Sobrevivera a uma verdadeira roleta-russa comandada pelo "Dr. Morte", nazista que sentenciava, ao seu bel prazer, quem deveria permanecer vivo, quem deveria servir de cobaia para seus macabros experimentos e quem deveria morrer.

É importante lembrar que Auschwitz era um campo de concentração no sul da Polônia, ao lado da Cracóvia. Lá foram mortas cerca de um milhão de pessoas. No início, em 1933, o governo nazista já havia destinado um primeiro campo de concentração, o de Dachau, para confinar adversários políticos, especialmente os social-democratas e os comunistas, odiados por Hitler. Esse campo aprisionou também pessoas de etnias ciganas, negros, homossexuais, pessoas com deficiência física e transtornos mentais. Até que, a partir de 1938, após a Noite dos Cristais,[2] judias e judeus foram enviados

---

[2] Na noite de 9 de novembro de 1938, cerca de trinta mil judeus foram detidos e enviados para campos de concentração nazistas. Escolas, hospitais e lares judeus

em massa aos diversos campos de concentração que já existiam, passando a compor a esmagadora maioria de presos.

Filmes, férias e a vinda para o Brasil

Meu pai, Simão, tinha 19 anos quando a guerra começou. Era um menino do interior da Polônia que trabalhava ajudando o pai e os irmãos mais velhos. Não tinha profissão definida – aprendeu tudo durante a guerra. Foi mecânico, torneiro, eletricista, fazia o que precisasse. Quando eu e minha irmã éramos pequenas, ele brincava dizendo que era bom em tudo, e nos desafiava a superá-lo em jogos e brincadeiras que envolviam lavar a louça e realizar outras tarefas. Assim, íamos aprendendo a ajudar em casa.

Quando chegaram à Bolívia, meu pai e minha mãe precisaram se virar para sustentar a família. Em pouco tempo, ele se tornou mascate. Contava com um ajudante, um rapaz indígena boliviano chamado Pedro. Depois de um tempo, abriu uma sociedade com tio Salomão e mais um amigo e montaram uma loja de tecidos na região central de La Paz, na Calle Comercio. Morávamos, então, perto da Plaza Murillo, no centro da cidade, ladeada pela Catedral de La Paz e por edifícios públicos.

A poucos metros de casa ficavam os cinemas Ebro e Princesa. Não havia televisão na Bolívia naquela época, e a principal maneira de entrar em contato com o mundo era através do cinema e do rádio. Eu ouvia novelas e noticiários e assistia a muitos filmes. Aprendi a dançar *rock & roll* com minha irmã, observando os artistas do cinema. Gostava dos filmes de Roy Rogers e de Rock Hudson. Assisti, no cinema, ao casamento de Grace Kelly com o Príncipe de Mônaco,

---

foram derrubados. Mais de mil sinagogas foram incendiadas. As dependências e os estoques de mais de sete mil estabelecimentos comerciais foram destruídos. "Noite dos Cristais", como o ataque ficou conhecido, é uma referência aos estilhaços que foram esparramados nas ruas de Berlim, Viena e de outras cidades sob o domínio nazista. A ação foi praticada pelas milícias e por civis apoiadores de Hitler.

em 1956. Anos depois, quando o filho do casal, Alberto II, foi ao Instituto Lula visitar o presidente, me senti dentro de um filme.

Aos finais de semana, eu e Sara participávamos de pequenas locuções de histórias clássicas infantis na Rádio Amauta, que frequentemente presenteava as crianças com ingressos para o cinema. Numa dessas ocasiões, fomos assistir a um filme muito concorrido, e ao entrarmos na sala já não havia mais lugares na plateia. Então, dois senhores acenaram para nós. Fomos até eles, que nos colocaram no colo para assistir ao filme. Tínhamos por volta de 6 e 8 anos nessa época. Não sabíamos nada sobre sexo e não entendemos quando os dois começaram a nos tocar. Só muito tempo depois fui compreender o que havia acontecido naquela tarde no Cine Princesa.

O que aconteceu conosco continua acontecendo até hoje com meninas e meninos. Mas essa não foi a única vez que fui molestada.

Cochabamba era um lugar aonde as pessoas iam passar as férias. Embora esteja encravada em montanhas muito altas, a cidade fica mais de 1.000 metros abaixo dos 3.762 metros de altitude de La Paz. Ali, os adultos se sentiam aliviados por escapar da cotidiana carência de oxigênio na capital, mas, para mim, a melhor parte de Cochabamba não era o ar fresco: lá era lugar de férias e ponto-final.

Dessa viagem, tenho apenas uma foto com minha família, à beira da piscina. E essa foto me lembra de um fato ocorrido naquela época.

Minha memória nunca apagou a imponência da eletrola estilo *jukebox* no bar-café do hotel onde havíamos nos hospedado. Quando os adultos se recolhiam para a sesta, eu ia ao encontro dessa máquina mágica, capaz de me manter em completo fascínio. Naquela tarde, não foi diferente. Fui ao bar e pedi uma ficha, mas antes que pudesse usá-la, o barman me chamou: "*Niñita, dame tu mano*", disse ele, colocando minha mão debaixo do seu avental. Aos 6 anos, com apenas uma irmã, eu não conhecia a anatomia do homem. Saí correndo assustada, sem saber o que tinha visto. Não contei a ninguém sobre isso e acabei me esquecendo desse episódio por alguns anos. Mas, quando vi o primeiro no masculino, entendi o que havia se passado.

A atração pelo Brasil

Em meados da década de 1950, começaram a chegar boas notícias sobre o Brasil e o governo de Juscelino Kubitschek. Em 1956, meu pai viajou para São Paulo, onde muitos conhecidos já tinham se instalado. Voltou para La Paz entusiasmado, trazendo presentes para todas nós. Não lembro o que Sara ganhou, de tão deslumbrada que fiquei com o meu: um disco voador de plástico da marca Estrela. Mas a maior surpresa ele havia reservado à minha mãe, que ganhou uma tremenda novidade para a época: um liquidificador. Uma verdadeira transformação na rotina da cozinha e uma facilidade para ela, que, como quase todas as donas de casa de seu tempo, fazia tudo praticamente sozinha. Filha mais velha de quatro irmãos, minha mãe havia assumido os afazeres de casa muito nova, aos 7 anos. Minha avó sofria de artrite e tinha deformações nas mãos que dificultavam seu desempenho, e desde cedo contou com a ajuda da filha para cuidar da cozinha. Nada se comprava pronto na Bolívia, exceto as *salteñas*.

Depois da distribuição dos presentes, veio a grande novidade: "Vamos todos nos mudar para o Brasil", anunciou meu pai. Foi uma cena inesquecível. Dali em diante, até chegarmos ao dia da mudança, em janeiro de 1958, a imagem do Brasil para mim era a de um liquidificador.

Em 1957, um ano antes da saída definitiva, postergada devido à decretação de mais um estado de sítio, minha mãe, minha irmã e eu fomos de avião para a Argentina. Foi o jeito que meu pai encontrou de nos proteger de mais uma instabilidade política. Foi o primeiro voo da minha vida. Mas as viagens de avião ainda eram muito precárias, e ao pousar em Salta, na fronteira com a Bolívia, a aeronave não conseguiu decolar novamente. Acabamos passando a noite em um hotel na cidade, onde, segundo a lenda, originaram-se as *salteñas*, conhecidas no Brasil como "empanadas", até hoje meu salgado preferido.

Foi uma noite tensa. Estávamos preocupadas porque, no dia seguinte, reembarcaríamos no mesmo avião. Por sorte, não aconteceu nada mais grave do que algumas turbulências, mas vivi por muitos anos com pânico de voar, o que só fui superar depois de adulta.

Em Buenos Aires, ficamos hospedadas na casa de um tio do meu pai, Jaime Schneider, e sua esposa, Ana. Tanto ele quanto outro tio, Shulem Ant, haviam migrado para a Argentina no período entre a Primeira e a Segunda Guerra. Vinham da mesma pequena cidade do meu pai, Biłgoraj, e conseguiram escapar do massacre ocorrido em sua terra natal, que exterminou meus avós paternos e mais de quarenta membros da família Ant.

E a crueldade mudou de endereço. Muitos anos depois eu soube que Jorge Victor, neto do tio Jaime, assim como outros jovens da militância cultural, veio a ser um dos desaparecidos da ditadura argentina, nos anos 1970. Seus pais, Paulina e Leon Schneider, e sua irmã Beatriz vêm travando, até hoje, uma batalha incansável pela punição dos responsáveis. Quando voltei a Buenos Aires, já adulta, Beatriz me levou ao memorial dos desaparecidos políticos, um imenso muro com o nome de centenas de vítimas inscrito. Não sei relatar o que senti ao ver o nome de Jorge Victor, de apenas 19 anos, registrado naquele não-lugar.

Tio Jaime e tio Shulem haviam constituído família e nos propiciaram a oportunidade, até então inédita para mim, de conviver com tios, primos e outros parentes que eu só conhecia por histórias ou fotografia. Minha avó materna, que vivia em Israel, nos chamava de "crianças de papel", *papirenekinder* em ídiche – o único idioma que falava –, porque também nunca havia nos visto. Tinha notícias de nós apenas pelas cartas que minha mãe enviava. Assim, só existíamos para ela no papel das cartas e das fotografias.

Nesse período que passei na Argentina, conheci a região de Córdoba, aprendi a montar a cavalo e conheci o mar. Até então, só havia ido ao lago Titicaca, na região de El Alto, nas proximidades do aeroporto de La Paz. Esse primeiro contato com a imensidão do oceano foi uma preparação para a grande mudança que estava por vir.

Adeus, Bolívia

Em 1958, quando partimos novamente para a Argentina, tínhamos um propósito diferente: deixar definitivamente a Bolívia e nos estabelecermos no Brasil. Dessa vez fomos de trem, com todos os nossos pertences, e embarcamos num transatlântico em Buenos Aires. Meu pai desceu em Santos, São Paulo, para começar a organizar a nova casa. Minha mãe, Sara e eu seguimos até Israel, para conhecer a família da minha mãe, cada um com suas histórias e perdas.

Aos 10 anos de idade, a viagem até Israel foi uma grande aventura para mim. Foram dois navios. O primeiro, de Buenos Aires até Gênova, no noroeste da Itália, era um transatlântico de 1925, o Conte Biancamano, com jeitão de cruzeiro turístico na primeira classe e bem modesto nos porões da terceira, onde viajamos. O segundo navio, o Enotria, bem menor, saiu de Nápoles, no sul da Itália, em direção ao porto de Haifa, em Israel. Vivemos a emoção de passar algumas horas nas proximidades dos portos do Rio de Janeiro e de Recife, no Brasil, e de Dacar, no Senegal. Atravessar a linha do Equador e ganhar um diploma "assinado" por Netuno, o deus dos mares na mitologia romana, também foi motivo de festa.

O Conte Biancamano tinha uma pequena piscina de água salgada, frequentada principalmente por jovens. Eu morria de vergonha de me juntar a eles por não saber nadar. Mas a vontade era maior, e um dia me enchi de coragem e me atirei na piscina. Deu certo. Além de nadar, também aproveitei para aprender um pouco de italiano. Foi fácil: durante o dia, eu percorria o barco inteiro, do casco ao mastro, e acabei conhecendo tudo, entrando em contato com passageiros e tripulantes. Conversa vai, conversa vem, quando chegamos a Gênova, eu já me virava em italiano, servindo até de intérprete para minha mãe.

Durante a noite, a maior atração no navio era o baile. Minha mãe fazia sucesso, e sempre havia vários passageiros querendo dançar com ela. Sara e eu, desconfiadas, ficávamos vigiando e censurando. Antes de desembarcar em Israel, ainda tivemos mais uma parada inesquecível: Atenas, na Grécia, onde pudemos fazer um curto passeio pelas ruínas, enquanto o navio era reabastecido.

Ficamos quase quatro meses em Israel. Conhecemos nossos avós, tios, primos e alguns conterrâneos dos meus pais que haviam sobrevivido à Segunda Guerra. Foram tempos de aprendizados novos, de brincar despreocupada na rua, de plantar bananeira e andar de bicicleta, de ir a uma escola em que só se falava hebraico, língua oficial de Israel, de morar na pequena casa dos meus avós, num conjunto habitacional popular da cidade de Ra'anana, ao lado de um enorme pomar de frutas cítricas.

Ao final da estadia, voltamos pelo mesmo trajeto, incluindo mais alguns dias em Gênova, para o traslado e a troca de navio, quando aproveitamos para fazer uma rápida visita a Veneza e ao Vaticano.

Enfim no Brasil, descemos no porto de Santos. Meu pai já estava lá nos esperando, assim como tia Fela e tio Salomão, que tinham vindo de La Paz conosco. Nossa vida, dali em diante, passou a ser na capital paulista. Só voltei à Bolívia algumas vezes para visitar. Uma delas foi com Lula, já presidente, para um evento em Santa Cruz, quando ele e Evo Morales se conheceram. Entre 1969 e 1970, vivi em Israel com Moisés, meu marido à época, e voltei muitas vezes para visitar a família depois que meus pais se mudaram para lá.

Em todas as visitas, minha mãe nunca desistia de pedir para eu me juntar a eles. Ela dizia: "Teus pais estão aqui, tuas irmãs estão aqui, teus cunhados e sobrinhos estão aqui. Só falta você". Meu pai respondia: "Ela não virá. Os filhos dela – o PT e a CUT – estão lá no Brasil".

Em São Paulo, meu pai havia preparado uma grande surpresa: íamos morar na rua José Paulino, no bairro Bom Retiro. O apartamento ficava a trezentos metros do local onde havia sido fundado o Sport Club Corinthians Paulista, que se tornou meu time do coração. A quadra dos Gaviões da Fiel também ficava no nosso bairro. Com a ajuda da tia Fela, o apartamento havia sido organizado nos mínimos detalhes: dos móveis à louça, não faltava nada. Embora meus pais tivessem personalidades muito diferentes, eles se pareciam na aflição por ver tudo arrumado, organizado, impecável, além do rigor com horários e compromissos com terceiros. Em meio a seus comentários sobre ordem e desordem, escorregavam frases aparentemente involuntárias que sempre transmitiam o temor da escassez da guerra. "Pode faltar" era o refrão que orientava minha mãe na compra de suprimentos, e em uma pequena dispensa ao lado da cozinha havia, sempre, uma farta reserva de farinha e de açúcar.

O Brasil e as novidades

Os primeiros meses no Brasil foram carregados de novidades. A primeira foi aprender mais um idioma, o português, ao mesmo tempo tão parecido e tão diferente do espanhol. Na verdade, minha família superou as dificuldades graças ao aconselhamento do Dr. Idel Becker, diretor do Colégio Hebraico Brasileiro Renascença, onde eu e Sara começamos a cursar a admissão ao ginásio, uma espécie de vestibular para prosseguir os estudos, pois, à época, o ensino fundamental era separado em dois ciclos: o primário e o ginasial. Dr. Idel, que era professor de português e espanhol, chamou nossos pais e recomendou que passássemos a falar somente em português em casa para não nos atrapalharmos, dada a semelhança entre os idiomas. A sugestão virou regra: a partir daquele dia, não falamos mais em espanhol.

Dr. Idel era um doce de pessoa. Passava, com frequência, em cada uma das salas de aula, conversando com os alunos e criando laços de confiança. Nunca entendemos por que, pouco tempo depois, ele foi dispensado do cargo. Às vezes penso na briga que compramos para sua permanência como o primeiro passo da minha militância política. Devo a ele até a rapidez com que aprendi a língua e o fato de eu falar português sem nenhum sotaque. Nesse âmbito, aliás, também tive outra importante ajuda: o sucesso da canção "Chega de saudade", de Vinicius de Moraes e Antonio Carlos Jobim, que tocava muito nas rádios. Primeiro, na voz de Elizeth Cardoso e mais tarde na interpretação de João Gilberto. Cantar junto com esses mestres da música brasileira foi um dos melhores exercícios para meu aprendizado do português.

Meu primeiro aniversário no Brasil foi em fevereiro de 1959, quando completei 11 anos. Novo país, novas amigas e amigos. Aos poucos, um novo corpo. O primeiro namorado. O primeiro contato íntimo com um homem. Mais perguntas do que respostas. Então, outra grande novidade: minha mãe estava grávida. Anita, única integrante da família nascida no Brasil, chegou em dezembro de 1960, mudando para melhor as rotinas e os afetos de todos nós. Anita achava que tinha três mães, porque compartilhávamos os cuidados para com ela. Aos seus olhos de bebezinha, eu, com quase 13 anos, e Sara, com 15, nos parecíamos muito com a nossa mãe, que estava com 35.

O colégio que eu e Sara frequentávamos ficava perto de casa. A padaria, a mercearia, a feira – havia de tudo por perto. Em alguns fins de semana, tomávamos o bonde na rua José Paulino e íamos ao cinema, no centro da cidade. Na saída, comíamos pastéis nas inúmeras pastelarias chinesas ou o cachorro-quente da lanchonete Salada Paulista, um balcão enorme na avenida Ipiranga onde se comia, em pé, um delicioso sanduíche de salsicha com mostarda. Também deixávamos o bairro para ir à Biblioteca Municipal. Alguns livros podiam ser retirados, mas a maioria, não. E, só para registrar, a internet não habitava nem mesmo os nossos sonhos.

No colégio, acabei me enturmando com um pequeno grupo de meninas. Estudávamos bastante e tínhamos um mecanismo de camaradagem para fazer os registros das aulas e as pesquisas, o que nos garantia o acompanhamento de todas as matérias e tempo para nos divertirmos. Na quarta série ginasial, entramos para a Comissão de Formatura e, em um baile organizado por nós, conhecemos uma turma de rapazes um pouquinho mais velhos, com quem passamos a sair. Terminado o ginasial, me matriculei no curso clássico, que era o nível médio para quem pretendia seguir o rumo das ciências humanas.

Socialismo ou comunismo?

Junto com a nova turma veio um turbilhão de ideias, informações, atividades e conflitos. Frequentávamos cinemas e teatros. Foi nessa época que conheci João do Vale, que junto com Zé Keti e Nara Leão, fizeram o show *Opinião*, colocando-me em contato com dezenas de canções-espelho do Brasil. Vi *Opinião* quatro vezes, duas com Nara Leão e duas com Maria Bethânia, que a substituiu. Numa dessas apresentações do Teatro de Arena, levei meu pai para assistir. Cada canção, cada peça de teatro, cada filme rendia muitos papos na turma. Na iminência do golpe militar, conversávamos por horas sobre tudo e todos. Os rapazes, politizados, contaram-nos que eram socialistas. "Então vocês são comunistas?", perguntei, ao que eles responderam que não. O socialismo, para eles, era "um comunismo com liberdade". Defendia igualdade na economia e liberdade na política. Um ideal de democracia. Para mim, que sempre ouvi do meu pai que em nossa casa reinava a democracia, essa definição foi muito marcante. Até hoje, a ideia de socialismo como um "comunismo com liberdade" me acompanha.

Mas nem todas as pessoas se entusiasmavam com isso. Ao contrário: vivíamos o auge da Guerra Fria, e o comunismo, para muitos, era um monstro que nos ameaçava. Cheguei a ouvir pessoas afirmarem que "comunistas comem criancinhas". Em pouco tempo, nosso grupo se rompeu. Duas das meninas eram emigradas da Hungria, na época uma das Repúblicas pertencentes à União Soviética. Seus pais se assustaram com nossos papos, e elas deixaram de frequentar os encontros da turma. Então outra se afastou, e depois mais uma. Conclusão: acabei sendo, por um bom tempo, a única menina da turma.

Pouco antes de completar 16 anos, me desentendi com meu pai, que decidiu que não me daria "nem mais um tostão". Era feriado, estávamos todos em casa e nem nos olhávamos. Peguei um jornal e enfiei a cara para ler. A primeira coisa que vi foi um anúncio: "Consulado Geral de Israel procura jovem que saiba ídiche e hebraico". Eu sabia. Fui até lá no dia seguinte e saí contratada em meu primeiro emprego.

Alguns dias depois, meus avós chegaram de Israel para o casamento de Sara. Minha avó, uma judia ortodoxa, já aparentava ser bem velhinha. Meu avô, mais jovem, aventurou-se pelas ruas do Bom Retiro levando Anita, que não tinha nem 4 anos, de intérprete. Ele falava em ídiche e ela traduzia para o português. Também recebemos um primo-irmão da minha mãe, seu conterrâneo do norte da Polônia que morava, então, na Venezuela.

No jantar de *Shabat*, o sábado, dia sagrado judaico, meu pai, sem olhar para mim, declarou aos presentes: "A Clara está trabalhando no consulado de Israel". Ainda estávamos brigados, mas ele queria contar a novidade para todos, exibir aquela filha que arranjara um trabalho tão importante, aos seus olhos. Mesmo assim, no dia 11 de janeiro de 1964, fomos ao casamento de Sara sem nos falarmos.

Os golpes antes do golpe

Vivíamos tempos intensos. Já era possível perceber fortes indícios do golpe. De um lado, greves e mobilizações eram organizadas pelas forças democráticas em defesa do programa de reformas sociais e econômicas apresentado pelo presidente João Goulart. Do outro, a Marcha da Família com Deus pela Liberdade, que aconteceu em 19 de março, unindo setores mais conservadores da Igreja Católica e ocupando as ruas com o apoio expressivo de mulheres, a maioria de classe média.

Eu não poderia imaginar que presenciaria uma cena como a que vi, antes mesmo do golpe, nas dependências da Faculdade de Filosofia da Universidade de São Paulo (FFLCH/USP), onde estudava Miriam, irmã de Moisés, então meu namorado. Havia policiais civis com cassetetes nas mãos encurralando, aos empurrões, diversos jovens contra a parede. Em seguida, decidiram que nós, mulheres ali presentes, poderíamos sair. Foi espantoso, ainda que tudo isso já pudesse ser previsto naqueles dias que antecediam o golpe. Na verdade, foi a primeira vez na vida que eu assisti a uma cena de repressão.

Nesse ano, em 1964, mudei do Colégio Renascença para o Colégio Estadual Doutor Octávio Mendes, uma escola pública no bairro Santana, zona norte de São Paulo. Era referência no ensino. A mudança expandiu ainda mais minha percepção do mundo: pela primeira vez, eu frequentava uma escola não judaica. No curso noturno, no qual estava inscrita, a maioria dos alunos já trabalhava. Conheci novas pessoas, novas ideias e novas maneiras de ver a situação do país, que se tornava cada vez mais tensa.

Essas memórias me transportam para o dia em que um querido amigo, Roberto, cunhado de Moisés, me contou que o Partido Comunista tinha um estatuto que proibia os militantes de terem relações pessoais, políticas ou profissionais com os trotskistas. Eu, que não sabia nada sobre as ideias do líder revolucionário soviético Leon Trotsky, nem sobre os trotskistas, não consegui entender o motivo da proibição, mas fiquei com a pulga atrás da orelha. Era só uma conversa despretensiosa, mas que ficou guardada na memória. Por conta disso, quando entrei na Faculdade de Arquitetura e

Urbanismo da Universidade de São Paulo (FAU/USP), em 1968, não simpatizei nem quis fazer parte do Partido Comunista, que dominava politicamente boa parte da resistência à ditadura na FAU. Anos depois, por ironia do destino, a única organização da qual vim a fazer parte antes do Partido dos Trabalhadores foi a Organização Socialista Internacionalista (OSI), alinhada com o pensamento de Trotsky e seu "Programa de Transição".

Nesse contexto, desenvolvi um entendimento sobre o conceito de comunismo e o uso multifacetado que lhe é peculiar nas inúmeras correntes políticas que o reivindicam. Assim, refiro-me a "comunismo", genericamente, como uma organização socioeconômica baseada no sistema de propriedade coletiva dos meios de produção e na distribuição da riqueza social de acordo com as necessidades de cada um. A ideia de uma sociedade igualitária é tão antiga quanto as desigualdades sociais e econômicas que permearam – e permeiam – as sociedades na história. Na primeira metade do século XIX, a partir das ideias de Karl Marx e Friedrich Engels, o comunismo é explicitado como um movimento político da classe operária que atua na sociedade capitalista e como uma forma de a sociedade ser criada pelos trabalhadores a partir de sua luta. Seria uma reação à exploração capitalista que é viabilizada pela apropriação da mais-valia, pois o salário que o trabalhador recebe remunera apenas parte do que ele produz.

O desenvolvimento das lutas dos trabalhadores contra o capitalismo no marco da publicação do *Manifesto comunista* (1848) gerou inúmeros partidos comunistas no mundo todo. Neste livro, quando me refiro a um "partido comunista", em geral, me refiro ao Partido Comunista Brasileiro (PCB), fundado em 1922, que em cem anos de existência oscilou em seus posicionamentos, ora aproximando-se dos trabalhadores e da democracia, ora distanciando-se de ambos. Sua longa história demonstra essas oscilações e, não por acaso, Mário Pedrosa, um dos primeiros signatários da ata de fundação do PT, liderou, no Brasil, a formação da oposição de esquerda ao PCB apenas sete anos após sua fundação, identificando uma parcela de militantes com a luta travada por Leon Trotsky contra a supressão do livre debate interno. O assassinato de Trotsky em 1940, a mando de Stalin, então dirigente máximo do Partido Comunista da União Soviética, consolida o desequilíbrio dos PCs em todo o mundo, inclusive no Brasil.

A Setembrada

Eu ainda estava no cursinho preparatório para o vestibular de Arquitetura quando ocorreu o episódio mais conhecido de 1966, o chamado Massacre da Praia Vermelha, no Rio de Janeiro. Estudantes de Medicina de Universidade Federal do Rio de Janeiro (UFRJ) foram presos por causa das manifestações contra o governo. Em São Paulo também ocorreram muitos protestos. Vivíamos uma época de agitação intensa: passávamos o dia inteiro nas ruas, fazendo manifestações-relâmpago, para não sermos pegos pela repressão. Foi num desses protestos, durante a chamada Setembrada, no Largo do Paissandú, ponto inicial de muitas linhas de ônibus e local apinhado de gente no fim da tarde, que vi José Dirceu pela primeira vez, então um estudante de Direito da Pontifícia Universidade Católica de São Paulo (PUC-SP). Foi ele quem deu o grito de liberdade para iniciar a passeata.

A descoberta da política se misturou à descoberta do sexo. O namoro com Moisés prosseguiu por quatro anos. Nossos pais já se conheciam: os pais dele, também judeus poloneses sobreviventes do Holocausto, tinham uma loja de roupas na região do Bom Retiro. Ficamos noivos em 1966, em meio ao turbilhão político do país. Nessa época, eu estudava dia e noite para entrar na FAU. Prestei vestibular várias vezes. Passei na terceira tentativa, em 1968.

Pouco tempo após o noivado, nossas famílias nos ajudaram a abrir uma pequena loja de livros e discos, também no Bom Retiro. Na época, eram os LPs (*long playings*), de 33 rpm, e os pequenos, de 45 rpm. A loja se chamava Toca, Livros e Discos. Moisés cuidava dela em período integral. Eu ajudava bastante. Ficava na rua Três Rios, entre os edifícios onde funcionavam a antiga Escola Politécnica e a Faculdade de Odontologia (FO), ambas da USP. Nesse pequeno trecho de menos de quinhentos metros, do mesmo lado da rua do Colégio Santa Inês, há também o Teatro de Arte Israelita Brasileiro

(TAIB), localizado no interior da Escola Israelita Scholem Aleichem. Até hoje, esse espaço é conhecido como "A Casa do Povo" devido à sua origem vinculada aos ideais socialistas de seus fundadores, judeus europeus de militância comunista. Mas, apesar dessa excelente localização que fez da Toca uma espécie de ponto de encontro de jovens, a pequena loja teve vida curta.

No começo de 1967, a Toca foi vasculhada por agentes do Departamento de Ordem Política e Social (DOPS). Por sorte, um amigo nosso, Itsco Russo, percebeu algo estranho e ligou para a loja. Moisés atendeu e disfarçadamente pediu a Itsco que me ligasse para avisar sobre o ocorrido. Meu noivo acabou sendo sequestrado pelos agentes e deixado numa delegacia de bairro, onde permaneceu por quase uma semana, sem saber onde estava. Em seguida, foi transferido para as dependências do DOPS, onde ficou detido por três dias. Ao prestar depoimento sobre o ocorrido, foi obrigado a assinar um termo que contrariava os fatos, afirmando que ali "compareceu voluntariamente". A razão de sua prisão não foi dada a público, mas, ao que tudo indicava, outras pessoas presas tinham, em suas residências, livros com o selinho da Toca.

Sabe-se hoje que documentos provatórios de detenções ilegais foram destruídos. A partir desse episódio, noticiado pela imprensa, pouquíssimas pessoas se aventuravam a entrar na livraria. Tivemos que fechar logo depois.

Casar, mochilar e retornar

Eu e Moisés nos casamos em outubro de 1967. Éramos muito jovens e acabamos nos separando oito meses depois, em junho de 1968. Nesse período, tranquei a matrícula na faculdade e fui viajar. Quando decidi ir a Paris, na França, os protestos do Maio de 1968 tinham acabado de acontecer. Me hospedei na casa de uma prima da minha mãe. Ao longo dos cinco meses que passei lá, percorri boa parte da Europa com uma mochila nas costas: visitei a Escandinávia de trem, rodei várias cidades da Alemanha de carona, passei alguns dias em Madri e uma semana na Ilha de Maiorca, também na Espanha, onde um primo argentino, Gregório, trabalhava como guia turístico. De volta a Paris, para conseguir me virar, fiz um curso intensivo de francês para conversação.

Muito aventureira, mas também ingênua e desinformada, fui com a cara e a coragem comprar passagem rumo à Tchecoslováquia, onde florescia a Primavera de Praga. Queria estudar cinema de animação, e na época Praga era referência na área. Mas faltando poucos dias para embarcar, enquanto tomava o café da manhã, deparei com uma manchete no jornal: "Tanques russos invadem Praga". Rasguei as passagens na hora. Era o fim de um sonho.

Comecei a sentir saudades do Brasil. Enquanto tentava entender os acontecimentos na Paris em turbulência política, trocava longas cartas com Moisés. Quando voltei, nos reaproximamos. Mas a ditadura seguia endurecendo no Brasil, e os riscos da militância de Moisés – o qual fazia parte de um grupo dissidente do Partido Comunista que dava suporte logístico a algumas ações da Ação Libertadora Nacional (ALN) – só aumentavam. Assustados, partimos para Israel.

Inicialmente, para dominar o hebraico, ficamos em um alojamento de estudantes em Nazaré. Depois, partimos para Haifa, onde Moisés foi estudar História das Nações do Islã, e eu aproveitei para continuar os estudos de Arquitetura no Instituto Technion. Nesse período, cuidava esporadicamente de bebês e, nas férias, trabalhei numa casa de repouso para idosos, onde lavava a louça e servia as refeições. Só voltamos para o Brasil um ano depois, no início de 1970, quando comecei a trabalhar na estamparia da fábrica de tecidos do meu pai.

A vida na fábrica

Na Bolívia, meu pai havia trabalhado como mascate e, posteriormente, como comerciante. No Brasil, ele abriu uma loja de tecidos na rua Oriente, no Brás, tradicional região de comércio em São Paulo. Alguns anos depois, montou uma fábrica de tecidos, uma estamparia e abriu algumas lojas para vender seus produtos. A fábrica comprava os fios, produzia os tecidos e os tingia. Os tecidos eram encaminhados então para a estamparia, de onde seguiam para a confecção de roupas femininas.

Na estamparia, eu ganhava um salário baixo em troca de flexibilidade de horários para conseguir conciliar trabalho e faculdade. Minha irmã, Sara, cuidava da contabilidade. No começo, cada empresa ficava num endereço diferente. Depois, confecção e estamparia se uniram em uma nova central em Barueri, município da região oeste da Grande São Paulo. Um lugar lindo, que já havia sediado o Curtume Franco-Brasileiro e, agora, abriga o Museu Municipal de Barueri. Um córrego e muitos salgueiros-chorões conviviam junto à edificação de pré-fabricados trazidos da França.

Durante esse trabalho, conheci uma pessoa extraordinária: dona Tina, que percorria as instalações da estamparia servindo o café. Como eu não tinha horário fixo, era ela quem me deixava a par de tudo o que acontecia. Me lembro de uma vez em que ela, muito preocupada, chegou na hora do almoço para me trazer uma notícia: "Ô, Clara, a marmita de um rapaz azedou. O que a gente faz? Ele não pode ficar sem comer". Concordei com ela, é claro, e providenciei uma refeição ao funcionário. Em seguida, eu, Tina e a responsável pelos recursos humanos encontramos um jeito de manter uma reserva para eventuais situações como aquela. E assim eu trabalhava com Tina, que, como uma central de notícias da estamparia, me contava sempre que acontecia um imprevisto ou um acidente, e matutávamos juntas para encontrar uma solução.

Cada vez mais, eu tomava conhecimento das particularidades do trabalho na estamparia. À época, havia uma lei que tornava obrigatória a ingestão de leite como forma de prevenir a intoxicação de pessoas que trabalhavam com tinta. Mas, naquele momento, a norma não estava sendo cumprida pela empresa, porque faltava leite na cidade. Quando me perguntaram o que fazer, a única saída que vi foi a greve. Assim, em 1972, eu os ajudei a organizar o protesto e fiquei com eles até a solução do problema. A medida deu certo: a empresa comprou leite em pó, que era mais caro, e poucos dias depois o leite voltou às prateleiras dos mercados. Hoje, as regras de saúde defendem somente a ingestão de água, não de leite.

Muitos anos depois do ocorrido, encontrei um empresário do setor têxtil em uma ocasião social. Ele veio até mim e perguntou: "Você é filha do Sr. Simão Ant, não é? É o único caso que conheço de uma filha do patrão que fez greve na empresa do pai!". E ali eu descobri que, entre alguns empresários da área, foi assim que fiquei conhecida.

De volta à USP

Em 1971, voltei para a universidade, para o curso de Arquitetura. A USP, a cada ano, vivia mais intensamente a efervescência política. Na FAU também se respirava política, mas eu não me liguei, de início, a nenhum grupo ou corrente política. Ainda assim, identificava-me com o pensamento de vários colegas, especialmente no que dizia respeito à defesa da democracia, à batalha pela reconstrução das entidades estudantis – a começar pela União Nacional dos Estudantes (UNE) e a União Estadual dos Estudantes (UEE) – e às manifestações contra a ditadura.

No meio desse novo turbilhão que foi minha volta à USP, eu e Moisés nos separamos definitivamente. Nossa amizade segue até hoje, agora também com sua esposa, Tereza. Já eu, não me casei mais. Amei e namorei muito, é verdade. Menos do que gostaria.

As faculdades de Filosofia, História, Geografia, Ciências Sociais, Comunicação, Artes e, em particular, de Arquitetura foram palcos de muitas iniciativas contra a ditadura e também de muito sofrimento. Por vezes, realizávamos manifestações e protestos. Outras eram atividades simbólicas que no fundo expressavam a recusa da censura, das perseguições, das prisões e dos assassinatos. Organizávamos também cursos de férias para ninguém ficar sem se encontrar por muito tempo. Mas saraus, apresentações de teatro e projeção de filmes eram passíveis de repressão. Em diversos momentos da longa ditadura, nos cinco anos que frequentei a FAU, vimos ou soubemos de muitos estudantes e professores que foram presos. Meu amigo Antonio Benetazzo, detido em 1972, não voltou. Foi torturado até a morte, noticiada como um "atropelamento de caminhão quando tentou fugir". A mesma versão foi contada para outros casos, inclusive o de Alexandre Vannucchi Leme, estudante da Faculdade de Geologia da USP, assassinado em 1973. Mais tarde, em 1976, seu nome batizou o reconstruído Diretório Central de Estudantes, o DCE da USP.

Vivíamos uma queda de braço. Mas, aos poucos, as respostas à repressão foram ficando mais contundentes, e a ditadura começou a enfraquecer. Não por acaso, o General Ernesto Geisel, ao assumir a presidência, transmitiu uma mensagem que fala por si: "Faremos uma abertura lenta, gradual e segura". Ou seja, a censura, a repressão e a opressão não podiam continuar como estavam.

A declaração dessa meta gerou uma forte polêmica: devíamos ou não apoiar a estratégia de Geisel? Esse foi o tema de uma assembleia na FAU, realizada, como de costume, em um dos ateliês mobiliados com grandes pranchetas reservadas para as aulas de projeto, paisagismo e planejamento urbano. E é claro que, durante as assembleias, as pranchetas serviam de palanque. Numa delas, um companheiro alinhado ao Partido Comunista, o "Partidão", fez um discurso dizendo que precisávamos maneirar e apoiar a distensão proposta por Geisel. Subi na prancheta e contra-argumentei: "Estamos todos lutando para mudar o país, para acabar com a ditadura, e agora temos que encontrar maneiras de agradar um ditador?".

Após o debate, reparei que havia um pequeno grupo, que não era de estudantes da FAU, nos assistindo. Quando desci da prancheta, um deles veio falar comigo. Uma figura impressionante, que poderia ser cover do Obelix devido ao porte, alto e robusto, e também pela rima do seu sobrenome. Era Glauco Arbix. Foi ele quem me apresentou ao trotskismo e à Frente Estudantil Socialista (FES). Alguns anos depois, a FES formou a chapa Liberdade e Luta para concorrer à direção do DCE da USP. Dali em diante, todos os militantes do grupo, mesmo os que não estavam mais no movimento estudantil, como eu, passaram a ser identificados como "Libelus", uma junção das sílabas de liberdade e luta. Na época, Glauco fazia parte de uma pequena corrente trotskista, com cerca de trinta militantes, chamada Organização Comunista 1º de Maio.

Em 1974, eu ainda não havia me associado formalmente a essa organização. Mesmo assim, conversávamos muito, e eles, diante da falta de opção das eleições daquele ano, na qual concorriam apenas os partidos ARENA e MDB, estavam convidando as pessoas a votar nulo. Eu, que não concordava com esse caminho, votei no Orestes Quércia do MDB para senador, mas ajudei nas panfletagens dentro da universidade por acreditar que a proposta deles era legítima e deveria ser divulgada.

A partir dali, nossas conversas se intensificaram. Fui convidada a fazer parte de um grupo de estudos e, após a leitura e a discussão de vários textos trotskistas e outros marxistas, passei a integrar a Organização Comunista 1º de Maio, que anos depois se uniu a outros pequenos grupos trotskistas para formar a Organização Socialista Internacionalista (OSI).

Acabei fazendo parte da militância organizada na OSI por treze anos. Aprendi muito com eles: política, arte, cotidiano, tudo. Uma militância que começou de forma clandestina, mas que mais tarde se tornou pública.

E não era só na ação política que divergíamos

Na FAU, as diferenças se estendiam ao campo do "fazer" Arquitetura e das relações da área com a transformação social. Não eram clivagens automáticas, mas havia um intenso debate sobre as condições de se fazer Arquitetura depois do "toque militar de recolher" do Golpe de 1964. Ideias e projetos inovadores surgiram de diversos arquitetos e professores, entre eles Mayumi Souza Lima, Sérgio Ferro, Rodrigo Lefèvre e Flávio Império. Alinhados à chamada Arquitetura Nova, atentavam-se ao compromisso social e à busca por formas alternativas de construção mais próximas da tradição e das necessidades populares. Foi dessa perspectiva que nasceram os Laboratórios de Habitação Popular (LabHabs) em várias escolas paulistas ainda na década de 1970, aproximando os movimentos da moradia e das universidades numa ação comum. Mais tarde, de 1989 a 1992, a perspectiva dos mutirões tecnicamente assistidos marcou a política habitacional da gestão da prefeita Luiza Erundina em São Paulo. Em 2008, foi aprovada a Lei Federal n.º 11.888, conhecida como Lei de ATHIS, que atribui ao Estado a responsabilidade pela Assistência Técnica para Habitação de Interesse Social, proposta pelo arquiteto e urbanista gaúcho Clóvis Ilgenfritz da Silva.

Em abril de 1975, a mobilização na Escola de Comunicações e Artes da USP (ECA) se intensificou, e os estudantes declararam greve. Os dizeres centrais desse movimento, "Reitor, demita o Nunes", representavam a insatisfação com os procedimentos repressivos e persecutórios do diretor Manuel Nunes Dias. Com a adesão solidária de estudantes de outras faculdades, entre elas a FAU, ficou claro que se tratava de um movimento mais amplo, em defesa da democracia. Fomos atores de um importante capítulo pela reconstrução do movimento estudantil. Neste caso, o legado foi a reconstrução do DCE da USP, o Diretório Alexandre Vannucchi Leme.

Concluí a faculdade nesse mesmo ano, em 1975. Mais um ciclo que se encerrava. Valeu a pena pelas pessoas que conheci e pelas amizades que selei com colegas, professores e professoras. Olhando para trás, também valeu por cada minuto que batalhei na FAU, na USP e nas mobilizações gerais em defesa da democracia. Valeram os sustos e o esforço de lutar pela libertação de colegas presos, de protestar contra os crimes cometidos na ditadura, de buscar justiça para as pessoas assassinadas. Valeram as noites não dormidas preparando panfletos, rodados em mimeógrafos a álcool, que nos propiciavam no máximo oitenta cópias. Valeu pela organização de um núcleo da FES, na FAU, com mais de vinte colegas e por ajudar a chapa Sair Dessa Maré a ganhar as eleições para o grêmio da FAU, derrotando a chapa liderada pelo Partidão.

Em 1976, já formada, participei de uma pesquisa do CEBRAP, sob a orientação do professor Juarez Rubens Brandão Lopes. Foi um momento de transição que poderia mudar muitas coisas em minha vida, a depender do emprego que eu conseguisse a partir dali. Poderia mudar de casa, de namorado, mas algumas certezas eu tinha: vislumbrava um rol de valores que parecia uma síntese do socialismo com o judaísmo – justiça social, solidariedade, disciplina, compromisso e lealdade. Ideias que vinham de casa e que se juntaram à experiência da militância. Aquela ideia do socialismo com liberdade continua me fascinando. E sigo cultivando uma verdadeira devoção pela democracia.

O horizonte libertário que o trotskismo apontava me atraía, mas nem sempre era praticado. Um exemplo que me marcou muito foi quando decidiram criar uma comissão de mulheres... coordenada por um homem! O argumento à época era de que a coordenação tinha que ter alguém do "birô político". E, naquele momento, eles achavam que nenhuma mulher estava à altura daquele alto comando. Mais tarde, fui a primeira a integrar esse "birô".

Em 1977, comecei a dar aulas de Planejamento Urbano na PUC de Campinas. Iniciava-se aí um novo e longo ciclo da minha vida, de mais de dez anos de ativismo intenso no movimento sindical. Foi nesse período que conheci Luiz Inácio Lula da Silva, então um dirigente sindical metalúrgico de São Bernardo do Campo, nascido em Garanhuns, Pernambuco.

Ilustração de Laerte Coutinho publicada no jornal *Tribuna Metalúrgica*. No começo de 1978, o Sindicato dos Metalúrgicos do ABC organizou o I Congresso da Mulher Metalúrgica para discutir os problemas das trabalhadoras.

PARTE II

Criação e recriação de raízes

LULA SEMPRE SE REFERE com muito orgulho ao movimento sindical da década de 1970 como "o melhor momento da luta sindical". De fato, o período foi marcado por uma combinação sem igual entre a mobilização de vários setores da sociedade e a forte retomada do movimento sindical.

A partir de dezembro de 1968, o AI-5 passou a intensificar a repressão de mobilizações populares. Grandes indústrias metalúrgicas haviam se instalado no Sudeste brasileiro, e a polícia passou a agir com mais força para impedir as diversas greves organizadas pelos trabalhadores, como as que ocorreram nas cidades de Osasco, em São Paulo, e Contagem, em Minas Gerais. Uma sequência de mobilizações estudantis também acontecia em sintonia com as articulações da Igreja Católica Progressista e de organizações democráticas e de direitos humanos, como a Comissão de Justiça e Paz da Arquidiocese de São Paulo e a Ordem dos Advogados do Brasil (OAB), entre outras.

Assim, os anos 1970 foram marcados pela criação e pela recriação de raízes fincadas pela força da indignação, pelo resgate da democracia e pela necessidade de sobrevivência de amplas camadas da sociedade, particularmente as mais pobres. Uma década que para alguns representou o "milagre brasileiro" e, para a maioria, uma intersecção entre a inflação devoradora de salários, a carestia e a asfixia da democracia. Na verdade, o milagre que ocorreu foi a construção e a reconstrução de movimentos que resgataram o sentido político da luta coletiva, plantando sementes gigantes para a sustentação das lutas mesmo sofrendo as consequências da repressão.

Pequena ou grande, nacional ou local, recente ou retomada, a presença desses movimentos deu o tom da resistência à ditadura na década de 1970, preparando os saltos da democracia que seriam dados a partir de 1980. Um período de cumplicidade que envolveu pessoas de todas as áreas, de operários a estudantes, de jornalistas a artistas, de cientistas a juristas, entre outros. A lista é grande.

A União Nacional dos Estudantes (UNE), criada em 1938, foi posta na ilegalidade pelo governo militar, mas nunca desistiu de voltar à ativa. E foi na década de 1970 que os estudantes foram às ruas e retomaram a realização dos encontros regionais, até conseguirem reconstruir a UNE no Congresso de 1979. As Comunidades Eclesiais de Base (CEBs), em atividade antes do golpe, também voltaram aos poucos, em meio a outros movimentos. Também em 1979 foi formada a União Nacional Indígena (UNI), a partir de assembleias locais. A UNI foi um importante ponto de apoio que possibilitou articulações mais amplas entre os povos e auxiliou lideranças indígenas emergentes a chegarem preparadas para interferir na elaboração da nova Constituição, que foi adotada em 1988.

Diante das prisões, da perseguição, do encarceramento e da tortura de oponentes políticos, várias manifestações pela anistia aconteceram no Brasil a partir de 1975, culminando, em 1978, na formação do Comitê Brasileiro pela Anistia (CBA), liderado por Therezinha Zerbini. Nesse mesmo ano, num evento amplo realizado na frente do Teatro Municipal de São Paulo, com forte representatividade de lideranças e apoiadores de grupos atuantes contra o racismo, nasceu o Movimento Negro Unificado (MNU), sinalizando a disposição de diversos grupos para somar forças contra a discriminação e a violência sofridas por negras e negros. Ainda em 1978 foi formado o grupo Somos, considerado a primeira organização em defesa dos direitos de pessoas LGBTQIA+ no Brasil. As iniciativas seguem até o início da década de 1980, com a criação do Movimento dos Trabalhadores Rurais Sem Terra (MST), que agregou famílias de agricultores que já vinham lutando, até então de forma dispersa, em vários pontos do país.

O MST reata com os movimentos anteriores ao golpe de 1964, recoloca a reforma agrária na pauta do país e vai além, unindo a posse da terra à educação, à cultura e à qualidade dos produtos.

Em 1981, nasceu o Movimento de Reintegração das Pessoas Atingidas pela Hanseníase (Morhan), fundado por um grupo de ex-internos de hospitais-colônias de hanseníase com o objetivo de enfrentar o preconceito e a desinformação.

O Movimento Contra a Carestia (MCC), expressão maior de reivindicações diante da perda de renda e de emprego por amplas camadas da população, nasceu em 1978 e se desenvolveu especialmente em bairros periféricos das grandes cidades. Foi marcado por uma presença forte de mulheres, em paralelo aos membros dos movimentos sindicais, predominantemente homens. Ambos se complementavam, muitas vezes, sem que nem mesmo seus agentes percebessem.

Mergulhando no movimento sindical

Em 1981, pouco antes da realização da primeira Conferência Nacional da Classe Trabalhadora (CONCLAT), os trabalhadores da base do Sindicato dos Metalúrgicos de São Bernardo do Campo e Diadema, ambos municípios da Grande São Paulo, preparavam-se para mais uma eleição. Concorriam duas chapas: a da situação, encabeçada por Jair Meneguelli, ferramenteiro da Ford Brasil, e a da oposição, encabeçada por Osmar Mendonça, conhecido como Osmarzinho, funileiro da Oficina Autorama.

A chapa da situação era apoiada pelo presidente do Sindicato dos Metalúrgicos, Luiz Inácio Lula da Silva. Havíamos marcado uma reunião para falar sobre a CONCLAT, e cheguei mais cedo do que o combinado. O prédio do sindicato, de quatro andares, fica em São Bernardo do Campo, São Paulo, na rua João Basso, travessa da rua Marechal Deodoro, próximo à Igreja da Matriz. Foi construído com o apoio de muitos, incluindo a venda de rifas na porta das fábricas, conforme relembra Djalma Bom, à época operário da Mercedes--Benz, uma das maiores montadoras de veículos instalada na região.

Subi até o andar da sala da diretoria. Percorri aquele saguão amplo, de cerca de oitenta metros quadrados, que me lembrou um "*showroom* da democracia". Em um mural constavam, lado a lado, os cartazes das duas chapas concorrentes.

Um dos operários presentes no saguão também parecia aguardar um encontro. Estava lendo a *Tribuna metalúrgica*, jornal do sindicato que trazia, diariamente, a coluna do João Ferrador. O personagem, criado pelo jornalista Antonio Carlos Félix Nunes, também fundador da *Tribuna*, recebeu na mesma época uma "existência gráfica" pelas mãos da cartunista genial Laerte Coutinho, também com histórias em quadrinhos. O personagem vocalizava as queixas que os trabalhadores não podiam fazer, por medo de serem identificados e, consequentemente, punidos ou demitidos. Assim, os problemas tornavam-se públicos, universais, na forma de broncas de João Ferrador, que permitia a criação de uma identidade entre trabalhadores de diferentes fábricas, mas que viviam os mesmos problemas. Um salto vinha sendo dado, transformando denúncias isoladas em pauta de reivindicações de toda a categoria.

Minha mente começou a organizar um inventário das realizações do sindicato que iam além dos limites da atuação corriqueira do assistencialismo, como a garantia de apoio jurídico e médico. Eu já tinha conhecimento dessas ações, de ouvir falar ou de ler as notícias, mas nunca as havia listado uma a uma. Fui preenchendo mentalmente os andares do prédio com as atividades realizadas e sentindo a força que residia ali dentro. Uma força que rompia paredes, que estava pronta para enfrentar ataques, como o que ocorreu em 1980, quando, mesmo com o sindicato sob intervenção do Ministério do Trabalho e com seus líderes presos, a atividade do Fundo de Greve garantiu a sustentação dos grevistas e de suas famílias. Uma força que contou com o apoio de Dom Claudio Hummes, bispo de São Bernardo, que abriu as portas da Igreja da Matriz para acolher a energia que a repressão imaginava conseguir destruir quando interveio no sindicato.

Dezenas de milhares de trabalhadores carregavam vivamente a convicção de que "o sindicato somos nós, nossa força e nossa voz". Também, pudera: durante a campanha salarial de 1980, o sindicato imprimiu cento e vinte mil cópias de um caderninho contendo as principais informações sobre a pauta e a negociação. O companheiro Tarcísio Tadeu, aposentado da Volks, me mostrou um exemplar guardado desde aquela época. Dá para entender a importância da informação para uma categoria profissional, assim como sua participação na luta pela melhoria de salários. Vejo, também, como o acesso à informação sempre foi precioso para Lula. Durante a greve de 1980, o sindicato, que estava sob intervenção governamental, continuou existindo nas ruas, no estádio da Vila Euclides, na Igreja da Matriz e, como dizia Dona Marisa, então esposa de Lula, dentro de sua própria casa.

Mesmo tendo chegado à sede mais cedo que o combinado, Lula me convidou para entrar na sala da diretoria e assistir a uma reunião em curso. Me senti privilegiada. Eu já havia conhecido muitos dirigentes sindicais e já tinha sido recebida em sindicatos de diversas categorias, mas presenciar uma reunião dos diretores do Sindicato dos Metalúrgicos do ABC Paulista enquanto eles estudavam a melhor maneira de derrotar a oposição foi excepcional. Lula – o "baiano", como fora apelidado pelos colegas de fábrica, apesar de ser pernambucano – estava muito à vontade com seus companheiros. Era como se estivesse em família, com seus sete irmãos. Mas ali, naquele ambiente em que a política fervilhava, ele não era o caçula que foi por muitos anos. Entre os membros da diretoria, parecia o primogênito, o orientador de um grupo que, mesmo sabendo que ganharia as eleições, buscava ganhar da melhor maneira possível, conclamando seus companheiros a uma vitória esmagadora. Pelo estatuto do sindicato, Lula não poderia concorrer: por sua própria iniciativa, uma assembleia havia votado que um presidente não poderia permanecer no cargo por mais de dois mandatos. E ele, que vinha participando da diretoria em diversos cargos até chegar à presidência, carregava dentro de si a memória e o legado que viria, a partir dali, a ser liderado por Jair Meneguelli.

Lula não somente conhecia cada pedaço daquele edifício e o que funcionava dentro dele, como também havia ajudado a construí-lo.

Havia se jogado na batalha pela continuidade e pela preservação do sindicato como alguém se atira para defender um filho, um pedaço de si mesmo. Ele sabia que com 51%, 60%, 70% dos votos, já teriam uma vitória. Mas o novo mandato no sindicato não contaria com sua presença, e foi aí que entendi que a ideia era fazer do processo um alto capital inicial: buscavam consolidar a liderança da chapa apoiada por Lula e encabeçada por Jair para facilitar, já de início, o trabalho da nova diretoria. Dito e feito: conseguiram pouco mais que 90% dos votos válidos numa vitória espetacular.

Naquele curto intervalo de tempo, ouvindo atentamente a conversa da diretoria, conheci mais do Lula do que nos quatro anos anteriores. A contar da primeira vez que o vi, em 1977, numa assembleia dos metalúrgicos que acompanhei para o jornal *O Trabalho*, porta-voz da corrente política trotskista a que eu havia me alinhado em 1974, quando ainda era estudante da USP. O mesmo jornal que, naquele tempo, alguns diretores instigados por Lula destruíram. É verdade que nossa corrente reconhecia em Lula uma importante liderança, mas o tratava, nos anos 1970, como um "neo-pelego".[3] Com razão, ele e seus companheiros não nutriam muita simpatia por nós à época.

Não há nada de estranho no fato de uma chapa planejar seu desempenho a poucos dias do pleito. É absolutamente normal que os integrantes da diretoria em exercício e os membros da chapa apoiada por eles se reúnam e articulem um plano para ganhar a eleição da melhor maneira possível. Mas enquanto a reunião acontecia lembrei-me de algo incomum que havia visto ao caminhar pelo saguão do prédio: uma sala destinada às reuniões da chapa de oposição, localizada no mesmo piso das salas da diretoria e da presidência. Isso sim era novidade para a realidade das disputas no meio sindical daqueles tempos.

Em época de eleições para as diretorias, nas portas dos sindicatos das principais categorias, lideranças de chapas opostas e seus apoiadores se digladiavam, trocando desde ofensas verbais até socos e pontapés.

---

[3] "Pelego" é a expressão utilizada pelos trabalhadores para qualificar os dirigentes sindicais que, em vez de estimular as lutas para obter respostas às reivindicações da categoria, se omitem ou se alinham a interesses de empresários.

Essa violência era ainda maior quando dirigida às mulheres sindicalistas. Eu mesma e várias outras companheiras éramos frequentemente insultadas com as palavras mais baixas. E não somente em épocas de eleições. Sumara, uma companheira metalúrgica de São Paulo, dos tempos da OSI, relatou algo que ajuda a imaginar o ambiente em que as mulheres trabalhadoras tinham de enfrentar e, simultaneamente, como Lula reagia. Em uma assembleia dos metalúrgicos do ABC Paulista, ocorrida durante a greve de 1979 no estádio da Vila Euclides, ela ouviu Lula chamar a atenção dos metalúrgicos: "Companheiros, parem de passar a mão na bunda das companheiras. Vamos respeitar as companheiras, elas estão aqui lutando com a gente...".

Nesse contexto em que os conflitos se tornaram corriqueiros, chegando a haver registros – muito raros, é verdade – de enfrentamentos armados, o fato de existir uma chapa de situação, controladora natural das instalações e dos recursos do sindicato, que se preocupa em oferecer, à oposição, condições de trabalho e liberdade para se reunir no mesmo edifício, pode, sim, ser considerado algo excepcional, pois fugia à regra.

A reunião que tive com Lula em 1981, na sede do Sindicato dos Metalúrgicos do ABC, foi a primeira oportunidade que tivemos de conversar olho no olho, mas parecia que já éramos velhos amigos, pois com frequência compartilhávamos eventos do partido e do movimento sindical. Foi o ano da CONCLAT. O PT já havia sido criado. Em 1982, vieram as eleições gerais, exceto para presidente. A campanha pelas Diretas Já, que clamava pela retomada das eleições diretas ao cargo da presidência da República, aconteceu em 1983 e 1984. Um novo momento na história do Brasil estava sendo gestado, e eu, então diretora da Federação Nacional dos Arquitetos e Urbanistas (FNA) e do sindicato da categoria, atuava próxima do maior líder sindical que o Brasil conheceu naquele período. Essa proximidade cresceu muito a cada ano.

Em 1991, quando nossos mandatos – o meu, de deputada estadual e o dele, de federal – terminaram, Lula me convidou para ser sua assessora no PT. Começava ali uma longa jornada da qual participei diretamente, atuando como sua assessora especial nos oito anos de governo e seguindo como diretora e conselheira do Instituto Lula.

Professora, ativista sindical e política

Participei intensamente do movimento sindical por doze anos: desde 1977, quando fui contratada como professora assistente na disciplina de Planejamento Urbano da Faculdade de Arquitetura e Urbanismo da PUC de Campinas, até 1989, quando acabou meu mandato na Federação Nacional dos Arquitetos (FNA).

Entrei no Sindicato dos Arquitetos e Urbanistas no Estado de São Paulo (SASP) logo depois de me formar e passei a fazer parte da Associação dos Professores do Ensino Oficial do Estado de São Paulo (APEOESP) quando comecei a dar aula em Campinas. Naquele tempo, a APEOESP agregava também professores do ensino privado.

Foi nessa mesma época que participei do comando de greve dos servidores públicos municipais, liderado pela companheira Luiza Erundina. E então, através da participação no sindicato e na FNA, conheci e me aproximei mais da vida sindical, atuando ao lado de trabalhadores de várias categorias operárias. A FNA se filiou à Central Única dos Trabalhadores (CUT) imediatamente após a fundação, em agosto de 1983.

Na diretoria da FNA, assumi o cargo de segunda vice-presidenta em 1983, no mandato de Clóvis Ilgenfritz. Eclodiam, então, as manifestações das Diretas Já, e decidimos fazer eleições diretas também para a diretoria da FNA. Era nossa forma de apoiar uma luta que dizia respeito a toda a população, assim como sinalizar contra a burocratização da grande maioria das diretorias das federações sindicais, que mais operavam como obstáculo às causas daqueles que deveriam representar. Nas eleições de 1986, Clóvis foi sucedido na presidência por Newton Burmeister. Segui no cargo de vice-presidenta até 1989, quando nosso mandato chegou ao fim.

Esse foi, talvez, o período de maior ativismo, de maior envolvimento e de maior dedicação da minha vida ao movimento sindical. E não é que os outros períodos tenham sido calmos – nem os anteriores, nem os que vieram depois da minha participação no movimento. Sempre me dediquei a longas jornadas na luta. Noites pouco dormidas já eram uma realidade na faculdade, quando o acompanhamento das aulas se misturava à militância política contra a ditadura. Mas ali, no movimento sindical, a vibração de estar participando de uma reconstrução histórica e da construção de algo novo era intensa e incrível. Esses foram, também, os anos mais ricos do movimento sindical e de sua retomada na esteira da democratização, quando se idealizou e construiu a mais ampla e consistente experiência de organização sindical de trabalhadoras e trabalhadores no Brasil.

"Judia, boliviana e divorciada"

Em Campinas, na qualidade de professora, colaborei para a formação da oposição ao Sindicato de Professores do Ensino Privado, na campanha salarial que ocorreu em 1977 e na batalha pela criação da Associação dos Professores da PUC de Campinas (APROPUCC), nos moldes da APROPUC de São Paulo. Quando houve uma greve por melhores salários, eu estava lá, assim como em outras mobilizações. Então, antes de começar o ano letivo de 1978, fui demitida.

A decisão da diretoria me afetou pessoalmente, pois me mudei para a cidade de Campinas imaginando que começaria ali um novo ciclo da minha vida. Mais precisamente, meu primeiro ciclo profissional, já que todos os trabalhos anteriores haviam tido características provisórias, visando apenas garantir meu sustento até que eu me formasse. O curso de Arquitetura na USP era de período integral, incluindo meio período aos sábados. Era muito difícil conciliar a faculdade com algum emprego fixo de jornada longa. Assim, começar uma carreira profissional na área de Planejamento Urbano era, para mim, um novo horizonte que tinha tudo a ver com a minha vocação.

Mas tudo foi por água abaixo. Confesso que o pior não foi perder o emprego, e sim saber pelos ex-colegas, entre eles meu querido amigo Carlos Martins, também professor à época, que o reitor da universidade, Benedito José Barreto Fonseca, quando perguntado por jornalistas sobre a razão da minha demissão, respondeu algo como: "Além de fazer campanha salarial, além de participar da oposição ao sindicato e querer construir uma associação de professores aqui na PUC de Campinas, além de tudo isso, ela é judia, boliviana e divorciada".

Em tão poucas palavras, antissemitismo, xenofobia e machismo foram escancarados de uma só vez. O reitor justificou com intolerância a demissão de uma professora que só queria melhores salários e liberdade sindical. Como fantasmas, esses preconceitos me acompanham até hoje.

A vigésima sétima

Mas é claro que a vida continua. Logo após sair da PUC-Campinas, consegui emprego na Faculdade de Arquitetura Braz Cubas, no município de Mogi das Cruzes. E logo que comecei a dar aulas, a faculdade demitiu vinte e seis professores. Os colegas começaram um movimento em defesa de sua recontratação. Foi marcada uma reunião com a direção da escola, e lá estava eu de novo na luta. Alguns minutos após um embate verbal entre o diretor da faculdade e eu, um funcionário do setor de recursos humanos me entregou, ali mesmo, antes de a reunião terminar, uma carta. Segundo ele, havia ocorrido um engano: os demitidos não eram vinte e seis, e sim vinte e sete. Eu era a vigésima sétima.

Sampa e as oportunidades

Fui levando nesse aperto até que, depois de quase um ano sem perspectivas de emprego em Campinas, acabei voltando para São Paulo. Finalmente havia conseguido um trabalho na Coordenadoria Geral de Planejamento da Prefeitura de São Paulo (COGEP), graças à oportunidade que o arquiteto Cândido Malta, então coordenador do órgão, me propiciou. Diga-se de passagem, a segunda oportunidade, porque ele já havia sido meu orientador no trabalho de conclusão de curso da graduação e sustentou fortemente meu direito de fazer um trabalho de Arquitetura escrito. A abordagem conservadora no meio arquitetônico só admitia projetos gráficos, mas Cândido Malta enfrentou o conservadorismo, e eu pude expor as minhas ideias livremente.

Fiquei três anos na COGEP e reencontrei amigas e amigos de longa data: Sarah Feldman, grande amiga desde a adolescência no Bom Retiro; Irene Iyda, um poço inesgotável de energia e camaradagem; entre outras e outros colegas da FAU/USP. Também fui conquistada por novas amizades: Vicente Trevas, que me salvou de ser demitida na mobilização da greve dos servidores públicos, em 1979; Lúcio Kowarick, que eu tinha conhecido rapidamente quando trabalhei no CEBRAP e com quem escrevi três textos: um sobre favelas, outro sobre cortiços e um terceiro sobre violência urbana; e Pedro Paulo Martoni Branco, que me apelidou de "carbonária" por eu ter detonado, depois de muitos debates, um texto em que estávamos trabalhando juntos.

Além do emprego na COGEP, meu retorno a São Paulo foi recheado de uma sequência de oportunidades. Minha querida amiga Rosa Iavelberg me emprestou, por três meses, o apartamento em que vivia, e logo depois conheci Tita Dias, que procurava alguém para dividir as despesas da casa em que morava. Nesses anos, compartilhamos muito mais do que a casa. Tita, que fazia parte da oposição ao Sindicato dos Bancários de São Paulo, estava em plena mobilização para derrotar o pelego Francisco Teixeira. Saiu dessa batalha vitoriosa, colocando na presidência do sindicato o bancário Augusto Campos e trazendo de volta à cidade de São Paulo esse poderoso sindicato que fez e faz história.

Casa ou depósito de panfletos?

Tita praticamente não parava na casa que, nessa temporada, mais parecia um depósito de panfletos. Duas características dela me impressionavam muito. A primeira é que, em 1978, Tita não sabia o nome de quase nenhuma rua, e se referia aos endereços de acordo com as agências bancárias – isso me ajudou a entender e a prestar atenção em como cada pessoa constrói referências espaciais de acordo com a própria vida, com o próprio cotidiano. A outra foi a entrega apaixonada de sua participação no processo eleitoral e nas lutas do Sindicato dos Bancários. É impossível esquecer a imagem de Tita em 1987, quando Luiz Gushiken já era presidente do sindicato, falando ao microfone, em cima do caminhão de som, grávida de oito meses, com aquele barrigão enorme. Simplesmente empolgante.

Naquela época, conquistar a diretoria era uma das principais lutas do movimento sindical para colocar os sindicatos a serviço dos trabalhadores. O sonho era ter um sindicato atuante, e para isso era essencial derrubar os pelegos. A cada nova oportunidade eleitoral, construíamos cordões de solidariedade para apoiar as chapas de oposição ao peleguismo.

Devido à participação intensa no movimento, minha inserção na OSI se deu no setor sindical, em um coletivo formado pelas células de sindicalistas. Graças a essa militância orgânica, a cada reunião do setor sindical eu tinha a possibilidade de acompanhar as campanhas salariais, as greves e as movimentações na construção, na reconstrução e na organização das entidades representativas de cada setor. Era como se eu atuasse num observatório das mobilizações sindicais do país. Um lugar privilegiado.

Foi nessa mesma época que presenciei a assembleia do Sindicato dos Metalúrgicos de São Bernardo e Diadema, comandada por Lula. Não havia iniciação melhor à luta sindical do que participar dessas atividades entre os anos 1977 e 1979. Era como se eu estivesse cursando uma "escola sindical", com desafios novos a cada dia, e tivesse como colegas de turma essa gente toda que liderou a virada do sindicalismo brasileiro e conduziu milhares de ativistas à construção da mais forte Central Sindical do Brasil: a CUT. Daí em diante, ao longo de doze anos, minha vida foi dedicada ao movimento sindical.

Congresso da Mulher Metalúrgica de São Bernardo do Campo

Ao relembrar as realizações do Sindicato dos Metalúrgicos na época em que foi presidente, Lula sempre faz questão de mencionar o Primeiro Congresso da Mulher Metalúrgica, realizado em 1978. Na cerimônia de abertura, ele saudou a coragem das trabalhadoras por terem enfrentado ameaças, inclusive de demissão, caso participassem do Congresso. Das oitocentas trabalhadoras inscritas, pouco mais de trezentas e cinquenta participaram, dado que o ambiente de insegurança criado pela ditadura era reproduzido diretamente nos locais de trabalho.

A presença de cada uma delas foi relevante para abrir caminho à maior participação de mulheres no movimento. Muito do que foi debatido e decidido nesse primeiro Congresso veio a público através da imprensa local, do próprio jornal do sindicato e de convidados. No filme a que assisti sobre o evento, *Trabalhadoras metalúrgicas* (1978), de Renato Tapajós e Olga Futemma, salta aos olhos a indignação das jovens trabalhadoras por não entenderem o motivo de receberem um salário menor do que o dos homens se o trabalho era o mesmo. Uma pesquisa feita pelo Departamento Intersindical de Estatística e Estudos Socioeconômicos (DIEESE) durante o Congresso confirmou a diferença brutal, com as mulheres chegando a ganhar metade do que ganhavam os homens. Elas também se queixavam da pressão e do assédio das chefias, além de relatarem, inconformadas, a pouca disponibilidade de banheiros e a falta de vestiários e de creches.

As reivindicações das trabalhadoras metalúrgicas foram reiteradas sete anos depois no Primeiro Encontro Estadual da Mulher Trabalhadora. O evento foi proposto por mim quando fazia parte da executiva da CUT São Paulo, em 1985. Foi pequeno. Foi pioneiro. Contei com a ajuda de muitas companheiras que já participavam de atividades específicas para mulheres muito antes de mim, entre elas Didice Godinho Delgado, então presidenta do Sindicato de Assistentes Sociais do estado de São Paulo. O amigo Celso Maldos, fotógrafo e câmera, gravou parte desse encontro, o que me permitiu, muitos anos depois, fazer uma viagem no tempo.

Muito do que havia sido feito pelo Sindicato dos Metalúrgicos de São Bernardo do Campo, nós, do movimento sindical de outras categorias de trabalhadores, já tínhamos conhecimento. Vários sindicatos da ala dos "Autênticos" tomaram iniciativas que romperam de fato com as limitações que a estrutura sindical impunha, e o mesmo pode ser dito das batalhas das oposições sindicais.

Em 1943, a Consolidação das Leis do Trabalho (CLT), adotada em plena ditadura Vargas, passou a garantir em lei os direitos referentes à remuneração, à jornada, ao descanso, à proteção frente à insalubridade e à periculosidade do ambiente de trabalho, à maternidade e a outros aspectos relevantes da vida dos trabalhadores. Mas essa mesma CLT continha restrições explícitas à organização nos locais de trabalho, nos sindicatos e junto aos demais trabalhadores de outras categorias profissionais. E é evidente que, suprimidas as liberdades de reunião, organização, manifestação e união com os demais trabalhadores, fica muito difícil usufruir do que a própria lei garante. A conquista de espaços organizativos intersindicais foi árdua. Quem tentou, quem lutou, quem se arriscou foi duramente reprimido.

Desde 1906, quando, no Primeiro Congresso Operário Brasileiro, foram lançadas as bases para uma organização operária sindical de âmbito nacional, a dinâmica tem sido praticamente a mesma: os trabalhadores buscam sua unidade e organização nacional, e os governos, em apoio aos interesses empresariais, reprimem, dissolvem e proíbem tais organizações. O padrão se repetiu na Confederação Operária Brasileira (COB), em setembro de 1908; nos congressos seguintes, ocorridos em 1913 e 1920; na Confederação Geral dos Trabalhadores do Brasil (CTB), em 1929; na Confederação Sindical Unitária do Brasil (CSUB), em 1935; no Movimento Unificador dos Trabalhadores (MUT), em 1945; na CTB de 1946; e nas articulações que levaram à formação do Comando Geral dos Trabalhadores (CGT), em 1962. Uma dinâmica muito clara que revela a intolerância empresarial frente às reivindicações mais elementares dos trabalhadores, à sua unificação organizativa e à liberdade de seus líderes.

Finalmente uma Central Sindical

O ponto alto do período entre o final dos anos 1970 e o início dos anos 1990 foi a construção da Central Sindical, uma conquista que os trabalhadores brasileiros já haviam tentado alcançar várias vezes, desde o começo do século XX. As poucas tentativas que vingaram permaneceram por pouco tempo, ou pela fragilidade do movimento ou, na grande maioria das vezes, por terem sido reprimidas.

O golpe militar de 1964 proibiu formalmente a atuação do CGT e de qualquer organização intersindical, bem como das organizações populares.

Os sindicatos sofreram intervenções pesadas, e em 1967 a legislação trabalhista foi modificada. A primeira medida foi a criação do Fundo de Garantia por Tempo de Serviço (FGTS), que, para ser implementado, extinguiu dois artigos da CLT: o que previa ao funcionário indenização de um mês de salário por ano trabalhado, em caso de demissão sem justa causa, e o que assegurava estabilidade no emprego ao trabalhador do setor privado que completasse dez anos na mesma empresa. A atuação dos sindicatos continuou limitada, quando muito, a um papel de assistência aos trabalhadores, sem poder defender as condições de trabalho e de remuneração das categorias. Na prática, as liberdades de organização, expressão e manifestação foram estranguladas, e o direito de greve, extinto.

Com o tempo, os decretos dos militares institucionalizaram o arrocho salarial e as fraudes no cálculo da inflação. Assim, impedir a atividade sindical era um ponto de apoio para a manutenção do regime.

Levantamentos da Comissão Nacional da Verdade (CNV)[4] informam que, entre março e abril de 1964, a ditadura militar nomeou 235 interventores nos sindicatos do país:

---

[4] A Comissão Nacional da Verdade foi criada pela Lei n.º 12528/2011 e instituída em 16 de maio de 2012. Tem por finalidade apurar as graves violações de direitos humanos, assim como de práticas de perseguição e políticas que provocaram desemprego e insubsistência dos trabalhadores no período de 18 de setembro de 1946 a 5 de outubro de 1988.

No total, o ano de 1964 somaria a intervenção do Ministério do Trabalho em 409 sindicatos e 43 federações. Entre 1964 e 1970, o número de sindicatos atingidos pela repressão chegou a 536, e a estimativa de dirigentes cassados neste período é de 10 mil. Na base do Sindicato dos Metalúrgicos de São Paulo, por exemplo, foi estimado em 1.800 o número de delegados [sindicais] denunciados pelos interventores após o golpe (GONÇALVES *et al*, 2019).

Ainda segundo o relatório, as regiões mais prejudicadas foram o Nordeste (42%) e o Sudeste (39,55%), sendo Pernambuco e São Paulo os estados que sofreram maior repressão nos primeiros anos da ditadura.

Repressão na Volkswagen: um paradigma

O governo militar se apoiou no empresariado para levar o terror aos locais de trabalho. Há muitos relatos e documentos sobre esse tipo de colaboração no relatório da CNV, mas o caso da Volkswagen é exemplar graças à persistência na busca por reparação do operário Lúcio Bellentani, torturado em 1972, dentro da fábrica de São Bernardo do Campo, por distribuir panfletos considerados subversivos.

O sistema de segurança interna da Volks foi montado por Franz Paul Stangl, diretor dos campos de concentração de Treblinka e Sobibor, na Polônia, que havia fugido para o Brasil. De acordo com reportagens da *DW Brasil*,[5] Stangl fez parte do Aktion T4, programa nazista para o extermínio de pessoas com deficiência. Na Volkswagen, foi o terror dos funcionários até 1967, quando, por iniciativa de Simon Wiesenthal, sobrevivente do Holocausto e conhecido caçador de nazistas, Stangl foi denunciado, preso e deportado para ser julgado na Alemanha.

---

[5] Disponível em: https://bit.ly/3uL4C1j. Acesso em: 1º abr. 2022.

Os episódios envolvendo a Volkswagen do Brasil e ex-agentes da Gestapo foram roteirizados para a minissérie *The Factory's Basement*, produção da Grifa Filmes. O projeto, de autoria de Fernando Morais, recebeu o prêmio Best History Pitch do Sunny Side of The Doc 22 (Festival Sundance de Cinema de 2022).

Segundo o historiador Christopher Kopper,[6] contratado em 2017 pela sede alemã da Volkswagen para relatar os eventos ocorridos na filial brasileira durante a ditadura, a segurança industrial monitorava as atividades de oposição e chegou a facilitar a prisão de no mínimo sete empregados. Ao menos cem funcionários que participaram de greves foram prejudicados, tendo seus nomes divulgados para outras empresas com a colaboração direta da Federação das Indústrias do Estado de São Paulo (FIESP). Ao serem demitidos, dificilmente conseguiam outro emprego.

Se é louvável que a própria Volkswagen tenha encomendado e divulgado, ainda que trinta anos depois, um estudo para informar o que ocorreu no seu interior nos anos da ditadura, também é estarrecedor tomar conhecimento, através de uma entrevista do próprio presidente da Volkswagen,[7] de que isso era uma rotina em todas as empresas.

Mas nem por isso os trabalhadores foram calados totalmente.

Conferências, encontros e articulações

Apesar da repressão e das perseguições, o objetivo de construir uma Central Sindical que representasse todos os trabalhadores nunca saiu do horizonte de quem participava do movimento sindical. As tentativas históricas antes de 1964 e as articulações contra o arrocho salarial se constituíram em antessala dessa empreitada.

Em 1977, quando eu dava os primeiros passos na participação do movimento – ainda bastante limitada às áreas em que havia

---

[6] Disponível em: https://bit.ly/3K6zIHe. Acesso em: 1º abr. 2022.

[7] Disponível em: https://bit.ly/3LB4rfT. Acesso em: 1º abr. 2022.

atuado, mas já participando de um ou outro foro intersindical –, alguns dirigentes de fortes categorias de trabalhadores deram um passo ousado que pode ser considerado o momento-chave na trajetória da construção de uma Central Sindical.

Nesse mesmo ano, aconteceu no Hotel Nacional, em Brasília, a 4ª Conferência Nacional das Classes Produtoras (CONCLAP), que contou com a participação de mais de dois mil empresários e com um discurso de abertura do presidente Ernesto Geisel. Entendendo que esse direito também deveria ser dos trabalhadores, alguns sindicalistas resolveram se articular para garantir a realização de uma Conferência Nacional da Classe Trabalhadora: a CONCLAT. A proposta foi colocada diretamente ao presidente Geisel, na confraternização de conclusão do curso oferecido pelo Ministério do Trabalho aos sindicalizados da indústria do estado de São Paulo. O porta-voz da ideia foi Hugo Perez, então presidente da Federação dos Trabalhadores nas Indústrias Urbanas. A proposta ecoou em toda a imprensa. A confluência entre a disposição de organizar a conferência e a poderosa mobilização pela reposição salarial garantiu a força e os meios para a construção de uma nova Central Sindical.

Nesse processo, sob a pressão negativa que a inflação exerce sobre os salários e a recessão, sobre os empregos e o custo de vida, as articulações intersindicais se multiplicaram. Novas lideranças foram ocupando espaço no cenário nacional, sem que isso significasse uma única concepção ou a adoção de uma única forma de luta. Aparentemente, todos se opunham à política salarial e às restrições de organização e manifestação impostas pela ditadura. Mas havia diferenças. Então, duas correntes distintas se formaram entre essas articulações.

De um lado, havia lideranças de sindicatos e federações próximas ao Partido Comunista Brasileiro (PCB), ao Partido Comunista do Brasil (PCdoB) e ao Movimento Revolucionário Oito de Outubro (MR8), que passaram a liderar, em 1979, a Unidade Sindical. Aliados a eles estavam dirigentes conhecidos como pelegos, pouco ou nada comprometidos com os trabalhadores e as suas reivindicações, tais como Joaquim dos Santos Andrade, o "Joaquinzão", que chegou a cumprir oito mandatos na presidência do Sindicato dos Metalúrgicos de São Paulo.

Do outro lado, a corrente dos dirigentes Autênticos, junto com as oposições sindicais, foram protagonistas de encontros como o Encontro Nacional de Oposições Sindicais (ENOS), em dezembro de 1979; o Encontro Nacional dos Trabalhadores em Oposição à Estrutura Sindical (ENTOES), em setembro de 1980; e a Articulação Nacional de Movimentos Populares e Sindicais (ANAMPOS), criada em 1980. Eu participei do ENTOES e da ANAMPOS.

CONCLAT (1981)

Mesmo com todas as greves e as mobilizações, com todas as articulações intersindicais e eleições que vinham deslocando muitos dos antigos pelegos ancorados nas diretorias devido à não participação das bases, foi surpreendente o fato de que, em agosto de 1981, em plena ditadura militar, tenha sido organizada uma reunião com mais de cinco mil delegados, vindos de todos os cantos do Brasil. Surpreendente, sim, mas factível diante da força das mobilizações do final dos anos 1970 e início dos anos 1980.

Quando entrevistei Hugo Perez em 2020, ele me contou que Lula fora enérgico na defesa da concretização da CONCLAT, alertando os dirigentes sindicais apinhoados numa reunião em São Bernardo do Campo de que "se não for feito agora, vai acabar não sendo feito nunca". Foi um daqueles momentos especiais em que a liderança enxergou mais longe.

E a CONCLAT aconteceu. Delegados eleitos nas assembleias de seus respectivos sindicatos ou associações, a partir de critérios de representação e participantes dos Encontros Estaduais da Classe Trabalhadora (ENCLAT), reuniram-se para debater pautas que incluíam, entre muitos temas, a criação de uma Central Sindical e a adoção de um plano de luta. Esses dois pontos principais ainda abrangiam a definição da data de criação da Central e o grande debate em torno da organização nos locais de trabalho e da unicidade sindical – ou seja, se deveria existir apenas uma ou várias centrais.

A infraestrutura foi providenciada para 2.500 pessoas, cerca de metade dos participantes. Isso mostra que nem mesmo a comissão organizadora, que tinha informações sobre a movimentação preparatória do evento, tinha noção exata do significado dessa convocação para que cada trabalhador tomasse a iniciativa de se deslocar de sua cidade, de seu estado, para chegar ao local da conferência, no litoral paulista.

"Alô, Bittar"

O município de Praia Grande, litoral do estado de São Paulo, a setenta e oito quilômetros do centro da capital paulista e próximo dos municípios de Santos e Guarujá, abriga colônias de férias de muitos sindicatos de trabalhadores. A sede de uma delas, a dos trabalhadores da indústria têxtil, foi o espaço onde se realizou a CONCLAT de 1981. Um prédio que ainda estava em construção e que, à primeira vista, tornava temerária a realização de um evento com tantas pessoas e tantas polêmicas. Ao final do encontro, depois de três dias de debates, mesmo com todos os cinco mil participantes apertados naquele local em obras, os materiais de construção espalhados pelo espaço continuaram exatamente como antes: os milhares de brasileiros – e as pouquíssimas brasileiras – ali presentes vibravam pela oportunidade de dar um passo decisivo na organização nacional de todos os trabalhadores e pela responsabilidade que cada um de nós carregava. Todos ali tinham a mais perfeita consciência do papel que exerciam.

Esse retrato de paz na pluralidade da CONCLAT de 1981 foi também um grande mérito da mesa diretora, que soube ludibriar as enormes dificuldades decorrentes do estranho espaço, das falhas do som, da quantidade de gente, da diversidade de temas e da necessidade de realizar votações. A mesa ficava quatro metros acima do nível da plenária geral, num espaço que provavelmente havia sido previsto no projeto do arquiteto Vilanova Artigas para ser um mezanino. Mas, no estágio em que a construção do edifício estava, parecia uma estranha varanda.

Os companheiros que dirigiram a mesa criaram um sistema inusitado de comunicação entre os diferentes espaços, distribuindo vários microfones sob a responsabilidade de outros integrantes da mesa diretora. Quando alguém muito distante se inscrevia para falar, o responsável pelo microfone dizia em alto e bom som: "Alô, Bittar". E Jorge Bittar, então presidente da Federação Nacional dos Engenheiros (FNE) e também da mesa, empenhava toda a sua conhecida calma e seu bom humor para entabular o diálogo necessário para entender o porquê e de onde vinha a chamada. Como cada um estava fora do campo visual dos demais, parecia impossível que o esquema vingasse. Mas, além de ter funcionado a contento, foi um dos fatores que mais contribuiu para que a mesa diretora conquistasse a simpatia, a disciplina e a cumplicidade dos mais de cinco mil delegados que colaboraram o tempo todo para que os trabalhos corressem bem. E a expressão "Alô, Bittar" foi, por muito tempo, motivo de riso e brincadeira entre muitos participantes. Mesmo muito tempo depois, quando encontrava o Jorge eu não resistia e o chamava assim, em alto e bom som.

As plenárias eram emocionantes. Numa delas, recebemos a triste notícia da morte do cineasta Glauber Rocha, em 22 de agosto de 1981. A mesa diretora pediu um minuto de silêncio em sua homenagem. Passados alguns segundos, alguém gritou: "O artista vive do aplauso! Ofertemos um minuto de aplausos para o grande Glauber Rocha". Imediatamente, todos começaram a aplaudir, e a emoção de estarmos ali, juntos, cresceu ainda mais sob aquela expressão de aliança entre trabalhadores e artistas. A atriz Ester Góes, que à época presidia o Sindicato dos Artistas e Técnicos em Espetáculos de Diversões do Estado de São Paulo, foi uma das delegadas dessa edição da CONCLAT.

A água do mar é salgada

Emocionante também foi presenciar a chegada, no litoral de São Paulo, de delegados que nunca tinham visto o mar. O litoral brasileiro tem 7.491 quilômetros de extensão junto ao oceano Atlântico, mas a maior parte da população vive longe do mar. Vestidos e calçados, companheiros de todos os cantos do interior do Brasil foram chegando e se aproximando da praia, observando com espanto e muita curiosidade o movimento de vai e vem das águas. Uma linda cena que, para a alegria da história, foi captada com uma delicadeza ímpar pela equipe que filmou o documentário da CONCLAT, realizado pela Tatu Filmes e dirigido pelo fotógrafo e cineasta Adrian Cooper.

Foi inevitável me lembrar da primeira vez em que vi o mar, em 1957. Uma emoção indescritível para uma criança de 9 anos. Fiquei imaginando como seria para aqueles companheiros que só puderam senti-la na vida adulta.

Logo no começo, quando as pessoas vinham chegando, já dava para sentir a energia trazida por todos e seu aumento exponencial a cada momento de avanço dos trabalhos. De cabelos compridos, saia e echarpe indiana, com montanhas de papéis nas mãos, eu circulava por toda parte, concentrada no plano de lutas que havia defendido numa das plenárias e na principal batalha que se desenrolaria ali: a decisão de criar a Central em 1982 ou em 1983. Dividir, por três dias inteiros, o mesmo espaço com milhares de pessoas já era em si uma grande emoção. Mas não a única.

Fundar a Central em 1982 ou em 1983?

Inúmeras articulações ocorriam em torno da fundação da Central. O bloco que agregava pelegos, composto pelo MR8, PCB e PCdoB, estava empenhado em aprovar a proposta somente para 1983. Já o grupo da ANAMPOS, do qual eu fazia parte, formou uma consistente maioria em torno da proposta para 1982. Devido às experiências anteriores em articulações sindicais, considerávamos temerário protelar essa decisão. Temíamos pelas dificuldades enfrentadas no passado, desde o início do século XX, para a consolidação daquela representação nacional de todos os trabalhadores. Temíamos, também, que uma grande oportunidade fosse perdida e que o movimento sindical continuasse disperso, fragilizado diante do arrocho salarial, da recessão e de consequências previsíveis como a carestia e o desemprego. Desse ponto de vista, havia total concordância. Entretanto, algumas das principais lideranças identificadas com essa urgência ponderavam quanto ao risco de se produzir uma divisão no movimento, o que também poderia resultar em uma fragilização.

Os presidentes dos Sindicatos dos Metalúrgicos Paulo Renato Paim (Canoas, Rio Grande do Sul), João Paulo Pires (João Monlevade, Minas Gerais) e Luiz Inácio Lula da Silva (São Bernardo do Campo, São Paulo), expoentes das recentes mobilizações operárias, eram alguns dos que expressavam dúvidas no interior de nossa articulação. Além deles, Hugo Perez, um dos responsáveis pela organização do evento, conhecido por todos os sindicatos participantes, também oscilava, tentando, a todo custo, manter-se acima das divergências, como se fosse possível.

A situação era delicada e tensa nas plenárias, nos corredores e nos demais ambientes de reunião. A dúvida acabou permeando todas as articulações, pois havia sido levantada por lideranças de peso e muito respeitadas por todos. A delegação da qual eu fazia parte, o Sindicato dos Arquitetos e Urbanistas de São Paulo, decidiu pela fundação em 1982. Nas muitas conversas que tivemos com os militantes alinhados com a OSI, também mantivemos a convicção de que a Central deveria ser construída o quanto antes, portanto, em 1982. Na época, a OSI e a Convergência Socialista (CS) buscavam a unificação das duas correntes políticas, e, durante a CONCLAT, tentamos ao máximo manter o alinhamento nas propostas e nas votações. Nossa performance em plenário era especial: Wilson Ribeiro, o "Caracol", meu colega arquiteto, chegou a subir no alto de um pilar para dialogar com nossa bancada de delegados e dar dicas para as votações. Dada a dificuldade de comunicação direta naquele espaço em construção, onde mais de cinco mil pessoas se compactavam, e dada a localização privilegiada de Caracol, ele acabou virando referência para a votação de muitos delegados de outras correntes políticas e de muitos outros que não pertenciam a nenhuma corrente.

Sem chance de ficar em cima do muro

Num embate dessa dimensão, não há espaço para muros. Trata-se de um daqueles momentos em que ou você está de um lado, ou está de outro. Ao mesmo tempo, as dúvidas eram reais e pertinentes, e o peso das lideranças que oscilavam entre uma posição e outra era gigante. Não era por acaso que oscilavam: sabiam a repercussão que seu posicionamento poderia ter junto à própria categoria profissional – e, mais ainda, junto a todos os trabalhadores.

Foi nesse cenário que passei por um grande teste. Na última plenária que fizemos no âmbito da OSI, decidimos que, ainda que Lula se decidisse pela proposta de 1983, nós manteríamos a de 1982. Seria um embate bastante duro, pois era de se esperar que nessas circunstâncias a votação sobre a opção de 1983 acabaria sendo esmagadora, e a defesa de 1982, bastante difícil. Tínhamos consciência dessa possibilidade, mas entendemos que era nosso dever expor, a todos os cinco mil delegados que iriam votar, os riscos que enxergávamos caso a Central não fosse criada no ano seguinte.

Eu estava totalmente de acordo com esse encaminhamento, mas não imaginava que os companheiros optariam por me designar, logo em seguida, para defender a decisão em plenário. Eu, Clara, mulher e arquiteta, faria um contraponto a Lula, metalúrgico líder das maiores greves dos tempos recentes, conhecido em todo o Brasil por dirigir assembleias com dezenas de milhares de trabalhadores, num foro de quase cinco mil operários homens. Dizer que meus joelhos tremeram é contar só uma parte da tensão que vivi naquele momento. Eu me sentia segura com a proposta e com a minha capacidade de defendê-la. Afinal, desde a militância na faculdade, já havia feito isso inúmeras vezes. Ganhei muitas votações, perdi outras tantas. Convenci muita gente, outras vezes fui vaiada. Faz parte. Mas naquele dia, naquele mar de emoções em que não só eu, mas também milhares de nós estávamos mergulhados, um possível enfrentamento dessa proporção me enchia de energia, de expectativa pelo desafio. Mesmo que ao final, dos cinco mil delegados, apenas mil concordassem comigo, seria um enfrentamento entre dois apaixonados pela democracia.

Mas, para o bem ou para o mal, o embate não ocorreu. Lula se decidiu pela proposta de construir a Central em 1982. Parecia ter percebido que, apesar de haver certo equilíbrio nas forças que lideravam os dois blocos, a receptividade era maior em relação a essa resposta imediata, que apontava para o resgate de um direito tão sistematicamente machucado havia quase um século. Além da importância de uma entidade representativa de todos os trabalhadores, a construção da Central seria uma recusa explícita à proibição que a ditadura impunha.

Essa foi a proposta vitoriosa em plenário. A CONCLAT se definiu por consolidar os passos para a união de todos os trabalhadores brasileiros e por recusar a proibição da ditadura. Alegria geral. Alívio pessoal. Nem passava pela minha cabeça que, logo em seguida, começaríamos a enfrentar uma muralha de impedimentos à realização do Congresso de Fundação em 1982, nem imaginava que eu participaria tão diretamente da batalha pela sua concretização.

Chegando perto de uma CUT

O encontro não poderia terminar sem formar uma diretoria que não só garantiria o encaminhamento das deliberações, mas que também estaria à frente da Pró-Central Única dos Trabalhadores (Pró-CUT). A tensão maior surgiu aí, porque é na hora de se formar um coletivo para cumprir a missão delegada por milhares de participantes que as diferenças e as desconfianças revelam sua verdadeira magnitude. Várias propostas foram colocadas, mas nenhuma conseguiu ser aprovada: as votações davam empate ou sequer chegavam a ocorrer, pois cada lado apresentava obstáculos intransponíveis ou ameaçava se retirar da conferência.

Um dos pontos mais tensos foi relativo à inclusão do Joaquinzão, que, para o nosso bloco, representava o que de pior poderia existir no sindicalismo atrelado ao Estado. Obviamente, se ele fosse incluído, nossa articulação exigiria a inserção de Waldemar Rossi, um metalúrgico da oposição.

De tudo se fez para superar esse impasse, até que conseguimos compor uma equipe aceita por todos. A Comissão Nacional da Pró-CUT nasceu sem Joaquinzão e sem Waldemar Rossi. Um sinal de que nem tudo havia sido resolvido, apenas contornado. A direção referendada em plenário foi composta por 56 sindicalistas, dos quais 23 eram rurais, 14 da indústria e 19 de serviços. Do total, 54 eram homens. As duas mulheres eram a professora Venize Nazaré Rodrigues, do Pará, que já fazia parte da Comissão Executiva que convocou a CONCLAT, e eu, Clara Levin Ant, do Sindicato dos Arquitetos e Urbanistas de São Paulo.

Conforme a própria convocatória da CONCLAT afirmava, o país vivia uma "gravíssima recessão econômica" que provocava "crescente sofrimento à classe trabalhadora". Em resposta, a CONCLAT definiu uma pauta de reivindicações comuns a todos os trabalhadores, estabeleceu um plano de lutas e um calendário que, já em 1º de outubro de 1981, menos de quarenta dias após o encerramento da conferência, previa a realização de um Dia Nacional de Luta contra "o desemprego, a carestia, o pacote da previdência social e a Lei de Segurança Nacional" e a favor da "estabilidade no emprego, da reforma agrária, dos salários e de preços justos, da liberdade e da autonomia sindical e da convocação de uma Assembleia Nacional Constituinte".

O governo não marcou audiência para receber a pauta dos trabalhadores, mas o dia 1º de outubro vingou em muitas partes do Brasil com manifestações, passeatas, reuniões e panfletagens. Nós da Comissão Nacional Pró-CUT nos sentimos gratificados, pois foi a primeira vez que, depois de quase duas décadas, foi possível realizar manifestações com a mesma pauta em muitas cidades com a participação de diversas categorias de trabalhadores, em sintonia com a convocação da Comissão Pró-CUT. Para quem, como nós sindicalistas, enxergava a proximidade de uma grande recessão, o resultado em termos de mobilização foi promissor, pois estava claro que fortes embates teriam que ser travados dali em diante para conter os danos.

A manifestação na Praça da Sé, em São Paulo, foi uma das maiores, junto com a do Rio de Janeiro. Cada uma aglutinou cerca de cinco mil participantes, número significativo para o período. Em São Paulo, formamos um pequeno grupo para os encaminhamentos, que contou com a participação de Zé Ferreira, dos metalúrgicos de São Bernardo do Campo, e Tita Dias, dos Bancários de São Paulo. Eu e Edson Campos, pela Pró-CUT, buscávamos articular a adesão do maior número possível de categorias. Não tínhamos a menor noção da amplitude que poderia ser alcançada, mas tínhamos a certeza de que a mobilização era necessária para impedir maiores prejuízos para a maioria do povo que sofria com a recessão.

O sucesso do Dia Nacional de Luta de 1º de outubro foi animador. Não há maior estímulo para uma batalha do que ver a resposta positiva das pessoas aos chamamentos da liderança. É a constatação de que o caminho escolhido está adequado e pode ajudar a alcançar o objetivo – neste caso, a redução do desemprego e a interrupção do arrocho salarial. Parecia mesmo que, apesar das diferenças, tínhamos conseguido sinalizar para os trabalhadores e para a sociedade que um novo cenário estava em curso, um cenário no qual governo e empresários não poderiam mais "deitar e rolar" sobre as condições de trabalho e os salários dos empregados. A Pró-CUT começava não apenas a firmar sua presença, mas também a abrir caminho para a atuação de um embrião de Central Sindical. E isso incutia confiança entre nós.

Logotipo e ostentação

Um pequeno sinal da confiança que experimentávamos foi exibido por Jorge Bittar. Numa das primeiras reuniões da Pró-CUT, Bittar trouxe um projeto de logotipo que agradou a todos, sendo imediatamente aprovado para ser usado na confecção dos materiais.

Logotipo é identidade, e, naquele momento, o nosso refletia exatamente o que estávamos construindo. Foi aí que tive a ideia de ampliar o alcance desse logo para além de cartões de visita e envelopes. Viabilizei, então, os meios para confeccionar alguns broches com a nossa marca. É por esse motivo que sempre atribuem a mim a autoria do desenho. Mas não é meu. É de Jorge Bittar. Minha parte foi pensar e tornar viáveis os broches, e graças a uma pequena oficina metalúrgica foi possível conseguir prazo suficiente para arrecadar o valor da confecção com a venda e saldar a dívida. Levei os broches para a reunião da Pró-CUT em Brasília, na sede da Confederação Nacional dos Trabalhadores Rurais Agricultores e Agricultoras Familiares (CONTAG) e voltei com a caixa vazia. Fiquei muito entusiasmada. Foi realmente um sentimento de realização, a ostentação do símbolo de uma batalha de quase um século que começávamos a ganhar.

Mas eu reparei que poucos companheiros pertencentes à articulação da Unidade Sindical haviam se interessado pelo objeto. A negação do símbolo revelava a fragilidade dos acordos selados na CONCLAT, deixando evidente o risco que a construção da Central ainda corria. Sem me abalar com esses sinais, paguei a metalúrgica e encomendei mais um lote, depois mais um, e mais um. Até a fundação da CUT, quando apenas retiramos o "Pró", o logo se manteve praticamente o mesmo.

O despertar de um pesadelo

As mobilizações eram tantas nesse período que até perdíamos a conta. O Brasil parecia despertar de um pesadelo, e, com pinceladas de todos os cantos, construía-se um novo quadro, uma nova paisagem que apontava para um horizonte mais justo e democrático. A construção da Central Sindical se inseria nessa moldura. Em 1982, os governadores de estado foram eleitos por voto direto pela primeira vez depois do golpe de 1964. O Partido Democrático Social (PDS), de direita, alinhado ao golpe, elegeu a maioria. Parte deles passou para o Partido Trabalhista Brasileiro (PTB) alguns anos depois. O Partido do Movimento Democrático Brasileiro (PMDB) elegeu nove, e a novidade foi a eleição de Leonel Brizola, governador do estado do Rio de Janeiro, maior símbolo dos novos ventos que sopravam em direção às administrações públicas do país. Brizola, que esteve exilado durante anos, elegeu-se porque organizou, com o *Jornal do Brasil*, uma apuração paralela com a qual pôde questionar os resultados oficiais, obrigando o Tribunal Regional Eleitoral do Rio a refazer a apuração.

Nessa mesma eleição, me candidatei ao cargo de deputada estadual, e Lula, ao de governador de São Paulo. Devo os votos que tive à dedicação de militantes da OSI de São Paulo, pois, para mim, a construção da CUT estava em primeiro lugar. Tanto é que faltei a um jantar de arrecadação em apoio à minha candidatura, organizado por dois amigos *gourmets*, Josimar Melo e Glauco Arbix. No mesmo dia, haveria uma reunião da Pró-CUT em Brasília, e nada me faria deixar de comparecer a ela: nem o maravilhoso cardápio que os dois haviam criado, nem a falta de recursos, já que o Sindicato dos Arquitetos e Urbanistas não tinha como pagar a minha viagem. Assim, especializei-me em fazer vaquinhas para custeá-las, contando inclusive com a colaboração de alguns diretores do meu sindicato.

Para o bem e para o mal, a eleição e a posse dos novos governadores interferiram no movimento sindical. O processo político eleitoral foi um dos argumentos levantados pelo bloco da Unidade Sindical para deixar de cumprir a resolução da Praia Grande, na qual, após ferrenhos debates, ficou decidido que o Congresso para a fundação da Central Sindical seria realizado em 1982. Mas isso não aconteceu. Com idas e vindas, pretextos e armadilhas, o bloco da Unidade Sindical tentava desmontar a composição construída junto a amplas bases de trabalhadores para enxertar, a cada passo, pelegos alinhados com o governo, entre eles Antônio Rogério Magri, que em 1990 veio a ser ministro do Trabalho de Collor. Sem falar que a diretoria da CONTAG anunciou que só se comprometia com a presença dos delegados rurais se o Congresso fosse realizado em 1983. Praticamente uma cilada, pois a ausência de trabalhadores rurais enfraqueceria, e muito, a criação de qualquer central.

Ficava cada vez mais claro que essas condições eram colocadas para adiar a construção da Central. Nosso bloco, num sinal que evidenciou mais uma vez a disposição de dialogar para concretizar as decisões da CONCLAT, acabou compondo com a Unidade Sindical. Uma nova Pró-CUT foi formada a partir das indicações dos encontros estaduais. Dessa vez, dos 59 integrantes, 55 eram homens. Mas havia, também, uma relação de forças mais favorável para nós, os sindicalistas Autênticos.

A democracia

Em 1982, o ENCLAT-SP ajudou a cumprir a decisão da CONCLAT. O encontro aconteceu nos dias 30 e 31 de julho e 1º de agosto, nas dependências do Sindicato dos Metalúrgicos de São Paulo, conhecido hoje como Palácio do Trabalhador, no bairro da Liberdade.

O momento mais esperado do ENCLAT seria a votação da data do Congresso para a fundação da Central Sindical. Foi também nesse encontro que vivi uma das maiores experiências da minha vida: eleita presidenta da mesa, fui a responsável por conduzir os debates e as votações em meio à tensão que transbordava no ambiente e nas palavras.

Após a instalação da mesa diretora na noite do dia 30, eu e alguns companheiros da OSI fomos a um dos bares daquela região sempre povoada por trabalhadores metalúrgicos e químicos, já que ficava a poucos passos dos sindicatos de ambas as categorias. Em dias de encontros, as ruas Galvão Bueno, onde se encontra o Sindicato dos Metalúrgicos, e Tamandaré, onde fica o dos Químicos, pareciam pertencer a uma república operária de feições próprias, um bloco compacto de pessoas cujas histórias contavam, também, a história das fábricas e das oficinas. Sentamos numa mesinha na esquina dessas duas ruas. Trocamos ideias para os desafios dos dois dias seguintes. Eu estava muito orgulhosa por ter recebido a responsabilidade gigante que me fora atribuída ali havia poucos instantes. Me sentia forte e capaz de presidir a mesa e conduzir o encontro. Ao mesmo tempo, eu tremia de medo pelo receio de falhar e de perder a longa batalha que vínhamos travando.

A conversa no bar acabou sendo crucial para o desenrolar dos acontecimentos seguintes, porque uma fala do companheiro Glauco Arbix me forneceu a chave para a boa condução dos trabalhos. Virando-se para mim, ele disse: "Clara, a única garantia que você tem para que tudo dê certo é a democracia. Ela é, e sempre será, a ferramenta através da qual você saberá contornar e resolver qualquer dificuldade que aparecer".

Fui para casa mais leve. Parecia que eu tinha acabado de ser munida com um tanque de guerra. Dali em diante, nada me abalou. Ainda que o trabalho tenha sido muito difícil, o mantra da democracia como ferramenta me manteve de pé o tempo todo.

Um tapa na cara

Certas disputas da ENCLAT atingiam níveis não muito dignos de um embate político. Mesmo assim, eu não podia abandonar o posto de coordenadora da mesa, nem deixar de ministrar as inscrições e as votações sobre as pautas propostas. Para que o encontro prosseguisse, eu precisava conduzir bem os trabalhos. Fui xingada de muitos impropérios, até mesmo de "traiçoeira do comunismo". Mas eu conhecia as pessoas, suas posições políticas e seus métodos de enfrentamento. Tudo o que faziam a fim de obstruir o caminho para a fundação da Central esbarrava no meu escudo: a democracia. E foi graças ao poder da democracia que consegui garantir, aos representantes dos dois blocos, o tempo de fala e as condições necessárias para que os embates políticos não degringolassem em confusão.

Nem por isso as indelicadezas cessaram. Em certo momento, enquanto Jair Meneguelli, Arnaldo Gonçalves e eu debatíamos questões polêmicas em um canto afastado do plenário, Arnaldo me chamou de puta. Jair não teve dúvidas e desferiu-lhe um tapa na cara, em minha defesa. Muitos anos depois, quando perguntei a Jair se ele se lembrava do ocorrido, ele respondeu: "Só sei que minha mão voou pra cima do Arnaldo antes mesmo que eu pudesse pensar o que fazer".

Afinal, 1982 ou 1983?

O momento mais tenso e esperado da ENCLAT foi a votação da data do Congresso para a fundação da Central Sindical. Todos sabíamos que o resultado seria apertado. Mesmo assim, alguns colegas da mesa diretora, alinhados à Unidade Sindical, defendiam que o método de aferição fosse o de contraste visual, ou seja, sem contagem exata dos votos. Eu e os demais companheiros da Pró-CUT precisamos insistir muito para que fosse utilizado o método de contagem um a um. Então, o resultado foi incontestável: num plenário com 732 delegados, 367 foram contra o adiamento e 365 a favor. Sem sombra de dúvida, essa foi a principal decisão do ENCLAT.

Nesse encontro, também foi eleita a Comissão Pró-CUT do Estado de São Paulo. Fiz parte dessa direção que deixava claro, já no nome, que a construção da CUT não seria deixada de lado.

A luta contra a carestia e os novos governadores

Em 1982, São Paulo elegeu Franco Montoro, do PMDB, para o cargo de governador. Muita expectativa. Paralelamente, também vinha se desenvolvendo nos bairros um forte movimento popular contra a carestia e o desemprego, liderado por militantes da Igreja Progressista e do PCdoB. Em uma das primeiras passeatas, que ocorreu na zona sul da cidade de São Paulo, houve um quebra-quebra que assustou até mesmo os próprios organizadores do movimento. Meu amigo Antônio Donato, eterno morador da região, na periferia de São Paulo, conta que para andar de ônibus naqueles dias era preciso se abaixar e fazer o percurso todo no chão, sob pena de receber alguma das muitas pedradas que vinham da rua. Muitos saques, especialmente a estabelecimentos que vendiam alimentos, também foram feitos nas imediações de onde ocorreu a manifestação, mostrando o desespero de quem vivia a fome e a ausência de perspectiva por falta de emprego.

A passeata seguinte, que teve maior participação do movimento sindical e de alguns parlamentares, dirigiu-se ao Palácio dos Bandeirantes, sede do governo estadual de São Paulo, onde tentaríamos uma negociação para obter apoio do novo governador. Andamos muito, porque a manifestação começou no Largo 13 de Maio, no bairro de Santo Amaro, a cerca de oito quilômetros do Palácio, localizado no bairro do Morumbi, um dos mais luxuosos da cidade. Caminhada tensa, mas sem incidentes significativos.

Qual não foi nossa surpresa ao constatar que o Palácio, sempre fechado para os movimentos à época de Paulo Maluf, governador indicado pelos militares, também havia fechado as portas sob o governo de Montoro, provocando uma enorme tensão entre os manifestantes. Todos nutriam uma expectativa sobre o recém-eleito governador do PMDB, partido vencedor nas eleições para senador já em 1978. Em poucos minutos, a grade do Palácio foi derrubada pelos manifestantes, que se espalharam por todo o jardim. A Polícia Militar interveio imediatamente, dispersando as pessoas com gás lacrimogêneo e muita violência.

Dois fatos curiosos e simultâneos

Pouco antes da derrubada do portão, eu e meu amigo José Genoíno, dois fumantes inveterados, constatamos que estávamos sem cigarros. Ele era deputado federal recém-eleito. Por conta disso, permitiram sua entrada no Palácio para ir à cantina. Fui junto. Ao voltar, fomos surpreendidos pela correria e atingidos em cheio pelo desagradável gás lacrimogêneo. Ardia muito, e para piorar a primeira reação das pessoas é esfregar os olhos. Como eu não imaginava que isso fosse acontecer nos primeiros dias de um governo democrático, não levei o tradicional lenço embebido em amoníaco, que não faltava nas manifestações dos anos 1970. Nada estava claro naquele momento, pois nenhum dos dois tinha visto o início da confusão. Aliás, nunca entendi por que, à época, uma revista atribuiu a mim a autoria da derrubada da grade, posto que eu estava dentro do Palácio naquele momento. Comprando cigarros.

Mas uma coincidência fortuita ainda aconteceria. Naquele momento, estavam reunidos com Montoro os governadores Leonel Brizola e Tancredo Neves, que, diz a lenda, convenceram-no a receber os manifestantes. Montoro desceu, os manifestantes se reacomodaram do lado de fora do Palácio, e uma comissão foi formada para tratar com o governador, da qual eu fiz parte. Dessa reunião, me lembro principalmente de dois fatos. O primeiro, muito importante, foi que Montoro anunciou a contratação de quarenta mil desempregados em resposta à mobilização. O segundo, de menor importância, foi que o gás lacrimogêneo me tirou do sério: tratei o governador por "você" e soube, futuramente, por amigos em comum e pessoas do movimento, que ele se sentiu muito ofendido por isso. E, por conta da tal revista, saí dali com o estigma da "moça que derrubou a cerca".

A recessão e o desemprego demandavam respostas urgentes, e, no interior da Pró-CUT, as tensões também continuavam se reproduzindo a cada passo. Após a eleição e a posse dos governadores, senadores e deputados, o bloco da Unidade Sindical passou a pregar a contenção do movimento sindical, alegando ser necessário dar um tempo para que os novos governantes iniciassem seus mandatos sem serem "atrapalhados". Em outras palavras, depositavam mais expectativa na ação dos governadores eleitos pela oposição do que nas iniciativas do movimento. Nós, do sindicalismo Autêntico, entendíamos que, além de garantir a construção da Central, era preciso organizar a mobilização e preparar uma greve geral.

A cada momento, o povo era mais prejudicado. Novos decretos de reajuste salarial foram editados já em janeiro de 1983, e era na busca de respostas aos ataques do governo militar que a rotina dos dirigentes da Comissão Nacional Pró-CUT devia se concentrar. Sempre era preciso recolocar na pauta que havíamos sido eleitos para coordenar a execução das resoluções aprovadas e organizar o Congresso de Fundação da CUT, que aconteceu em 1983. Do nosso ponto de vista, só o ano havia mudado. Mas muita água rolou até a fundação da CUT, em agosto.

Um intervalo para ir a Cuba

Em meio aos encaminhamentos e embates no âmbito da nova Comissão Nacional Pró-CUT, Ivan Pinheiro, dirigente do Sindicato dos Bancários do Rio de Janeiro e importante liderança do Partido Comunista Brasileiro (PCB), anunciou em reunião da Executiva que havíamos recebido um convite do governo cubano para participar das celebrações do 1º de maio, Dia do Trabalhador, em Havana. Cientes de nossas divergências políticas e buscando evitar atritos, os cubanos haviam cedido dois convites, que seriam distribuídos, obviamente, para um representante de cada bloco da Comissão. A decisão passou por alguns conchavos e até por um sorteio. Ao final, ficou estabelecido que a Pró-CUT seria representada por Maria da Natividade, presidenta do Sindicato dos Bancários do Ceará e militante do PCB, e por mim, filiada ao Partido dos Trabalhadores.

Fiquei muito contente com a notícia. Ao mesmo tempo, senti certo temor. Nós, de formação trotskista, enxergávamos Fidel Castro, pela sua identificação com a União Soviética, como um líder que comandava um país e um partido sem a devida participação da sociedade e sem a atuação das instituições de Estado, que não passavam por um processo de constituição democrática. Na minha cabeça, eu estava indo para um lugar no qual poderia ser presa e me perguntava se os cubanos sabiam que eu era militante de uma organização política inspirada no comandante do Exército Vermelho, Lev Davidovich Bronstein, mais conhecido como Leon

Trotsky, abominado por eles por influência da União Soviética. Pensava, com meus botões, que se os cubanos eram mesmo tudo o que se falava deles, então era óbvio que sabiam quem eu era. E, se era verdade o que se dizia deles, por que haviam aceitado minha presença na comitiva brasileira?

Eu não tinha as respostas. Só sei que fui muito bem tratada, como todos os demais convidados. As delegações ficaram, em média, seis dias na ilha de Cuba. Conhecemos escolas e nos inteiramos de programas e projetos sociais voltados para os trabalhadores. Passamos um dia em Varadero, praia maravilhosa a cento e sessenta quilômetros de Havana, e na última noite fomos ver o show do tradicional Cabaret Tropicana. Um guia especial foi destinado a acompanhar Natividade e eu. Era um homem muito generoso, que se esforçava para falar nossa língua, mas às vezes eu ficava na dúvida se era mais difícil tentar entender o português arranhado ou o forte, acelerado e musicado sotaque do amigo cubano. Num dos passeios, ele desviou do caminho para nos mostrar onde morava com a família: uma casa pequena, humilde, da qual se orgulhava fervorosamente porque antes, na época do ditador Batista, ninguém da família tinha onde morar.

Um detalhe que me chamou a atenção foi que, para as festividades do 1º de maio, os cubanos – pelo menos naquela época – convidavam dirigentes sindicais de praticamente todos os países, assim como seus respectivos diplomatas. Não havia a presença de partidos nem de lideranças políticas propriamente ditas. Mais do que isso, foi surpreendente conferir que o único discurso do dia não foi proferido pelo comandante Fidel Castro, mas pelo presidente da Central dos Trabalhadores de Cuba (CTC), nossa anfitriã. A mim, pareceu um alívio não ter que ouvir um dos intermináveis discursos de Fidel, mas me espantou, sim, o fato de ele ter ficado lá, por duas horas ou mais, prestigiando o ato e a Central sem falar.

O tema da viagem era o próprio dia 1º de maio e suas atividades. De manhã, o desfile gigantesco: parte significativa da população de Havana marchava numa exibição de amor e força. O amor era declarado aos trabalhadores, e a exibição de força, aos Estados Unidos. O bloqueio econômico a Cuba estava em vigor desde 1962, três anos após a Revolução Cubana de 1959. Só foi levemente suavizado a partir do ano 2000, quando foi permitida ajuda humanitária com alimentos e remédios.

Lembro quando Lula, ao voltar da primeira viagem que fez a Cuba em 1985, foi indagado pelos jornalistas, em pleno aeroporto, sobre o que havia achado da ilha. Bem-humorado, ele respondeu: "Uma educação e uma saúde de tirar o chapéu, mas bem que podia ter uma eleiçãozinha de vez em quando". Anos mais tarde, quando o governo de Cuba promoveu a primeira eleição legislativa, Lula defendeu que seria uma ótima oportunidade, também, para uma eleição presidencial: Fidel, que à época gozava de amplo reconhecimento junto à população, certamente seria eleito. Mas essa eleição não aconteceu.

Finalmente, fomos todos – sindicalistas e diplomatas – recebidos para um almoço num salão amplo, provavelmente reservado a eventos oficiais. Foi servido um prato muito parecido com o baião de dois brasileiro. Comíamos e conversávamos em pé, como sempre acontece em eventos com muita gente. Todos estavam animados pelo privilégio de encontrar pessoas de tantos países, de trocar informações e ideias sobre realidades tão diversas. Foi gratificante.

Fidel já havia se despedido dos convidados pela manhã. Mas, de repente, um funcionário do *staff* cubano veio em direção a mim e a Natividade. "O comandante Raúl Castro quer conversar com as brasileiras", informou.

Fomos até Raúl e, após as devidas e rápidas apresentações, ele nos perguntou na lata: "*Por qué Brasil no tiene una Central Sindical?*". Fiquei exultante. Tudo o que eu e os sindicalistas do bloco dos Autênticos queríamos era, definitivamente, construir uma Central Sindical. Se dependesse de nós, teria acontecido no ano anterior, em 1982. A pergunta havia vindo de um dirigente comunista do mais alto escalão, e Natividade, que pertencia ao bloco que continuava buscando, a cada momento, motivos e pretextos para postergar a construção, ficou postada ao meu lado, em silêncio. Então, olhei firmemente para Raúl Castro e respondi: "*Pregúntele a ella, comandante*".

Dito e feito: na volta de Cuba, as manobras continuaram

A cada momento, as lideranças da Unidade Sindical erguiam mais algum obstáculo para a realização do Congresso. Um exemplo reincidente: Antônio Rogério Magri, presidente do Sindicato dos Eletricitários, sempre alinhado com o governo, não era bem-vindo aos foros intersindicais. Mas o bloco da Unidade Sindical tentou, por diversas vezes, criar oportunidades artificiais para que ele fosse inserido nas articulações rumo à fundação da Central. Da mesma forma, já estavam estabelecidos, desde a CONCLAT de 1981, critérios de participação que abriam caminho para a democratização das votações nos encontros e nos congressos. Reiteradamente, essas mesmas lideranças insistiam para que as votações dessem mais peso aos sindicatos e às federações do que às delegações eleitas em assembleias de base. Agarrados a uma estrutura sindical de cúpula, lutavam para manter seu poder na contramão dos movimentos já em curso em muitos sindicatos e locais de trabalho. Desde a CONCLAT de 1981, o grito mais ouvido foi "a CUT pela base", ecoando, com essas poucas palavras, a aspiração de todos por sindicatos abertos à participação dos trabalhadores para melhor defenderem seus direitos.

Nada poderia deter a fundação da Central. A vida da classe trabalhadora já não suportava mais apertos. O governo militar seguia expedindo decretos que arrochavam cada vez mais os salários e as condições de trabalho nas empresas públicas e privadas. E as manobras dos dirigentes sindicais do bloco liderado por pelegos a fim de adiar a fundação da Central continuavam, mas não surtiam mais tanto efeito.

Antes que chegasse a data marcada para a fundação e poucos dias antes de ser deflagrada a greve geral convocada pela Comissão Nacional Pró-CUT, que ocorreria em 21 de julho de 1983, os petroleiros de Paulínia, em São Paulo, entraram em greve. Jacó Bittar, à época presidente do Sindicato dos Petroleiros e líder nacional da categoria, teve papel relevante na luta pela construção da CUT e na formação do PT, no qual ocupou o cargo de secretário-geral. Fazia parte do grupo dos Autênticos. Não por acaso, os metalúrgicos do ABC Paulista, que participavam de um congresso sindical em Piracicaba enquanto a greve ocorria, foram ao encontro dos petroleiros no caminho de volta a São Paulo, em solidariedade. Isso lhes custou uma nova intervenção no sindicato. A categoria teve que improvisar outros locais de reunião e sustentar-se diretamente pelo Fundo de Greve, experiência que já vinha sendo praticada desde as paralisações do final dos anos 1970.

No dia 21 de julho, vários pontos do país já estavam tomados por manifestações e greves de trabalhadores. Acontecia a greve geral. Jair Meneguelli, dos Metalúrgicos do ABC Paulista, Jamil Murad, dos Médicos de São Paulo, e eu, dos Arquitetos de São Paulo, entre outros integrantes da Comissão Nacional Pró-CUT, fomos indiciados com base na Lei Federal n.º 4.330, conhecida como "Lei de greve". O tempo passou sem que houvesse julgamento, e a lei foi revogada em 1989.

A CUT foi fundada em 28 de agosto de 1983, no embalo de importantes mobilizações sindicais, populares e de direitos humanos, pouco antes da eclosão da campanha pelas Diretas Já. O bloco opositor não participou da fundação. O Congresso aconteceu no galpão gigante dos estúdios da Companhia Cinematográfica Vera Cruz, em São Bernardo do Campo, e contou com mais de cinco mil delegados. Na época, Olívio Dutra, líder bancário gaúcho, ocupava o cargo de secretário sindical do PT. Um singelo telegrama enviado por ele aos petistas do movimento sindical teve o poder de dirimir qualquer dúvida no nosso campo quanto a ir ou não ao Congresso. E fomos todos.

O Congresso referendou as principais bandeiras de luta já adotadas pelo movimento sindical, como: fim da política econômica do governo; rompimento dos acordos com o Fundo Monetário Internacional (FMI); liberdade e autonomia sindical; liberdade de organização política; reforma agrária sob controle dos trabalhadores; não pagamento da dívida externa; fim da Lei de Segurança Nacional (LSN); fim do regime militar e por um governo controlado pelos trabalhadores; eleições diretas para presidente. Além dessas pautas, lutávamos contra o desemprego e por estabilidade no emprego, redução da jornada de trabalho sem redução de salário, extinção da hora extra, fim do arrocho salarial, defesa dos servidores públicos e defesa das empresas estatais. Éramos a favor do direito à habitação e contra o aumento de 130% na prestação da casa própria. Defendíamos a reforma agrária, as liberdades democráticas e um ensino público gratuito em todos os níveis. Cada um desses itens foi desdobrado em plataformas detalhadas de luta e representa as prioridades naquele contexto de 1983.

Luiz Gushiken, dos Bancários de São Paulo, e eu acabamos assumindo a tarefa de indicar os nomes para integrar a primeira diretoria da CUT Nacional. Ficamos na coxia ensaiando diversas composições. Dessa vez, a participação de mulheres cresceu. Muito pouco, mas cresceu: passamos para 7 efetivas e 7 suplentes, o equivalente a 10% do total de 144 dirigentes. Difícil mesmo nesse Congresso foi suportar o frio típico da última semana de agosto – grande parte dos delegados do Norte e Nordeste disse nunca ter enfrentado um frio dessa dimensão. E foi ainda mais difícil para os muitos que dormiram no próprio galpão, em colchonetes de espessura mínima, insuficiente para proteger o corpo do piso gelado.

O campo (Guariba, 1984)

Nasci no asfalto. Sempre vivi em grandes cidades: La Paz, São Paulo, Campinas, Brasília, Haifa e Nazaré. Sempre, também, senti fascínio pelas áreas centrais das metrópoles. Mas militar no movimento sindical do final dos anos 1970 ao início dos anos 1990 me levou a presenciar, participar e conhecer não exatamente o campo, mas a luta de quem vive e trabalha nele.

Ao longo desses anos, ocorreram mobilizações que colocaram na cena política a situação dos trabalhadores rurais assalariados, os chamados "boias frias". "Boia" é uma gíria brasileira para comida, e a expressão "boia fria" veio do fato de que os trabalhadores não tinham onde esquentar suas marmitas na roça, alimentando-se, portanto, de comida fria. Trabalhavam em canaviais bem distantes de suas moradias, e para chegarem lá eram submetidos a um transporte desumano, todos praticamente amontoados em caminhões abertos, sem qualquer segurança.

O modo como os empresários computavam o volume de cana cortado era abertamente prejudicial para os trabalhadores, que, na verdade, só tinham contato com o chamado "gato", um intermediário que recrutava mão de obra. A maioria dos trabalhadores vinha de regiões mais pobres do país, como o Vale do Jequitinhonha, em Minas Gerais, e o semiárido do Nordeste. No estado de São Paulo, uma das paralisações que mais atraiu atenção à época, especialmente da imprensa e dos militantes sindicais e políticos, foi a greve dos cortadores de cana de 1984, ocorrida na cidade de Guariba, região canavieira a mais de trezentos quilômetros da capital do estado.

Em Guariba, assim como em todas as cidades onde se alojavam, os trabalhadores e as trabalhadoras do corte de cana consumiam muita água para lavar a pele e as roupas. A "gosma" que a cana deixa dá trabalho para ser retirada, e com a péssima remuneração que recebiam, com a conta de água custando praticamente todo o seu salário, os trabalhadores não tiveram alternativa senão se insurgir diante de mais esta marca de exploração.

A conta de água virou a gota d'água

A ira – mais que legítima – dos cortadores de cana os levou a literalmente destruir a sede da Sabesp, empresa responsável pelo fornecimento de água na região. É verdade que a sede da Sabesp era uma pequena casinha, semelhante a quase todas as casinhas da cidade. Mas é verdade também que é preciso muita revolta para destruir um imóvel de alvenaria, por menor que seja. Os trabalhadores foram violentamente reprimidos. Entre eles, destacou-se um líder: José de Fátima, que mais tarde veio a ser o presidente do sindicato da categoria, criado em meio a essa mobilização.

Não estive em Guariba nesses dias, mas fui algumas vezes depois disso. Em uma delas, estive junto a Eduardo Suplicy, que acompanhara de perto a mobilização e a greve de maio. Nas CUTs estadual e nacional, estávamos todos muito atentos às dificuldades que os trabalhadores rurais enfrentavam no interior do estado de São Paulo. Guariba é um episódio que nunca pode ser esquecido por ninguém, muito menos por quem se importa com a vida. As condições desumanas em que os cortadores de cana trabalhavam, o grau de exploração e o desdém por parte dos usineiros para com eles são testemunhos da importância da organização e das lutas dos assalariados do campo.

Depois disso, conheci gente de várias cidades. Participei de vigílias e piquetes de madrugada junto aos trabalhadores rurais de outros municípios na mesma região. A mobilização que começara em Guariba havia se estendido para cidades vizinhas e só terminou com a assinatura de um acordo que virou referência para os demais sindicatos de trabalhadores rurais assalariados da região. Entre as garantias obtidas, estavam a volta do sistema de corte da cana em cinco ruas nos canaviais (os empresários queriam aumentar para sete), descanso semanal, férias, 13º salário, indenização em caso de demissão, aumento no valor pago pela produtividade e direito a equipamentos de proteção individual, assistência médica e banheiros.

Essa lista de conquistas é o maior testemunho da falta de condições em que as pessoas trabalhavam até então. Uma dolorosa constatação do pouco caso dos empresários para com a vida de cada um daqueles trabalhadores, principalmente com mulheres e crianças, que eram igualmente destratados, mas recebiam remuneração menor.

O cassetete democrático (Limeira, 1985)

No início de 1985, Tancredo Neves, eleito pelo Colégio Eleitoral, foi acometido por uma diverticulite e precisou passar por uma cirurgia, da qual não se recuperou. O país foi tomado pela tensão e pela expectativa. José Sarney, vice-presidente, já havia tomado posse, e diante da morte de Tancredo assumiu definitivamente o cargo de presidente em 21 de abril de 1985.

Nesse mesmo período teve início a campanha salarial dos metalúrgicos do interior do estado de São Paulo, da qual participam os metalúrgicos do ABC Paulista. O comando do sindicato inovou e a campanha foi fora do comum. A principal reivindicação era a redução da jornada de trabalho para quarenta horas semanais, pauta que denotava forte consciência sobre as desvantagens, para toda a categoria, de longos expedientes e constantes horas extras. Ao todo, a campanha durou quase dois meses, mas a tensão que o país vivia levou os metalúrgicos a fazer uma trégua. Numa das grandes assembleias, os trabalhadores oraram pela saúde de Tancredo Neves. A greve no ABC Paulista ganhou o nome inusitado de "Vaca Brava" e revelou, em sua concretização, a força organizacional desses trabalhadores, suas comissões de fábrica e de prevenção de acidentes (CIPA), o acúmulo de experiências de luta ao longo dos anos, o conhecimento que têm da produção e do momento vivido com a aproximação de novas tecnologias.

A estratégia da Vaca Brava foi planejada de forma que pelo menos um setor de cada empresa aderisse à paralisação. Garantia-se, assim, que o setor parado emperrasse os demais, impedindo que os operários dessem continuidade à produção. A greve se fez notar dentro e fora das fábricas, conseguindo resultados positivos, com diferenças de caso a caso.

Nos demais sindicatos do interior que haviam aderido à greve, a mobilização não foi homogênea, e a adesão foi ainda mais difícil nos sindicatos que sofreram intervenção do Ministério do Trabalho. Foi o caso de Limeira, município paulista a cento e sessenta quilômetros da capital. Os metalúrgicos haviam recebido apoio de um padre da cidade, que cedeu a igreja para a realização das assembleias. Jorge Coelho, químico, na época presidente da CUT Estadual, e eu, da Executiva, fomos para Limeira prestar apoio. Logo de madrugada, os piquetes se concentraram nas principais fábricas metalúrgicas localizadas em dois pontos da cidade. Cada um de nós foi para um desses locais. Jorge foi preso pouco tempo depois que chegou. Certamente nós, representantes da CUT, já estávamos sendo visados.

Onde eu estava, o piquete conseguiu convencer os operários a não entrarem nas fábricas. Mas logo chegou um grupo de policiais militares, ameaçando e agredindo com cassetetes quem não entrasse para trabalhar. Foi uma correria. Um dos PMs correu na minha direção, berrando: "Sua puta, vagabunda! Você não é daqui!". Ele só parou de gritar quando acertou minha cabeça e me derrubou no chão. Percebi que eu estava sangrando, e um jovem que se identificou como amigo do padre me ajudou a levantar e me levou para a Santa Casa. Levei cinco pontos na cabeça e fui para a delegacia disposta a apresentar queixa. Mas o delegado informou que isso não era possível, pois eu seria indiciada com base no Artigo n.º 197 do Código Penal, que tipifica "Crime contra a organização do trabalho".

O ambiente na delegacia era muito estranho – parecia ser a primeira vez que eles se viam diante de uma greve. Influenciados pela repressão, provavelmente imaginavam sindicalistas como badernerios desocupados. Senti isso quando fui dar meu depoimento: o delegado tomou um susto quando viu que eu era uma arquiteta formada. Ele perguntou onde estudei e acabou constatando que eu havia sido colega de turma de seu irmão. Então, o tom mudou.

O Departamento Intersindical de Estatística e Estudos Socioeconômicos (DIEESE)

Desde 1955, uma mágica ação conjunta vinha ocorrendo a partir do encontro de duas movimentações simultâneas: de um lado, o esforço de alguns dirigentes sindicais – entre eles, dois grandes sindicatos de São Paulo, o dos Metalúrgicos e o dos Bancários – na busca por dados confiáveis sobre o custo de vida no país; de outro, a mobilização nacional que embalou a eleição de Juscelino Kubitschek. A engenhosa articulação sindical era liderada por Salvador Losacco, que escudou o movimento e deu credibilidade técnica às principais reivindicações materiais. Nesse período, o Departamento Intersindical de Estatística e Estudos Socioeconômicos (DIEESE) se consolidou como fonte confiável para os dados de emprego, custo de vida e cálculo da inflação.

Não fosse o DIEESE, talvez a sociedade brasileira, especialmente os trabalhadores assalariados, nunca viesse a saber que os índices inflacionários foram mascarados em épocas de inflação galopante. A revelação do índice real da inflação em 1973 – que só veio a público em 1977 – foi uma ferramenta potente para a mobilização por reajustes reais: à medida que a legislação que estabelecia os reajustes, por meio de decretos, tomava como referência a própria inflação, a camuflagem dos verdadeiros números traduzia-se em grande prejuízo para o trabalhador. Assim, o DIEESE não apenas analisava e divulgava os dados, mas também mostrava precisamente, através do custo da cesta básica nas diferentes regiões do Brasil, como as medidas do governo afetavam a vida de cada trabalhador e de suas famílias. As ações do DIEESE também foram de grande ajuda para revelar o modo como o governo militar atuava a serviço dos interesses empresariais.

Ao lado do economista Walter Barelli, diretor do DIEESE e responsável direto pela imagem que a instituição consolidou junto aos sindicatos e à sociedade, atuavam importantes técnicos e especialistas, como a socióloga Annez Troyano. O episódio que desvendou a falsificação de 1973 deixou uma forte marca, alçando o DIEESE a referência confiável depois que o Banco Interamericano de Desenvolvimento (BID) veio a público declarar que os dados da instituição mereciam crédito, algo que o governo não tinha.

Em plena ditadura, a fraude do governo repercutiu inclusive no exterior. A reposição do "roubo" de 1973 foi pauta de todas as greves e mobilizações a partir daquele momento. A visibilidade que o caso alcançou me faz pensar que, se o DIEESE tivesse apenas feito essa revelação, sua existência já estaria justificada. Mas não foi só isso. O DIEESE fez e continua fazendo muito mais. Seus produtos são, até hoje, elaborados por técnicos de alto gabarito. A instituição é sustentada pelos Sindicatos dos Trabalhadores. A diretoria é eleita e composta por dirigentes sindicais. O compromisso do DIEESE é com os interesses dos trabalhadores.

Pelo menos até a fundação da CUT e das demais centrais sindicais, dá para dizer que certa atmosfera de Central vigorava não apenas nas articulações intersindicais, mas também no espaço físico do DIEESE. O vazio criado pela ausência de uma estrutura organizacional articuladora e unificadora dos trabalhadores foi parcialmente preenchido pela dinâmica dessa instituição. No mínimo um ponto de encontro, um elo de solidariedade entre os sindicalistas, uma ação conjunta tecida em defesa de melhores condições de vida e contra o arrocho salarial dos trabalhadores. Os dados fornecidos pelos técnicos foram de grande ajuda. Por serem altamente comprometidos, os profissionais foram alvo de ataques da repressão.

Cheguei a frequentar algumas atividades do DIEESE quando esteve sediado no Sindicato dos Marceneiros, na rua das Carmelitas, 149, centro de São Paulo. Naqueles anos, nem imaginávamos quando seria criada a Central Sindical. Ali, a poucos passos da Praça da Sé e pertinho de vários outros sindicatos, também foram realizadas muitas reuniões da Pró-CUT do estado de São Paulo. Ter participado um pouquinho desse processo e conhecido os depoimentos que compõem a memória do DIEESE me propiciou essa deliciosa viagem pela história do Brasil e de um punhado de brasileiros e brasileiras que dedicam, ainda hoje, boa parte de suas vidas a essa instituição. Na comemoração de 63 anos da entidade, Clemente Ganz Lúcio, diretor técnico até o início de 2020, relatou: "Em mais de seis décadas, a missão do DIEESE nunca se alterou. A entidade produz e aporta conhecimento para a intervenção social dos trabalhadores para promover, por meio da organização e da luta sindical, desde o local de trabalho e em múltiplos espaços, transformações orientadas pelos princípios de justiça, igualdade, solidariedade, bem-estar, qualidade de vida e equilíbrio ambiental".

O DIEESE também organizou cursos que possibilitaram aos sindicalistas, numa época em que simples reuniões eram sinônimo de subversão, compreender melhor a relação entre o próprio cotidiano e as medidas econômicas que o país adotava. Em conversa recente com Annez Troyano, soube que esses cursos e reuniões, a princípio impedidos pela ditadura, ajudaram muito a trocar experiências e qualificar sindicalistas que, em sua maioria, mal desconfiavam da dimensão que a atuação do sindicato poderia ter, já que à época só eram permitidas atividades assistenciais. É com muito carinho que Annez relembra o quanto Lula, antes mesmo de ser presidente do Sindicato dos Metalúrgicos do ABC Paulista, foi um dedicado aluno dos cursos e dos seminários organizados pela instituição para ajudar os sindicalistas a dominar as leis, a lidar com as propostas patronais e a entender como age a Justiça do Trabalho. Na qualidade de técnica do DIEESE, Annez Troyano esteve muito próxima dos metalúrgicos do ABC, acompanhando Lula nas negociações e no dia a dia dos desafios sindicais.

Não por acaso, quando Lula assumiu a direção do Sindicato dos Metalúrgicos, fez dele uma das mais consistentes experiências de representação sindical, de ação corporativa e de mobilização social.

Campanha de Lula para governador em 1982. À esquerda, Josimar Melo; à direita, Clara Ant.

PARTE III

Resgates e saltos da democracia

A PRAÇA CHARLES MILLER é uma esplanada na frente do Estádio Municipal Paulo Machado de Carvalho, mais conhecido como Estádio do Pacaembu, uma referência ao bairro onde se encontra. Inaugurado nos anos 1940, com capacidade para setenta mil espectadores, já foi considerado o mais moderno estádio de futebol da América do Sul. Ali também foi instalado, em 2008, o Museu do Futebol, importante referência para amantes desse esporte e para quem busca conhecer sua história no Brasil. Logo na entrada do museu, uma holografia do Pelé recepciona os visitantes em vários idiomas. O bairro, que pertence à região central da cidade de São Paulo, comporta residências de luxo numa área que já pertenceu ao povo Tupi. "Pacaembu" é uma referência, no idioma Tupi, às terras alagadas dessa planície.

Essa praça, que habitualmente recebia dezenas de milhares de torcedores em dias de jogo, acolheu, em 27 de novembro de 1983, um público diferente: o do primeiro comício pelas eleições diretas em São Paulo, organizado pelo PDT, PMDB e PT, partidos de oposição aos militares que ainda governavam o país. Entre as mais de setenta entidades civis que promoveram o evento, destacavam-se: a Arquidiocese de São Paulo, presença permanente nas lutas democráticas; a Ordem dos Advogados do Brasil (OAB), sempre atenta à ilegalidade dominante nos anos da ditadura; a Central Única dos Trabalhadores (CUT), fundada alguns meses antes, em agosto de 1983; e a União

Nacional dos Estudantes (UNE), entidade agregadora dos estudantes universitários. Milhares de pessoas de todas as idades, de diversos bairros, ativistas das mais variadas organizações da sociedade que vinham lutando pela anistia e contra a carestia, o desemprego e a falta de liberdade, filiados ou não aos partidos recém-criados nos anos 1980 após a reforma, ou aos partidos até então clandestinos, todos se uniram numa única torcida: a da luta pelas eleições diretas para presidente da República. As poucas imagens em vídeo disponíveis são das entrevistas que o repórter Marcelo Tas realizou no evento. Há, também, registros de um primeiro comício em Abreu e Lima, Pernambuco, e em algumas outras cidades do país.

Nesse novembro de 1983, havia transcorrido apenas um ano da primeira eleição direta de governadores desde o golpe de 1964. Os militares haviam cancelado todas as eleições e confinado a organização partidária a dois grupos: a Aliança Renovadora Nacional (ARENA), governista, e o Movimento Democrático Brasileiro (MDB), de oposição – isto é, até onde uma ditadura suportava uma oposição. De toda forma, o MDB foi identificado com a democracia e, nessa primeira eleição direta para governador, elegeu nove candidatos. E o PDT, também de oposição, elegeu um: Leonel Brizola.

Na véspera da manifestação do Pacaembu, os governadores assinaram um manifesto em apoio à Proposta de Emenda Constitucional Dante de Oliveira. Dante era, então, um jovem deputado do MDB que nunca havia podido votar para presidente e que lutava para que a eleição para o cargo fosse por meio do voto direto. Em um mês de mandato, no dia 2 de março de 1983, Dante conseguiu as assinaturas necessárias para colocar em votação sua emenda, o que aconteceu em 25 de abril de 1984.

Ainda no dia do comício, em 27 de novembro, faleceu o senador Teotônio Vilela, que em 1979 havia passado da ARENA para o MDB, tendo sido um dos que defendiam, no seu partido, a realização da campanha pelas Diretas Já.

Três gerações de políticos compartilharam o palanque desse ato, que entrou para a história como o início do que viria a ser a maior mobilização popular do país. Manifestações pelas Diretas Já ocorreram em quase todas as capitais brasileiras e em muitas cidades médias, culminando, em abril de 1984, com atos gigantes no Vale do Anhangabaú, em São Paulo, e na Candelária, no Rio de Janeiro.

A mobilização do povo e a expectativa pelas eleições diretas atingiam praticamente todos os setores da sociedade. Até mesmo um time de futebol, o Sport Clube Corinthians Paulista, criou uma espécie de autogestão integrada a uma mobilização política pelas Diretas. A Democracia Corinthiana, como ficou conhecida, marcou época, apontando outro modo de estruturação e de interação entre jogadores, técnicos e diretores do clube.

A identidade do movimento com a luta pelas Diretas Já era tamanha que o principal jogador e líder da Democracia Corinthiana, Doutor Sócrates, assíduo participante das mobilizações pelas Diretas Já, declarou no maior comício dessa campanha que deixaria o Brasil se a Emenda Dante de Oliveira não fosse aprovada.

E foi o que aconteceu. O Brasil só teria eleições diretas em 1989, e o futebol brasileiro acabou perdendo o quarteto democrático Sócrates, Casagrande, Wladimir e Juninho.

E a Praça Charles Miller voltou à sua rotina.

Minhas disputas eleitorais

Disputei três eleições: duas para deputada estadual, em 1982 e 1986, e uma para federal, em 1990. Fui eleita deputada estadual em 1986, com 19.925 votos. O mais votado entre nós do PT foi José Cicote, com 37.865 votos. Comparado com o número de votos que muitos candidatos atingem atualmente, é quase inverossímil que alguém se elegesse no estado de São Paulo com essa quantidade de votos, considerada muito baixa hoje em dia.

Pelas regras eleitorais em 1986, a votação recebida pela sigla do partido acabava elegendo um número de candidatos igual ao número de vezes que o coeficiente eleitoral era atingido. Dito de outra forma, se a sigla PT fosse um candidato, teria sido o mais votado e o responsável pela eleição de vários dos dez companheiros na bancada de que participei de 1987 a 1991.

O voto na legenda do PT foi uma evidência de que parte da população havia identificado o partido mais por suas bandeiras, suas mensagens e seus objetivos do que pelas pessoas que disputaram. Éramos um partido jovem, criado em 1980. O único candidato do PT que, nas décadas de 1980 a 1990, se sobrepôs a isso foi Lula. Em 1986, ele concorreu para deputado federal na única eleição proporcional de que participou, tendo sido eleito com 651.763 votos. Ulysses Guimarães, o segundo mais votado para o cargo, teve 590.873 votos.

Além de mim e José Cicote, foram eleitos Luiza Erundina, com 35.622 votos; Telma de Souza, com 28.615; José Dirceu, com 23.990; Ivan Valente, com 23.184; Roberto Gouveia, com 21.184; Lucas Buzato, com 20.266; Expedito Soares Batista, com 19.315; e José Machado, com 19.238.

A nova lei eleitoral havia entrado em vigor em 20 de dezembro de 1979. No lugar dos dois partidos autorizados pela ditadura – a ARENA, de situação, e o MDB, de oposição consentida, ambos formados após o golpe militar, entre 1965 e 1966 – foram criados seis novos partidos: o Partido Democrático Social (PDS), praticamente um sucessor da ARENA; o Partido do Movimento Democrático Brasileiro (PMDB), com boa parte dos integrantes do MDB; o Partido Popular (PP), com egressos do MDB e da ARENA; o Partido Democrático Trabalhista (PDT); e o Partido dos Trabalhadores (PT).

O PDT passou a ser a sigla de Leonel Brizola, impedido pelo Tribunal Superior Eleitoral de seguir com a sigla PTB, que o identificaria com Getúlio Vargas, sob o argumento de que Ivete Vargas, sobrinha de Getúlio, havia feito o pedido primeiro. Já o PT nasceu da articulação de trabalhadores do campo e da cidade, aos quais se aliaram artistas, intelectuais, profissionais liberais, comunidades eclesiais de base, movimentos comunitários e grupos remanescentes de organizações clandestinas de luta contra a ditadura.

Nossa vez e nossa voz: terra, trabalho e liberdade

A nova lei eleitoral de 1979, se interpretada literalmente, dificultava muito a criação de um partido popular e de massas, podendo até inviabilizá-lo. Isso se devia às exigências legais, mais facilmente exequíveis pelos partidos já existentes ou pelos que emergiram destes. Mas algo muito maior do que simplesmente a autorização legal motivou – e penso que motiva até hoje – a batalha a que dezenas de milhares de pessoas se lançaram para cumprir as exigências e garantir a construção de um partido de trabalhadores com o lema "Nossa vez e nossa voz". Era chegada a vez e a voz de quem a ditadura havia tentado tolher e calar. E "oPTei" se tornou a marca que o genial publicitário e defensor incansável do PT, Carlito Maia, criou para sintetizar que a opção pelo PT era a consagração do direito de escolha.

Para viabilizar a legalização do PT, percorremos milhares de residências pelo país afora. Íamos de porta em porta explicando a importância de haver um partido dos trabalhadores da cidade e do campo, um partido que representasse pobres, oprimidos e todos que prezavam a democracia. "Terra, trabalho e liberdade" foi mais um lema do partido que conseguiu sintetizar um programa muito mais amplo, elaborado com a intenção de tornar acessível, para brasileiros e brasileiras, a justiça social.

Todas as exigências da nova lei eleitoral foram cumpridas, desde o lançamento do manifesto de fundação do PT, em 10 de fevereiro de 1980, até sermos oficialmente reconhecidos como partido, em fevereiro de 1982. As regras eram complexas, mas, em resumo, o partido deveria estar organizado em um número determinado de estados. Em cada estado, deveria estar organizado em um número determinado de municípios e, em cada um desses municípios, deveria ter um determinado número de filiados de acordo com o tamanho. Era exigida, também, uma quantidade específica de filiados parlamentares anteriormente eleitos no Senado, na Câmara Federal e nas assembleias legislativas. Não foi fácil cumprir esses critérios legais, mas conseguimos.

A estranheza permeava semblantes, olhos e ouvidos

As exigências se aplicavam a todos os partidos. Mas o PT, por ser desconhecido e portador de mensagens novas, precisava explicar a que veio, de onde veio, com quem veio. A estranheza permeava semblantes, olhos e ouvidos das pessoas que conclamávamos a se unirem conosco. E o PT surpreendeu. Cumpriu as duras formalidades legais exigidas pelo governo militar e estabeleceu uma convivência interna com regras democráticas que estimulavam e garantiam a participação direta de seus filiados.

O fim do governo militar já se anunciava, e a democracia era uma das bandeiras mais importantes não apenas do PT, mas de todo o país. O momento impunha a montagem de uma estrutura partidária que garantisse a participação democrática dos filiados, que evidenciasse a diferença. E isso foi feito, sem deixar de respeitar os rituais estabelecidos pela lei eleitoral promulgada pelo governo militar, a partir da criação de milhares de núcleos e diretórios municipais. Essa combinação permitiu que as regras da ditadura não exercessem constrangimento sobre a vida partidária, ao mesmo tempo que uma sólida base democrática interna se consolidava.

Segundo as leis eleitorais, era preciso, ainda, fazer convenções internas, nas quais só teria direito ao voto um grupo restrito de filiados formado majoritariamente por parlamentares e dirigentes partidários. Os delegados eleitos nos encontros de base, portanto, não tinham direito ao voto. Para contornar essa limitação, o PT criou duas listas de presença e duas urnas. A primeira urna era destinada a atender os preceitos estabelecidos pela Justiça Eleitoral. A segunda garantia que os filiados votassem em quem ou no que quisessem.

Interessante o acordo feito entre a grande massa de protagonistas que exercia o voto direto e os poucos a quem a lei atribuía esse direito nas convenções partidárias: os companheiros eleitos pelas regras oficiais, em geral, referendavam a vontade da maioria dos filiados, embora pudessem, por lei, questionar o resultado. Essa combinação reflete uma compreensão fora do comum, capaz de sustentar um acordo tácito entre os dirigentes do partido e as dezenas de milhares de filiados e de garantir que, apesar das limitações e dos constrangimentos da lei, fosse feito o necessário para fazer existir plenamente um partido de massas.

Partido de quadros ou partido de massas?

O debate sobre o PT ser um partido de massas ou de quadros ocupou horas, dias, muitos encontros e reuniões, por alguns anos após sua fundação. Era uma antiga discussão da esquerda mundial que se reproduzia dentro das diferentes correntes de esquerda no Brasil. Uma polêmica que nem sempre era explícita, mas que podia definir o rumo do partido e sua inserção na vida do país.

A corrente política a que eu pertencia, a OSI, abraçava a convicção de que o PT tinha que ser um partido de massas, e não só de quadros. A energia agregada na fundação do PT deveria ser permanentemente, no nosso entender, a força propulsora de sua existência. Do contrário, caso se limitasse a reunir e articular somente dirigentes e quadros políticos, o PT poderia terminar sendo apenas mais um grupo de esquerda que certamente ajudaria a luta popular, mas não teria a força que veio a adquirir frente à sociedade. Se optasse por ser um partido de quadros, dificilmente conseguiria permanecer por mais de quatro décadas em cena como referência social e obstáculo contra as investidas antipopulares.

Foi nesse alinhamento que a proximidade da OSI com Lula cresceu. Não era preciso falar sobre isso – bastava acompanhar os debates, as votações e os posicionamentos nos encontros para perceber que uma identidade havia se formado entre nós e Lula. Mas havia um longo caminho a ser percorrido para conquistar sua confiança, tanto por parte da OSI quanto de todos que vieram de estruturas existentes antes da fundação do PT – o que era o caso de praticamente todas as organizações de esquerda que ajudaram a construir o partido.

Lula percebeu, já na época das greves no final dos anos 1970, a necessidade de um partido de trabalhadores com estofo para enfrentar o governo militar. Desde 1978, o tema era pauta de muitos encontros. O marco inicial da decisão de construir o PT, para Lula e demais sindicalistas, foi a votação que ocorreu no Congresso Estadual de Metalúrgicos, realizado em Lins, município de São Paulo. Em seguida, com maior adesão, a proposta foi aprovada no Congresso Nacional de Metalúrgicos, em Poços de Caldas, Minas Gerais. Votaram contra a proposta as lideranças alinhadas ao PCB, ao MR8 e a outras organizações que já se consideravam representações políticas dos trabalhadores. No dizer de Lula em entrevista a Renato Tapajós para o filme *Linha de montagem* (1981), o movimento se deu conta de que "não estava na mão só dos empresários a decisão de atender ou não as reivindicações dos grevistas". Ele se referia ao fato de que os reajustes salariais eram feitos conforme decretos da ditadura, sem negociações diretas com os empresários e com a conivência dos Tribunais do Trabalho com esses índices. Os reajustes eram estabelecidos com base em índices da inflação divulgados e manipulados pelo governo, que, paralelamente, também reprimia a oposição. Portanto, lutar por melhores salários impunha aos trabalhadores lutar contra o governo e se organizar politicamente.

Mas as lutas, as reivindicações e as mobilizações de oposição fazem parte do cotidiano de trabalhadores do mundo todo. O PT foi criado sob a perspectiva da solidariedade internacional, sob o espírito de luta e de defesa da classe trabalhadora. Da primeira vez que Lula foi preso, em 19 de abril de 1980, o partido tinha acabado de ser fundado, em fevereiro daquele ano. E o PT teve que disputar as eleições de 1982 mesmo assim, apesar da falta de experiência, de material e de dinheiro.

A campanha eleitoral de 1986

Algumas particularidades dessa campanha foram muito marcantes e se refletiram nos resultados que permitiram a mim ser eleita. Quase dois terços da minha votação vieram da cidade de São Paulo.

Eu era considerada uma candidata "geral", ou seja, não tinha uma categoria profissional de peso, nem era conhecida por algum mote de tipo identitário. Eu tinha, sim, uma pequena trajetória pública no terreno sindical, especialmente na construção da Central Única dos Trabalhadores do estado de São Paulo (CUT-SP) e, posteriormente, da CUT Nacional. No campo político propriamente dito, já tinha participado de mobilizações pela anistia, de campanhas específicas pela libertação de presos políticos – como os da Ilha de Itamaracá, em Pernambuco – e de campanhas de solidariedade com povos de diversos países. Também tinha sido ativista no movimento estudantil e dava aulas de Planejamento Urbano, já havia alguns anos, numa universidade de Campinas, com dedicação ao Sindicato dos Professores e ao Sindicato dos Arquitetos e Urbanistas.

O resultado eleitoral era não só um quebra-cabeça, mas também, nitidamente, um espelho dessa trajetória. No mapa do interior apareciam votos depositados a conta-gotas em dezenas de cidades onde muitos dos meus alunos viviam. Apareciam, ainda, em áreas onde apoiei as mobilizações dos trabalhadores rurais, como as regiões de lavouras de cana-de-açúcar.

Na capital, também recebi uma votação dispersa, espalhada por diferentes regiões da cidade. Contudo, duas concentrações de votos chamavam a atenção: a da Vila Maria, bairro tradicional na zona norte de São Paulo e reduto de Jânio Quadros, então prefeito da cidade, onde a OSI tinha um núcleo forte de militantes; e a da Vila Carioca, no distrito do Ipiranga, zona sul de São Paulo. A maior particularidade estava no fato de que a Vila Carioca, além de ser uma área de forte militância da OSI, era onde Lula tinha morado havia alguns anos.

Lula e eu chegamos a fazer um pequeno comício juntos na Vila Carioca. Foi um dia bastante conturbado: uma chuva torrencial nos fez correr para longe do pequeno caminhão de som para nos abrigarmos no boteco mais próximo. Diante disso, só tinha um jeito de Lula, eu e nossos apoiadores na Vila Carioca concluirmos o comício: encharcados e morrendo de rir da situação. Lembro-me de pensar que, mesmo com toda aquela chuva, eu conseguiria alguns votos no bairro. Mas a verdade é que doeu no coração ver desperdiçada essa única oportunidade que tive de fazer uma atividade conjunta exclusiva com ele. Tínhamos um folheto da dupla Clara e Lula, a chamada "dobrada" no jargão eleitoral. E, para minha surpresa, mesmo com a chuva, conseguimos obter uma votação local de dar inveja nos outros candidatos. Até Frei Chico, irmão de Lula, ficou chateado pelo desempenho dessa dobrada e frequentemente se queixava, pois ele também tinha vivido na Vila Carioca. O problema foi que ele havia se candidatado pelo PMDB, e, pelas regras da época, as pessoas não podiam votar em candidatos de partidos diferentes.

Eu tinha muita disposição e cumpria as agendas desumanas que meus apoiadores organizavam sem dó nem piedade. Muitas vezes, começava conversando, ainda de madrugada, na porta de alguma fábrica, sempre que possível composta por maioria de mulheres trabalhadoras. Depois, panfletava em locais com movimento de pedestres, passava por faculdades, fazia reuniões com arquitetos e estudantes. Então, terminava o dia participando de atividades gerais da campanha ou de rodas de conversa para conquistar mais apoiadores.

As atividades dos fins de semana, como carreatas e comícios, eram mais voltadas para as populações dos bairros. Visitei muitas residências onde as melhores conversas aconteciam com grupos de mulheres ativistas locais.

Cada atividade era uma nova vibração, e eu vivia o processo com a convicção que tenho até hoje: a política é a via pela qual a sociedade escolhe seus destinos e os parceiros com quem vai construí-los.

Nesse período de campanha eleitoral, o que mais me fazia sofrer era o embate interno na OSI. Éramos um grupo de filiação internacional, com disciplina própria e compromissos de lealdade estabelecidos antes da fundação do PT. À medida que o tempo passava, parecia cada vez mais incongruente seguir nesse formato – era como se agíssemos à parte do PT.

Foi então que, em junho de 1987, sacramentou-se a divisão: metade dos membros da OSI manteve-se enquanto grupo, e a outra metade, da qual, entre outros, eu e Glauco Arbix fizemos parte, integrou-se totalmente ao partido. Ao expormos nossa posição para Lula, ele respondeu: "Não me importo com divergências nem com diferenças. Mas não suporto dupla lealdade, porque isso é incompatível". Percebemos que ele ficou aliviado e que sentiu que poderia confiar plenamente em nós no que dizia respeito ao total pertencimento ao PT.

Três mulheres

A bancada que o PT elegeu para a Assembleia Legislativa do Estado de São Paulo (Alesp), em 1986, tomou posse em 15 de março de 1987 com dez deputados, dos quais sete homens e três mulheres.

O fato de o PT ter conseguido eleger três mulheres virou notícia. Embora o PMDB tivesse elegido quatro deputadas, elas representavam apenas 10% da bancada do partido do governador eleito, Orestes Quércia. No PT, as mulheres representaram 30%, a ponto de o noticiário da TV Globo dedicar um tempo de sua programação para dar destaque ao fato. Na metade do mandato, nas eleições municipais de 1988, as companheiras Luiza Erundina e Telma de Souza foram eleitas prefeitas, respectivamente, da cidade de São Paulo e de Santos. Também foi eleito prefeito o companheiro José Machado, para a cidade de Piracicaba. Os suplentes dos três eram homens: Alcides Bianchi, José Mentor e Francisco de Souza, o "Chico Gordo". A partir daí, passei a ser a única mulher na bancada do PT. Alegria por elas terem sido eleitas prefeitas de cidades tão importantes para a vida do estado de São Paulo, mas também certa tristeza por, de novo, me ver naquele conhecido cenário de ser a única – ou uma das únicas – mulher em meio a tantos homens, retrato rotineiro das dificuldades que enfrentamos para ocupar espaços na política.

Esse cenário majoritariamente masculino da Assembleia Legislativa já havia ocorrido no movimento sindical, na direção nacional da Pró-CUT, da CUT e do PT, quando fui uma das poucas mulheres entre tantos homens. Um dos episódios mais bizarros que me aconteceu foi quando, na qualidade de líder da bancada do PT, fui conferir como estavam os debates nas comissões. Numa delas, presidida pelo deputado Edson Ferrarini do Partido da Frente Liberal (PFL), criado em 1985, fui saudada por ele com as seguintes palavras: "Registro a presença da nobre deputada Clara Ant, que veio enfeitar nossa comissão". É assim que nós, mulheres, ainda hoje costumamos ser saudadas por muitos homens no ambiente de trabalho. E se por acaso nos queixamos desse machismo fantasiado de apreço, eles logo complementam: "Mas você acha ruim ser elogiada?".

A Assembleia Legislativa contava, no período entre 1987 e 1991, com oitenta e quatro deputados. Para mim, foram quatro anos de um exercício de convivência com a diversidade. Se pudéssemos, talvez nenhum de nós escolheríamos nem mesmo um dos outros oitenta e três deputados para conviver, militar ou trabalhar junto. Foram os eleitores do estado de São Paulo que nos puseram frente a frente através do voto direto e democrático. Cada um de nós chegou com suas convicções, suas expectativas.

Na bancada do partido, cada um trazia na bagagem a experiência de luta de uma geração, de uma categoria sindical, de um movimento social. José Cicote e Expedito Soares eram metalúrgicos do ABC Paulista, contemporâneos e participantes das grandes mobilizações operárias dos anos 1970 e 1980. Lucas Buzato era militante bancário da cidade de São Paulo, também já nos conhecíamos do movimento sindical. Luiza Erundina e Telma de Souza já eram, na época, vereadoras e militantes sindicais – a eleição de Telma, por exemplo, contou com forte apoio de professores, de trabalhadores do porto de Santos e do movimento da saúde. José Machado, economista, era professor universitário. Ivan Valente havia atuado na militância comunitária, estudantil e sindical. Roberto Gouveia, médico sanitarista e servidor público estadual, foi quem liderou a batalha pelo fim da aposentadoria especial dos deputados estaduais, fazendo de São Paulo o primeiro estado a extinguir esse privilégio. E eu, arquiteta, era professora e sindicalista. Compartilhei momentos de militância com todos os deputados eleitos pelo PT. Mas quem eu conhecia havia mais tempo era José Dirceu. Como dito anteriormente, eu o vi pela primeira vez em 1966, durante uma passeata da Setembrada. À época eu estava no cursinho preparatório para o vestibular de Arquitetura e lá me uni a um grupo que se organizava para ir à manifestação. A orientação que, suponho, veio da União Estadual dos Estudantes (UEE) era a de formar grupos de dez pessoas. Cada grupo devia contar com uma espécie de coordenador, de forma que ninguém ficasse sozinho em caso de repressão.

O local de encontro foi o Largo do Paissandú, região central que sediava a Igreja Nossa Senhora do Rosário dos Homens Pretos e a lanchonete Ponto Chic, criadora do famoso sanduíche bauru, feito com rosbife, tomate e muito queijo derretido. Às 18 horas, horário marcado para a concentração, essa área da cidade é tomada por filas gigantes nos muitos pontos de ônibus e cinemas, além dos milhares de transeuntes. Isso permitiu que nós, os manifestantes, passássemos despercebidos. Até o momento em que Zé Dirceu apareceu, fez um rápido discurso e sinalizou o início da passeata. Então, todos tivemos que correr muito.

Zé Dirceu e eu nos reencontramos alguns anos mais tarde, em 1980, durante a construção do PT. E foi na convivência diária na Alesp que se deu nossa maior proximidade, especialmente no tempo em que fui líder da bancada de deputados, e ele, secretário-geral nacional do partido. Apesar de às vezes termos nos estranhado no âmbito político e do fato de que ele ocupava, à época, um dos principais cargos do partido, Zé Dirceu foi impecável e respeitoso comigo. Conhecido por ser uma pessoa de energia ilimitada, teve uma forte atuação nas reuniões da nossa bancada e no plenário da Assembleia. Era um peixe dentro d'água.

Numa das primeiras reuniões da bancada, organizamos a grade das agendas dos dez deputados do PT. O objetivo era garantir que estivéssemos presentes junto à população em todo o estado, levando em conta a trajetória de cada um. Também nos distribuímos pelas comissões permanentes da Assembleia, aproximando ao máximo os temas às experiências individuais. Como eu era professora em Campinas, coube a mim a responsabilidade de dar atenção à atividade dos militantes do PT e aos movimentos sociais em alguns trechos do eixo da rodovia Anhanguera. E como eu fazia parte da direção nacional da CUT, também coube a mim acompanhar questões ligadas aos trabalhadores e à Comissão de Relações do Trabalho.

A definição dessas duas vertentes prioritárias para o meu trabalho de deputada – os movimentos sociais do eixo da rodovia Anhanguera e a Comissão das Relações de Trabalho – me trouxe grandes desafios. Conheci melhor o estado de São Paulo e seus representantes políticos, a militância do PT e dos movimentos sociais – em particular da moradia e dos trabalhadores rurais assalariados –, e pude ampliar laços de amizade com gente com quem já tinha compartilhado batalhas desde a época do Sindicato dos Arquitetos e Urbanistas, nos anos 1970.

Foi nesse período do meu mandato que trabalhei próxima a Antonio Palocci, vereador e sindicalista em Ribeirão Preto. O período coincidiu com as greves e as paralisações dos cortadores de cana e dos catadores de laranjas da região. Entre as décadas de 1980 e 1990, emergiram fortes movimentos de trabalhadores rurais assalariados concentrados nessas duas áreas, e vira e mexe eu me deslocava para o interior, tal como já tinha feito na qualidade de dirigente da CUT.

Mas na área urbana também não faltaram enfrentamentos

Em novembro de 1988, poucos dias antes das eleições municipais, trabalhadores da Companhia Siderúrgica Nacional (CSN) entraram em greve na cidade de Volta Redonda, no Rio de Janeiro. Mais de dez mil metalúrgicos reivindicavam condições básicas de trabalho, tais como aumento salarial e redução da jornada para seis horas. Um operário me disse uma vez que siderúrgicas são como "filiais do inferno": ninguém escapa de doença ou acidente, isso quando não são vítimas de ambos. Diante da greve, esse inferno se aguçou e o exército interveio, deixando um saldo de três trabalhadores mortos e mais de cem feridos. Foi uma verdadeira comoção no país.

No mesmo dia, a pouco mais de cento e setenta quilômetros de Volta Redonda, na cidade de Pindamonhangaba, interior de São

Paulo, a Polícia Militar reprimiu os trabalhadores das Indústrias Villares, que reclamavam o atraso do pagamento. Soube do ocorrido de madrugada, pelo companheiro José Luiz, da CUT do Sindicato dos Metalúrgicos de São José dos Campos, e imediatamente me dirigi ao local. Chegando lá, pude conversar com os trabalhadores, visitar os feridos no pronto-socorro e dialogar com a direção da empresa.

Não fiz isso sozinha. Junto comigo, vindo de Brasília, estava o então deputado federal Geraldo Alckmin, do PSDB, que nasceu em Pindamonhangaba e lá iniciou sua carreira política como vereador, depois prefeito. Anos mais tarde, em 2001, Alckmin assumiria o governo de São Paulo após a morte de Mário Covas. Depois, seria eleito em 2002, em 2010 e novamente em 2014. Aparentemente, nossa presença ajudou um pouco os trabalhadores, que acabaram recebendo seus salários e não mais enfrentaram a repressão. Na volta para São Paulo, participei de uma manifestação contra a ação do exército em Volta Redonda, onde tomei a palavra para relatar o ocorrido em Pindamonhangaba.

No processo eleitoral, nem sempre é possível saber exatamente qual motivo leva um candidato ou um partido à vitória. Mas, naquela semana, não havia nenhuma dúvida de que a repressão aos trabalhadores, particularmente a invasão da CSN pelo exército, impulsionou a indignação de muitos contra o governo Sarney e seus candidatos. O favoritismo do PMDB de Quércia em 1986 começou a esfacelar, o que se expressou tanto na criação de um racha com o nome de PSDB, em junho de 1988, como nos resultados das eleições municipais.

No dia a dia da Assembleia Legislativa, pautado por enfrentamentos de posições políticas e projetos conflitantes, alguns episódios poderiam ser vistos como anedotas se não expressassem sérios dramas enfrentados pela democracia brasileira à época. Um desses episódios envolveu o deputado Erasmo Dias, do PDS, ex-secretário de Segurança Pública do governo de São Paulo, também eleito em 1986.

A posse dos novos deputados aconteceu em 15 de março de 1987. Dez anos antes, no dia 22 de setembro de 1977, Dias, o então secretário, invadiu as dependências da PUC de São Paulo, atacando estudantes e professores que participavam de um ato público durante o encerramento do Encontro Nacional de Estudantes, que envolveu cerca de dois mil jovens. Policiais civis e militares, numa proporção de três para cada dois estudantes, de acordo com o que registraram as reportagens da época, lançaram bombas que atingiram e queimaram várias pessoas. Ainda de acordo com as reportagens e os depoimentos dos jovens presentes, os policiais espancaram os estudantes e arrombaram as portas das salas de aula onde alguns haviam tentado se refugiar. Ao todo, 854 pessoas foram detidas, parte delas foi fichada e 42 foram processadas com base na Lei de Segurança Nacional, acusadas de subversão. O episódio foi registrado, devido à mobilização estudantil, como um dos sinais de enfraquecimento do regime militar, e a PUC se tornou um símbolo da luta democrática no país.

É praticamente impossível pensar em 1977 e não se lembrar das grandes mobilizações e da invasão da PUC. Todos esses acontecimentos me voltavam incessantemente à memória cada vez que eu percebia a presença de Erasmo Dias nas dependências da Alesp. Entre nós, parecia haver um abismo e um pacto: se ele estivesse no elevador, eu não entrava, e vice-versa. Jamais nos cumprimentamos. Mas, por incrível que pareça, na Constituinte Estadual, a Comissão de Sistematização fundiu uma emenda dele com outra minha, e o documento foi aprovado. De tão estranha, a fusão me soava como uma anedota. Mas devo reconhecer que o deputado Erasmo Dias conhecia bem o mérito das emendas e levava muito a sério a elaboração da nova Constituição Estadual, à sua moda, é claro.

Numa madrugada de longas votações no plenário da Alesp, Erasmo Dias fez uma confissão ao microfone: "Meu sangue ferve quando vejo um comunista". E, no mesmo período em que foi secretário de segurança, não media as palavras, nem tinha qualquer constrangimento em dizer, como fez numa conferência em 22 de maio de 1976, conforme registrou o jornal *Última Hora*, que: "O bandido tupiniquim, o nosso bandidão, [...] tem tipologia definida, está sempre abaixo da média. É subnutrido, malvestido, subempregado, enfim, tem psicossomática definida. A aparência geral dos bandidos é idêntica".

A fala grosseira de Dias refletia e alimentava o preconceito paulista contra os nordestinos de baixa renda que vinham para a capital em busca de trabalho. Ele não conseguia disfarçar o rancor que sempre o acompanhava, fato que ficou ainda mais claro quando um grupo de jovens, querendo acenar com a paz, deixou de presente para o recém-eleito deputado uma bandeja de bombas... de chocolate. A ironia e o bom humor dos estudantes, sinal dos novos tempos e da democratização, receberam em resposta um surpreendente gesto: o deputado sacou uma arma.

O povo na casa do povo

Sob a pressão de uma maioria esmagadora formada pela base do governador, com os votos do PMDB e do PFL, mais o apoio tácito do PDS, Orestes Quércia vencia tranquilamente as votações da Assembleia. Mesmo assim, o estado de São Paulo vivenciou talvez a maior mobilização de servidores públicos até aquela data, e a Assembleia Legislativa honrou, nesse período, o título de "casa do povo" que os parlamentos ostentam.

Em 1986, com a inflação descontrolada, entrou em vigor o Decreto-Lei n.º 2.302, que previa, nos salários, um reajuste automático de 20% cada vez que a inflação alcançasse esse número. No início de 1987, esse "gatilho" teve que ser disparado mensalmente. Dá até arrepios relembrar de como foi difícil conseguir se sustentar ou, mais ainda, sustentar uma família com esse ritmo inflacionário. No entanto, o governador Quércia se recusou a pagar o gatilho ao funcionalismo público do estado de São Paulo. Os deputados da sua base de sustentação foram fortemente questionados, e os servidores em greve ocuparam as dependências da Assembleia Legislativa.

Aprendi muito naquele período. Talvez tenha sido a maior aula que tive sobre mobilização, negociação e resultado. Havia a lei, o governador obrigado a cumprir a lei e todos os deputados que podiam impor ao governador o cumprimento da lei. Também estavam lá os atores mais interessados num resultado positivo para seus salários: os servidores. Eles percorreram os gabinetes dos deputados e lotaram a galeria do auditório da Alesp nos momentos de debate e votação. Essas sessões propiciaram espetáculos de cidadania e democracia. O então presidente da Alesp, o deputado Luiz Máximo, do PMDB, dialogou, de forma inesperada, com os 264 grevistas instalados na galeria, que passaram a estudar e dominar o regimento interno da casa e a intervir em coro quando se percebiam prejudicados.

E a disputa de ideias e projetos seguiu, a partir daí, com outros embates. Foi o oposto do que ocorre nos golpes, que impõem regras e leis sem consulta ou discussão com a sociedade. Foi um retrato do vai e vem das disputas políticas quando desenvolvidas no marco das leis e das instituições.

PT na Constituinte Federal e Estadual de São Paulo

Em outubro de 1988, imediatamente após a promulgação da nova Constituição Federal, a Constituição Cidadã, comandada por Ulysses Guimarães, foram instaladas as Constituintes Estaduais, que contavam com o prazo fixo de um ano para serem elaboradas e aprovadas.

Nós, do PT, tínhamos um norte bem definido, pois o partido havia apresentado um projeto de Constituição Federal inspirado em texto proposto pelo jurista Fábio Konder Comparato. A bancada federal liderada pelo então deputado Luiz Inácio Lula da Silva nos serviu de precursora dos principais debates retomados, também, em âmbito estadual. Ao contrário das acusações que circulam há muitos anos sobre o PT ser contra a Constituição, a declaração de voto de Lula em nome da bancada federal do partido, na sessão de 22 de setembro de 1988, poucos dias antes da promulgação da nova Constituição, foi cristalina:

O Partido dos Trabalhadores [...], por entender que a democracia é algo importante – ela foi conquistada na rua, ela foi conquistada nas lutas travadas pela sociedade brasileira –, vem aqui dizer que vai votar contra esse texto, exatamente porque entende que, mesmo havendo avanços na Constituinte, a essência do poder, a essência da propriedade privada, a essência do poder dos militares continua intacta nesta Constituinte. Ainda não foi desta vez que a classe trabalhadora pôde ter uma Constituição efetivamente voltada para os seus interesses. Ainda não foi desta vez que a sociedade brasileira, a maioria dos marginalizados, vai ter uma Constituição em seu benefício. É por isto que o Partido dos Trabalhadores vota contra o texto e, amanhã, por decisão do nosso diretório – decisão majoritária –, o Partido dos Trabalhadores assinará a Constituição, porque entende que é o cumprimento formal da sua participação nesta Constituinte (Discurso de Lula na 340ª Sessão da Assembleia Nacional Constituinte, 1988).[8]

Um caderno salva-vidas

No começo de 1989, estávamos já em plena campanha eleitoral para a presidência da República quando decidimos que eu, na qualidade de líder da bancada, e Mentor, então vice-líder, daríamos conta do recado na Assembleia enquanto os oito demais companheiros participariam diretamente da mobilização pela eleição de Lula. Por isso, com certa dor no coração, não pude participar como gostaria das atividades do dia a dia da campanha eleitoral, a primeira eleição direta depois do golpe militar de 1964. A primeira vez que eu mesma iria poder votar para presidente.

Então, mergulhei intensamente nos trabalhos da Constituinte.

A primeira fase foi a de elaboração do anteprojeto da nova Constituição Estadual. O PT apresentou uma proposta, mas a maioria dos deputados decidiu que não seriam votados projetos, e sim emendas ao anteprojeto da mesa. A partir daí, passamos a apresentar nossas

---

[8] Disponível na íntegra em: https://bit.ly/3zeKYyn. Acesso em: 18 jul. 2022.

emendas. No total, mais de cinco mil emendas foram inscritas, e então começaram os trabalhos da Comissão de Sistematização, da qual eu e o deputado José Mentor fizemos parte. As jornadas se estendiam pelas madrugadas, quase sem pausas para as refeições.

Os embates eram intensos, e não dispúnhamos de suporte técnico para ordenar as milhares de emendas ao texto base encaminhadas pelos 84 deputados. José Antônio Barros Munhoz, do PTB, que presidiu a Comissão de Sistematização, comentou em várias ocasiões que só conseguiu conduzir as votações das emendas graças ao meu caderno. Tal caderno era resultado de intermináveis horas de trabalho da altamente qualificada e dedicada assessoria da bancada do PT, que trabalhou noite e dia para dar o suporte que permitiu a nós, deputados, darmos conta da responsabilidade de elaborar uma nova Constituição. Os temas e as polêmicas foram incontáveis. A seguir, contarei um pouco sobre eles.

O peso dos privilégios

De todos os temas tratados na Constituinte, os que tiveram maior participação dos interessados foram aqueles envolvendo juízes, procuradores e delegados. A presença deles em plenário e nas galerias era massiva. Chamaram a minha atenção, em particular, as reações a duas reivindicações polêmicas. A primeira foi a resistência feroz dos juízes à proposta de criação de um órgão superior que, entre outras atribuições, viria a controlar o cumprimento dos deveres por parte dos juízes – eles não admitiam em hipótese alguma que um órgão os fiscalizasse. De fato, o Conselho Nacional de Justiça acabou sendo criado somente em 2004, enquanto o estadual nem chegou a ser criado, pois o Supremo Tribunal Federal (STF) o considerou inconstitucional.

A segunda foi a reação à reivindicação de isonomia salarial para delegados, juízes e promotores. Fiquei assustada com a virulência com que procuradores tratavam esse tema, não admitindo serem "igualados" aos delegados, embora as três carreiras requeressem o mesmo tipo de formação acadêmica e exigissem concursos públicos para a ocupação dos cargos. Num dos debates solicitados pelos então petistas Hélio Bicudo e Plínio de Arruda Sampaio, ambos promotores de carreira, eles argumentaram que o delegado é o agente da repressão, é quem prende. Ao que José Mentor, que tinha sido preso na ditadura, argumentou: "Quem me acusou foi o promotor". Apesar das polêmicas e das minhas dúvidas, os delegados convenceram a maioria do PT, e votamos a favor da isonomia para delegados federais e estaduais.

Revendo o texto da Constituição Estadual, constato como foi importante garantir a reserva de recursos para a Fundação de Amparo à Pesquisa do Estado de São Paulo (FAPESP) e para as universidades estaduais. Na época, não foi uma medida polêmica. Não houve resistência ao seu cumprimento. Mas de lá para cá, em muitos momentos, como aconteceu em 2021, governadores tentaram se esgueirar dessa norma e utilizar verbas de pesquisa para outros fins. Não consigo imaginar o estado de São Paulo privado desses recursos que sustentam parte das atividades de órgãos como o Instituto Butantan, provedor de vacinas desde o início da pandemia do novo coronavírus.

Sindicalistas em defesa da vida e da saúde

Outra movimentação, esta mais discreta do que a das carreiras de Estado, mas de importância infinitamente superior para a vida das pessoas, foi a mobilização de lideranças sindicais operárias em defesa de uma emenda de iniciativa popular visando garantir a saúde e a segurança no trabalho. O Artigo 229 da Constituição Estadual[9] é resultado dessa ampla articulação de dirigentes sindicais da CUT e da Força Sindical, de profissionais da Delegacia Regional do Trabalho (DRT) e da Secretaria do Emprego e Relações do Trabalho (SERT), com o apoio de vários deputados, que imprimiu na legislação, entre

---

[9] Disponível em: https://bit.ly/3yFLzYv. Acesso em: 06 jul. 2022.

outras garantias, uma das maiores aspirações do movimento sindical. Conforme o § 2º, é garantido que, "em condições de risco grave ou iminente no local de trabalho, será lícito ao empregado interromper suas atividades, sem prejuízo de quaisquer direitos, até a eliminação do risco".

O tema era muito caro, e não só para mim. Em 1977, Lula, na qualidade de presidente do Sindicato dos Metalúrgicos do ABC Paulista, havia providenciado um filme que mostrava o que a propaganda oficial e as campanhas de prevenção de acidentes escondiam. Na época da Constituinte, em 1989, o Brasil ostentava o vergonhoso título de campeão mundial de acidentes de trabalho.

Concentrei minhas energias nesse tema na Comissão de Relações do Trabalho que presidi na Alesp. Não me conformava com o fato de que um trabalhador pudesse perder a vida em situação evitável. Visitei diversas fábricas: sílica, mercúrio, amianto e outras que faziam uso de maquinário perigoso. Estudei muitas das doenças relacionadas a esse tipo de trabalho. Analisei as estatísticas. Conheci profissionais de primeira categoria que fizeram da atuação nessa área mais do que um exercício profissional, mas uma militância de vida. Não conseguirei falar de todos. Mas vale a pena citar Rui Magrini, engenheiro da DRT e devoto dessa luta, que conseguiu embargar o corpo de um trabalhador já no caixão, prestes a ser enterrado, para provar que ele havia falecido de silicose, e não de gastrite, como o médico legista alegara.

Há médicos legistas que foram cúmplices de empresas para acobertar o não cumprimento da legislação de proteção aos trabalhadores. No episódio que mencionei acima, a atuação de Rui Magrini e de outros profissionais foi vital para mostrar o grau de insalubridade do ambiente de trabalho e o risco a que trabalhadores eram expostos. Nesse caso, o risco era a exposição ao pó de sílica, que, ao penetrar no organismo, vai inutilizando os pulmões até impossibilitar a respiração. Essa condição era chamada pelos operários de "pulmão empedrado", uma "popularização" que nos mostra o alcance e a naturalização dos danos entre as próprias vítimas das fábricas de vidro e cerâmica.

Os profissionais da DRT e das SERTs ajudaram a revelar a tragédia que assolava os trabalhadores do país e propiciaram aos sindicatos informações preciosas para serem inseridas nas pautas de negociação das campanhas salariais. O Departamento Intersindical de Estudos e Pesquisas de Saúde e dos Ambiente de Trabalho (DIESAT) também escudava e respaldava as lutas por melhores condições de trabalho e por ambientes salubres e seguros. A lei previa adicionais de insalubridade e de periculosidade, mas nenhuma dessas indenizações poderia compensar a perda de vidas nas fábricas.

O tema impulsionou minha atividade parlamentar, ao mesmo tempo que me permitiu reencontrar muitas pessoas do movimento sindical e conhecer muito mais dos ambientes fabris.

Com a ajuda da minha equipe, formada por técnicos e militantes comprometidos com o programa do PT e com as causas que sempre defendi, pudemos formar uma articulação de dirigentes sindicais de um amplo espectro político. Demos entrada a uma emenda de iniciativa popular que pretendia consolidar, em lei, uma bandeira ousada: o direito de se recusar a trabalhar em ambiente insalubre ou perigoso.

Olhar cuidadosamente para as condições e o ambiente de trabalho faz com que nos surpreendamos com a lista de fatores que incidem na deterioração da qualidade de vida, como gastar de duas a quatro horas para ir e voltar do trabalho, ganhar pouco, correr riscos evitáveis, e assim por diante. Por outro lado, ouvir as asneiras pronunciadas por alguns empresários e por parte das autoridades, tomar conhecimento do descaso de juízes e promotores quanto às reclamações de trabalhadores, tudo isso faz com que nos sintamos de volta ao século XIX.

Em 1989, a Assembleia Legislativa do Estado de São Paulo tinha uma composição bastante conservadora. O PT contava com dez deputados num total de oitenta e quatro. Mas algo diferia muito dos dias de hoje – basta ver o exemplo da emenda que defendeu o direito de recusa dos trabalhadores frente a ambiente e condições insalubres e/ou perigosas, apresentada pelos sindicatos. A emenda foi acolhida, e seu conteúdo consta no texto da Constituição Estadual. Houve, sim, um debate, mas sem o desprezo que vemos hoje frente às demandas trabalhistas – e, diga-se de passagem, a todo o texto constitucional, como acontece no governo Bolsonaro.

Naquele momento da campanha de 1989, na disputa contra Fernando Collor, dar destaque para essa questão dos trabalhadores me parecia essencial. Nesse cenário, ter em Lula uma referência para combater esse mal era certamente um forte alento para todos os trabalhadores, fossem metalúrgicos ou não. Daí a importância de Lula candidato a presidente mencionar isso em seu programa eleitoral. Quando sugeri a ele que gravasse um programa sobre o tema, ele respondeu: "Prepara o texto que eu gravo". Não esperava essa resposta. Não imaginava que eu pudesse ser a responsável por isso. Como eu poderia expressar a compaixão que esse homem sentia e que o levou a pautar esse tema no sindicato com tanta intensidade? Como eu saberia expressar esse respeito e esse amor que Lula nutre pela vida dos outros? A segurança dos trabalhadores era algo que o tocava tão fortemente quanto a fome.

E foi a esse tema dos acidentes e das doenças do trabalho que eu me dediquei em meu mandato, presidindo a Comissão de Relações de Trabalho. Ter apoiado essa articulação foi algo de que posso me orgulhar muito e sempre. As lideranças sindicais consideravam o espaço do meu gabinete o seu próprio espaço. E acredito que essa seja a maior recompensa que um parlamentar pode almejar.

Por fim, ainda na Alesp, tentando chamar a atenção sobre esse tema, organizei uma simulação de um tribunal para julgar crimes contra a saúde e a segurança no trabalho. Batizei o tribunal de "Maria Teixeira", em memória a uma trabalhadora morta em acidente de trabalho no começo do século XX. O jurista Fábio Konder Comparato o presidiu, e a atriz Ester Góes, então presidenta do Sindicato dos Artistas, dirigiu os atores que encenavam situações de risco. A iniciativa não teve quase nenhuma repercussão. Mas, no mínimo, ficou registrado que o descaso com a vida das pessoas era gigante e vinha de muito tempo.

Nos quatro anos que passei na Assembleia, Lula e eu conversamos algumas vezes por telefone, mais frequentemente no período da Constituinte. Um dia, atendendo a um convite meu, ele foi à Alesp conversar com a bancada. Chegou na minha sala e de cara perguntou a origem de um enorme buquê de flores que estava sobre um móvel. Contei que eu tinha acabado de ganhar dos funcionários da TV Cultura em agradecimento à minha atuação junto ao Conselho, que resultou na retomada das negociações entre os grevistas e a direção da Fundação Padre Anchieta (FPA). Lula comentou que estava acostumado a ser acordado de madrugada, a sair correndo para ajudar em greves e mobilizações, mas não estava acostumado a receber agradecimentos desse tipo. Eu tampouco.

Titonho Bezerra, Clara Ant e Cyntia Campos com grupo de moradores do povo Macuxi, preparando a Caravana do Norte na Raposa Serra do Sol, Roraima, em 1993.

PARTE IV

Sementes para um bom governo

TERMINADAS AS ELEIÇÕES PRESIDENCIAIS DE 1989, ainda faltavam quatro meses para concluir meu mandato. Aproveitei esse tempo e, principalmente, a remuneração que ainda recebia para pagar minhas dívidas, parte mais chata – e às vezes desastrosa – do que sobra de uma campanha. Mais desagradável ainda pelo resultado não ter sido favorável. Mas, como sempre, toquei em frente.

As atividades a que mais me dediquei nesse período estão descritas ao longo deste capítulo, no qual relato as caravanas, a elaboração de propostas e projetos e, finalmente, as primeiras experiências de petistas em governos municipais e estaduais. São esses os três pontos de apoio para a preparação do PT e de Lula nas disputas dos anos 2000.

As Caravanas da Cidadania, iniciadas em 1993, puseram Lula e boa parte da militância do PT e dos movimentos populares em contato direto com a diversidade da população brasileira distante dos centros urbanos em todos os cantos do país. O Governo Paralelo e, depois, o Instituto Cidadania, em suas diversas fases, protagonizaram uma série relevante de projetos para o país e muitos debates com especialistas, profissionais e gestores públicos em várias áreas. As campanhas eleitorais em todos os níveis, incluindo as presidenciais em 1994 e 1998, e as experiências em governos municipais e estaduais permitiram um intenso aprendizado, dando a oportunidade para que petistas se destacassem pelos cuidados para com o povo e pelas inovações na gestão.

As cartas para Lula

Antes de entrar em detalhes sobre a atuação do PT no final da década de 1980 e início de 1990, não posso deixar de contar um aspecto que tomou bastante do meu tempo e que foi uma experiência única nessa nova jornada junto a Lula na sede nacional do PT: as cartas.

Chegavam até nós, diariamente, muitas cartas para Lula. De todos os tipos. De todos os lugares. Muitas vezes sem endereço. O destinatário era simplesmente "Lula". E não importava de qual parte do Brasil elas vinham, os Correios faziam com que chegassem na liderança do PT, em Brasília, que enviava para a sede em São Paulo.

Lula queria que todas fossem respondidas. Fiquei agoniada de início, pois era uma quantidade sem fim. Como fazer para atender as expectativas de quem havia escrito? Depois de ler uma penca delas, passei a ter uma noção razoável dos perfis de quem escrevia. Então, bolei um sistema que deu certo: passei a organizar as cartas em grupos, que iam desde "Afeto" – ou seja, escritas por pessoas que apenas queriam transmitir a Lula a confiança que tinham nele – até "Salvação da humanidade" – escritas por pessoas que sugeriam propostas para tudo, certas de que poderiam resolver qualquer problema do Brasil. Eram dez grupos ao todo, portanto, dez modelos de resposta. Em cada modelo, a primeira frase era adaptada de forma que o destinatário ou a destinatária percebessem que sua carta havia sido lida. E é claro que sempre poderia ser acrescentado algo de acordo com o tom da carta, ou se Lula solicitasse. Já me perguntaram, surpresos, se ele lia todas as cartas. Pois é. Ele assinava todas as respostas e pedia para colocarmos, junto a elas, a carta de cada remetente. Não sei se ele leu todas, mas sei que leu muitas. Em geral com interesse e, vez ou outra, para acrescentar ou suprimir da resposta alguma palavra ou frase. Parecia conversar com aquelas pessoas. E, algumas vezes, chegou a ligar para elas.

Caravanas da Cidadania: a rota da desigualdade

Conversar com metalúrgicos nas portas das fábricas nos inícios e finais de turno no ABC Paulista; deslocar-se do estado de São Paulo para outros estados em solidariedade à mobilização de trabalhadores de diversas categorias, entre bancários, operários da construção civil, petroleiros, jornalistas; somar forças para construir uma Central Sindical por tantas décadas sonhada pelos trabalhadores do campo e da cidade; solidarizar-se com companheiros e familiares de militantes políticos e sindicais assassinados; visitar lideranças presas; fincar os alicerces da construção de um partido de trabalhadores; percorrer o país em caravanas, de ônibus, barco, carro e trem, para conhecer de perto o Brasil, as brasileiras e os brasileiros; disputar, perder e ganhar eleições como a de deputado federal e de presidente da República: essas dezenas de milhares de quilômetros percorridos por Lula e as atividades realizadas por ele em defesa e a serviço da democracia permitem conhecê-lo melhor e mais de perto.

As Caravanas da Cidadania foram uma série de percursos ao longo do território brasileiro, feitos por terra, pelas águas e pelo ar. Elas ilustram um pouco mais do modo de ser de Lula, de sua trajetória no Partido dos Trabalhadores, das escolhas que o trouxeram até aqui, das causas pelas quais lutou e dos caminhos que trilhou. Cada passo dado em cada uma das catorze caravanas entre 1993 e 1996, bem como as duas que fez em 2001, acrescenta alguma pincelada do que o metalúrgico Lula viria a ser na presidência da República.

Antes de ser eleito presidente, entre 1993 e 2001, Lula realizou essa intensa atividade que envolveu a dedicação de incontáveis militantes do PT, de outros partidos e de pessoas sem partido. Um contato direto com milhares de cidadãos e lideranças de todos os setores da sociedade, em 401 municípios, somando 162 dias. Uma proximidade com a diversidade que ocupa e povoa o território brasileiro de 8,5 milhões de quilômetros quadrados, que faz fronteira com dez países e com a Guiana Francesa, que tem 7.491 quilômetros de extensão de costa no Oceano Atlântico. Um percurso de descobertas, um tocar de mãos, um trocar de palavras, de ideias, de olhares, de memórias e de histórias que, no conjunto, propiciaram a Lula um conhecimento do Brasil e uma proximidade com brasileiras e brasileiros com os quais ele teceu, dia a dia, uma teia gigante de confiança e esperança.

A primeira Caravana da Cidadania partiu de Caetés, então distrito de Garanhuns, terra natal de Lula, em 25 de abril de 1993. O objetivo era percorrer o mesmo caminho que Lula percorreu com sua mãe, Dona Lindu, e seus irmãos em 1952, com destino a Vicente de Carvalho, um dos bairros mais pobres de um dos municípios mais ricos da baixada santista, o Guarujá, no litoral do estado de São Paulo.

Mas o projeto dessa primeira caravana não começou em 1993. Começou lá atrás, antes das eleições de 1989. O autor da ideia foi o brilhante repórter Ricardo Kotscho, então assessor de imprensa do PT Nacional. À época, porém, Kotscho ressaltou que, embora a ideia tivesse sido aprovada (em tese) e fosse do agrado de quase todos, corria o risco de perder a força se ocorresse simultaneamente à campanha eleitoral. Lula concordou, acrescentando que as agendas são muito carregadas em período eleitoral e que não teria tempo para conversar com as pessoas no caminho. De fato, nas campanhas eleitorais, Lula percorria tantos palanques em tão pouco tempo que muitas vezes perdia a conta se havia mudado de cidade ou de estado.

Passada a eleição presidencial de 1989, vieram as eleições gerais de 1990 e as municipais, de 1992. Mas, ainda no final de 1992, a proposta de Kotscho foi retomada com força, e foi dada a largada para aquela que viria a ser a primeira de uma série de caravanas.

Mas antes de falar delas, é necessário registrar que essa não foi a primeira vez, nem a única, que Lula percorreu um bom pedaço do Brasil ao longo de sua jornada na militância.

Ainda no movimento sindical, na qualidade de presidente do Sindicato dos Metalúrgicos do ABC Paulista, Lula se deslocou muitas vezes para apoiar e ajudar trabalhadores de diversas categorias profissionais e para participar de encontros intersindicais que visavam construir a tão almejada organização nacional da classe trabalhadora. As articulações prévias à realização da Conferência Nacional da Classe Trabalhadora (CONCLAT) de 1981 também impulsionaram mais deslocamentos que, por sua vez, resultaram em mais conhecimento dos lugares e das pessoas que compõem este vasto Brasil. Isso sem mencionar os incontáveis circuitos rotineiros pelas fábricas de São Bernardo do Campo e região, municípios pertencentes à região metropolitana de São Paulo, local de concentração das fábricas montadoras de automotores e de autopeças, localizado na Serra do Mar, no caminho do litoral paulista, onde antes já estava consolidada a sede da indústria moveleira.

Portas de fábrica: o oxigênio das batalhas diárias

Lula poderia ter optado por dirigir o sindicato de dentro da sala da diretoria, ou apenas por meio de assembleias. Mas não. Ele, como outros novos líderes que se formaram entre 1970 e 1980, escolheu percorrer as portas das fábricas no início e no fim do expediente para encontrar os operários, conversar olho no olho e conhecer cada vez melhor suas vidas, suas necessidades, suas aspirações. Eu diria, inclusive, que a primeira caravana foi esse circuito de Lula pelas fábricas.

As portas das fábricas sempre foram mais do que um local: para os dirigentes sindicais operários, trata-se de uma instituição. Lula considera até hoje que ali se encontra o oxigênio das batalhas diárias. Presenciei o cotidiano em extensas e numericamente portentosas montadoras, como a Volkswagen e a Mercedes-Benz, e em uma grande fábrica da Brastemp. Entre as menores estavam as fábricas de autopeças, que visitei entre o final da década de 1970 e início de 1980.

A Volkswagen, em especial nos turnos da manhã, geralmente os mais numerosos, nunca acolhia menos de dez mil operários. Só para se ter uma ideia, a fábrica contava com cerca de quarenta mil funcionários à época. Muitas cidades brasileiras, das mais de cinco mil que compõem a federação, nunca comportaram um contingente de pessoas dessa magnitude. A vibração é na escala de milhares. Muito próxima da energia nos portões dos estádios em dias de jogos de campeonato – inclusive, é claro, nos dois casos – na esmagadora maioria formada por homens.

Essas pessoas, que a depender da estação do ano saem de casa ainda no escuro, movimentam-se em direção a um relógio de ponto para trocar de roupa e assumir seu posto numa linha de produção. É gente que acordou quando seus filhos ainda dormiam para se arrumar, se vestir, caminhar para tomar uma condução, uma carona ou ir de bicicleta ao local onde o transporte da empresa aguarda para levá-los às proximidades dos portões da fábrica, até os pátios gigantes cuja travessia ainda requer mais alguns minutos.

É um momento em que tudo ocorre muito rápido. Em que outro contingente humano espera com garrafas térmicas de café puro e com leite, potes de suco, pães com manteiga e o que mais for capaz de dar energia até o horário do almoço, quando o apito da fábrica autoriza uma nova refeição. É quase uma cidade que só existe nesses momentos em que o vai e vem dos operários supre de renda essa outra gente que sobrevive dessa informal cadeia produtiva. Um mundo onde a formalidade de uma multinacional encontra a mais precária das informalidades: a da produção doméstica, básica, elementar, feita por gente que levanta ainda mais cedo para fornecer o café da manhã. Um mundo que grande parte dos empresários e governantes ignora. Um mundo longe das mesas de café da manhã cheias de frutas e pães a escolher. Cheias de chás, de café com ou sem cafeína, de leite desnatado ou integral. Com manteiga da fazenda, ovos cozidos, estalados ou omeletes. Enfim, o mundo das múltiplas escolhas a que todos deveriam ter acesso, mas tão distante do poder aquisitivo até mesmo dos operários das multinacionais – naquela época, os mais bem remunerados do país. Um pequeno retrato de uma pequena parte da desigualdade monumental do nosso Brasil.

E é aí que entram, com a agilidade que o momento exige, Lula e a diretoria dos muitos Djalmas, Gilsons e Expeditos. Com a rapidez de quem tem poucos minutos para passar o recado, para convencer o companheiro a levar para casa a *Tribuna metalúrgica*, jornal diário do sindicato, para entender mais sobre os próprios direitos e o valor da luta. E foi assim, nesses poucos minutos caminhando na contramão do enorme fluxo que segue portões adentro, que Lula e seus companheiros foram aprendendo e aprimorando a troca de olhares e a construção da cumplicidade.

Que outra coisa poderia explicar o fato de que, numa das muitas greves de trabalhadores, Lula insistia no bordão "Cada um aqui sabe o que fazer", deixando perplexos e curiosos todos que não pertenciam ao sindicato? Eu mesma já cheguei a achar que ele estava despolitizando a luta. Mas não: Lula e os trabalhadores se entendiam num piscar de olhos.

Mais tarde, a solidariedade e o diálogo construídos com os trabalhadores emergirão novamente nas Caravanas da Cidadania, quando o sentimento de pertencer àquelas regiões por vezes esquecidas, por vezes ignoradas, dará a Lula a mesma liberdade que tinha nas portas das fábricas, o mesmo olho no olho que sempre predominou em seus percursos.

Outras atividades aconteceram em deslocamentos pelo país antes dessa primeira caravana. Somam-se aí contatos diretos com pessoas e lugares até então desconhecidos por Lula e pela grande maioria de brasileiras e brasileiros. Foram viagens, reuniões e mobilizações que marcaram as andanças das eleições de 1978, quando Lula fez campanha de Fernando Henrique Cardoso para senador.

Entre 1979 e 1980, muitas horas foram dedicadas ao processo de legalização do Partido dos Trabalhadores e à defesa da democracia. Um exemplo foi a ida de Lula a Brasileia, a duzentos e trinta e dois quilômetros de Rio Branco, capital do Acre, em julho de 1980, para se unir aos trabalhadores que reverenciavam a vida do seringueiro Wilson Pinheiro, assassinado a mando de fazendeiros interessados na devastação da floresta para a criação de gado. Os fazendeiros não toleraram a luta dos trabalhadores e as iniciativas de preservação implementadas pelos seringueiros, que formavam uma muralha humana, denominada "empate", para frear as madeireiras e garantir a preservação da floresta que lhes fornecia o sustento através da extração da borracha e da coleta de castanhas. Wilson era, então, presidente do Sindicato dos Trabalhadores Rurais e fundador e membro da Comissão Municipal Provisória do PT em Brasileia.

Nesse mesmo período, a mais de três mil quilômetros da floresta amazônica, em São Bernardo do Campo, operários das fábricas e dos canteiros de obras, professores e servidores públicos do Brasil urbano se mobilizavam contra o arrocho salarial e a favor da liberdade sindical e do direito à greve.

Foi Wilson Pinheiro quem liderou a iniciativa que ficou conhecida como "Mutirão contra a jagunçada", movimento que agregou centenas de trabalhadores e defensores da preservação da floresta amazônica em marcha contra bandidos que ameaçavam os posseiros da região. Os manifestantes tomaram dezenas de rifles dos criminosos e os entregaram ao Exército. Intolerantes com o movimento, sem nenhuma disposição para o diálogo ou para a negociação, nem compromisso algum com a preservação da floresta, latifundiários da região decidiram pela supressão sumária da liderança: mandaram matar Wilson a sangue frio, com três tiros nas costas, na porta da sede do sindicato, na noite de 21 de julho de 1980.

No ato público em memória do líder sindical, estavam presentes o pernambucano José Francisco, então presidente da CONTAG; João Maia, também da CONTAG da região Norte do Brasil; Chico Mendes, seringueiro; Jacó Bittar, petroleiro e secretário-geral nacional do PT; e Lula, que, usando a expressão "chegou a hora da onça beber água", conclamou todos a continuarem a luta de Wilson.

Mas seu discurso foi entendido pelos órgãos de repressão como uma incitação ao crime, pois no dia seguinte o assassino de Wilson também apareceu morto. Por esse motivo, Lula, José Francisco, João Maia, Chico Mendes e Jacó Bittar foram responsabilizados pela incitação ao crime e enquadrados na Lei de Segurança Nacional e responderam a processo na Justiça Militar até o ano de 1984, quando foram absolvidos. A brilhante defesa de Lula e Chico Mendes foi feita pelo advogado Luiz Eduardo Greenhalgh.

Um ano antes da ida ao Acre, entre os dias 2 e 6 de agosto de 1979, Lula participou do Encontro Nacional de Dirigentes Sindicais, organizado pelo Centro Brasil Democrático (Cebrade) – criado pelo PCB e então presidido por Oscar Niemeyer –, que acontecia na cidade de Niterói, no Rio de Janeiro. Na ocasião, foi aprovada a "Carta de Gragoatá", um documento que teve o mérito de unificar ideias e bandeiras de um vasto leque de posições políticas, defendendo, além das reivindicações propriamente trabalhistas e democráticas, a anistia ampla, geral e irrestrita. Coerente com esse posicionamento, um grupo de dirigentes sindicais, incluindo Lula, visitou, no dia 5 de agosto, os presos políticos que estavam em greve de fome no presídio Frei Caneca, na capital do Rio de Janeiro, greve esta deslanchada em sintonia com presos políticos de diversos presídios do país.

Sobre essa visita, Lula lembra que, ao chegarem, o delegado disse a eles: "Vocês vão ver, eles são todos delicados, todos muito inteligentes, todos falam mansinho, mas são todos comunistas". Uma forma sagaz de criminalizar ideias e experiências que almejam a igualdade entre as pessoas, herança linguística deixada pela Guerra Fria.

A visita ao presídio Frei Caneca carrega muitas simbologias. Indica, antes de tudo, um elo de solidariedade entre trabalhadores e militantes políticos: enquanto os trabalhadores vivenciavam uma experiência de mobilização massiva incomum, protagonizada pelas greves operárias, os presos pagavam o preço de um enfrentamento desigual e fortemente isolado, para o qual haviam se dedicado sem poderem proteger a própria vida.

Perly Cipriano e Gilney Viana, fundadores do PT do Espírito Santo, já abraçavam na prisão a ideia da criação de um partido de trabalhadores. É com emoção que se lembram do significado, naquele momento, de um encontro entre pessoas com dedicações diferentes, mas interessadas em confrontar experiências e tratar, em detalhes, a relevância de rejeitar a proposta de um governo que, à medida que beneficiava militares, excluía de uma verdadeira anistia boa parte dos militantes políticos e sindicais.

Mãos dadas para um novo momento em que o Brasil buscava revigorar os embates políticos e as disputas eleitorais. No campo eleitoral, a partir de 1982, quando se permitiu, pela primeira vez com o governo militar em vigor, eleger, simultaneamente, vereadores, prefeitos, governadores, senadores e deputados estaduais e federais, foram inúmeras batalhas para alçar pessoas como Wilson Pinheiro a esses cargos. Nessas eleições, apesar de ter se candidatado a governador e priorizado o estado de São Paulo, Lula se movimentou por todo o país para ajudar candidaturas petistas de outros estados.

Em 1988, logo após as eleições municipais, que ocorreram em 15 de novembro, na véspera do Natal, Lula voltou ao Acre, dessa vez ao município de Xapuri, onde ocorreu o velório de Chico Mendes. Chico foi assassinado do mesmo modo que Wilson Pinheiro, em mais uma tentativa de as madeireiras e os criadores de gado calarem a voz e o trabalho dos que integravam os "Povos da Floresta" e impedirem o manejo produtivo dos seringais e castanhais. Mas seus companheiros e seguidores persistiram como verdadeiros guardiões da riqueza amazônica, e quanto mais crescia sua liderança junto ao povo, quanto mais conhecida sua atividade se tornava no mundo, mais intolerantes mostravam-se seus algozes. Mas os criminosos não foram capazes de destruir a semente fértil da sustentabilidade ambiental, que, para os Povos da Floresta, sempre foi uma garantia de vida.

Ao longo da trajetória do PT, foram muitos quilômetros percorridos Brasil afora. Muito contato com as pessoas. Muita solidariedade e muita conversa. Muitos encontros e saberes. Em resumo, muito conhecimento do país e do povo. Montar uma caravana depois de ter percorrido tanto o Brasil e conhecido a história de tantos brasileiros é um trabalho que em nada se assemelha a simplesmente entrar em uma agência de viagens, solicitar um roteiro e comprar passagens, ou de encomendar uma peça publicitária.

Em 1993, um ano antes das eleições presidenciais de 1994, Lula já era apontado como favorito. A primeira caravana foi idealizada como um ponto de apoio para conhecer melhor o Brasil e o povo, para intensificar contatos com diferentes forças políticas, para debater temas diversos com formadores de opinião e estudiosos, para aprimorar o Programa de Governo. A essa altura, dezenas de pessoas já ajudavam na elaboração de programas e propostas no coletivo então chamado de Governo Paralelo, criado logo após o segundo turno das eleições de 1989 e cujas prioridades eram combater a fome e a miséria.

Nesse cenário, não é um fato de menor importância a caravana ter sido realizada poucos meses após a renúncia de Collor, anunciada em carta no dia 29 de dezembro de 1992, antes mesmo do *impeachment* ser votado. O momento era de intensa mobilização da sociedade e de forte sensação de vitória dos movimentos sociais, especialmente entre a juventude, protagonista do memorável movimento dos Caras Pintadas.

Nos escritos de Ricardo Kotscho e em jornais locais, chama a atenção mais uma atividade que merece ser registrada não só pelo mérito ou pela similitude com a condição de sofrimento de milhões de nordestinos, mas também porque permite apreender o quão dinâmica, diversificada, plural e generosa é a agenda de Lula, seja nas atividades minuciosamente preparadas ou nos intermináveis imprevistos. E um exemplo desses últimos foi a viagem a Mirandiba, em Pernambuco.

Poucos dias antes do início da caravana, Nelson Pereira de Carvalho, prefeito de Mirandiba – o único eleito pelo PT, em 1992, na região do sertão pernambucano –, pediu a Lula que fosse à cidade ajudar a enfrentar o desespero das pessoas frente à fome. Lula ocupava, então, o cargo de presidente nacional do PT, e, no seu entender, não conseguiria reunir os aportes necessários para ajudar a mitigar a situação. Mas, diante da insistência do prefeito daquele município no sertão do rio Pajeú (chamado pelos indígenas de "Payaú", ou "rio do pajé"), a cerca de quinhentos quilômetros de Recife, ele acabou se deslocando para Mirandiba, onde experimentou o que viriam a ser as caravanas, especialmente no trecho do Nordeste.

Nelson tinha grandes expectativas quanto àquela visita. Ele acreditava que, com a ajuda de Lula, teria condições de mitigar a fome e a sede não apenas em Mirandiba, mas em toda a região. Já era o terceiro ano consecutivo de seca. O desespero comandava a vida da população. Famintos saqueavam esfomeados. E, para dificultar ainda mais a sobrevivência dos sertanejos, muitos dos quais sofriam de doença de Chagas, ou "doença do barbeiro", a epidemia de cólera impactou fortemente a região.

Para o encontro com Lula, Nelson mobilizou a população da cidade, prefeitos de outros municípios, parlamentares de outros partidos, sindicatos e lideranças de trabalhadores rurais e lideranças e ativistas religiosos da região, e até de Recife.

Lula passou três dias em Mirandiba. O relato que Nelson faz hoje dessa visita e a trajetória de sua vida até ser eleito prefeito parece uma aula de história e diz muito sobre o povo do sertão. Integrante de uma família de agricultores, ajudava na roça desde menino. Sua família amargou as dificuldades de trabalhadores rurais em terras onde a política, a água e o solo eram dominados por alguns poucos indivíduos.

Lá, Lula conversou com muita gente, conheceu o açude de Serrinha, o maior da região, e participou da reunião pautada não apenas pela pressa que a fome demanda, mas também pela necessidade de se implementar na região políticas públicas que libertem as pessoas da dependência de medidas emergenciais e favores de autoridades. A população de Mirandiba e seus arredores esperava havia um ano a chegada de verbas prometidas pelo governo federal, nessa época já presidido por Itamar Franco, vice de Collor, que assumiu após a renúncia.

Apesar da urgência, estava clara a intenção das pessoas ali reunidas de buscar um caminho efetivo, e não apenas emergencial. Nesse contexto, foi unânime a receptividade à proposta do prefeito de Serra Talhada, do PDT, de ocupar a sede da Superintendência do Desenvolvimento do Nordeste (Sudene). Da mesma cidade vinha Manoel dos Santos, conhecido como Manoel de Serra, então presidente do Sindicato de Trabalhadores Rurais de Serra Talhada e que veio a ser, em 1998, presidente da CONTAG. Manoel, junto com outras lideranças da Federação dos Trabalhadores Rurais de Pernambuco (Fetape) e da CUT, liderou essa ocupação que ocorreu uma semana depois que Lula esteve ali.

Era dia 19 de março de 1993 quando, segundo o relato dos presentes, cerca de quinhentas pessoas declararam que não arredariam pé da sede da Sudene até que a verba prometida fosse liberada e que fosse encaminhado um programa de medidas permanentes de criação de empregos e de enfrentamento da seca. Na ocasião, os manifestantes conseguiram uma reunião com o superintendente da Sudene, Cássio Cunha Lima. O resultado foi a criação de frentes de trabalho emergenciais nas regiões atingidas pela seca, a disponibilização de carros-pipa e a implementação de programas de assistência e saúde.

O ex-governador de Pernambuco, Carlos Wilson, então secretário nacional de Irrigação, acompanhou a atividade em Mirandiba. Não por acaso, ao chegar em Recife, no dia 23 de abril de 1993, para dar início à caravana, a primeira atividade de Lula – inicialmente não prevista na agenda – foi visitar Wilson, um elo importante para a sensibilização do presidente Itamar Franco. Apesar de pertencer a um partido da coligação de Collor, Wilson havia apoiado Lula na eleição presidencial de 1989.

O episódio de Mirandiba foi uma amostra organizada e estruturada – pois contou com a participação de autoridades e lideranças locais – do que viriam a ser os imprevistos em meio ao roteiro desenhado pela equipe organizadora da caravana. Muitas vezes, pessoas marcadas pelo sofrimento, pela fome e pela falta de trabalho e renda se juntavam para "interceptar" a caravana e pedir a Lula que os ajudasse a conseguir água, alimento e trabalho. Pessoas que nem sequer sabiam se teriam meios para fazer o caminho de volta à sua cidade. Pessoas que se deram as mãos, movidas pela esperança que depositavam em Lula, depois de terem sido desdenhadas e maltratadas por gerações de políticos que não se dignavam a suprir nem a água, nem a comida, nem o trabalho que lhes faltava.

A construção da Caravana da Cidadania nessas circunstâncias serviu para iluminar essas vidas que a desigualdade tornou invisíveis. Para lhes dar atenção. Para emprestar o lugar conquistado por Lula na sociedade para que essa gente se apoiasse e conquistasse, também, seu próprio lugar. Algo muito parecido com os ideais defendidos na origem do PT, cujo lema era "Nossa vez e nossa voz". Foi com essa ideia e esse objetivo que montamos o roteiro da caravana, providenciamos sua estrutura e agregamos as pessoas. Assim, na primeira oportunidade que teve de discursar em Garanhuns, Pernambuco, Lula procedeu como se fosse um repórter, oferecendo o microfone às pessoas que haviam se aglomerado para recebê-lo, ouvi-lo ou simplesmente conhecê-lo. O ato foi repetido inúmeras vezes ao longo dessa e de todas as caravanas.

"Vou pôr fogo em tudo"

Quase todos os subsídios que eu tinha preparado haviam ficado prontos na semana anterior à primeira caravana, mas, por mais que eu insistisse, Lula não organizou seu tempo para conhecer, antes da viagem, o material preparado. Comecei a achar que havia trabalhado inutilmente e senti um misto de chateação e raiva. Mesmo assim, não me rendi.

Toda segunda-feira era dia de reunião da Comissão Executiva Nacional do PT, que acontecia na sede da rua Conselheiro Nébias, no bairro Campos Elíseos – área que foi nobre até a mudança do Palácio do Governo do Estado de São Paulo para o luxuoso bairro do Morumbi. E foi nessa sede, no predinho antes ocupado por uma escola, faltando apenas um dia para a viagem a Recife, que estendi sobre um mesão todos os materiais elaborados para subsidiar a caravana. Roseli Zerbinato me deu assistência nesse trabalho. Lula estava na reunião da Comissão, no último andar da sede. Mandei para ele o seguinte bilhete: "Se você não descer para ver o que preparei para a viagem, vou pôr fogo em tudo".

Ele desceu logo depois. Olhou tudo, folheou, examinou atentamente várias pastas e comentou: "Nem na campanha inteira de 1989 eu recebi um material dessa qualidade". Soube depois que ele comentava que "a Clara só faltou informar a cor da cueca dos prefeitos, porque todo o resto sobre as cidades estava nas pastas". Um comentário típico dele, que expressa gentileza e gratidão permeadas por certa grosseria. É o tom que acompanha, com frequência, seus elogios.

Enquanto o ônibus da caravana percorria as estradas, a comitiva se informava sobre as cidades que a aguardavam: suas características, suas estatísticas, os personagens da história e da política local, as referências em livros e filmes. Um verdadeiro seminário sobre rodas animado por José Graziano da Silva, que conta ter se impressionado com a facilidade com que Lula memorizava e incorporava as informações recebidas entre uma cidade e outra.

Em quase todas as caravanas, a comitiva era composta por um pequeno núcleo de assessoria, uma equipe de apoio logístico, lideranças do movimento social e da política, acadêmicos da região e estudiosos dos temas concernentes. Frequentemente as lideranças sociais eram alternadas de acordo com sua pertinência local ou regional. Antes do início das caravanas, realizávamos algumas reuniões temáticas com especialistas e pessoas que se destacavam pelo conhecimento dos temas, das especificidades de cada localidade – economia, perfil da população etc. –, e assim por diante. Lula participava desses encontros com entusiasmo e mostrava uma curiosidade quase provocativa, dada a forma como instigava e questionava os demais.

A notícia da caravana eletrizou a militância e seus simpatizantes, assim como lideranças sindicais, populares e estudantis. Gente que preservava na memória as vibrações da campanha eleitoral do "Lula lá", de 1989, marcada pela alegria e pela mobilização de rua. A equipe de comunicação, em uma sacada muito original, criou a Rede Povo, uma paródia da Rede Globo, e produziu um vídeo inspirado nas famosas vinhetas da emissora: foram intercaladas falas de Lula com imagens externas de entrevistas com a população, denúncias e propostas da Frente Brasil Popular – composta por PT, PC do B, PSB e PV –, no primeiro turno, e da frente mais ampla, no segundo, que contou com o apoio de Mário Covas (PSDB), Roberto Freire (PCB) e parte do PMDB. O refrão "Sem medo de ser feliz", da canção de Hilton Acioli, e a identidade com os mais pobres deram o tom da campanha. Essas lembranças alimentaram as expectativas de vitória na eleição seguinte e permearam o ambiente das caravanas de 1993 e 1994.

Na imprensa, parte dos veículos informava – não importa se com ou sem entusiasmo – dados sobre a caravana, enquanto outra parte tratava a atividade com desdém, qualificando-a como "turismo político". Esse segundo grupo se dedicou, ao longo de todas as caravanas realizadas entre 1993 e 1994 e de muitas realizadas até 2001, a focar a atenção em quem financiava as atividades. Muito justo: tratava-se de um dado a que qualquer pessoa poderia ter acesso. Isso não era estranho. Estranho foi tratar a inédita atitude política de conhecer de perto a realidade brasileira como se fosse um passeio ou a rotina corriqueira dos governantes.

A largada da caravana se deu em vários momentos. A de Recife aconteceu em 23 de abril de 1993; a de Garanhuns, em 24 de abril; e a de Caetés, em 25 de abril.

Lula e sua comitiva chegaram na manhã do dia 23 de abril no aeroporto de Guararapes, em Recife, onde foram recebidos por um grupo de militantes. Seguiram imediatamente ao escritório de Carlos Wilson, do PSDB, e visitaram os prefeitos Jarbas Vasconcelos, de Recife, e Germano Coelho, de Olinda, ambos do PMDB. Depois seguiram para a Sudene, onde anunciaram formalmente, em uma coletiva de imprensa, a largada para a primeira Caravana da Cidadania. A noite terminou com um jantar oferecido por Miguel Arraes, ex-governador de Pernambuco.

A agenda inicial já mostra a intenção de Lula de dialogar com diversas forças políticas do país ao mesmo tempo que sinaliza a quase inevitável imbricação entre a caravana e a campanha eleitoral. Para a maior parte da imprensa, era esse o aspecto que mais importava, pois sinalizava os apoios à candidatura de Lula em 1994. E o mesmo interesse permeava grande parte das lideranças políticas que, em alguns casos, faziam questão de explicitar seu apoio a Lula.

É claro que Lula, o PT e a comitiva também miravam as eleições, mas de um jeito especial, até novo, se comparado às campanhas dos políticos tradicionais. O fato de os primeiros passos terem sido dados na sede da Sudene significou valorizar o legado existente e acumulado por quem veio antes, quem governou antes e quem pensou antes, como Josué de Castro, autor da obra *Geografia da fome* (1946), e Celso Furtado, idealizador da Sudene; e também por quem enfrentou a ditadura antes, como Miguel Arraes. Tratava-se de valorizar o desenvolvimento e o potencial do Nordeste. Acima de tudo, tratava-se de negar a inevitabilidade da fome e da miséria.

E foi ali, naquela Sudene sucateada pelo governo Collor, que o debate se iniciou, contando com a participação da economista Tânia Bacelar, da Fundação Joaquim Nabuco (Fundaj), e de Dom Francisco Austregésilo de Mesquita, bispo de Afogados da Ingazeira, Pernambuco, e vice-presidente da Conferência Nacional dos Bispos do Brasil da Regional Nordeste 2. O tema foi "O Nordeste tem futuro", título alentador que indicava tanto os horizontes que Lula e sua comitiva queriam imprimir a essa atividade como o descaso do Estado com a população dessa região, fator evidenciado a cada quilômetro que a Caravana veio a percorrer.

Na manhã seguinte, no dia 24 de abril, todos estavam a bordo para percorrer os duzentos e trinta quilômetros de Recife a Garanhuns. Lá, Lula visita a feira, onde circula à vontade, e é à vontade que seus conterrâneos o recebem. Ele passa pela Plenária Sindical e Popular, participa de encontros na sede da prefeitura e finalmente vai à Garanheta, festa local tradicional.

A agenda de Lula espelha, com maiores ou menores detalhes, o que se buscou em cada uma das paradas e em cada uma das caravanas posteriores: dialogar com mulheres e homens, com movimentos sociais, com autoridades civis e religiosas; conhecer pessoas que empreendem atividades econômicas e mobilizações sociais locais; presenciar eventos tradicionais; reiterar, a cada passo, a importância da organização e da luta do próprio povo para vencer a fome e a miséria. Em resumo, ouvir, ouvir e ouvir.

No dia 25 de abril, a caminho de Caetés, Lula visitou o Acampamento de São Bento do Una, onde cerca de vinte e duas famílias viviam da produção agrícola desde 1992, batalhando para sobreviver em barracas protegidas por lonas. Perguntados por que insistiam em ficar num lugar tão inóspito e sem perspectivas, um deles, Seu Manoel, de 53 anos, respondeu de imediato: "O que a gente sabe fazer é plantar. Na cidade, ia só pedir". Símbolo de persistência e resistência de quem constrói sua vida com dignidade, os acampados de São Bento do Una ajudavam, sem saber, a traçar mais algumas linhas dos programas de governo – nesse caso, apontando não apenas para a necessidade de políticas agrárias e agrícolas, mas também para uma política habitacional voltada para quem vive no e do campo.

O roteiro de Garanhuns a Caetés impõe uma reflexão ainda muito atual que Zuenir Ventura, escritor e jornalista, expõe com brilho em um dos livros que reúnem depoimentos de jornalistas convidados a participar e documentar a Caravana:

> Descer a Serra de Garanhuns significa deixar o agreste a caminho do sertão, [...] onde tudo é seco, até a vida. [...] A poucos quilômetros, na Serra de Garanhuns, os mananciais são fartos e de excelente qualidade. Com a água que brota de duas fontes, fabricam-se duas prestigiadas marcas de água mineral. Essa abundância existe ali há quinhentos anos e ninguém sabe por que um excedente dessa água não vai amenizar a sede que existe tão perto. Na falta de outras leis, talvez fosse o caso de recorrer à lei da gravidade (KOTSCHO *et al*, 1994, p. 4-5).

O texto de Zuenir expressa com nitidez como se dá a apropriação da água, espelho limpo e cristalino da desigualdade.

Dez quilômetros depois, a Caravana chega ao Sítio São João Batista, berço de Lula, em Caetés. Distrito de Garanhuns quando Lula nasceu, Caetés já tinha se transformado em município e contava, em 1991 – pouco tempo antes da passagem da Caravana, de acordo com o censo demográfico do IBGE daquele ano –, com aproximadamente vinte e um mil habitantes. Mais uma vez, a comitiva se reuniu com prefeitos da região, lideranças sindicais e populares, além de participar de um ato na praça central e de um jantar com familiares de Lula. Uma parada marcada pelo reencontro afetivo e pela magia dos palanques impensáveis que acomodaram ferrenhos adversários, como Miguel Arraes e Jarbas Vasconcelos.

Sobre o encontro, Frei Chico, irmão de Lula, relata: "Para nós, os familiares, foi muito emocionante. E a emoção começou antes, quando nós fomos convidados. Ficamos na casa de parentes. Receberam a gente muito bem. Todo mundo adorou, queria ver, apertar, abraçar. Muita alegria ao mesmo tempo. Foi muito emotivo, mas o Lula já era um herói, e, neste momento, já era difícil ele ficar sozinho".

Caetés remete ao menino retirante de 1952 que, agora adulto e conhecido, vai refazer o mesmo percurso de quarenta anos antes. Vai rever os lugares de sua infância e sua gente. Vai lançar-lhes luz para que sejam vistos por todos os brasileiros. Agora sim começou a partida em direção ao "Brasil que o Brasil desconhece", ou que ignora. A partida rumo ao mundo da seca, da fome, da miséria...

E assim partiu a primeira Caravana. Frei Chico foi o único irmão que seguiu junto por todo o percurso até Vicente de Carvalho, no Guarujá, São Paulo. Uma comitiva que mal parava para descansar e se alimentava irregularmente, priorizando o contato com um povo sedento não somente de água, mas também de oportunidades de falar e de ser ouvido.

Foram percorridos quatro mil quilômetros e realizados mais de cem encontros e atos públicos ao longo de sessenta e oito cidades em sete estados: Pernambuco, Alagoas, Sergipe, Bahia, Minas Gerais, Rio de Janeiro e São Paulo. Nada parecido com o *city tour* que acaba acontecendo em campanhas eleitorais, quando os candidatos fazem rápidas aparições pelas principais praças ou pontos turísticos das cidades, ou buscam percorrer o maior número de localidades no menor tempo possível.

Em cada canto onde passava a Caravana, uma parada era orientada por símbolos, registros históricos ou paragens de heróis. Foi o caso de Canudos, atualmente Nova Canudos, onde, por uma coincidência fortuita, a comitiva chegou junto com a chuva, que havia meses tinha se esquecido do lugar, propiciando um cenário mais do que mágico para moradores, visitantes e caravaneiros. Parecia que a população inteira da cidade estava na praça principal, e, ao perceberem a chegada de Lula, muitos correram em direção ao palanque. Houve um ato com muita gente e um culto ecumênico, realizado com a ajuda do padre. Na saída da cidade, a comitiva fez uma rápida visita ao Museu Histórico de Canudos, que recuperou e preserva muitas peças da época de Antônio Conselheiro.

O roteiro era marcado pela multiplicidade de temas e pela pluralidade de atores, de diferentes posições políticas. Mas a marca maior foi deixada pelos imprevistos, quando gente das muitas Mirandibas se mobilizava, em grupos improvisados, para encontrar Lula. Alguns vinham com latas de querosene vazias, em busca de um pouco de água. Outros mostravam que só tinham para consumir a palma, uma folha de cacto que, usualmente, era dada aos animais para matar a sede. Tal como Frei Chico relata, "as pessoas são diferentes, mas os problemas são os mesmos". Como em um jogral ensaiado, o desespero causado pela fome, pela sede e pela falta de trabalho compunha uma estranha partitura, interpretada ao longo de centenas de quilômetros sem que as pessoas sequer se conhecessem.

Se Mirandiba foi uma amostra do que a Caravana encontraria em quase todas as cidades do Nordeste, e também na região do Vale do Jequitinhonha, em Minas Gerais, quanto à fome e à miséria, – algo que muitos, como eu, só conheciam dos filmes de Glauber Rocha, dos quadros de Portinari, dos livros de Guimarães Rosa ou Graciliano Ramos –, Canapi, município de Alagoas, foi uma amostra da esperança que o povo depositava na possibilidade de um país liderado por Lula. Parecia que os Malta, família que dominava a política na cidade, e seus jagunços haviam se mudado para outro lugar. Canapi, à época governada por um prefeito que derrotou os Malta, transformou-se numa calorosa louvação da passagem de Lula e sua Caravana.

De outro ângulo, Alagoas era cenário de símbolos bem menos louváveis, os quais Lula e a comitiva também puderam conhecer.

Um deles foi o Centro Integrado de Atenção à Criança (CIAC), programa escolar de Collor. Quando eleito, o presidente anunciou a construção de cinco mil CIACs, dos quais apenas duzentos e setenta se concretizaram, entre eles o de Canapi. Um símbolo do desperdício de recursos e do descaso com quem muito precisava de escolas.

Outra situação foi a triste memória de uma indústria que poderia ter prosperado, mas não prosperou, no local que sediou as instalações da fábrica de linhas de costura Estrela e da vila operária, construídas pelo empresário Delmiro Gouveia – personagem que deu nome a um dos municípios que a Caravana visitou. Há registros em livros, filmes e estudos acadêmicos sobre as condições de trabalho e de remuneração, que eram melhores do que em outros empreendimentos. E, na vila operária, todos tinham direito à educação e assistência à saúde.

Contrastes e desigualdades brotavam em toda parte. A sede de milhares de pessoas convivia com a fartura de mananciais destinados ao comércio de água mineral; com açudes e poços ofertados pelo poder público às propriedades privadas; com a construção de hidrelétricas, como a de Xingó, localizada num cânion do rio São Francisco, entre o município de Piranhas, em Alagoas, e de Canindé de São Francisco, em Sergipe. Esta última ainda estava em obras à época da passagem da comitiva. Foi inaugurada em 1994 e entrou em funcionamento em 1996, passando a integrar, mais tarde, o rol de hidrelétricas que infelizmente opõem riqueza energética com pobreza da população e degradação ambiental.

O sertão nordestino revelava outra face do país. Um Brasil sem planejamento, sem infraestrutura, sem fomento. E, quando havia algum sinal de presença do Estado, não passava de vestígios de desperdício de recursos públicos em projetos abandonados ou subutilizados, ou de políticas que aumentavam a desigualdade. De um lado, quilômetros de terras improdutivas. Do outro, famílias de lavradores em busca de um pedacinho de terra para garantir ao menos a própria subsistência. Mulheres e homens buscando trabalho. Buscando água em poços distantes. Buscando futuro. Buscando esperança. De acordo com Lula, havia uma nítida "falta de vontade política, considerando que o Brasil tem uma riqueza natural e de seres humanos que em poucos anos permitiria erradicar a fome, prover a água e criar empregos". Essa foi uma equação repetida por ele infinitas vezes nas atividades da Caravana.

Desde Recife até a passagem por mais de vinte municípios na Bahia, Lula agregava à sua bagagem as histórias contadas, os cordéis declamados, os poemas e as canções cantadas e, principalmente, as condições de vida de cada uma das mulheres e cada um dos homens que encontrava, cujas trajetórias eram descritas por suas mãos e seus rostos marcados pela fome e pela miséria. E mais: cartas, textos, documentos, álbuns, colagens, artesanatos, fotos e tudo que achassem importante para Lula levar, se e quando, um dia, subisse a rampa do Palácio do Planalto.

O cenário, embora repetitivo no geral, é entremeado de temas novos. A caminho de Valente, a paisagem é dominada pelos campos de sisal, ou agave. Originária do México, a planta chegou ao Brasil pela Paraíba, nos anos 1930, mas se consolidou em dezenas de municípios na Bahia. Enquanto nosso país só aproveitava cerca de 5% dessa matéria-prima para prover a indústria de cordas, tapetes e similares, muito mais era aproveitado no México para a produção de tequila.

O desfibramento do sisal empregava uma máquina rudimentar, sem travas de segurança, de modo que parte significativa dos trabalhadores sofria uma ou mais mutilações. Um processo tão simples quanto brutal. Lula e os demais integrantes da caravana visitaram uma plantação e um galpão, onde viram como é feito o processo de desfibramento. Constataram ali que bastava uma mínima distração para que as mãos dos trabalhadores fossem lesadas e mutiladas pela máquina.

Para os moradores da região, conviver com mulheres e homens mutilados era uma rotina de décadas. Assim como ter crianças de 13, 14, 15 anos com braços e mãos ceifados por máquinas. Mas, para os integrantes da Caravana, mesmo tendo tido acesso aos dados sobre as condições de trabalho no beneficiamento do sisal, mesmo sabendo que o Brasil ostentava o dramático título de campeão mundial de acidentes de trabalho, número nenhum conseguiria transmitir para Lula, para a equipe e para os jornalistas o que viria a ser um encontro com a presença simultânea de tantos mutilados.

A passagem por Feira de Santana, segunda maior cidade da Bahia em população, aconteceu no dia 1º de maio. Longe do ABC Paulista e das principais concentrações fabris do Sudeste, Lula participou de duas atividades no município. A primeira foi um ato alusivo à data que rememora as lutas operárias pela jornada de trabalho de oito horas diárias desde 1886 – segundo a comitiva, evento pequeno em decorrência das desavenças entre as lideranças sindicais.

A outra atividade foi voltada para um público mais homogêneo, composto por algumas centenas de prefeitos de partidos variados, com predominância do partido de Antônio Carlos Magalhães, o "supercoronel", controlador histórico da política na região. Não foi um mero detalhe Lula ter sido aplaudido de pé por essa plateia. Não por acaso, também, esse coronel seria derrotado, anos depois, pelo candidato a governador do PT, Jaques Wagner.

A parada na sede da Empresa Brasileira de Pesquisa Agropecuária (Embrapa) tornou-se praticamente uma regra das caravanas. Quando eleito, Lula fortaleceu a instituição e se empenhou na criação de uma sede da Embrapa em Gana, no continente africano. Tratava-se de compartilhar o privilégio de dispor de um centro de pesquisa de excelência para facilitar, a outros povos, o investimento em pesquisa e o usufruto dos resultados já alcançados no Brasil.

Em Araçuaí, Minas Gerais, ocorreu a atividade mais concorrida da região do Vale do Jequitinhonha, que reuniu cerca de dez mil pessoas na praça. Poucos anos depois, em 1996, a cidade passou a ser governada por Maria do Carmo Ferreira da Silva, militante do PT bastante discriminada por ser mulher, negra e pobre. Isso num município com cerca de quarenta mil habitantes em que a maioria era, também, pobre. Antes da eleição, Maria do Carmo foi ameaçada de morte e hostilizada com insinuações racistas, além de ter enfrentado calúnias sobre sua vida pessoal e tido que desmentir o maldoso boato de que fecharia igrejas evangélicas.

Nas cidades por onde passavam as caravanas, pouquíssimos prefeitos eram filiados ao PT ou a seus aliados. Fato era, porém, que o abandono quase geral, por parte das autoridades, do povo daqueles pequenos municípios os levava a celebrar a proximidade com quem se importava com eles, independentemente de filiação partidária.

No século XXI, pode parecer óbvio que lideranças políticas e sindicais, de âmbito estadual e nacional, percorressem desde sempre este país gigante e dialogassem com o povo ou, ao menos, com lideranças locais. Mas, na década de 1990, essas cidades pareciam muito mais distantes do que as percebemos hoje. O acesso era precário, feito por estradas de terra em péssimas condições ou por transporte fluvial, causa frequente de acidentes decorrentes da negligência em relação às normas de navegação. Não havia acesso à rede bancária, e a comunicação telefônica era limitada a apenas um posto ou, quando muito, a um ramal na sede da prefeitura. A internet mal começava a dar os primeiros passos e só era acessível a poucas instituições e empresas. Por outro lado, antenas parabólicas já despontavam no telhado de algumas edificações, indicativo do poder que parte da imprensa poderia exercer no interior do país.

Ainda nos idos de 1989, quando a ideia da Caravana foi ventilada pela primeira vez, o debate interno no PT se dava pelo receio de um possível isolamento de Lula e do risco de a proposta e seus objetivos acabarem sendo ignorados diante da precariedade dos meios de comunicação. Em 1993, para evitar que isso acontecesse, priorizou-se a relação com a imprensa e sua participação na Caravana foi facilitada por meio de um transporte exclusivo para os jornalistas, que contribuíram com parte das despesas. Havia, então, dois ônibus: um para a comitiva – Lula, sua esposa Marisa e os demais integrantes – e outro para os profissionais da imprensa, convidados a acompanhar e ajudar a divulgar esse Brasil que os próprios brasileiros desconhecem. Durante a viagem, porém, a ideia não saiu como o planejado, pois apenas parte dos jornalistas convidados realmente cumpriu esse papel.

Graças ao trabalho destes e do apoio da Editora Scritta, foi possível publicar dois livros que, junto às imagens registradas pela TV dos Trabalhadores, hoje conhecida como Rede TVT, e por outras filmagens isoladas, são alguns dos registros ímpares que constituem os principais documentos sobre as caravanas.

Ao final deste capítulo você encontrará mais informações sobre essas viagens. É sempre possível complementar esses episódios garimpando arquivos da imprensa, textos e registros espalhados em muitos cantos e em conversas e entrevistas com pessoas que acompanharam as caravanas. Esse testemunho foi complementado com depoimentos, anotações, fotos e, especialmente, vídeos da TVT, livros sobre as caravanas e um vasto leque de artigos e reportagens. Elas foram uma construção coletiva, e com frequência alternávamos nossos papéis – daí porque nossas memórias e referências se complementam. Todos os materiais produzidos podem ser considerados de autoria coletiva.

O acervo que Luciana Fragato e Wander Prado, ambos colaboradores do Instituto Cidadania, preservaram contém uma infinidade de documentos que pude consultar. Não foi pouca a emoção que senti ao me deparar com textos, roteiros e bilhetes que produzi três décadas atrás, ao manusear a quantidade de arquivos elaborados por Graziano, um dos poucos que, na época, já tinha muita intimidade com os computadores. Os textos dos livros sobre as caravanas e as fotos que os ilustram têm o sabor da reportagem, do aqui e do agora, acrescidos do talento dos escritores que souberam registrar as características do povo das regiões visitadas e as múltiplas iniciativas de Lula, que o levaram a transitar cada vez mais à vontade em meio ao povo e a carregar em sua mente para sempre, como uma tatuagem, a necessidade de aplacar seu sofrimento.

Itinga, tal como vários outros municípios da região, via parte significativa da população masculina se deslocar para trabalhar no corte de cana e em outras colheitas lá longe, no norte do estado de São Paulo. O êxodo sazonal mobiliza um séquito de trabalhadores que poderiam, dada a riqueza do solo e da vegetação, trabalhar e prover as famílias em suas próprias cidades. Em outros municípios do Vale do Jequitinhonha, como Teófilo Otoni, Lula e a comitiva puderam visualizar a dinâmica perversa do êxodo e do empobrecimento geral nas mais de trinta favelas existentes nesse município em 1993.

Esse vaivém de homens que saem em busca de recursos para sustentar a família e que, embora pisem sobre um solo rico em diamantes, não têm direito sobre eles e são obrigados a buscar trabalho em outros lugares deixa para trás um enorme contingente de mulheres. Talvez seja por isso que, no Vale do Jequitinhonha, elas se dediquem tanto ao artesanato e à produção de doces como forma de subsistência, muitas vezes trabalhando juntas. Um saber que é passado de geração em geração, que tem no barro a principal matéria-prima para a produção de vasilhas, panelas, potes, filtros, objetos de decoração, bonecas e outros. Uma arte tradicional que sempre foi fonte de renda para essas mulheres popularmente chamadas de "viúvas de marido vivo" ou "viúvas da seca".

O município de Itinga foi emancipado em 1944, e desde 1992 era um dos poucos governados pelo PT. Ali, Lula cumpriu uma agenda intensa e diversa: estabeleceu contato com lideranças e autoridades da região, participou da mobilização popular na praça, dialogou com o povo e visitou a farmácia municipal, que fornecia remédios básicos gratuitamente, e uma horta comunitária.

Do Vale do Jequitinhonha, Lula e a comitiva levaram não apenas muitos aprendizados, mas também uma enorme tristeza por terem presenciado, entre diversas situações de desamparo, o desespero dos pais que precisavam dar cachaça aos filhos para matar a fome, ou a desolação das crianças que não frequentavam a escola por não terem o que vestir.

Rio e São Paulo

No trajeto de Minas Gerais ao Rio de Janeiro, o longo cenário de seca ia ficando para trás, mas não aliviava a miséria. O maior impacto foi sentido na Baixada Fluminense, no município de Duque de Caxias, em particular na visita ao lixão. O então bispo da cidade, Dom Mauro Morelli, já conhecido por defender os direitos humanos e combater a fome e a desnutrição infantil, acompanhou a caravana nessa região.

O lixão de Duque de Caxias, considerado o maior da América Latina, era a céu aberto e recebia grande parte do lixo do Rio de Janeiro e adjacências. Além dos funcionários das empresas de coleta de lixo, cerca de seiscentos catadores de materiais recicláveis trabalhavam ali constantemente. Paralelamente, outras pessoas catavam sobras de alimentos para matar a fome. A visita ao lixão integrou o rol de cenas inesquecíveis da primeira caravana e pautou inúmeros discursos e conversas de Lula naquele período.

Na cidade de Volta Redonda, na entrada da Companhia Siderúrgica Nacional (CSN), foi realizado um ato de trabalhadores para relembrar o episódio dramático de 1988, quando o Exército invadiu a fábrica e reprimiu a greve dos trabalhadores, matando três operários. Já em Resende, o principal contato foi com trabalhadores sem terra, em visita a uma ocupação.

A caravana seguiu em direção a Vicente de Carvalho e, ao alcançar a via Anchieta, na altura da Volkswagen, parou no acostamento, onde Lula conversou com os operários da montadora de cima de um caminhão de som. Nesse trecho, o clima já era quase de festa, de missão cumprida.

Quando finalmente chegaram em Vicente de Carvalho, houve um ato de encerramento. Estavam ali alguns parentes de Lula que haviam chegado antes dele, incluindo seu pai. Diversos jornalistas e pouca gente de outros municípios da Baixada Santista. Em seu discurso, Lula contou toda a história da Caravana desde o começo: o que ele viu, o que impactou sua vida, o que achou de retornar a Caetés, de onde saiu aos 7 anos de idade, depois de tanto tempo vivendo em São Paulo. Relatou que aquela realidade pouco havia se modificado, e, em alguns casos, tinha até piorado. Emocionou-se ao falar sobre os lugares por onde passou, sobre o que aprendeu, sobre tudo o que viu nessa trajetória. Por fim, apontou para o futuro ao mencionar o que poderia ser modificado com um governo sério e comprometido com o povo.

E depois? Novas caravanas

Após a primeira Caravana, que se baseou no roteiro que Lula e sua família percorreram em 1952, houve mais treze. O resultado: um Brasil profundamente percorrido e várias regiões metropolitanas visitadas.

Lula se nutriu intensamente da primeira experiência da Caravana e se animou a seguir conhecendo brasileiras e brasileiros em cada canto do país. Se o Brasil fosse uma enciclopédia, eu diria que ele folheou e leu uma infinidade de páginas, sentindo as pessoas descritas ali como se tocasse a pele de cada uma.

Meu papel era, entre outros, o de prover informações para as atividades que seriam realizadas nas viagens. Para cada uma, organizei os materiais em um arquivo suspenso de ferro, daqueles portáteis, e montei vários mapas. Preparei uma pasta para cada estado, cada cidade e cada tema a ser tratado. Dona Marisa, que acompanhou Lula em todas as caravanas, mantinha-se muito atenta ao cumprimento da agenda, garantindo que, na pressa e no acúmulo de funções, o marido estivesse sempre com a pasta certa.

Preparar os subsídios foi, para mim, uma verdadeira aventura. Quase uma viagem para regiões que eu não conhecia e que muitas vezes eu sonhava, sim, que já tinha visitado, tal era a forma como eu mergulhava nas informações.

Meu envolvimento na elaboração desse aporte foi tanto que eu me demiti da PUC de Campinas. Senti que não seria possível manter as duas atividades. Nunca mais voltei a lecionar, mas adoraria fazê-lo.

O trabalho de elaboração das pastas era complementado pelas informações transmitidas por um pequeno grupo de precursores, formado por cerca de quatro pessoas – em geral um dirigente político, um profissional da imprensa, uma pessoa para avaliar a logística e outra para cuidar da segurança. O grupo fazia o trajeto com antecedência e analisava, *in loco*, infindáveis itens listados num rol que preparávamos previamente na sede do Diretório Nacional do PT.

Entre as pessoas que vivenciaram as caravanas, é unânime que Lula deu um salto no seu conhecer, no seu entender e no seu saber sobre o Brasil e sua gente. Não só ele, aliás. Muitos de nós nos sentimos em um novo patamar. O PT deu um salto ao agregar, à experiência de relacionamento com milhares de pessoas no movimento sindical e na construção do partido, esse contato direto com o cotidiano da população mais pobre, marcado pelo sofrimento e pela difícil sobrevivência. Com a brutal concentração de terras. Com o desdém das elites remanescentes do poder dos coronéis e das que se beneficiavam da destruição das riquezas e da devastação da natureza. Com fortes transições e mudanças nos processos produtivos, nas formas de exploração e de perpetuação das desigualdades. Com novas formas de aglutinação dos trabalhadores e pequenos produtores. Com a disseminação de sindicatos de trabalhadores rurais. Com a resistência para a sobrevivência.

Percorrer o país nos permitiu entrar em contato com parte significativa dos ruralistas. Foi o caso do encontro de Lula com a diretoria da Federação da Agricultura e Pecuária de Mato Grosso do Sul (Famasul) e seus convidados, majoritariamente grandes proprietários de terra, produtores de soja e pecuaristas extensivos. O pequeno auditório superlotado abrigou um público bem diferente daquele presente na maioria das atividades das caravanas: muitos representantes dos sindicatos patronais e muitos profissionais da imprensa, além de um rígido esquema de segurança.

Lula foi instado a apresentar novas propostas de política agrícola e agrária "sem o radicalismo do Plano Nacional de Reforma Agrária (PNRA)", elaborado por aquele "notório comunista e agitador José Gomes da Silva". Então, finalmente indagaram: "Se é verdade que o PT não apoia invasões de terras, por que tem tanta bandeira do partido nessas ocasiões?".

Graziano, assessor de Lula desde 1982, conhecia muito bem seu pai, José Gomes, um democrata cristão que de comunista não tinha nem rastro. Ele foi ficando preocupado com aquela recepção hostil, até então inédita nas caravanas, e caprichou, como bom agrônomo e professor da Unicamp, na longa exposição das linhas gerais que estavam sendo trabalhadas visando ao Programa de Governo. Em seguida, Lula respondeu que o plano a ser implantado no país a partir de 1995, caso vencesse as eleições, deveria contemplar as alianças feitas. Informou que pretendia alocar recursos para fazer uma reforma agrária nas terras improdutivas, indenizando os proprietários na forma da lei. Terminou dizendo: "Senador, fique contente em ver bandeiras do PT nas ocupações de terras improdutivas, porque é sinal de que estamos ali presentes, organizando a luta... Nós não vamos incentivar as ocupações: vamos evitá-las, justamente, fazendo a reforma agrária".

O público daquele debate relacionava Lula à raivosa imagem que Ronaldo Caiado, então líder da recém-fundada União Democrática Ruralista (UDR), difundia sobre ele e o PT. Mas esse preconceito foi derrubado em diversas ocasiões durante a caravana. A cada debate com pequenos, médios ou grandes produtores, crescia a positiva sensação de que dialogar era a melhor forma de tratar qualquer tema. Crescia, também, nossa percepção de que a construção de soluções em conjunto era mesmo a melhor opção para governar o Brasil.

Do Oiapoque ao Chuí

No extremo sul do Brasil, pertinho da fronteira com o Uruguai, foi organizado um ato que uniu lideranças dos dois países. O evento permitiu a Lula realçar a importância do Mercosul, criado em 1991, e da adoção de políticas públicas que garantissem a coexistência dos interesses dos diferentes países da região, bem como dos pequenos e grandes produtores.

Em praticamente todos os lugares, o tema da agricultura era tratado com destaque. Mas, na passagem pelo Rio Grande do Sul, um artigo de Fernando Gabeira, um dos jornalistas que acompanhou a caravana à época, chamou a atenção para um fenômeno no terreno político:

> Em quase todas as cidades do Rio Grande do Sul, observei que está havendo um processo de transferência de quadros do PDT para o PT. Vi muitas cerimônias de ingresso no novo partido – vereadores, líderes locais. Isso revela muita coisa. Tenho uma relação de respeito mútuo com Brizola, uma solidariedade de dinossauros na política brasileira. No entanto, é inegável que está perdendo terreno onde era mais forte, e o que é mais significativo: seu modelo de partido, baseado numa liderança carismática, está sendo substituído por uma estrutura mais ampla, na qual o peso do líder único é contrabalançado e superado pelo trabalho coletivo (KOTSCHO *et al*, 1994, p. 96-97).

O aborto nas novas caravanas pelo Nordeste

Em uma das novas caravanas pela região Nordeste, que percorreu quarenta e cinco municípios dos estados de Piauí, Ceará, Paraíba e Rio Grande do Norte, Lula e Marisa se encontraram com o arcebispo da Paraíba, Dom José Maria Pires, de longa tradição de trabalho em defesa dos pobres, tema que pautou a reunião. Mas, ao final do encontro, Dom José ecoou uma pergunta que vem sendo colocada até hoje pela grande maioria de religiosos, que buscam esclarecimento quanto ao fato de o programa do PT ser favorável ao aborto.

Na conversa com o bispo, Lula desenhou uma equação que deixou clara a diferença entre sua opinião pessoal, enquanto indivíduo contrário ao aborto, e a posição política do partido, que insere a questão no âmbito da saúde pública. Se de um lado ele foi formado por preceitos católicos, de outro conviveu muitos anos com profissionais da saúde e as lutas feministas, tendo a oportunidade de conhecer o drama que as mulheres enfrentam por falta de acolhimento na saúde pública.

A questão do aborto havia sido posta, de forma perversa, pela campanha de Collor em 1989, reaparecendo em todas as eleições como estratégia para incitar religiosos e fiéis contra Lula e o PT. Na ocasião, às vésperas da eleição, Collor articulou um depoimento da ex-namorada de Lula, Miriam Cordeiro, mãe de sua filha Lurian, acusando-o de querer que ela abortasse. É fato conhecido que, para fazer essa acusação, Miriam recebeu favores em dinheiro e moradia. Se Lula não quisesse a criança, ele não a teria registrado como filha legítima. Vale ressaltar também que ele mantém uma estreita relação com Lurian, seus filhos e sua neta até os dias atuais. Na época, ela tinha 15 anos e queria de todo jeito falar no programa eleitoral da TV para defender o pai. Quem falou foi Lula. Pouco, mas contundente. Abraçando Lurian, declarou que ela é filha do amor, e não do ódio. Ponto-final.

Quebradeiras de coco

No Maranhão e em Tocantins, Lula conheceu de perto o trabalho das mulheres quebradeiras de coco de babaçu, do qual extraíam o óleo. Elas, que dependiam dos donos das terras para executar seu trabalho, conseguiram consorciar a plantação do babaçu com a de abacaxi. Para Lula, essa era "uma demonstração de que, se o povo tiver oportunidade, se o povo tiver a chance, ele vai em frente". E complementou: "Sou um otimista inveterado em relação às possibilidades de tirar esse país da miséria em que se encontra, utilizando o material mais rico que a gente tem, que é a própria capacidade de organização das comunidades".

Amapá e Roraima

Nas caravanas do Norte, a ideia inicial era fazer uma só viagem para percorrer os estados da região. Mas havia inúmeros obstáculos, como a navegabilidade oscilante dos rios, os longos trechos de floresta que dificultam a locomoção de uma comitiva grande, o rigoroso inverno amazônico e os altos custos envolvidos no processo. Optamos, então, por pequenas caravanas no Amapá e em Roraima, com equipe e tempo de hospedagem reduzidos, e por meio de deslocamento aéreo. Fui tanto a Macapá quanto a Boa Vista preparar a ida de Lula. Percorremos também o rio Amazonas de barco, de Manaus a Belém, comigo participando como integrante do grupo precursor dos trajetos, como organizadora dos subsídios e como membro da própria caravana.

Amapá

No estado do Amapá, que poucos anos antes era apenas território cujos governantes eram nomeados diretamente pelo governo federal, o PT geria apenas dois municípios: Mazagão e Serra do Navio. O primeiro serviu de amostra para entender como se estruturou o poder político nos antigos territórios, com um peso importante de servidores públicos na população local. Já o segundo tinha acabado de ser alçado a município em 1992, e era, na verdade, uma típica vila mineradora criada pela Indústria e Comércio de Minérios S.A. (ICOMI), empresa que explorou o manganês ali por meio século. Fui de trem de Serra do Navio ao porto de Santana para conhecer o roteiro que Lula faria posteriormente. A linha do trem havia sido criada para transportar o manganês, que àquelas alturas já começava a exaurir.

Roraima

Conheci grande parte do estado de Roraima enquanto preparava a ida de Lula. Além de Boa Vista, estive em Mucajaí e Caracaraí, ao sul, e em Normandia e Pacaraima, ao norte, e avistei o portentoso monte Roraima.

Era 1993, ano em que deveriam estar concluídas as demarcações das terras indígenas brasileiras, conforme as disposições transitórias da Constituição de 1988. A tensão era enorme. Antes de ir conhecer a região, ainda em Boa Vista, avisei ao delegado da Polícia Federal que eu iria preparar a ida de Lula à Raposa Serra do Sol. Eu tinha sido avisada de um episódio que resultou no assassinato de uma pessoa no local e pensei que, caso me acontecesse algo, pelo menos eu seria identificada. O delegado acabou se lamentando comigo e fazendo um discurso sobre o isolamento do estado. "Boa Vista está mais perto da Venezuela do que do Brasil", afirmou na ocasião, referindo-se à dificuldade de ir a Manaus devido à distância e às autorizações exigidas para atravessar a reserva da etnia Waimiri Atroari. Para ir a Caracas, por outro lado, "basta entrar no carro e seguir pela estrada", completou o delegado.

Lula iniciou a visita a Roraima a partir de Normandia, onde a atividade mais marcante, tanto para ele quanto para as lideranças indígenas Macuxis e de outros povos que vivem na região da Raposa Serra do Sol, foi o encontro na Maloca Bismarck. Símbolo da luta e da unificação dos indígenas em defesa da demarcação de terras, o local foi palco de confrontos de proporções tamanhas que nem mesmo o ímpeto mediador de Lula, depois de eleito presidente, mais de dez anos após essa visita, conseguiu sanar.

A demarcação contínua dessas terras, que nunca deixou de ser questionada, foi reiterada e consagrada pelo STF em 2009. Mas o direito adquirido pelos indígenas voltou a ser questionado a partir de 2019, tal como prometido por Jair Bolsonaro em sua campanha eleitoral.

Ainda em Boa Vista, também vi algo que não imaginava existir no século XX: muitas pessoas se referiam aos brancos, em oposição aos indígenas, como "civilizados". Para mim, que nasci e cresci em La Paz, conviver com indígenas era absolutamente natural. Mas ouvir brancos se autodenominarem "civilizados" foi como um soco no estômago.

Por fim, organizamos em Boa Vista uma atividade com os dirigentes da Associação Comercial e Industrial de Roraima (ACIR), um encontro com empresários, prefeitos e outros representantes escolhidos por eles. Totalmente incrédulos, eles perguntaram: "Mas vocês não vão querer tomar conta do evento?". O debate ocorreu nos moldes combinados, embora tenha sido marcado por perguntas que revelavam tanto desconfiança como desconhecimento das intenções de Lula.

Amazonas e Pará: uma lição de vida

A Caravana das Águas, segundo Lula, foi a mais emocionante. Uma verdadeira lição de vida. Isso porque, embora tivesse ido diversas vezes a Manaus e Belém, ele relatou, durante um encontro com religiosos, que até então não tinha a menor noção do sacrifício que as pessoas faziam na região para sobreviver naquele final do século XX.

Descemos o rio Amazonas de Manaus a Belém, parando em mais de vinte cidades. Dormíamos e fazíamos as refeições no barco, o Rodrigues Alves. Um bom barco. Teria sido melhor fazer o percurso num catamarã da Empresa de Navegação da Amazônia S.A. (Enasa), mais adequado e confortável, mas provavelmente a piscina no convés seria mais noticiada do que as condições de vida da população às margens do rio. A Enasa, cujas embarcações tinham capacidade para conduzir passageiros e cargas, foi sendo sucateada e privatizada. Paralelamente, multiplicaram-se as embarcações que põem em risco a vida da população local, a qual ainda carece de alternativas.

À época, a maioria das cidades ribeirinhas não dispunha de locais com estrutura para receber e alimentar grupos grandes de pessoas. A única refeição que fizemos em terra foi um enorme jantar, com a presença de figuras do partido, autoridades e representantes da sociedade civil, em Santarém, uma das maiores cidades do Pará, local em que se dá o encontro dos rios Amazonas, de água cor de areia, e Tapajós, de água azul cristalina.

Entre uma cidade e outra, organizávamos no convés do barco, tal como nos ônibus, mas em melhores condições, rodas de conversa sobre temas e lugares referentes ao roteiro que denominamos de Universidade da Cidadania. Dessa vez, assumi a coordenação da precursora e da própria Caravana junto com Luis Fernandes, o "Babão", responsável pela segurança; Cyntia Campos, assessora de imprensa; e João Batista, dirigente nacional do PT, responsável pela região amazônica e conhecido pelos militantes do partido em cada canto onde o barco parava.

Cólera, médicos e Hipócrates

Apesar de todo o esforço que dedicamos para detalhar as atividades da Caravana, nem tudo podia ser previsto ou programado. Foi o caso da informação que recebemos algumas horas antes da partida de Manaus, em meio a um almoço organizado pela professora Marilene Corrêa com lideranças, acadêmicos e autoridades da região. Lula discursava sobre a importância de incluir a cidade num plano de desenvolvimento quando fomos avisados que um ou talvez dois membros da tripulação estavam com suspeita de cólera. Foi assustador pensar no risco que todos corríamos e na possibilidade de termos que cancelar ou adiar a Caravana, de termos que abrir mão de tudo que havíamos planejado. Enquanto alguns pensavam em um plano B, Dr. Marcus Barros, médico infectologista e especialista em medicina tropical que acompanhava a Caravana, deslocou-se até o barco para providenciar atenção aos doentes e avaliar se seria possível ou não seguir viagem.

Ele voltou alguns minutos depois, aliviado: só um dos jovens tripulantes estava sofrendo de um mal-estar, mas não era cólera.

Por precaução, o rapaz não seguiu viagem conosco. Mas, devido à epidemia dessa doença que acometia a região desde 1991, Dr. Marcus optou por medicar todos os integrantes da comitiva. Compramos os remédios e, já no convés, o médico fez uma rápida palestra a respeito da ameaça da doença e da necessidade de nos prevenirmos. Então nos fez engolir, um por um, sem dar a mínima atenção às reclamações, um fortíssimo antibiótico. Não dava para escapar. Marcus Barros, que além de médico era professor da Universidade Federal do Amazonas (UFAM) e dirigente do PT no estado, é um homem generoso que atravessou o Amazonas e outros rios de barco inúmeras vezes. Ele sabia o que estava fazendo, e nós obedecíamos disciplinadamente. Lula fez cara feia, mas seguiu as recomendações e tomou os comprimidos.

Nem todos os médicos merecem a reverência devida ao Dr. Marcus Barros. Nas paradas em Gurupá e Oeiras do Pará, pudemos conhecer o lado hipócrita de quem estudou medicina, mas não cumpriu o juramento de Hipócrates. De todas as cidades que a caravana visitou, essas duas sofreram um boicote inédito e de consequências cruéis para a população local. Gurupá e Oeiras do Pará tinham poucos médicos atuando na saúde pública. No período eleitoral de 1992, eles informaram, em alto e bom som, que iriam embora se o PT ganhasse. O PT ganhou, e eles de fato se foram – um gesto que, no meu entender, poderia ser caracterizado como omissão de socorro. Os prefeitos das cidades não se renderam e imediatamente contataram o governo cubano, que mantinha, desde sempre, um programa de apoio às localidades que careciam de profissionais da medicina.

"Só Juscelino esteve aqui"

A paisagem do Norte era desoladora. O enorme tempo gasto para percorrer as imensas distâncias, além do cenário de abandono, dava a impressão de que estávamos voltando ao passado. Difícil esquecer o brilho nos olhos de um senhor, já bem idoso, que me disse no trapiche de uma das cidades às margens do rio Amazonas: "Só Juscelino esteve aqui. Ninguém mais cuidou de nós". Mas sinais de um futuro não muito distante, cuja dimensão ainda era difícil prever, já despontavam no horizonte, quebrando a monotonia do curso do Amazonas com pequenas construções isoladas, com placas indicando que eram templos evangélicos.

Um piquete aquático

A lenta descida do rio não nos permitiu visitar um número maior de municípios. Mas, tal como ocorreu em outras regiões, no Norte também fomos levados a desviar da rota prevista: muitas cidades só dispunham de energia à base de óleo diesel, que cessava às 10 horas da noite, fator que quase comprometeu a agenda da caravana.

Certo dia, quando nos dirigíamos ao município de Oeiras do Pará, avistamos algo inusitado: um piquete aquático postado diante do nosso barco, ao lado do município de Curralinho, acenando com bandeiras vermelhas e obstruindo a passagem. Pediam para Lula descer, e ele desceu. Foi emocionante e preocupante. Com razão, diante do atraso provocado pela parada, ao chegar à cidade de Oeiras foi preciso encurtar as atividades de Lula, o que melindrou o prefeito.

Uma aventura na terra do poeta Thiago de Mello

O município de Barreirinha, no Amazonas, dista cerca de cem quilômetros de Maués, maior produtor de guaraná do mundo. Terra do povo indígena Sateré-Mawé. A única referência que tínhamos para organizar a passagem da Caravana por Barreirinha era o fato de que o vereador do PSDB, Messias Sateré-Mawé, simpatizava com Lula. Batemos à porta de sua residência e fomos informados que ele se encontrava na aldeia, muito distante dali. Já era noite, não conseguiríamos chegar lá. Decidi que não sairíamos de Barreirinha sem encontrar alguém para nos ajudar. Tínhamos pouco tempo para voltar ao barco precursor. Foi então que tive uma ideia: comecei a perguntar para as pessoas na rua se conheciam professores ou bancários – estatisticamente, algum deles deveria gostar de Lula. Dito e feito: encontrei um pequeno grupo que passou a ser nosso ponto de apoio.

No dia da Caravana, tudo foi impecável. Meus novos conhecidos fizeram contato com o vereador Messias e um grupo da aldeia fez uma apresentação cultural. O evento foi prestigiado por um grande público, contando, inclusive, com a presença do prefeito de Barreirinha. Para completar, um núcleo do PT foi formado na cidade. Me fez lembrar dos idos de 1980, quando batíamos de porta em porta em busca de apoio para criar o PT. Dois integrantes da equipe haviam ficado no barco e, ao ouvirem a notícia quando retornamos, disseram: "Não poderia dar em outra coisa uma mulher judia, ladeada por João Batista e Sebastião, saindo em busca do Messias!".

Um quilombo educador

Não posso encerrar esse relato sem falar da visita a um dos quilombos mais antigos do país, no rio Trombetas, em Oriximiná, no Pará: o Quilombo Serrinha. Nosso barco não pôde subir o Trombetas. Fomos poucos a acompanhar Lula, num barco bem menor. Foi um encontro permeado de lições. Começou já no trapiche, quando um grupo de crianças veio nos receber, conduzindo Lula, com suas pequenas mãozinhas, ao encontro dos idosos. Em seguida, chegamos ao local onde uma roda de adultos aguardava. Ouvimos deles uma carinhosa saudação, o relato da história dos quilombos da região, suas demandas e a expectativa que nutriam de que o governo de Lula garantisse a titulação das terras conquistadas por seus ancestrais.

Na chegada a Belém, distribuímos a "Carta da Caravana das Águas", lida na íntegra pelo senador Eduardo Suplicy no plenário do Senado Federal poucos dias após o final da Caravana do Norte.

As primeiras Caravanas da Cidadania nas palavras de Lula

Para transmitir a visão de Lula do que foram as Caravanas da Cidadania, selecionei alguns trechos do testemunho que ele deu à Rede dos Trabalhadores – atual Rede TVT – ao final da primeira série de viagens.[10] O vídeo do depoimento foi intercalado com entrevistas feitas no decorrer das caravanas com pessoas que participaram dos eventos.

> Depois de percorrer quase trinta mil quilômetros de barco e de ônibus, depois de percorrer quase seiscentas cidades do interior do Brasil, eu chego à conclusão de que nós estamos passando por um processo de degradação humana muito grande para pelo menos metade da população brasileira... Quem vive nos grandes centros urbanos não tem dimensão do que é o abandono que o povo do interior está relegado neste país.
>
> Eu que visitei casas e vi pessoas há três, quatro dias sem comer, eu que vi pessoas comendo palma, eu que vi pessoas [...] dizendo que vivem por conta de Deus, eu que vi pessoas com doze, treze filhos sem ninguém trabalhar, sem ter o que comer...
>
> Eu acredito que só é possível a gente construir um país democrático, um país moderno, um país de primeiro mundo se a gente conseguir colocar os cento e cinquenta e cinco milhões de brasileiros participando do processo de desenvolvimento, do processo econômico. É humanamente impossível a gente imaginar construir uma nação forte com metade da população excluída, com metade da população sem participar praticamente de nada, sem ter vez, sem ter voz, sem poder falar, sem poder se organizar [...]. Nós temos que ter consciência de que nós precisamos fazer um país em que não exista ninguém excluído do processo de desenvolvimento, do processo de organização e do processo democrático [...]. Essas caravanas deram a mim, por exemplo, a consciência do que nós precisamos priorizar a

---

[10] O relato completo das viagens pode ser encontrado no livro *Viagem ao coração do Brasil* (1994), organizado por Ricardo Kotscho.

conquista da cidadania pelos excluídos para que a gente possa construir essa nação tão sonhada por todos nós.

Eu peço a Deus que me dê saúde, que eu quero nesses tempos que eu tenho de vida dedicar a minha vida a plantar essas sementezinhas em vários lugares desse país pra ver se a gente conquista a cidadania para os cento e cinquenta e cinco milhões de brasileiros.

É isso que me dá muito otimismo e é isso me faz dizer a todos vocês [...] eu deveria ter começado a fazer as Caravanas da Cidadania com muita antecedência, porque o que eu aprendi em quase um ano dentro de um ônibus andando por este país possivelmente eu não tivesse aprendido numa universidade, e eu espero que esse aprendizado que eu tive, e meus companheiros tiveram também na caravana, inclusive os companheiros do estado, possa servir para que a gente dinamize o PT, para que a gente resolva os problemas desse povo e para que a gente possa fazer o Brasil se transformar num país rico, num país próspero, num país com muita justiça social... Nós precisamos trabalhar para isso, acreditar nisso, e acho que nós, indubitavelmente, se formos sérios, éticos [...] e se formos generosos, inclusive, com muitos dos nossos adversários, nós teremos condições de mudar a história do Brasil a partir de 1994 (Transcrição de entrevistas concedidas por Lula à TV dos Trabalhadores, em 1994).

Agenda das Caravanas da Cidadania

	Trecho	Período	Duração	Estados	Cidades
I	Garanhuns – Vicente de Carvalho	23/04 a 16/05/1993	24 dias	PE, AL, SE, BA, MG, RJ e SP	48
II	Assis Brasil – Dourados	03/09 a 17/09/1993	15 dias	AC, RO, MT e MS	36
III	RR, AP (1º trecho)	16/11 a 21/11/1993	6 dias	RR e AP	9
	AM, PA (2º trecho)	24/01 a 8/02/1994	16 dias	AM e PA	25

	Trecho	Período	Duração	Estados	Cidades
IV	Sul	18/02 a 3/03/1994	14 dias	RS, SC e PR	45
V	Nordeste	19/03 a 31/03/1994	13 dias	PI, CE, PB e RN	44
VI	MA, TO e GO	13/04 a 24/04/1994	12 dias	MA, TO e GO	35
VII	Brasília	31/05 a 1º/06/1994	2 dias	DF	11
VIII	São Paulo	14/06 a 17/06/1994	4 dias	SP	13
IX	Baixada Fluminense	27/06 a 30/06/1994	4 dias	RJ	4
X	Vale do São Francisco	04/07 a 12/07/1994	9 dias	MG e BA	23
XI	São Paulo	18/07 a 21/07/1994	4 dias	SP	14
XII	Vale do Jequitinhonha	03/10 a 9/10/1995	7 dias	MG	14
XIII	Vale do Ribeira	11/12 a 18/12/1995	8 dias	SP	18
XIV	Zona da Mata Nordestina	16/04 a 24/04/1996	9 dias	AL, PE e PB	21
XV	Região dos Lagos de Furnas	03/07 a 08/07/2001	6 dias	MG	19
XVI	Agricultura Familiar	25/07 a 02/08/2001	9 dias	SC, RS e PR	22
	TOTAL:		162 dias		401

Fonte: Luciana Fragato, assessoria de Lula, out. 1997.

Aposta em políticas públicas: combinando o ser, o saber e o fazer

A erradicação da fome e a geração de empregos permeiam obsessivamente os sonhos e as realizações de Lula. Não de forma abstrata ou meramente declaratória, mas apostando fortemente em um rol de políticas públicas como caminho institucional, público e universal para atingir esses objetivos, visando a mais ampla justiça social no seio da mais plena democracia. Esse caminho foi seguido pela maioria das pessoas que tiveram a oportunidade e a responsabilidade de liderar movimentos, legislar e governar em nome do PT.

Mas isso não significa que todas as ações dos petistas nos governos, nos legislativos ou mesmo na oposição tenham sido sempre pioneiras ou impecáveis. O que diferencia a ação do partido, em geral, e de Lula, em particular, é a constância, a frequência, a coerência e a insistência em defender políticas públicas com participação popular, estejam os petistas no governo ou na oposição. Há sintonia entre o que é defendido na ação de cada militante e os objetivos gerais do partido.

É uma prerrogativa de petistas? Não. Mas é uma marca que nos diferencia.

Podemos citar diversas iniciativas relevantes de lideranças e governantes de outros partidos. Um exemplo foi Leonel Brizola, que deu à educação um lugar de destaque durante seu mandato de governador no Rio de Janeiro. Sua gestão propiciou às crianças condições especiais de aprendizado e bem-estar com jornadas integrais e atividades culturais.

Outro exemplo foi Magalhães Teixeira, prefeito de Campinas em 1994, que era do PSDB. Magalhães foi o primeiro gestor municipal a implementar a renda mínima proposta por Eduardo Suplicy, do PT. Entretanto, tratou-se de um caso isolado, pois a renda mínima não foi adotada como regra pelo partido ou por outros correligionários no mesmo cargo.

Mais um exemplo muito conhecido foi o desempenho do senador José Serra quando ministro da Saúde, entre 1998 e 2002. Serra cravou sua marca no combate à Aids, pelo qual foi reconhecido mundialmente, e viabilizou a fabricação de medicamentos genéricos, conseguindo baratear, principalmente, aqueles de uso contínuo. Caso de pioneirismo isolado da ação de seu próprio partido, este talvez tenha sido um dos poucos momentos de sintonia do PSDB com o movimento social em defesa da saúde pública, organizado e estruturado nacionalmente e tendo, como referência, as bandeiras adotadas nas massivas conferências nacionais de saúde.

Também é digna de registro a iniciativa do presidente Fernando Henrique Cardoso, responsável pela criação do Programa Nacional de Fortalecimento da Agricultura Familiar (Pronaf). Lançado ao final do seu segundo mandato, o programa foi pouco abrangente, não chegando a ser uma marca de seu governo nem das administrações estaduais e municipais de seus correligionários do PSDB.

A principal diferença do PT, portanto, está no fato de que a justiça social e a democracia são parte integrante dos objetivos que o partido, seus filiados nos executivos, legislativos e organizações da sociedade se colocam no dia a dia, e não apenas em momentos excepcionais ou para cumprir tabela nos programas eleitorais.

Lula disputou sete eleições e despontou desde o início como a maior liderança do PT. Tem sido um porta-voz constante das proposições partidárias elaboradas coletivamente em cada um dos processos eleitorais. Sua atuação no partido é algo natural. O que não é natural, e que é marcante desde os anos 1980, é o papel de agregador e impulsionador que Lula vem desempenhando nos processos de elaboração de propostas, nos períodos não eleitorais, entre eleições, imantando a dedicação de especialistas e profissionais de diferentes áreas. Uma agregação formada pela solidez das ideias e pelo compromisso com a luta por melhores condições de vida do povo e pela democracia.

É aí que reside uma das marcas registradas de Lula: sua capacidade de impulsionar, articular, agregar e conjugar a produção intelectual com as experiências políticas, dialogando com múltiplas visões, levando em conta diferentes práticas e articulando, com os movimentos sociais e com as pessoas, a cidadania. Ele é uma espécie de duto, de canal que se abre para muitas vozes. Vozes que talvez não encontrassem eco de outra forma. Lula sempre se envolveu com entusiasmo nos debates, na escolha de temas e na definição das formas possíveis de executar cada uma das propostas aventadas. Sempre buscou aglutinar talentos existentes para uma produção que dificilmente ocorreria se estes agissem atomizados, com cada um e cada uma no seu canto de trabalho, de moradia, de reflexão, de ativismo. Tais hábitos se intensificaram ainda mais nos oito anos em que atuou como presidente da República, quando teve a oportunidade e o privilégio de compartilhá-los com centenas de pessoas quase todos os dias. Provocar e questionar é uma das constantes no modo com que Lula mergulha nas discussões.

Projetos, planos, propostas, programas

Entre a derrota nas eleições presidenciais de 1989 e a vitória eleitoral de 2002, Lula criou, participou e coordenou alguns núcleos de elaboração de projetos, planos, propostas e programas, sempre em contato com dezenas de pessoas articuladas em grupos ou conversas separadas. Foram basicamente três experiências: o Governo Paralelo, o Instituto de Pesquisas e Estudos dos Trabalhadores (IPET) e o Instituto Cidadania. Só depois de concluídos os dois mandatos na presidência que o Instituto Cidadania foi substituído pelo Instituto Lula.

O Governo Paralelo foi o primeiro dos foros de elaboração e debate de políticas públicas e projetos. O Brasil acabara de viver a primeira experiência de eleições diretas para presidente após o golpe militar de 1964. Lula foi o adversário de Collor no segundo turno. Uma eleição disputada, no primeiro turno, por feras da política brasileira, como Leonel Brizola, Ulysses Guimarães, Mário Covas, entre outros. Parecia impossível que Lula, o metalúrgico petista que entrou na disputa ao lado dessas celebridades, acabasse encarregado de liderar o enfrentamento contra o porta-estandarte do coronelismo e do liberalismo.

O palanque do segundo turno foi uma das mais amplas frentes depois daquela formada na época da luta pelas eleições diretas nos anos 1983 e 1984, e nutriu-se do contexto plural da elaboração da Constituição de 1988. Mesmo diante da vitória de Collor, Lula imaginou que a força aglutinada no palanque do segundo turno pudesse se manter unida e buscou uma forma de viabilizar essa unidade. Logo após a divulgação dos resultados, então, ele convidou as lideranças que estiveram juntas nesse embate para uma reunião na casa do amigo Jacques Breyton, apoiador inconteste de Lula e do PT.

Apesar de muito chateado pela derrota, pelas mentiras e pelas ofensas que ele e seus apoiadores haviam sofrido, e depois de devorar, em parceria com José Graziano, uma garrafa inteira de armagnac, numa espécie de ritual para afogar as mágoas, Lula propôs aos presentes, mesmo sem ter aprofundado a ideia com a direção do partido, a formação de um Governo Paralelo. O grupo seguiria os moldes do sistema parlamentarista do Shadow Cabinet [Gabinete da Sombra], no Reino Unido, e seria, na concepção de Lula, um lugar para observar e criticar o governo Collor e, acima de tudo, para elaborar propostas alternativas.

Nenhum dos presentes se posicionou naquela ocasião. Lembro-me de tentar imaginar o que aqueles homens estariam pensando diante da proposta. Olhando cada um deles, ocorreu-me que ensaiavam, em pensamento, alguma declaração para fugir da sombra do carisma de Lula, algo como: "Entenda, Lula, que você não venceu a eleição. Você nos venceu. Na próxima, talvez um de nós vença você. Portanto, iremos nos dedicar ao próximo embate, que nós mesmos podemos vencer, e não a ajudar você".

Na cúpula do PT, a ideia também não provocou grande entusiasmo. Havia, sim, certo temor quanto ao descolamento de Lula dos caminhos do partido – algo que com o tempo se mostraria ser quase impossível. No dizer de Lula, se fosse possível comparar seu DNA com o do PT, o resultado seria exatamente o mesmo. Mas o tempo também mostraria que é impossível confinar Lula. Ele voa, e suas asas sempre abrigam muitos. Abrigam os diferentes e as diferenças, num roteiro sinuoso em busca da melhor e mais equilibrada posição. Ele nem sempre acerta, mas erra pouco. Particularmente, por tudo que já presenciei, acredito que quanto mais amplo o leque de opiniões de que ele toma conhecimento, quanto mais informado está, quanto mais pode ver confrontadas diferentes ideias, mais Lula acerta.

Por outro lado, quanto mais restrito e menos diverso é o círculo de opiniões e informações do qual se alimenta, mais ele erra. Os voos de Lula são diretamente proporcionais ao tamanho e ao número de bolhas que o cercam. Talvez por isso, e porque ele tem paciência e prazer em ouvir, a proximidade com ele seja um dos valores mais disputados dentro e fora do PT. Num bate-papo qualquer, quando os argumentos não são muito eficientes, sempre resta o recurso de apelar para justificativas como "Lula me disse", "Lula falou", "Lula quer".

Assim, mesmo sem contar com a participação de todas as forças que integraram o palanque do segundo turno das eleições presidenciais em 1989, o PT assumiu a paternidade do Governo Paralelo. O grupo foi instalado com base em um documento de caracterização do governo Collor, que finaliza com as seguintes palavras:

> Depois de anos de ditadura e ante a ameaça de um novo autoritarismo, o Governo Paralelo se propõe a contribuir para o aprimoramento da democracia. Nossos projetos serão apresentados à Nação para serem discutidos como alternativas, contrapondo-se aos projetos do atual governo ou respondendo as suas omissões. [...] Proposto pelo Partido dos Trabalhadores, o Governo Paralelo atuará de forma pluripartidária, buscando recompor o conjunto de forças que se uniram no segundo turno das eleições de 1989 (SILVA, 1990, [s.p.]).

Em 18 de março de 1991, foi ao ar uma edição do programa *Roda Viva*, da TV Cultura, explicando o papel do Governo Paralelo[11] e justificando seus limites. Na ocasião, Lula afirmou: "Eu

---

[11] A estrutura do Governo Paralelo foi concebida a partir de um planejamento estratégico, que definiu dezesseis áreas a cargo de figuras de saber notório, denominadas "Ministros Paralelos": Antonio Cândido, Cultura; Aziz Ab'Saber, Meio ambiente; Ademar Sato, Reforma do Estado; Benedita da Silva, Defesa da Cidadania e Combate às Discriminações; Carlos Nelson Coutinho, Relações Exteriores; Cristóvam Buarque, Educação e Desenvolvimento; Francisco de Oliveira, Desenvolvimento Regional; José Gomes da Silva, Agricultura; José Leôncio de Andrade Feitosa, Saúde; José

acho que é preciso acabar com essa história de que só é preciso fazer política em época de eleição. Nós queremos existir durante 365 dias no ano".

Primeiro Plano Nacional de Segurança Alimentar (PNSA)

A necessidade de erradicar a fome e os meios para consegui-lo são pautas em constante discussão no cenário brasileiro. O pernambucano Josué de Castro, presidente do primeiro conselho da Organização para a Alimentação e a Agricultura (FAO) da ONU, deputado federal por dois mandatos e cassado pelo golpe militar de 1964, é também autor de *Geografia da fome* (1946). A obra é considerada o primeiro mapa da fome e a mais explícita referência à miséria como fruto da concentração de renda e da terra, ou seja, um produto de políticas deliberadamente excludentes.

A fome permeia todos os aspectos da vida, mas não figura entre as prioridades de grande parte dos governos nos três níveis em que a federação brasileira se estrutura. Ela marca os índices de mortalidade infantil e materna, é uma das causas do baixo aproveitamento educacional, é proporcional às taxas de desemprego e aos baixos salários. Está presente em todas as estatísticas sistematicamente divulgadas e facilmente acessíveis, a começar pelos trabalhos de instituições como o Instituto Brasileiro de Geografia e Estatística (IBGE) e o Instituto de Pesquisa Econômica Aplicada (IPEA), além da FAO.

A fome não é um segredo. Não é desconhecida. Ela é deliberadamente ignorada pela maioria das autoridades e das

---

Paulo Bisol, Reforma Constitucional; Luís Carlos de Menezes, Energia e Mineração; Luiz Pinguelli Rosa, Ciência e Tecnologia; Maria Cristina Tavares, Comunicações; Márcio Thomaz Bastos, Justiça; Paulo Renato Paim, Trabalho e Previdência; Walter Barelli, Economia. Coube a Lula a função de coordenador-geral.

instituições que, a rigor, deveriam se ocupar de implementar os meios para erradicá-la. Em vez disso, tais instituições a camuflam com a sórdida equação de que "tem comida de menos porque tem gente demais", pretexto arrolado por aqueles que preferem lidar com o alimento como mera mercadoria. São esses que destroem a terra para dar passagem às boiadas, para produzir monoculturas cheias de agrotóxicos e, é claro, para enriquecer com a venda de medicamentos e tratamentos decorrentes da obesidade e da contaminação.

Dada a urgência da pauta, um dos primeiros projetos desenvolvidos no Governo Paralelo tratou dos meios para erradicar a fome. O primeiro Plano Nacional de Segurança Alimentar (PNSA) foi a público em 1991 e entregue por Lula, em maio de 1993, ao então presidente Itamar Franco, em um evento amplo com a presença de autoridades e lideranças da sociedade civil. O PNSA foi coordenado pelo agrônomo, fazendeiro e ex-presidente do Instituto Nacional de Colonização e Reforma Agrária (INCRA) José Gomes da Silva, conhecedor da legislação agrícola e agrária e dos meandros governamentais, dos quais participava desde a década de 1960, quando era filiado ao Partido Democrata Cristão (PDC).

Desde que se conheceram, em 1983, quando o governador recém-eleito Franco Montoro precisou da intervenção do PT para convencer Plínio de Arruda Sampaio a participar do governo estadual de São Paulo, Lula e Zé Gomes se tornaram amigos. José Graziano, filho de Zé Gomes, conta com indisfarçável ciúme que, apesar de ter sido ele quem apresentou os dois, o pai se aproximou muito de Lula e mais ainda de Dona Marisa, que era apaixonada pela terra e pelas plantas. Gomes enviava, a cada mês, carregamentos de mudas de plantas, flores e árvores frutíferas que Dona Marisa plantava no sítio conhecido como Los Fubangos, à beira da represa Billings, na região do ABC Paulista.

O presidente Itamar Franco adotou o PNSA, formando, de acordo com as diretrizes ali expostas, dois grupos para coordenar cada um dos pilares sugeridos no projeto. O primeiro deles, liderado por Herbert de Souza – o Betinho do Instituto Brasileiro de Análises Sociais e Econômicas (Ibase) –, criou a Campanha Contra a Fome. Betinho sintetizou, em cinco palavras, o objetivo do projeto, que visava agir com a urgência necessária para aplacar a fome de tanta gente. É dele o mote "Quem tem fome tem pressa", repetido onde quer que fosse, em especial nos lugares em que o bordão "Mais vale ensinar a pescar do que dar o peixe" era utilizado para contestar a campanha.

O segundo grupo, liderado pelo bispo de Caxias, Dom Mauro Morelli, já conhecido por seu trabalho de solidariedade na Baixada Fluminense, ocupou-se das intervenções estruturais, tais como financiamento da safra, armazenamento e distribuição.

A amarração entre os dois grupos se deu no Conselho Nacional de Segurança Alimentar e Nutricional (Consea), espaço privilegiado para sintonizar cada um dos passos a ser encaminhado de forma articulada entre sociedade civil e governo. Na ocasião, Itamar sugeriu a Lula que coordenasse a implementação do plano. Mas Lula ponderou que era importante ampliar a ação, com o intuito de agregar mais partidos e setores da sociedade. No entender de Lula, resultados melhores poderiam ser obtidos mais facilmente sob o comando da dupla Betinho e Dom Mauro, já conhecida pela militância em defesa da cidadania.

O Consea serviu, no governo Itamar, como referência articuladora das diferentes experiências pontuais que já vinham acontecendo. Também serviu de âncora aglutinadora dos comitês estaduais e locais contra a fome, além de dar visibilidade à gravidade da fome e ao sofrimento das pessoas que não têm o que comer.

A primeira Conferência Nacional de Segurança Alimentar foi realizada em 1993, mas a segunda só veio a acontecer em 2004, já no governo do presidente Lula. Três fatores impulsionaram a Conferência de 1993: a realização da Campanha Contra a Fome, a criação dos comitês e a elaboração, pelo IPEA, do Mapa da Fome, que revelou ao país o tamanho da tragédia: quase trinta e dois milhões de famintos, cerca de 21,9% da população, viviam abaixo da linha de indigência.

A extinção do Governo Paralelo

Os muitos projetos elaborados no seio do Governo Paralelo versaram sobre educação, reforma agrária e melhora da qualidade de vida, em especial, da população do Norte e Nordeste, sempre aglutinando lideranças populares, acadêmicos e políticos e intercalando momentos de elaboração com debates amplos. No mesmo período, diversas cartilhas foram publicadas sobre esses e outros temas, em versões resumidas. Os assuntos continuaram sendo desenvolvidos, mas o grupo foi extinto porque, após a renúncia de Collor, que se deu em 29 de dezembro de 1992, os fundamentos de sua criação não mais se faziam presentes.

Para o PT, era fundamental avaliar a possibilidade de manter, na oposição, uma interlocução democrática com Itamar Franco, então vice-presidente de Collor, que assumiu após a renúncia. Uma pequena parcela de petistas entendia, inclusive, que o partido deveria participar do governo, polêmica que foi desencadeada após Luiza Erundina aceitar o convite para assumir um cargo no governo Itamar.

O mesmo perfil de oposição que caracterizava o Governo Paralelo, pautado pela defesa da democracia e da justiça social, articulado com os movimentos sociais e assentado em projetos alternativos, foi assumido pelo novo Instituto Cidadania, criado e presidido por Lula, dessa vez num cenário sobre o qual não pairava mais a prepotência e a violência liberal dos dias de Collor.

O Instituto Cidadania iniciou os trabalhos com muitas expectativas, impulsionado pelos bons ventos trazidos pela mobilização social, com marcada participação da juventude dos "cara-pintadas". As atividades foram desenvolvidas em duas fases distintas. A primeira vai da queda de Collor, passando pelas eleições de 1994, até a reeleição de Fernando Henrique Cardoso, ancorada no Plano Real, em 1998. A segunda fase parte da constatação do crescimento do lugar de Lula na sociedade e opta por buscar um alcance para além daquele já atingido pelas propostas do PT. Essa última fase se estende até a formação do Comitê Lula 2002, disputa que

Lula venceu acenando e aprimorando as bandeiras em defesa dos direitos do povo e da democracia, e enfatizando um horizonte de crescimento econômico.

As propostas do Governo Paralelo e do Instituto Cidadania, além de se consolidarem como importantes referências programáticas e de políticas públicas para as disputas presidenciais do PT e seus aliados, contribuíram para organizar pessoas e desbravar caminhos que, muitas vezes, a rotina político-partidária não dava conta de articular.

Primeira fase do Instituto Cidadania (1993 a 1998)

Nessa primeira etapa, a dedicação de Lula, da equipe do Instituto Cidadania e de muitos petistas estava voltada para planejar e realizar as primeiras Caravanas da Cidadania. O ineditismo desse empreendimento colocou dezenas de pessoas em todos os cantos do país a produzir algo cujo significado era claramente definido, mas sua concretização requeria rica imaginação e forte disposição para enfrentar desafios.

A mesma dedicação seguia no trabalho de elaboração de propostas. Destaco aqui a proposição de implementar o Contrato Coletivo de Trabalho na Administração Pública,[12] coordenado pela ex-prefeita da cidade de São Paulo, Luiza Erundina. Nesse período, em 1995, o PT e seus aliados já acumulavam significativa experiência na administração de cidades dos mais variados portes.

O Contrato Coletivo analisava o cenário da época, quando diversas reformas eram acenadas pelos governos federal e estaduais. Não constava dessas pautas, porém, qualquer menção à modernização das relações de trabalho nem à prática de negociações coletivas. Ao mesmo tempo, o reconhecimento do direito à sindicalização de servidores públicos, conferido pela nova Constituição de 1988, requeria a criação de novos mecanismos de negociação.

---

[12] Projeto desenvolvido com o apoio técnico de Carlos Francisco Cecconi, Fermino Fecchio Filho, José Francisco Siqueira Neto e Marco Antonio de Oliveira.

De acordo com o texto da proposta,[13] o contrato coletivo seria uma ferramenta para reduzir "a influência da velha tradição fisiológica, clientelista, autoritária e paternalista, que faz parte da longa trajetória de apropriação do Estado brasileiro pelos interesses privados". Apostava, portanto, "na criação de instrumentos, normas e procedimentos que promovam a democratização e a modernização das relações de trabalho no setor público, favorecendo não só a melhoria das condições de trabalho e a remuneração dos servidores, mas também o melhor atendimento da população, a maior qualidade e eficiência dos serviços e a adoção de regras de transparência no manejo da coisa pública".

Uma das primeiras experiências de celebração de contrato coletivo que alcançou maior amplitude ocorreu exatamente na cidade de São Paulo, durante o segundo mandato ocupado pelo PT, com a prefeita Marta Suplicy. Ela encontrou a administração devastada pelos dois prefeitos que haviam sucedido a prefeita Luiza Erundina, a dupla de predadores Maluf e Pita. Para citar apenas um exemplo, na Administração Regional da Sé, onde trabalhei, todos os equipamentos destinados à manutenção diária do centro estavam canibalizados. Em outras palavras, peças de equipamentos mais desgastados eram aproveitadas para reposição em outros em melhor estado. O mesmo ocorria em praticamente todas as áreas, se é que o termo "canibalizado" pode ser aplicado, também, para projetos e rotinas administrativas.

Helena Kerr do Amaral, então secretária municipal de Gestão Pública, relatou a experiência do convênio inédito celebrado com o funcionalismo em 5 de fevereiro de 2002. Na ocasião, foi criada uma mesa de negociações presenciais e transparentes, o que permitiu que cada organização sindical de servidores participasse dos encontros e tivesse conhecimento das pautas das demais. Nascia ali o Sistema de Negociação Permanente (SINP). Os dados das

---

[13] Disponível na íntegra em: INSTITUTO CIDADANIA. *Contrato coletivo de trabalho na Administração Pública Direta: diretrizes para implantação*. São Paulo, fev. 1996.

remunerações foram tornados públicos na página da prefeitura, e, é bom lembrar, no mandato seguinte, de José Serra, foram logo tirados do ar.

Outro tema muito presente nas pautas políticas e econômicas do país foi o chamado "Custo Brasil". Na maioria das vezes, o objetivo desse debate era crucificar salários e direitos em prol da preservação dos lucros. O Instituto Cidadania organizou, então, nos dias 29 e 30 de abril de 1996, um seminário com quatro mesas temáticas,[14] nas quais empresários, especialistas de diversas áreas, representantes do governo e líderes sindicais abordaram o Custo Brasil sob seus vários ângulos, discutindo as razões pelas quais alguns custos são excessivos no país. Juros? Impostos? Câmbio? Mão de obra? Direitos sociais? Burocracia? Empresários? Governo? Quais seriam efetivamente os responsáveis por esse custo?

O seminário se propôs não apenas a desvendar as causas do chamado Custo Brasil, mas também a identificar os responsáveis por elas e a encontrar as saídas para eliminá-las a partir de uma reflexão conjunta e desarmada, colocando frente a frente vários pontos de vista. O teor desses debates consta do livro *Custo Brasil: mitos e realidade* (1997), coordenado por Lula e publicado pela Editora Vozes, que constitui um documento histórico que registra as diferenças de abordagem que permeavam o tema. Lula fez

---

[14] Participaram das mesas, organizadas para debater com um plenário altamente qualificado, o ex-ministro da Fazenda Delfim Netto; o secretário de política econômica do Ministério da Fazenda José Roberto Mendonça de Barros; o professor de economia da Unicamp Aloizio Mercadante; e o consultor Antoninho Marmo Trevisan. Em outra, debateram juntos o ex-ministro da Fazenda Maílson da Nóbrega; o ex-secretário da Receita Federal Ozires Silva; o jornalista Luis Nassif; e o professor de economia da Fundação Getúlio Vargas Guido Mantega. Foram abordados, também, os custos do Transporte e da Infraestrutura com o então ministro dos Transportes Odacir Klein; o empresário Wilson Quintella Filho; o presidente da CODESP Frederico Bussinger; e o jornalista Aloysio Biondi. Para concluir, da mesa sobre o Custo do Trabalho participaram o presidente da CUT Nacional Vicente Paulo da Silva; o empresário Boris Tabacof; o professor de economia da PUC-Rio Edward Amadeo; o professor de economia da Unicamp Jorge Mattoso; e o jornalista Celso Ming.

a abertura dos seminários, convidou os integrantes da primeira mesa e, como sempre, acompanhou atentamente todos os debates. Aposto que daria para editar mais um livro se tivessem sido documentados todos os papos paralelos e as conversas de Lula com quem se sentou ao seu lado.

O Instituto Cidadania organizou outros debates semelhantes ao do Custo Brasil, que, embora não tenham sido registrados em livro, mantiveram o formato de confronto entre opiniões diferentes, por vezes até conflitantes. As ideias eram expostas para uma plateia de composição mais homogênea, mas não monolítica, o que também contribuía para diálogos pautados pela diversidade e pelo respeito. Projetos específicos para o desenvolvimento regional também foram elaborados, como o Projeto para o Nordeste, assinado por Lula e Francisco de Oliveira durante o Governo Paralelo, e a Proposta para a Amazônia, em parceria com Aziz Ab'Saber.

Nessa primeira fase do instituto, de 1993 a 1998, os projetos regionais já teciam uma espécie de síntese entre a elaboração política e acadêmica e o contato direto com a população e sua diversidade, proporcionado pelas caravanas. Eles incorporam, relatam e difundem as ideias e demandas das pessoas com quem Lula e os demais caravaneiros se encontraram e puderam conhecer tão bem, assim como as condições em que elas viviam. Refletem, também, uma infinidade de documentos recebidos das mãos de sindicatos, de prefeitos, de grupos de mulheres e religiosos e de lideranças locais. O período foi um ensaio geral sobre como elaborar propostas que garantissem a conjugação de temas relevantes à população com aqueles apontados por estudiosos.

As propostas voltadas para o desenvolvimento dos vales do Jequitinhonha, em Minas Gerais, e do Ribeira, em São Paulo e Paraná, tidas na época como as regiões mais pobres do país, são exemplares. O esforço para elaborá-las, que passou pelas experiências de vida das pessoas e pela mobilização social, culminou com textos entregues por Lula, em nome de todos que colaboraram, para os governadores Eduardo Azeredo e Mário Covas. Aqui se vê mais uma modalidade de diálogo cultivada por Lula desde os tempos do sindicato: a combinação entre o ser, o saber e o fazer. E, é claro, a experiência de dialogar com autoridades e pessoas defensoras de opiniões diferentes das suas.

Ainda nesse período, o Instituto Cidadania desenvolveu o Programa de Combate à Corrupção[15] a partir de uma agenda cujo objetivo era "realizar um diagnóstico e apresentar alternativas para esse combate". O cenário envolvia pesadas denúncias que levaram à formação da Comissão Parlamentar de Inquérito (CPI) de Paulo Cesar Farias, tesoureiro da campanha de Collor, da CPI do Orçamento e da Comissão Especial de Investigação (CEI). Já pairavam no ar, também, as denúncias de compra de votos para a reeleição de Fernando Henrique Cardoso. Felizmente, o Brasil começava a viver experiências administrativas que, mediante mecanismos de controle social dos recursos públicos, restringiam as oportunidades da corrupção. Foi o caso da prática do Orçamento Participativo, iniciado na prefeitura de Porto Alegre, na gestão de Olívio Dutra, de 1989 a 1992.

O Programa de Combate à Corrupção foi lançado no auditório da Câmara dos Deputados, em Brasília, em novembro de 1995. Ao lançamento seguiram-se quatro seminários regionais e uma conferência internacional, que contou com a participação de integrantes da Operação Mãos Limpas, da Itália. Os seminários abordaram experiências de controle social local no combate à corrupção; impunidade dos crimes de colarinho branco no Brasil; atuação do crime organizado; licitações e orçamento público; institucionalização da

---

[15] O caráter suprapartidário do evento e os seus desdobramentos ficaram evidentes na composição do plenário e em sua coordenação, que contou com o ex-deputado José Dirceu, representando o Instituto Cidadania; o procurador Aristides Junqueira, pela Fundação Pedro Jorge e pela Associação Nacional dos Procuradores da República; o advogado Márcio Thomaz Bastos, em nome da Ordem dos Advogados do Brasil; o professor Modesto Carvalhosa, membro da CEI durante o governo Itamar Franco; e José Paulo Bisol, coordenador da CPI do Orçamento. Houve também a participação especial do ministro do Tribunal de Contas da União, Fernando Gonçalves, e do advogado tributarista Osiris Lopes Filho, ex-superintendente da Receita Federal.

corrupção; e experiências internacionais da ação do Estado e da sociedade civil no combate à corrupção.

A nova fase do Instituto após a eleição de 1998

O Instituto Cidadania voltou a se apresentar ao país após a reeleição de Fernando Henrique Cardoso, já no primeiro turno, com um horizonte de trabalho que reforçava ainda mais seu perfil de elaborador de proposições para o país. Dessa vez foi ainda mais impulsionado pela votação de Lula, que obteve quatro milhões de votos a mais que em 1994. Embora não houvesse segundo turno, era a terceira vez que Lula alcançava o segundo lugar. Para nós, petistas, e para grande parte do povo trabalhador, o resultado era uma licença para sonhar com uma vitória em 2002 e perseguir a aglutinação ainda maior do leque de apoios que vinha crescendo desde 1989.

Mais uma vez, o Instituto Cidadania reiterou sua vocação de "fazer propostas concretas de políticas públicas que contribuam para satisfazer as necessidades elementares da grande maioria da população: alimentação, moradia, educação, emprego. Propostas de alcance nacional, em um ambiente suprapartidário e sempre em estreita ligação com sindicatos, movimentos populares, ONGs e grupos de intelectuais, administradores públicos e parlamentares".[16] Foi nesses termos que, logo no início de 1999, o Instituto tornou pública sua perspectiva de trabalho plural e constituiu um Conselho Consultivo formado por quarenta e cinco integrantes, entre mulheres (ainda que poucas) e homens, empresários (também poucos) e dirigentes sindicais, religiosos, jovens, acadêmicos, parlamentares e uma pequena equipe de apoio, da qual fiz parte.

---

[16] Nesse período, o Instituto Cidadania criou dois grupos, um formado por economistas e outro para cuidar da comunicação. Entre os seminários organizados, o que debateu "Socialismo e Democracia", coordenado por Antônio Cândido, teve suas conclusões publicadas em parceria com a Fundação Perseu Abramo.

Mantendo a rotina de debates sobre temas da atualidade, dedicou-se, também, à elaboração de três grandes projetos: o Fome Zero, o Segurança Pública para o Brasil e o Projeto Moradia.

Cada um desses projetos optou por um modo diferente de articular colaboradores, mas todos contaram com uma ampla gama de acadêmicos, técnicos, ativistas e gestores governamentais. O Instituto Cidadania sempre buscou partir dos saberes já acumulados na sociedade e agregar pessoas e movimentos que já vinham batalhando em cada tema. Não por acaso, os três projetos serviriam de base para o programa eleitoral e para algumas ações do governo Lula, que acompanhava atentamente sua elaboração e os debates.

Luto e dor

Em junho de 1999, quando a equipe do Projeto Moradia já iniciava a elaboração da proposta, Lula foi para Espírito Santo, a convite do PT estadual, para realizar atividades na capital Vitória e no interior. Foi acompanhado de lideranças locais e alguns poucos assessores, entre eles Elizabeth Lima, da comunicação. À época, insisti muito para que Beth o acompanhasse, pois sempre acreditei na importância de ele ter ao seu lado alguém com facilidade para responder às suas demandas e aos questionamentos no "bate-pronto". Beth era uma dessas pessoas com visão de conjunto, conhecimento e sensibilidade para estar ao lado de Lula e potencializar ao máximo suas atividades.

Mas um violento acidente ocorreu no caminho de volta de São Mateus, a mais de duzentos quilômetros de Vitória. Um caminhão bateu em um dos carros da comitiva, que pegou fogo. Lula e os demais que estavam em outros carros correram para socorrer os companheiros feridos, esvaziando todos os extintores disponíveis na tentativa de apagar o fogo. Mas o esforço não foi suficiente para salvar Beth Lima e Otaviano de Carvalho, deputado estadual do PT do Espírito Santo. O único sobrevivente foi Perly Cipriano, que, com cerca de 40% do corpo queimado, foi levado às pressas para um hospital.

Em São Paulo, quem me deu a notícia foi Paulo Okamotto. Ele mal conseguia falar, e eu não entendia o que queria me dizer. Repetia várias vezes: "A Beth... a Beth... a Beth...", até que conseguiu verbalizar o conjunto das informações. Fiquei muito mal. Dona Marisa me ligou no mesmo dia, provavelmente a pedido de Lula, que havia ficado preocupado comigo. Ele voltou num pequeno avião trazendo a Beth no caixão.

Quando nos reencontramos no Instituto, Lula me chamou e perguntou como eu estava. Foi aí que entendi que eles pensavam que eu poderia me sentir culpada pela morte de Beth. Me senti mal, sim. Muito mal. Mas sei que, embora tenha sido a responsável pela ida dela, isso não faz de mim uma assassina.

Os projetos

- Segurança pública para o Brasil

O projeto de segurança pública foi elaborado em mais um daqueles momentos em que a criminalidade cresce, quando muitas análises simplificadoras levam a crer que o aumento de armas e a multiplicação de celas podem reduzir o problema. Elaborado em 2001, o projeto do Instituto Cidadania e da Fundação Djalma Guimarães parte do princípio de que o problema tem origem na desigualdade social, que, entre outras questões, facilita a cooptação de jovens para o tráfico de drogas, associado ao tráfico de armas. O alvo desse aliciamento é uma juventude que carece de inserção e de horizonte no futuro. Daí o porquê de o trabalho concluir que "ou haverá segurança para todos, ou ninguém estará seguro no Brasil".

O projeto contou com quatro coordenadores, todos com experiências diversas na área: Antônio Carlos Biscaia, coordenador executivo do projeto, professor de Direito Processual Penal da Universidade Cândido Mendes e ex-procurador-geral de Justiça do Rio de Janeiro; Benedito Domingos Mariano, ouvidor-geral de

São Paulo; Luiz Eduardo Soares, assessor especial para segurança pública da prefeitura de Porto Alegre; e Roberto Armando Ramos de Aguiar, ex-secretário de Segurança Pública do Distrito Federal. Vários encontros foram realizados com especialistas, entre eles a socióloga Julita Lemgruber, diretora do Departamento do Sistema Penitenciário do Rio de Janeiro entre 1991 e 1994 e ouvidora da polícia entre 1999 e 2000. Nos encontros preparatórios da elaboração do projeto, também pôde ser conhecida a experiência do Espírito Santo, debate que contou com a participação de Perly Cipriano, ex-secretário de Justiça do governo de Vitor Buaiz, e do capitão Júlio Cesar, que, junto com um grupo de outros capitães, elaborou um projeto para a Polícia Militar baseado no conceito de Segurança Cidadã.

Fome Zero

A proposta para combater a fome, batizada de Fome Zero, pode ser entendida como uma continuação do Programa Nacional de Segurança Alimentar do Governo Paralelo. Coordenada por José Graziano da Silva, Maya Takagi e Walter Belik, trata-se de mais um esforço para equacionar a Política de Segurança Alimentar no país, tendo contado com a participação de mais de quarenta colaboradores ligados ao tema durante todo o ano de 2001. Além do dia a dia envolvendo profissionais e ativistas empenhados na luta pela erradicação da fome, centenas de pessoas participaram dos debates realizados na capital São Paulo e em Santo André, também no estado de São Paulo, e em Fortaleza, no Ceará.

O Fome Zero foi desenvolvido após uma gigantesca mobilização contra a fome ocorrida no Brasil, que levou à formação de milhares de comitês de arrecadação e doação de alimentos espalhados pelo país. A iniciativa foi parte da Ação da Cidadania Contra a Fome, a Miséria e pela Vida, liderada pelo sociólogo Herbert de Souza, o Betinho. Em 1993, foi implantado o Conselho Nacional de Segurança Alimentar, cuja missão era articular ações imediatas e estruturais. Abria-se aí o caminho para um patamar superior na luta pela superação da fome em âmbito nacional.

● Projeto Moradia

Em 1999, com o Instituto Cidadania já recomposto para uma nova jornada, José Alberto de Camargo, um dos conselheiros do Instituto, chega à sede do partido dizendo que "mais do que fazer reuniões, conselheiros têm que ajudar e dar sugestões". Dez anos mais velho do que Lula, Camargo conhecia o mundo. Foi diretor executivo da Companhia Brasileira de Metalurgia e Mineração (CBMM), fez negócios com a China e a Rússia, investiu no acolhimento de pessoas idosas e em sofrimento mental, participou da criação de um alojamento para recuperação e reintegração de dependentes químicos, promoveu a capacitação de mulheres para pilotar aviões da empresa, entre muitos outros feitos.

Naquele dia, Camargo trazia nas mãos um livrinho que versava sobre o déficit habitacional. Havia sido editado pela Fundação Instituto de Pesquisas Econômicas (FIPE) da Faculdade de Economia, Administração, Contabilidade e Atuária da Universidade de São Paulo (FEA/USP) e publicado com o apoio da Fundação Djalma Guimarães, da CBMM. Ele nos sugeria que assumíssemos a atualização dos dados do déficit habitacional como primeiro projeto a ser desenvolvido pelo Instituto Cidadania, trabalho para o qual a FIPE daria o apoio necessário.

Lula gostou da ideia e deu várias sugestões. Observou que atualizar os dados seria muito bom, mas, com aquele jeitão maroto de quem já enxerga mais adiante, entendia também que era "muito pouco". Propôs, então, que elaborássemos um projeto para resolver o déficit habitacional de maneira ampla. As estatísticas seriam apenas uma parte do trabalho.

Quando o projeto teve início, Lula solicitou que eu coordenasse um grupo de trabalho composto por estudiosos e ativistas na área, todos voluntários que dedicaram, generosamente, horas de seu tempo para construir um plano habitacional para o país. A rápida reação de Lula à proposta de Camargo e o horizonte que logo vislumbrou certamente eram fruto do convívio que ele já vinha tendo com os movimentos de luta pela moradia.

A atuação de Lula no Projeto Moradia me trazia à mente cenas do início dos anos 1990, quando comecei a assessorá-lo no Diretório Nacional do PT. Eu o acompanhei numa atividade que me surpreendeu e que serve para ilustrar os compromissos que ele assumiu no decorrer de sua trajetória política. Demonstra, também, como a elaboração de propostas se deu ao longo do tempo, equacionando os desafios do país em sintonia com os movimentos sociais.

Nos dias 25 e 26 de maio de 1991, acontecia em São Paulo a primeira reunião de várias organizações sociais ligadas à moradia, que pediam a constituição de um Fundo Nacional para a Habitação Popular – mais tarde se tornaria o Fundo Nacional para a Moradia. O evento, que ocorreu no auditório do novo Colégio Caetano de Campos, revelou o impacto que esses compromissos assumidos causaram na vida das pessoas e o empenho de Lula para torná-los realidade.

Meu mandato como deputada estadual tinha terminado quando comecei a assessorar Lula na sede nacional do PT. Nos quatro anos de Assembleia Legislativa, participei diretamente de muitas mobilizações em defesa da moradia e apoiei diversas ocupações – atividade que todos nós da bancada do PT fazíamos em todo o país. Mas, envolvida com a Constituinte e as demandas do meu próprio mandato, acompanhei muito pouco as atividades externas de Lula. Talvez por isso tenha sido fortemente surpreendida quando, ao verem-no entrar no auditório, aquelas pessoas, na maioria militantes dos movimentos da moradia, se levantaram e cantaram, com energia, o bordão da eleição de 1989: "Olê, olê, olê, olá, Lula, Lula lá".

Foi emocionante ver que, dois anos depois de uma eleição em que Lula não saiu vitorioso, ele ainda era recebido com o bordão da campanha. Confesso que me arrepiei. Também pude vislumbrar melhor o contexto em que eu estava inserida e o que poderia vir a ser meu trabalho como assessora. Em outras palavras, as vozes ecoavam mais do que um bordão: elas bradavam confiança e esperança, expectativas que colocavam Lula na posição de optar, ou não, pela continuidade de um compromisso já selado desde os anos 1970. E Lula optou não só pela continuidade, mas também pela ampliação desse compromisso. A partir daí, estabeleceu-se um elo de identidade entre ele e os participantes dos movimentos.

Participaram do evento aproximadamente quatrocentas pessoas, que lideravam a batalha pela obtenção de um milhão de assinaturas, condição exigida pela legislação, então em vigor, para a apresentação de um projeto de lei de iniciativa popular para a criação de um Fundo Nacional de Habitação de Interesse Social (FNHIS). A possibilidade de encaminhar projetos de iniciativa popular ao legislativo foi dada pela nova Constituição de 1988. Estavam presentes delegações de nove estados: São Paulo, Rio de Janeiro, Rio Grande do Sul, Paraná, Espírito Santo, Minas Gerais, Goiás, Piauí e Santa Catarina. A criação do FNHIS era a bandeira histórica da luta pela moradia popular, movimento que nasceu e cresceu na esteira do descaso por parte da maioria das autoridades e das elites empresariais, bem como da especulação imobiliária, que expulsou sistematicamente os mais pobres para as periferias.

Até aquela época, as políticas de habitação e de planejamento urbano, além de ignorar as necessidades de transporte, saneamento e demais serviços, não levavam em conta o atendimento às necessidades sociais da população, como educação e saúde. E mais: a dinâmica do crescimento urbano entre as décadas de 1960 e 1980 teve como motor o movimento migratório intenso e sem planejamento em direção às grandes cidades brasileiras. Se existissem drones naquela época, seria muito simples comprovar a situação dramática de milhões de pessoas em relação à moradia e à qualidade de vida. Mas ali, espalhadas nas distantes periferias urbanas, longe do olhar das elites, da imprensa e das autoridades responsáveis, essa condição camuflada foi se agravando e se reproduzindo sem solução no horizonte, apesar da obrigatoriedade legal de os municípios adotarem um plano diretor.

Sobravam razões para o nascimento, o crescimento e o fortalecimento de movimentos pela moradia e pela urbanização de favelas. Nesse contexto, coube aos movimentos sociais e seus apoiadores, envolvidos com a defesa do direito à moradia e da reforma urbana, e embalados pelos ventos da nova Constituição, trilhar um caminho que os conduzisse a uma esperança de solução. Começa aí o esforço da mobilização popular de buscar uma legislação que garanta a habitação de interesse social, ou seja, moradia acessível para pessoas e famílias que não têm renda suficiente para arcar com os custos de um imóvel próprio.

O encontro no Colégio Caetano de Campos consagrou o texto do projeto de lei para a criação do que viria a ser o FNHIS, deu início à articulação do Comitê Nacional Pró-Fundo Nacional de Moradia Popular e, com a adesão formal de Lula, desencadeou oficialmente o processo de coleta de assinaturas, que já vinha ocorrendo nos bairros de São Paulo.

O caminho que o projeto de iniciativa popular percorreu até a atualidade tem tudo a ver com a energia batalhadora das organizações populares em defesa da moradia e os compromissos assumidos por Lula e pelo PT. Tem a ver com a dedicação militante de muitos acadêmicos que, nas faculdades de Arquitetura e Urbanismo, Ciências Sociais, Economia, Direito e Serviço Social, entre outras, aliaram a vida do povo à produção intelectual. Políticas públicas e compromissos com a sociedade não saem do bolso do colete, não resultam de um estalar de dedos e tornam-se mais eficientes à medida que dialogam com as necessidades sociais. A falta de investimento em políticas públicas de habitação tem trazido resultados desastrosos e criado situações praticamente insolúveis a curto e longo prazo.

Contar a história do grupo de trabalho que produziu o Projeto Moradia em 1999, no Instituto Cidadania, é mostrar como, com quem e para quem Lula sempre trabalhou e lutou, desde sempre estimulando a produção de propostas de políticas públicas. É revelar como Lula e o PT se prepararam para governar o Brasil.

O Programa de Governo com o qual Lula disputou as eleições de 1989, bem como os programas com que o PT disputou o comando das prefeituras e governos estaduais desde 1982, alçou a moradia à condição de prioridade, sempre vinculada à necessidade de uma reforma urbana que democratizasse o uso do solo e garantisse à população o acesso aos serviços urbanos como água, saneamento básico, transporte e energia elétrica. O programa e as primeiras realizações da prefeitura de Diadema – a única conquistada pelo PT em 1982, quando o partido havia acabado de se formar – são prova palpável do direcionamento e da sintonia que se criou entre o partido e os movimentos sociais pela moradia.

Quando o Projeto Moradia começou a ser elaborado, apesar de sua amplitude, ainda não era fácil antever o alcance que viria a ter anos depois, inspirando a criação do Ministério das Cidades, dos programas de urbanização de favelas e do Minha Casa Minha Vida, para citar algumas das políticas urbanas e de mobilidade do governo Lula. Foi um trabalho coletivo e interdisciplinar que começou em 1999, dez anos depois da eleição de Collor. Lula havia acabado de ser derrotado novamente, em 1998. Depois das eleições, voltamos para o Instituto Cidadania, onde formamos um conselho amplo e diverso, do qual Camargo participava, e definimos que o Instituto iria se dedicar a projetos de políticas públicas. Tais projetos seriam somados a uma série já elaborada no antigo Governo Paralelo e no próprio Instituto Cidadania.

A reunião para definir os trabalhos do Projeto Moradia contou com a participação de cerca de vinte e cinco pessoas, incluindo Lula, que debateram até chegarem a um consenso quanto ao tema que seria desenvolvido por um grupo de trabalho reduzido, mas que buscaria espelhar a diversidade. Estabeleceu-se o prazo de aproximadamente um ano para sua conclusão, que se deu em maio do ano 2000. Entre os integrantes do grupo, que vivenciavam o drama da falta de solução da moradia em diferentes experiências, estavam Lúcio Kowarick, sociólogo, professor titular do Departamento de Ciência Política da USP e membro do conselho do Instituto de Pesquisa das Nações Unidas para o Desenvolvimento Social (UNRISD) de 1986 a 1990; Evaniza Rodrigues, coordenadora executiva da União Nacional por Moradia Popular e diretora da Coalizão Internacional do Habitat (HIC) e da Secretaría Latinoamericana de Vivienda Popular (SeLVIP); Ermínia Maricato, arquiteta livre docente, professora titular e coordenadora do Laboratório de Habitação e Assentamentos

Humanos da USP (LabHab); Nabil Bonduki, doutor em Arquitetura pela FAU/USP e consultor em Política Urbana e Habitacional; André Luiz de Souza, consultor técnico da Associação Brasileira de COHABs em FGTS e Sistema Financeiro da Habitação de 1995 a 2000; Pedro Paulo Martoni Branco, economista e diretor executivo da Fundação Sistema Estadual de Análise de Dados (SEADE); e Iara Bernardi, deputada federal pelo PT e titular da Comissão de Desenvolvimento Urbano e Interior.

Camargo, que nos abriu o caminho para a elaboração desse projeto, fez questão de celebrar sua finalização oferecendo o voo em dois helicópteros para que tivéssemos uma noção completa do que é a periferia de uma cidade das dimensões de São Paulo. A ideia era entender as desigualdades territoriais olhando a periferia e as áreas centrais. Evaniza, que acompanhou Lula no helicóptero, notou que, durante o voo, ele lembrava das lideranças em Heliópolis, nos mutirões e nas ocupações. Na volta, indagado pela imprensa, Lula observou que, no centro, eram os museus e monumentos que davam identidade aos lugares. Já na periferia, o que fazia diferença era a luta do povo.

Em 2002, a chegada de Lula ao governo representou, em escala nacional, esses compromissos já assumidos pelo PT e seus aliados nos governos locais. Representou, também, a tentativa de executar programas que parcela importante de especialistas e técnicos vinha elaborando em sintonia com as reivindicações das camadas populares.

A chegada do PT na cena política e social em 1980 foi impactante. Perpassou a vida e o cotidiano no campo e na cidade e conquistou um lugar nas eleições gerais de 1982. Lula foi candidato a governador de São Paulo, quando obteve quase 11% dos votos. Não foi pouco para um partido recém-criado, num país recém-egresso do bipartidarismo e ainda vivendo sob uma ditadura militar. Mas Lula sempre menciona que viveu uma decepção, pois, pela animação da campanha, dos comícios, das carreatas e dos encontros, imaginava que seria eleito. Mas não foi. Na verdade, essa eleição foi monopolizada pelos dois maiores herdeiros do extinto bipartidarismo: o PMDB, herdeiro do MDB, e o PDS, principal seguidor da antiga ARENA. O PT não elegeu senador nem governador, mas colocou no legislativo oito deputados federais e treze estaduais, a maioria do estado de São Paulo. Também elegeu dois prefeitos: Manoel da Silva Costa, em Santa Quitéria, no Maranhão, que abandonou o partido imediatamente, e Gilson Menezes, metalúrgico de Diadema, líder da greve da Scania, que completou o mandato em 1988. Em 1982, a lei proibia coligações, ou seja, o voto era vinculado, do mesmo partido, para todos os cargos em disputa.

Em 1985, quando foram restituídos os direitos eleitorais às populações dos municípios considerados de segurança nacional – capitais e estâncias hidrominerais –, o PT venceu em Fortaleza, no Ceará, elegendo a primeira mulher a governar uma capital: Maria Luiza Fontenele, professora universitária que, após divergências inconciliáveis, foi expulsa e terminou o mandato fora do PT. Depois, em 1987, a cidade de Vila Velha, no Espírito Santo, elegeu o petista Magno Pires da Silva para um "mandato-tampão" de apenas um ano.

Diadema: a primogênita

O PT chegou às eleições de 1988 tendo administrado apenas uma cidade pelo mandato inteiro de seis anos: Diadema, na região industrial do ABC Paulista. Conheci Gilson Menezes, o prefeito, e a cidade. Participei de muitas atividades naquela época. Apesar de fazer parte de uma região em que se instalaram as maiores montadoras de veículos do Brasil, um terço da população vivia em favelas e mais de 80% das ruas eram de terra. Gilson mantinha um mapa da cidade onde se via, em azul, o que ele encontrou quando assumiu a prefeitura e, em vermelho, aquilo que vinha realizando. Esse quadro ficou eternamente gravado na minha memória. Assim como o fato de que a instalação de postes nas ruas da cidade reduziu significativamente os crimes de estupro, que até então já haviam se tornado algo corriqueiro. Quase vinte anos depois, tendo sido governada por petistas por quatro mandatos consecutivos, Diadema, segundo o censo do IBGE de 2000, já estava quase totalmente asfaltada, e de seus 98.140 domicílios, 92,2% eram atendidos pela rede de esgoto, 99% pela rede de água e 99% pela coleta de lixo.

1988: a primeira geração de prefeitas e prefeitos petistas

Comparado ao cenário do período entre 1982 e 1988, o resultado das eleições municipais de 1988 foi um salto gigantesco para o PT, de um prefeito eleito para trinta e seis, e viabilizou a ampliação da batalha pela dignidade da vida.[17]

Participei intensamente de algumas campanhas para as prefeituras e tive a exata dimensão de como os resultados eleitorais, em 1988, colocaram o PT diante de um duplo e enorme desafio: administrar praticamente sem experiência anterior e dar conta de uma demanda social desatendida por longos anos, com máquinas administrativas inadequadas, um funcionalismo majoritariamente distanciado da população e uma forte desmoralização da prática administrativa, associada a favores pessoais e não a direitos. E pensar que foi preciso começar a governar em meio a um ano eleitoral. Não um ano qualquer, mas o da primeira eleição direta para presidente depois do golpe militar. Superar essas dificuldades nos fez viver uma tensão entre os sonhos de melhorar a vida do povo, alimentados pelas conquistas da Constituição de 1988, e a falta de meios para tornar esses sonhos realidade.

Nova Constituição: política urbana também é direito

Fruto da mobilização dos anos 1970 e dos seguintes, a nova Constituição, promulgada em 3 de outubro de 1988, pouco antes

---

[17] Candidatos petistas venceram em três capitais: São Paulo, com Luiza Erundina; Porto Alegre, com Olívio Dutra; e Vitória, com Vitor Buaiz. O partido também teve boas votações em Belo Horizonte e no Rio de Janeiro. No total de trinta e nove cidades, três tiveram a vice-prefeitura ocupada por petistas. Os eleitores das cidades industriais de São Bernardo do Campo, Santo André, Diadema, Campinas, Ipatinga, João Monlevade e dos portos de Santos e Rio Grande também escolheram o PT e seus governantes, entre eles Maurício Soares, Celso Daniel, José Augusto, Jacó Bittar, Chico Ferramenta, José Machado e Telma de Souza. O partido também alcançou algumas pequenas prefeituras, como a de Angra dos Reis.

da eleição municipal, que aconteceu em 15 de novembro, em turno único, previa no Artigo 6º que: "São direitos sociais a educação, a saúde, o trabalho, o lazer, a segurança, a previdência social, a proteção à maternidade e à infância, a assistência aos desamparados, na forma desta Constituição". Em 2000, foi adicionado também o direito à moradia. Os direitos e as garantias que a nova Constituição conferiu à população, incluída aí a política urbana, estão a anos-luz daqueles constantes da Constituição dos militares. Desde 1967 e nas demais revisões, a Constituição da ditadura consolidava cada vez mais o poder militar, subtraindo, ao mesmo tempo, os direitos do povo. Não por acaso, a nova recebeu a alcunha de "Constituição Cidadã", e uma de suas primeiras afirmações é que "todo o poder emana do povo", em clara alusão a uma nova ordem.

Essa mensagem foi transmitida diariamente pelas principais lideranças, especialmente pelo deputado Ulysses Guimarães, presidente da Assembleia Nacional Constituinte. Os temas, as polêmicas e as votações referentes à Constituição estiveram em pauta durante um ano. Mal ou bem, foram amplamente divulgados pela imprensa, por todos os meios de comunicação então disponíveis – rádio, TV, jornais e revistas. Também pautaram debates nas organizações da sociedade, nas universidades e nos demais espaços públicos. Ou seja, direitos e melhores condições de vida eram temas que estavam na ordem do dia do Brasil, um país que vinha amargando a insuportável combinação de falta de democracia e desigualdade social crescente. Desse ponto de vista, é possível dizer que candidatas e candidatos identificados com essas pautas sociais, fossem do PT ou de outros partidos, tinham boas chances de se saírem bem na disputa eleitoral. Foi o que aconteceu na votação em que o PT deu um salto para a vitória, chegando a governar trinta e seis municípios na condição de prefeito e mais três na de vice-prefeito. Ao todo, a população desses municípios somava à época cerca de quinze milhões de habitantes, o equivalente a 10% da população brasileira de então.

Com altos e baixos, essa experiência de governo resultou em um acúmulo importante tanto na consolidação de estratégias gerais

– que foram adotadas em todos os municípios, tais como a Inversão de Prioridades, a Transparência na Gestão Pública e a Participação Popular – quanto nas ações específicas em cada região. Tal experiência pôde vir a ser de conhecimento público, e não só do partido, graças a uma iniciativa da direção do PT e à dedicação de Jorge Bittar, responsável pelo acompanhamento das atividades dos petistas nos executivos e no Parlamento, através da Secretaria Nacional de Assuntos Institucionais do PT.

Conversando com Jorge sobre aquela época, ele me contou que, por ser engenheiro e conhecer bem a dinâmica das empresas estatais sediadas no Rio de Janeiro, entre elas a Petrobrás, já havia muito interesse em investir em economia e em políticas públicas quando a direção nacional do partido decidiu fazer um levantamento das práticas implementadas por nossos prefeitos e prefeitas. Mas, de acordo com ele, "a direção nacional do PT ainda era mambembe, não tinha dinheiro, não tinha organização. Ia muito bem na política, mas, na estrutura, era muito frágil". E Jorge Bittar complementa: "Aí, o que nós fizemos? Juntamos eu, Regina Toscano e Franklin Dias Coelho para registrar essa experiência histórica do PT. Éramos os Três Mosqueteiros!".

À época, os três se acomodaram num cantinho, no espaço reservado para reuniões na sala da liderança do PT, na Assembleia Legislativa do estado do Rio de Janeiro, único lugar com estrutura para trabalharem. Foi aí, nesse cantinho, que idealizaram com nossos prefeitos a realização de seminários para discutir como governar e registrar as iniciativas dos mandatos. Organizados por tema, os seminários reuniram representantes das secretarias municipais de todos os municípios geridos pelo PT. Nesse período, entre o final de 1990 e o início de 1991, já era possível dimensionar o que estava em andamento nas prefeituras e a importância de registrar tais experiências.

Em compensação, as pessoas eleitas tinham trajetórias diversas de vida e de trabalho. Jorge relata que consultou muitos companheiros durante suas atividades no PT, como Olívio Dutra, prefeito de Porto Alegre, e Antonio Palocci, vereador, liderança dos médicos residentes e da CUT regional do interior paulista. Ele se emociona ao relatar que também conversou muito com Celso Daniel, de quem era amigo e admirador. Para Jorge, "Celso Daniel era mais do que um quadro político: era um entusiasta do processo, tinha densidade em políticas públicas, formou-se em Engenharia e fez mestrado na Fundação Getúlio Vargas. Era um cara que falava com muita consistência sobre experiências históricas, sobre modo de governar, sobre como construir formas participativas".

E o pequeno grupo foi estabelecendo laços, ampliando contatos e conversas. Em pouco tempo, já contava com a participação de prefeitos eleitos, assim como de seus vices e secretários; de ONGs, como o Instituto Latino-Americano de Desenvolvimento Econômico e Social (Ildes), o Instituto de Estudos, Formação e Assessoria em Políticas Sociais (Polis) e o Instituto Nacional de Administração e Políticas Públicas (Inapp), que davam suporte para prefeituras administradas por petistas e aliados; do Governo Paralelo; de acadêmicos de várias universidades; de parlamentares e dirigentes do PT; e de militantes e lideranças do movimento sindical. O resultado desse trabalho coletivo está registrado no livro *O modo petista de governar*, publicado em 1992 pelo PT de São Paulo.

O livro foi uma espécie de manual que permitiu, a partir de 1992, que candidatos e candidatas do PT se apoiassem nas experiências e nos resultados já alcançados pela geração eleita em 1988, bem como nas reflexões sobre o alcance e as limitações da atuação de petistas e aliados.

O Orçamento Participativo, principal iniciativa referente ao envolvimento da população na destinação dos recursos públicos, enfrentou várias dificuldades. Isso porque, para funcionar bem, tal participação carece de referências anteriores, já que a administração não estava habituada a se reunir com representantes da sociedade e nem estes estavam habituados a serem ouvidos. Provocou, também, críticas e temores por parte daqueles acostumados a ver recursos investidos como moeda de troca aos apoios eleitorais. Por fim, revelou-se que não é simples ordenar as prioridades quando os recursos orçamentários são sempre inferiores aos necessários e quando não existe o hábito de favorecer quem mais precisa.

No contexto das eleições de 1992, portanto, o livro *O modo petista de governar* serviu não apenas como um guia para os novos candidatos, mas também como um atestado para rebater a acusação dos adversários de que os petistas não tinham experiência de governo.

A ira de adversários

A atuação dos petistas e a difusão de seus resultados provocaram, por outro lado, a ira indisfarçável de muitos adversários políticos. Só para registro, na bancada de deputados estaduais, da qual eu fazia parte, três candidatos petistas foram eleitos em 1988: Luiza Erundina, em São Paulo capital; Telma de Souza, em Santos; e José Machado, em Piracicaba. Boa parte dos debates nas sessões do chamado "pequeno expediente", quando cada deputado podia falar por cinco minutos sobre qualquer tema à sua escolha, era ocupada pelos partidos adversários para atacar, principalmente, as prefeitas Telma e Luiza. Eu, na qualidade de líder, estava sempre me atualizando para rebater os ataques. Militantes do PT de cidades do interior, que mal conheciam a capital, eram provocados diariamente a dar explicações sobre as medidas adotadas pelas prefeitas. Numa das viagens que fiz a essas cidades, notei a aflição dos petistas por sentirem que não tinham dados suficientes para rebater as provocações. Foi então que me dei conta de que os ataques eram um recurso, um biombo do prefeito local para se eximir de prestar contas sobre seus próprios atos.

Parte das dificuldades enfrentadas pode e deve ser atribuída aos nossos erros. Um fato que ficou registrado na história do PT como decorrente de inabilidade foi a forma de se cobrar o Imposto Predial Territorial Urbano (IPTU) progressivo no município de São Paulo.

É mais do que sabida a injustiça que em geral permeia esse imposto. Até hoje, apesar de a Lei Federal n.º 10.257 de 2001, mais conhecida como Estatuto da Cidade, induzir à progressividade, se analisarmos proporcionalmente, os menores imóveis seguem pagando mais do que os maiores. Luiza Erundina se empenhou para implementar a progressividade do IPTU na capital paulista, mas um erro cometido no processo obscureceu e suplantou o mérito da iniciativa.

Pelo novo formato de cálculo do imposto, quem tinha muito pouco não pagaria nada, quem tinha um pouco pagaria pouco e quem tinha muito pagaria muito. Nada mais justo. Mas aconteceu que os carnês de quem pagaria mais foram emitidos primeiro, e os proprietários dos imóveis, com o apoio de parte da mídia, reagiram com alarde, levando a crer que todos seriam tributados da mesma forma – ou seja, que todos pagariam muito mais. Assim, mesmo os proprietários de pequenas habitações, que seriam isentos, imaginaram que arcariam com prejuízos porque não tinham o carnê em mãos para comprovar isso. No final, o que ficou marcado foi o avesso do avesso e a pecha de injustiça sobre a prefeita.

Desde então, durante as campanhas das eleições municipais, em praticamente todos os discursos, debates e reuniões, Lula cita o episódio do IPTU para chamar a atenção sobre a delicadeza do modo de informar a população. Ao mesmo tempo, enfatiza a necessidade vital de uma cobrança progressiva de impostos, particularmente no Brasil, país tão marcado pela desigualdade.

Mesmo passando muito tempo em Brasília, no cargo de deputado federal, Lula conhecia muito do trabalho da primeira geração de prefeitas e prefeitos do PT. Antes do processo eleitoral, ele acompanhou diversos encontros do partido, que definiram o rumo das campanhas, e participou de inúmeros comícios em pequenas e grandes cidades. Sempre que precisava fazer sessões de fotos com os candidatos, também aproveitava para perguntar detalhes sobre a política local, sobre os problemas da população e sobre as expectativas quanto aos resultados.

Sempre bem-informado, pois também conversava com prefeitas e prefeitos já eleitos, frequentemente elaborava sugestões, especialmente para as localidades que conhecia mais de perto. Entre elas estavam a cidade de São Bernardo do Campo, governada pelo PT de 1989 a 1992, e o bairro do Ipiranga em São Paulo, onde ficava a sede do Instituto Cidadania. Neste último caso, Lula chegou a sugerir que a administração regional, à época dirigida pelo metalúrgico e ex-deputado Anísio Batista, deveria plantar flores ao longo do canteiro central da Avenida D. Pedro I.

Se suas sugestões podem levar a pensar que ele simplifica os cuidados de uma cidade, com certeza carregam em si uma vontade de intervir para que a cidade seja boa e bonita para todos, e não só para os bairros de ricos.

Enfim, Lula cultivava a esperança de ver, em 1992, "uma imensidão de municípios sendo governados pelo PT e por todas as forças que apostam na democracia econômica, social e política".

1992: prefeitas e prefeitos do PT já somam cinquenta e três

Em 1992, uma nova leva de prefeitas e prefeitos assume a responsabilidade de governar cinquenta e três municípios, dezessete a mais do que em 1988. Três novas capitais foram conquistadas: Belo Horizonte, em Minas Gerais; Goiânia, em Goiás; e Rio Branco, no Acre. Porto Alegre, no Rio Grande do Sul, manteve-se sob a administração do partido. Mas o total de pessoas sob gestão do PT diminuiu na medida em que o partido perdeu as eleições na cidade de São Paulo e em outros municípios do estado. Na região industrial do ABC Paulista, por exemplo, o PT venceu somente em Diadema. Por outro lado, se em 1988 o PT triunfou em doze estados, em 1992 ele ampliou sua presença no território nacional, vencendo em municípios de dezoito estados e consolidando-se como um partido de presença nacional.

E se a primeira geração de prefeitas e prefeitos petistas se apoiou muito mais em princípios e rumos gerais – como a inversão de prioridades, a transparência e a participação popular, inclusive na elaboração do orçamento municipal –, a segunda geração, que começa a administrar em 1993, já tinha à sua disposição um farto rol de experiências concretas, conduzidas em várias áreas e contando com amplo reconhecimento institucional.

Foi na 2ª Conferência Mundial sobre os Assentamentos Humanos – Habitat II, sediada em Istambul, na Turquia, em 1996, que o PT ganhou destaque pelas alternativas apresentadas a fim de contribuir para a pauta do evento. Os resultados da conferência foram incluídos em um plano de ação global, a Agenda Habitat, que fornece diretrizes para a criação de assentamentos humanos sustentáveis no século XXI. Vinte anos após o primeiro Habitat de 1976, a pauta da conferência, conforme afirma o último item da declaração final, "marca uma nova era de cooperação, uma era da cultura da solidariedade. À medida que entramos no século XXI, nós oferecemos uma visão positiva dos assentamentos humanos sustentáveis, um senso de esperança para o nosso futuro comum".

Essas duas palavras, "futuro" e "comum", indicam que, naquele momento, na maioria dos países, constatou-se uma degradação das condições de vida nas cidades, consequência das intensas migrações ou, principalmente, da crescente desigualdade econômica e social. A busca por um futuro comum exige ações concretas de cooperação, de intercâmbio e de solidariedade. Projetos de vários países enfatizaram esse rumo, e as propostas e os projetos das prefeituras petistas somaram-se a esse rol. Estarmos juntos ali, em um espaço organizado pela ONU para discutir melhores condições de moradia e de vida urbana, expondo experiências e conhecendo a trajetória de outros países, permitiu-nos perceber o valor de uma organização multilateral. O intercâmbio do Habitat II sem dúvida encurtou o tempo e a distância que cada participante necessitaria para poder nutrir e nutrir-se do conjunto de trabalhos ali apresentados.

A delegação de petistas trouxe na bagagem o orgulho de apresentar parte significativa dos projetos selecionados pela ONU. Praticamente todos os projetos estavam sintonizados com as prioridades que a conferência estabeleceu. Os municípios de Belo Horizonte, Diadema e São Paulo apresentaram experiências em urbanização de favelas, solução defendida por profissionais urbanistas cujo objetivo não era tirar os moradores de seus locais, mas oferecer acesso aos serviços públicos. Londrina, no Paraná, mostrou seu projeto de reciclagem de entulhos e urbanização ecológica. Não poderiam faltar os exemplos de orçamentos participativos em Betim e Porto Alegre, onde já se consolidava uma experiência de dois mandatos do PT. Em Angra dos Reis, o sistema condominial de rateio do saneamento, diferentemente das contas individuais, permitia atender unidades de vizinhança como quadras, quarteirões ou conjunto de lotes e envolvia moradores, técnicos e administração.

Em Santo André, o Projeto de Transporte e Trânsito foi gestado em sintonia com as demandas de usuários do transporte público. Foi lá que o Programa de Modernização Administrativa foi selecionado pela ONU, em 2000, entre as cem melhores práticas governamentais do mundo devido aos resultados alcançados na melhoria contínua da qualidade dos serviços prestados pela prefeitura. Miriam Belchior, secretária responsável pela implementação do programa, foi quem me fez entender, na época, o quanto é preciso investir em capacitação e estímulo aos servidores, em tecnologia, em ambiente de trabalho, para conseguir propiciar um atendimento ágil e eficiente para o público. De acordo com ela, atrás de cada balcão ou guichê de atendimento – ou seja, atrás da parte visível do programa – residia um arsenal invisível de recursos e de trabalho humano que permitia a valorização e o respeito a todas as pessoas, os munícipes ou os servidores.

Assim, candidatas e candidatos do PT e aliados contavam, para o processo eleitoral de 1996, com uma farta lista de experiências, várias delas reconhecidas, em âmbito internacional, como exemplos de atuação administrativa para melhoria da vida nas cidades. O PT elegeu, nesse contexto, cento e quatorze prefeitas e prefeitos, desta vez distribuídos em vinte e dois estados da federação. Algumas dessas "boas práticas", como foram chamadas as ações realçadas no Habitat II, intervêm muito mais na localidade, fator que não impediu que, fora desse âmbito, as prefeituras dirigidas por petistas já dessem seguimento a propostas mais amplas, para além das fronteiras de um município. Afinal, já existiam no Brasil conurbações e intervenções planejadas nas regiões metropolitanas, o que de certa forma facilitou a adoção de ações mais abrangentes.

Isso é possível sempre que a vontade política e administrativa pretende investir na direção de soluções compartilhadas, e tem mais sucesso quando os três níveis da federação se comprometem com os objetivos.

São tantos exemplos que chega a ser difícil selecioná-los. E não apenas do PT, que é meu foco neste livro. O que diferencia as ações de petistas de outras igualmente merecedoras de reconhecimento é que o PT, enquanto partido, investe na articulação e na unificação das ações de seus filiados responsáveis pela administração pública e possibilita que cada um se valha das experiências dos demais em seu próprio âmbito, permitindo, assim, uma apropriação em série de experiências. Selecionei, para exemplificar, o programa de saúde mental de Santos, pioneiro na criação de uma rede de Centros de Atenção Psicossocial (CAPs) e na formação dos consórcios intermunicipais.

Saúde mental: sem celas, sem maus-tratos

Nesse período, uma das ações que mais ecoaram pelo mundo, destacada pela Organização Mundial de Saúde (OMS) e amadurecida por dois mandatos seguidos, foi a experiência de saúde mental pautada pela concepção antimanicomial, levada a cabo pela administração municipal sob o comando da prefeita Telma de Souza (1989 a 1992) e de David Capistrano Filho (1993 a 1996). David foi secretário de saúde no governo Telma e tomou iniciativas inovadoras em muitos aspectos. Entre elas, destaca-se a informatização dos cadastros dos postos de saúde para agilizar o acesso ao atendimento de qualquer cidadã ou cidadão, independentemente do bairro onde morasse. David já trazia uma boa experiência por ter exercido o mesmo cargo na prefeitura de Bauru, em São Paulo, onde trabalhou junto com o psiquiatra Roberto Tykanori, que, por sua vez, trazia na bagagem a experiência de Trieste, na Itália, tida como um polo da reforma psiquiátrica.

Em Santos, a dupla David e Tykanori, em parceria com outros profissionais adeptos da luta antimanicomial, como Willians Valentini, Domingos Stamato e o saudoso Antonio Lancetti, protagonizou uma história que merece ser contada a todos, pois ilustra muita ousadia para inovar e muita coragem para enfrentar adversários. O cenário dessa batalha foi o Hospital Anchieta, conhecido em Santos como "casa dos horrores", onde quem entrava dificilmente se curava. Era um manicômio nos moldes tradicionais, semelhante ao que há de pior numa prisão: celas solitárias, confinamento com superlotação e nenhuma perspectiva de reabilitação. Uma experiência que informa se o Estado tem ou não responsabilidade perante as pessoas em situação de extrema vulnerabilidade.

Visitei o Anchieta mais de uma vez na época em que fui deputada. Mesmo com todas as ações e intervenções que foram feitas ao longo dos anos, o lugar não deixava de ser um retrato do sofrimento profundo das pessoas. O que mais me impactou foi a ala de mulheres. Muitas delas estavam bem arrumadas, maquiadas e com bolsinhas de passeio, demonstrando sua vontade de viver. Não sei explicar a angústia que a cena me causou, mas, ao expressá-la para Tykanori, ele me fez entender algo que à primeira vista não é óbvio, mas que se clareia após um doloroso panorama. Guardei para sempre suas palavras sobre aquelas pacientes: "Raramente a mulher é encaminhada para a internação. Se ela continua cozinhando, limpando, lavando roupa e cuidando das crianças, suas agonias, tristezas e transtornos chegam a ser totalmente ignorados. Basta ela cumprir aquelas funções atribuídas socialmente à mulher. Daí porque, quando elas chegam a receber atenção, sua saúde já está bastante deteriorada".

Nessa visita, aprendi que não existem, especialmente na área da saúde, políticas públicas que possam ser implementadas sem profissionalismo, dedicação, compaixão e coragem. Mais ainda, sem enfrentar toda sorte de preconceitos. Além de recursos orçamentários, é preciso um bom planejamento e uma boa assessoria jurídica, como foi a do jurista Sérgio Sérvulo, vice-prefeito da cidade. Só para se ter uma ideia, durante os enfrentamentos jurídicos referentes à intervenção no Hospital Anchieta, o juiz encarregado chamou David Capistrano de comunista. Tão desinformado que nem sabia que David era comunista, sim, com muito orgulho.

A estratégia da nova administração do Anchieta foi criar condições para a transferência de internos do hospital para centros de atenção psicossocial próximos a suas famílias e a seus locais de moradia. Começava no próprio hospital, onde paciente, equipe e família eram agrupados em coletivos organizados pela região onde viviam. A cada serviço novo que era inaugurado, a ala correspondente do hospital era desativada. Ao final, todos estavam sendo atendidos em condições dignas, sem celas e sem maus-tratos. Atualmente, já existem no Brasil cerca de 2.700 CAPs. Eles estão por toda parte, do Oiapoque ao Chuí. Mas foi em Santos que se estabeleceu, pela primeira vez, uma rede de CAPs.

Durante esse processo, que levou cerca de seis anos, o cotidiano do Anchieta mudou radicalmente. Tykanori realça que a saúde mental deve ser sempre tratada como uma questão de qualidade de vida e direitos humanos. Atividades culturais e artísticas passaram a ocupar afirmativamente o tempo dos internos. Na minha segunda visita, já estava em pleno funcionamento a Rádio TamTam, que transmitia para as dependências de uso comum as entrevistas feitas com visitantes. Sua implementação chegou a ser notícia em jornais estadunidenses, alemães, franceses e japoneses. Um tempo depois foi criada também a TV TamTam.

Vale mencionar que as iniciativas de cuidado com a saúde mental foram mais um alvo demolido pelos bolsonaristas, sempre dispostos a fugir da responsabilidade do Estado frente aos mais vulneráveis.

Consórcios públicos intermunicipais

Prefeitas e prefeitos petistas criaram ou se comprometeram com vários consórcios intermunicipais, conforme prevê a Constituição de 1988. Um exemplo é o Consórcio Intermunicipal do Grande ABC, que em 1990, impulsionado pela prefeitura de Santo André, reuniu as sete prefeituras da região. Um dos primeiros consórcios multitemáticos do Brasil, foi criado inicialmente para garantir o tratamento do lixo, o combate às enchentes e a criação de uma lei de incentivos setoriais, entre outras pautas. Em seguida, passou a se dedicar à retomada do desenvolvimento econômico local para enfrentar o crescente esvaziamento industrial na região.

Já o Consórcio Intermunicipal das Bacias dos Rios Piracicaba, Capivari e Jundiaí, formado em 13 de outubro de 1989, atua até hoje em diversos municípios e desde 2005 é considerado referência nacional na área de recursos hídricos. O projeto teve participação ativa na formulação e aprovação da Lei n.º 7.663 de 1991, que instituiu a política paulista de recursos hídricos, e da Lei n.º 9.433 de 1997, que instituiu a política nacional de recursos hídricos, influenciando, implicitamente, o desenvolvimento regional.

O economista José Machado, deputado estadual do PT que integrou a mesma bancada que eu – mas só por dois anos, já que foi eleito prefeito de Piracicaba em 1988 –, liderou a criação desse consórcio junto a outros profissionais, entre eles o arquiteto Antônio Costa Santos. Toninho, como era mais conhecido, havia sido meu colega de faculdade na USP e parceiro de trabalho na PUC de Campinas. À época, atuava como vice-prefeito de Campinas, tendo sido brutalmente assassinado em 2001, quando exercia o cargo de prefeito. Ambos nutriam verdadeira devoção pela instalação desse consórcio, que continua existindo.

Um *tour* com Celso Daniel

Durante os preparativos para as eleições municipais de 2000 e considerando o sucesso de várias políticas implementadas, o PT de Santo André resolveu organizar uma atividade com candidatos petistas de todo o país. Foram dois dias de evento. No primeiro, foram apresentadas e discutidas as prioridades da administração municipal, as políticas públicas desenvolvidas e seus resultados. As pautas eram combate à exclusão social, desenvolvimento econômico sustentado com geração de emprego e renda, cidade agradável, participação popular e modernização administrativa. No segundo dia, os participantes rodaram Santo André para conhecer as políticas desenvolvidas na cidade. Lula participou dessa atividade, acompanhando os candidatos.

E foi em 2000 que o PT, então com mais alianças nas disputas eleitorais e mais experiência de governo, elegeu candidatos em 187 municípios, de todos os portes, totalizando um crescimento de 60% em relação a 1996. O partido amargava algumas perdas, como as capitais Goiânia e Belém, entre outros municípios de médio e pequeno porte, mas celebrava a conquista de várias capitais e a recuperação da cidade de São Paulo.

Eleições gerais

Na mesma década em que se consolidaram as experiências municipais, foram disputadas duas eleições para governadores e senadores.

Em 1994, o PT elegeu quatro senadores: Benedita da Silva, no Rio de Janeiro, primeira senadora negra do Brasil, moradora do Morro do Chapéu Mangueira e liderança da Associação de Favelas do Estado do Rio de Janeiro; Lauro Campos, no Distrito Federal, jurista com carreira docente em várias universidades; José Eduardo Dutra, em Sergipe, dirigente sindical dos petroleiros; e Marina Silva, no Acre, professora, ambientalista e a mais jovem senadora eleita no Brasil. Suplicy, o único eleito em 1990, passou a contar com os quatro novos colegas de senado, já que o mandato de senadores é de oito anos.

Foram eleitos, também, pela primeira vez, dois governadores: Cristovam Buarque, no Distrito Federal, e Vitor Buaiz, no Espírito Santo.

Cristovam Buarque era reconhecido principalmente por sua trajetória na educação, cujo programa de maior visibilidade foi o Bolsa Escola. Mas, no âmbito do funcionalismo público, encontrou muitas dificuldades no trato das reivindicações, a começar pelos professores.

Outra de suas ações de grande abrangência foi o programa Paz no Trânsito, que instituiu regras para a circulação de automóveis por meio do limite de velocidade, o que permitiu a redução significativa do número de acidentes. Mais do que um plano de trânsito, a iniciativa foi uma ofensiva cultural que consagrou o respeito às pessoas por meio da consolidação de faixas de pedestres como território de preservação da vida.

Ponto para Cristovam e para meu colega de faculdade Nazareno Stanislau Affonso, arquiteto e secretário de Transportes. Lembro de uma ocasião em que estive em Brasília naquela época e reparei que boa parte dos automóveis tinha, pendurada no espelho retrovisor interno, uma mensagem dos filhos pedindo que os pais tomassem cuidado ao dirigir. Ou seja, a campanha permeou as escolas e também recebeu apoio da mídia.

Indígenas têm voz

O médico Vitor Buaiz atuava como dirigente do Sindicato dos Médicos do Espírito Santo. Nos conhecemos na Pró-CUT, no início dos anos 1980. Ambientalista já naqueles tempos, promoveu a construção de uma usina de reciclagem. Em 1992 foi eleito prefeito de Vitória, e em 1994 assumiu o cargo de governador do estado. Me lembro de Vitor como a pessoa mais intolerante ao tabagismo com quem eu, então fumante inveterada, tive contato. Aliás, se tivesse dado ouvidos a ele e largado o cigarro, teria sido poupada do enfisema que carrego.

A equipe liderada por Vitor fez do Espírito Santo o primeiro laboratório para a implementação do orçamento participativo em âmbito estadual. Um exercício que não encontrava precedente e que Vitor e sua equipe resolveram encarar. Se o orçamento participativo municipal, além de ser algo novo, já constituía um grande desafio, dá para imaginar o esforço necessário para articular com todos os municípios, que, por sua vez, já possuíam os próprios orçamentos.

Durante o seu governo, indígenas dos povos Guarani e Tupiniquim receberam apoio para enfrentar o doloroso conflito com a empresa Aracruz Celulose, que se instalou ilegalmente em suas terras. Vitor, que é devoto do diálogo, garantiu, no próprio palácio, um representante indígena para assessorar o governo e garantir o espaço de diálogo com as etnias da região.

Mas, devido à tensão que se instalou junto aos próprios companheiros do partido e do movimento sindical, Vitor deixou o PT antes de concluir o mandato de governador. O governo enfrentava dificuldades de prever a inflação e planejar a folha de pagamento naquele momento inicial de implementação do Plano Real e de suas novas regras, e comprometeu-se com um reajuste que não tinha como pagar. Militantes sindicais apedrejaram o palácio, e a oposição aproveitou o momento para intensificar ainda mais os conflitos, anunciando na imprensa a seguinte mensagem: "Não alugue sua casa a um servidor público".

Em 1998 o PT elegeu três senadores: Eduardo Suplicy, que ia, agora, para seu segundo mandato em São Paulo; Heloísa Helena, em Alagoas; e Tião Viana, no Acre. Elegeu também três governadores: Jorge Viana, no Acre; José Orcírio de Miranda, o Zeca do PT, no Mato Grosso do Sul; e Olívio Dutra, no Rio Grande do Sul. Cada uma dessas experiências enfrentou resistências promovidas por interesses econômicos e políticos, deixando marcas específicas na história do país.

No governo de Jorge Viana, a educação do Acre, que antes ocupava os últimos lugares, passou a figurar entre os três estados com melhores indicadores. O crescimento se deu a partir de melhorias salariais, de mudanças na base curricular e de investimentos na infraestrutura, na gestão escolar e na formação de professores. O governo levou a Universidade Federal do Acre (UFAC) para os vinte e dois municípios do estado, universalizou a formação de professores municipais e estaduais, promoveu acesso à educação e à formação superior para membros das comunidades rurais e indígenas.

Jorge, que é engenheiro florestal e já tinha sido prefeito de Rio Branco, capital do estado, conviveu com Chico Mendes e conheceu de perto os movimentos de preservação da Amazônia. Ele consolidou o Governo da Floresta, mudando para melhor os indicadores ambientais, sociais e econômicos. O Acre virou uma referência de gestão no Brasil e recebeu diversos prêmios por seu desenvolvimento, inclusive no exterior.

Na primeira semana do Governo da Floresta, foi encaminhada para a assembleia e aprovada a Lei Chico Mendes, que previa remuneração por serviços ambientais das comunidades tradicionais, como a produção de castanha-do-brasil. A medida levou à implementação de cooperativas e à melhoria da qualidade de vida das populações tradicionais. Ainda hoje, a Cooperacre é a empresa que mais movimenta recursos e gera empregos na economia acriana, tanto para exportação como para o mercado interno, resultado alcançado graças ao subsídio e ao incentivo de uma política voltada às populações extrativistas. Jorge governou por dois mandatos consecutivos, sendo sucedido por Binho Marques, também do PT.

No governo de Zeca do PT, no Mato Grosso do Sul, a educação bilíngue (guarani e português) deixou uma forte marca ao capacitar professores indígenas – que até então não ministravam essas aulas. De acordo com Pedro Kemp, então secretário de Educação, essa foi uma iniciativa que atendeu à demanda e, para além da capacitação, permitiu resgatar a história e a cultura indígenas. O aprendizado ocorreu alternando quinze dias na Universidade Federal da Grande Dourados (UFGD) e outros quinze dias nas aldeias.

Olívio Dutra, que vinha do movimento sindical no PT e já tinha atuado como prefeito de Porto Alegre, exerceu o mandato de governador como um porta-estandarte, um pregador e executor dos princípios constitucionais que ajudou a formular: legalidade, impessoalidade, moralidade, publicidade e eficiência. Naturalmente, devido à intensa experiência já vivida na prefeitura, também buscou a implementação do orçamento participativo em âmbito estadual, sempre tratando as resistências e as dificuldades como percalços que devem ser enfrentados a partir do diálogo.

As eleições presidenciais de 1994 e 1998

De 1990 a 2000, Lula concorreu para presidente em 1994 e em 1998. Perdeu em ambas, e, na segunda vez, perdeu mais do que a eleição.

A campanha de 1998 mal havia começado quando seu grande amigo Sadao Higuchi, administrador do Sindicato dos Metalúrgicos do ABC Paulista, faleceu em um acidente na represa Jaguari, em Bragança Paulista. Lula havia sido padrinho do casamento de Sadao com Inês Higuchi, com quem teve três filhos.

O acidente ocorreu em 13 de junho daquele ano. Sadao e o amigo Leopoldo guardavam o barco na marina quando caíram na água. Leopoldo foi salvo e levado a um hospital, mas Sadao se afogou e seu corpo demorou seis dias para voltar à superfície. Foram dias de vigília. Inês Higuchi conta que vagava pela cidade na esperança de que o marido tivesse sido visto ou salvo por alguém. Lula abandonou a campanha e passou os seis dias na beira da represa, acompanhando o trabalho dos bombeiros. Dona Marisa o acompanhou algumas vezes. Passadas as eleições, correu um boato atribuindo a derrota de Lula à sua ausência naquela semana da campanha, ao que ele comentou: "Sadao fez tanto por mim que, se fosse preciso, eu faria muito mais por ele".

Lula perdeu, mas, em ambas as disputas, ficou em segundo lugar, tal como havia acontecido em 1989. Fernando Henrique Cardoso, à época ministro da Fazenda do presidente Itamar Franco, venceu as duas vezes, totalmente escudado pelo Plano Real. O plano dialogava com a expectativa da população em busca de estabilidade econômica e apontava para a redução da inflação, um dos maiores tormentos vividos pela classe trabalhadora, quando os salários perdiam poder de compra a cada dia. Foi um período em que a melhor poupança era feita comprando gêneros não perecíveis, especialmente latas de óleo. Mas isso era um recurso de quem podia dispor de alguma poupança. Em geral, o salário cada vez menor era insuficiente para se viver até o final do mês.

Fernando Henrique promoveu iniciativas positivas na área social, dando início a algumas políticas públicas, como Bolsa Escola, Bolsa Alimentação, cartão alimentação e auxílio gás. Mas essas políticas constituíam um conjunto desajustado, pois sua implementação dependia do ministério que as gerenciava. Assim, era possível que uma família recebesse vários desses auxílios, enquanto outras não recebiam nenhum. A gestão não chegou a ser unificada. Foi também no governo de Fernando Henrique que ações inovadoras na saúde foram adotadas, especialmente o programa de prevenção à Aids.

As conquistas democráticas foram, então, entrecortadas por ações de grande alcance que iam na direção oposta. A agenda do ajuste fiscal e das reformas econômicas em benefício do mercado, as divisões internas do governo de Fernando Henrique e as concessões oferecidas aos partidos em nome da governabilidade constituíram fortes limitadores das suas ações sociais. Sua estratégia de ação social também deu a organizações do Terceiro Setor e a empresas privadas um papel mais relevante na implementação das políticas sociais, mas sem uma contrapartida de fortalecimento dos controles por parte do setor público sobre a conduta desses atores.

Em resumo, o crescimento econômico modesto do final dos anos 1990 não conseguiu diminuir o desemprego que fustigava as famílias. E as políticas sociais de transferência de renda, além de fragmentadas, tinham alcance extremamente limitado.

Começava a se delinear ali uma grande expectativa de vitória para a candidatura de Lula em 2002.

Lula presidente e José Alencar vice em 2009: o retrato do Brasil em paz.

PARTE V

Entrando no século XXI

EM 1999, enquanto o mundo informatizado se ocupava em evitar o "*bug* do milênio", um medo coletivo de que, na virada para 2000, os computadores não entendessem a mudança e causassem uma pane geral em sistemas e serviços, no meio político brasileiro começavam as reações adversas à possível ascensão de Lula na disputa eleitoral de 2002. Não se falava em "*bug* do Lula", mas já permeavam ataques deixando claro o alvoroço que se anunciava pelos agentes do mercado e pelos aporofóbicos de sempre. Segundo eles, Lula integraria um "eixo do mal" junto com Fidel Castro e Hugo Chávez. O comunismo estaria se aproximando, e a velha fórmula da Guerra Fria, que opunha comunistas a "pessoas de bem", ia se renovando, atribuindo a Lula a somatória dos estigmas negativos acumulados desde 1989, quando ele introduziu a presença operária em sua primeira disputa à presidência. Era chamado de ignorante, bravo, despreparado, analfabeto. Diziam que não falava inglês, que não tinha experiência de governo, que romperia contratos, entre tantas outras tentativas de desqualificá-lo, como ainda hoje acontece.

O PT, vislumbrando dessa vez maiores possibilidades de vitória, buscava intensamente os meios para alcançá-la. Estreitou contatos e articulações, investiu na preparação de Lula e da militância e, já em 2001, começou a alinhavar um plano de governo que ficou conhecido como Concepção e Diretrizes do Programa de Governo do PT para o Brasil. Elaborado sob a coordenação de Celso Daniel, então prefeito de Santo André, São Paulo, o documento passou a integrar o registro de feitos sobre as décadas de 1970, 1980 e 1990.

Para Lula, disputar essa eleição foi o corolário de uma trajetória construída durante décadas, e por muita gente. Um aprendizado que amargou três derrotas, mas também colocou Lula e o PT em segundo lugar. Sua liderança podia ser atacada e confrontada, mas não menosprezada.

Mas isso não quer dizer que o posicionamento de Lula e o do PT tenham sido lineares. Vinte anos separam o *slogan* "Vote no três, que o resto é burguês", de 1982, do esforço de construir um pacto social em 2002. Em 1987, o Quinto Encontro Nacional do Partido dos Trabalhadores debateu exaustivamente e aprovou a pertinência de fazer alianças, ação até então considerada inviável, explicitada nos seguintes termos: "Um governo e um programa democráticos e populares – os dois componentes de nossa alternativa – são o reconhecimento de que só uma aliança de classes, dos trabalhadores assalariados com as camadas médias e com o campo, tem condições de se contrapor à dominação burguesa no Brasil."

Lula e o PT enfrentaram dificuldades e obtiveram sucessos, cometeram erros e emplacaram acertos, ora andando sós, ora com alianças ou coligações. Essa trajetória mostra que não há fórmulas para obter sucesso político. O que se aplica a determinado momento histórico pode não se aplicar a outro. A construção de um país democrático depende da disposição e da percepção política de seus atores para conduzir o país, a vida da população e as instituições. Depende, também, da munição dos adversários.

Nas eleições de 2002, participei pouco do primeiro momento da campanha. Do final do ano 2000, quando Marta Suplicy foi eleita prefeita da cidade de São Paulo, a meados de 2002, quando as atividades da campanha de fato começaram, vivi momentos tensos, cheios de surpresas e más notícias.

De início, recebi de Marta Suplicy, por intermédio de Lula, um convite para assumir a administração da região central de São Paulo, o que aceitei. O setor era uma espécie de subprefeitura, mas sem os recursos para exercer esse papel, e herdamos, como tantos outros gestores que fizeram parte desse momento, um equipamento sucateado. Havia ainda o agravante de que, embora a região abrigasse, na época, cerca de trezentos e cinquenta mil moradores, mais de dois milhões de transeuntes circulavam por ali diariamente. Para piorar, no caso da regional do centro, meu antecessor Vitor Davi ficou conhecido por ser um corrupto a céu aberto. Foi um trabalho desafiador. Mergulhei nas atividades do cargo, que me absorviam dia e noite. Durou pouco. Fui demitida pela prefeita em março de 2002, ou seja, exerci o cargo somente por quinze meses. A melhor lembrança que trago comigo desse período é o plano Reconstruir o Centro, elaborado por um grupo grande de profissionais da prefeitura e acadêmicos, mas que sequer chegou a ser implementado.

Em uma madrugada de 2001, recebi uma ligação da minha irmã caçula. Com a voz embargada, ela me avisou que havíamos perdido nossa irmã Sara, a mais velha, aos 55 anos. Sara vivia desde 1983 em Israel. Seu coração era fragilizado por tratamentos e sucessivas cirurgias. Consegui comprar as passagens para Israel, mas não cheguei a tempo do enterro. Pelo menos pude participar da vigília, a *shivá*, ritual de sete dias em que pessoas próximas se reúnem na casa da falecida. No judaísmo, consolar os enlutados é um dever. Foi um momento triste, comovente, perturbador. Havia perdido uma irmã com ideias opostas às minhas, mas que me defendia de qualquer ataque desferido contra minhas atividades políticas e minha integridade.

"Acharam o corpo do Celso Daniel"

Logo no início de 2002, durante as atividades de comemoração de 25 de janeiro, dia da fundação do município de São Paulo, participei, a convite do secretário estadual de Cultura Marcos Mendonça, de um ato de inauguração do Memorial da Resistência. Sobre um pequeno palanque improvisado para o evento, na entrada do edifício histórico que já tinha abrigado as instalações do Departamento Estadual de Ordem Política e Social de São Paulo (DEOPS-SP), marco da repressão política à época da ditadura, várias lideranças se pronunciaram. De repente, senti alguém me cutucando. Era um companheiro do PT. Me debrucei para ouvi-lo, e ele disse: "Acharam o corpo do Celso Daniel".

Celso Daniel, então prefeito de Santo André, São Paulo, estava desaparecido havia cerca de três dias. As buscas tinham sido em vão até aquele 25 de janeiro, quando soubemos que ele fora brutalmente assassinado. Seu corpo foi encontrado no município de Juquitiba, a quase oitenta quilômetros do centro da capital paulista. Depois que o evento terminou, corri para o estacionamento do prédio sem saber como conter a tristeza. Avistei, então, a poucos metros, o rabino Henry Sobel, que também estava no evento. Fui em sua direção e me desmanchei num choro inconsolável.

A tristeza entre as equipes do PT foi incomensurável. O luto é sempre um sentimento difícil de lidar, e no caso de Celso envolveu muita gente. A dor de perder um companheiro de partido, um prefeito dedicado, um professor, um amigo, atingiu milhares de pessoas.

O assassinato de Celso aconteceu em 2002. De lá para cá, sempre aparece alguém incriminando o PT por sua morte.

Comitê Lula Presidente 2002

Foi no comitê de 2002 que reencontrei meu querido amigo Luiz Gushiken, que havia assumido a coordenação geral da campanha de Lula junto com Aloizio Mercadante, Antonio Palocci, Zé Dirceu, Luiz Dulci e outros companheiros de longa data.

Gushiken foi convocado para o cargo de um modo totalmente fora do comum. Estava no hospital, enfrentando um tratamento contra o câncer, quando Lula apareceu e disse: "Sai dessa cama e vem para a coordenação da campanha". À época, Gushiken dizia para quem quisesse ouvir que Lula não deveria se candidatar. Seu argumento era que, se perdesse mais uma eleição, Lula acabaria perdendo também a força de todos os anos em que foi consagrado o maior líder sindical e popular do Brasil. Mas Lula não lhe deu ouvidos. Ao contrário, sabendo a opinião do companheiro, criou a oportunidade para que ele tirasse o foco da doença e dedicasse parte importante de sua energia ao futuro do país.

Luiz Gushiken, o "Chininha", como Lula o chamava carinhosamente, foi uma das lideranças mais próximas dele fora do universo metalúrgico. Adepto da fé Baha'í, religião monoteísta, e bancário do antigo Banespa (posteriormente adquirido pelo Banco Santander), foi presidente do Sindicato dos Bancários de São Paulo após a gestão de Augusto Campos, que iniciou uma sequência de atuações vitoriosas que resultaram na ascensão de Juvandia Moreira e Ivone Maria da Silva, as duas primeiras mulheres a presidir esse sindicato. Gushiken participou das batalhas pela redemocratização do país em âmbito sindical e político. Chegamos a militar juntos na OSI, onde ele permaneceu até a fundação do PT. Assumiu a presidência do partido em 1989, quando Lula participou das eleições presidenciais pela primeira vez. Embora seu vice nessa eleição fosse o Dr. Hélio Bicudo, foi Gushiken, o segundo vice, quem assumiu quando Lula deixou o cargo.

Gushiken às vezes reunia a equipe em um pequeno auditório na sede do comitê para atualizá-la sobre perspectivas e rumos que a coordenação estabelecia. Em uma dessas ocasiões, enquanto eu expunha uma ideia, ele foi tão rude comigo que fiquei assustada. Nos conhecíamos desde os anos 1970, e me surpreendi quando ele simplesmente interrompeu minha fala, sem permitir que eu a concluísse. Foi pesado. Alguns dias depois, ele me pediu desculpas e reconheceu que havia faltado com respeito ao me atropelar sem nem sequer ouvir o que eu tinha a dizer. Enfim, esse era Gushiken: um samurai da política, firme e áspero nos debates e enfrentamentos, um furacão cerebral, um amigo capaz de cumprir o papel atribuído por Lula na coordenação da campanha de 2002 e, seguramente, uma das peças-chave da vitória nessa eleição. No Programa de Governo, assumi a coordenação adjunta ao lado do economista Antônio Prado. A coordenação-geral coube a Antonio Palocci. Minha responsabilidade na equipe era fazer o meio de campo para garantir a sintonia entre o programa geral e seus desdobramentos em áreas específicas. Eu recebia tudo o que era escrito pelos grupos setoriais e procurava não apenas evitar, mas também resolver, quando surgiam, as eventuais colisões entre o projeto geral e as pautas abordadas pelos grupos temáticos. Resumindo, buscávamos sempre o consenso.

Um dos projetos mais difíceis de acertar foi o de saneamento. O esboço do Programa do Governo afirmava que, no atual estágio do país, as prioridades relativas à dimensão social do desenvolvimento eram: crescente universalização da moradia própria, dos serviços urbanos essenciais (saneamento e transporte coletivo). Parece claro, mas concretizar o modo dessa universalização e definir o papel do Estado e sua relação com a iniciativa privada é só o começo de uma difícil equação. Foi um caso limite, em que foi preciso recorrer à mediação de Palocci para dar a última palavra em nome da coordenação da campanha.

Antônio Prado se dedicava mais à área de economia. Dividíamos uma salinha minúscula, onde compartilhávamos nossas dúvidas e preocupações, acompanhados de uma boa equipe de apoio. Em conjunto com outros economistas, Prado articulou a elaboração do caderno Mais e Melhores Empregos, proposta que mencionava que o Brasil precisaria criar dez milhões de vagas de trabalho para enfrentar a alta do desemprego. Por conta desse texto, Lula foi cobrado por anos a fio, como se tivesse prometido criar dez milhões de empregos. Ele cansou de explicar que não se tratava de uma promessa, e sim do resultado de uma análise. O martírio começou durante a campanha e prosseguiu até o começo do governo. No fim, ficou o alerta para darmos mais atenção às filigranas e prevermos interpretações ambíguas, especialmente aquelas feitas de má-fé.

Em campanha, tudo requer eventos...

Alguns meses antes da vitória de Lula, em 22 de junho de 2002, foi organizado um debate público para apresentar a primeira versão do Programa de Governo. O evento aconteceu em um hotel da zona norte da cidade de São Paulo e contou com cerca de quinhentas pessoas, entre petistas e não petistas, compondo um leque diversificado de representantes de movimentos sociais e de partidos da coligação. Contou inclusive com a presença do economista-chefe da Federação Brasileira de Bancos (FEBRABAN). Nesse momento de troca de ideias, distribuímos os participantes entre diversos grupos para debater o documento que, desde 2001, já era fruto de discussões acaloradas.

...e novidades

A segunda parte do encontro foi realizada em formato de plenária, para que todos os participantes pudessem tomar conhecimento dos debates realizados nos grupos. Foi nessa ocasião que Lula leu pela primeira vez a Carta ao Povo Brasileiro, documento que expunha as linhas gerais de ação previstas para seu mandato. Afastou, assim, os temores nutridos por alguns e plantados por outros.

Além de uma síntese dos compromissos com o povo e com a democracia, Lula destacou três pontos da carta que dialogavam diretamente com o mercado: controlar a inflação, fazer o superávit necessário e não romper contratos – uma clara mensagem para conter a enxurrada de acusações que parte do mercado disparava contra sua candidatura.

De 2001, quando da elaboração do documento Concepções e Diretrizes, a 2002, quando da publicação da Carta ao Povo Brasileiro e do Programa de Governo, um longo caminho de detalhamentos e adequações foi percorrido por Lula e seus apoiadores. Simbolicamente talvez baste mencionar o peso que tinha, no primeiro documento, a palavra "ruptura", indicando um rompimento com a condução da economia, e a relevância, no discurso da primeira coletiva de imprensa enquanto presidente eleito, da palavra "pacto", explicitando a intenção de construir alianças e de atuar com um leque maior de forças sociais. Tanto quanto a carta, a consagração do senador José Alencar como candidato a vice-presidente também indicou uma disposição de governar com pelo menos uma parte do empresariado.

A carta foi distribuída numa pequena brochura alusiva ao passaporte brasileiro que, na época, era da cor verde-bandeira. A ideia causou grande alvoroço nos debates eleitorais entre petistas e apoiadores da candidatura de Lula: enquanto alguns achavam que ele havia se curvado ao mercado, outros acreditavam que tinha abandonado seus compromissos com o povo. E Lula prestava atenção a cada crítica, buscando, como sempre, o caminho para dialogar com todos.

Logo após a divulgação da Carta, participei com Lula de uma conversa com dirigentes sindicais e levei um punhado de caderninhos verdes para distribuir. No meio do papo, Lula toma um caderno e comenta: "Olha só o que o Palocci e o Glauco Arbix me obrigaram a defender". Era seu jeito maroto de expressar as próprias dúvidas e sentir a temperatura do debate naquele ambiente de companheiros de jornada.

Entre os representantes do mercado financeiro, o debate também prosperava, e os banqueiros admitiam Lula. Roberto Setubal, presidente do banco Itaú, declarou em entrevista que não via nenhum problema numa eventual vitória de Lula. Emilio Botín, presidente do Santander, defendeu Lula abertamente quando esteve no Brasil, pouco antes da eleição. No encontro com a FEBRABAN, também houve um momento pitoresco quando Gabriel Ferreira, então presidente da organização, anunciou Lula como seu parente, já que o sobrenome de Dona Lindu, mãe de Lula, também era Ferreira. E a surpresa geral aconteceu ao final do debate, quando Lula foi aplaudido pelos banqueiros e executivos ali presentes.

Muitas mãos, muitas polêmicas

O Programa de Governo foi elaborado por muitas mãos que se dedicaram a explicitar no papel, em pouco mais de setenta páginas, o conteúdo dos intensos debates realizados ao longo da trajetória de Lula. Duda Mendonça preparou uma peça para a TV que apresentava as linhas mestras do programa[18] e mostrava uma cena de trabalho coletivo, marca registrada do modo como Lula trabalha. Vale lembrar também que a primeira aparição de Lula na TV foi marcada por uma fala emotiva, na qual relata sua infância no Nordeste, a força de sua mãe, a adolescência na periferia da Baixada Santista, a formação no Serviço Nacional de Aprendizagem Industrial (SENAI), a trajetória sindical nas fábricas onde trabalhou e o convívio com a companheirada do ABC Paulista.

Um mês depois, no dia 23 de julho de 2002, foi lançado no auditório Ulysses Guimarães, na Câmara Federal, o texto final do Programa de Governo em uma edição simples, em brochura. A capa criada por Duda Mendonça mostrava uma criança abraçando a estrela vermelha do PT, sutilmente anunciando um governo que não devia ser temido. E o título, "Um Brasil para todos: crescimento, emprego e inclusão social", indicava o rumo que seria adotado no governo Lula.

O Programa de Governo foi uma das ferramentas através da qual a coligação que uniu o PT (Partido dos Trabalhadores), o

---

[18] De acordo com o texto da abertura do Programa de Governo: "Para mudar o rumo do Brasil será preciso um esforço conjunto e articulado da sociedade e do Estado. Esse é o único caminho para pôr em prática as medidas voltadas ao crescimento econômico, que é fundamental para reduzir as enormes desigualdades existentes em nosso país. A implantação de um modelo de desenvolvimento alternativo, que tem o social por eixo, só poderá ter êxito se acompanhada da democratização do Estado e das relações sociais, da diminuição da dependência externa, assim como de um novo equilíbrio entre União, estados e municípios. Da mesma forma, o estabelecimento de segurança e paz para a cidadania, da plena defesa da integridade territorial e de uma orientação externa que permita a presença soberana do país no mundo são condições necessárias para a construção de um Brasil decente. Só um novo contrato social que favoreça o nascimento de uma cultura política de defesa das liberdades civis, dos direitos humanos e da construção de um país mais justo econômica e socialmente permitirá aprofundar a democratização da sociedade, combatendo o autoritarismo, a desigualdade e o clientelismo [...]".

PCdoB (Partido Comunista do Brasil), o PL (Partido Liberal), o PMN (Partido da Mobilização Nacional) e o PCB (Partido Comunista Brasileiro), que apoiavam Lula como presidente e José Alencar como vice, declarou publicamente seus objetivos para o país.

Outra importante ferramenta foi a mobilização para difundir o Programa, a começar pelos comitês espalhados por todo o Brasil, atuando em cada estado e em cada município em que o PT era ativo e até mesmo naqueles em que não existia formalmente. Muitos comitês foram formados por sindicalistas nas cidades e no campo, por estudantes em várias universidades e por grupos de pessoas em diversas regiões do país. O objetivo era fazer as propostas de governo chegarem ao maior número de pessoas para que o debate eleitoral se desse em torno de ideias e projetos. Foi com essa perspectiva que Dona Marisa e eu visitamos a Fundação Dorina Nowill para pessoas com deficiência visual e entregamos, nas mãos da própria presidenta, Sra. Nowill, uma cópia do programa em braile.

Todos querem Lula em toda parte

Gerenciar a demanda pela presença de Lula foi quase um martírio para Gilberto Carvalho, responsável pela agenda do candidato. A presença de Lula era demandada em toda parte – em cada atividade, debate, comício, entrevista para a imprensa. Mas, como em cada passo de sua trajetória, Lula nunca estava sozinho: sempre havia alguém para garantir, se não a presença dele, a presença do candidato a vice José Alencar, de um parlamentar, de um membro da equipe da campanha e assim por diante. Na preparação do segundo turno, essa pressão aumentou progressivamente. Foi aí que todos nós viramos Lula, porque sempre era necessário alguém para representá-lo nos diversos eventos e debates pelo país.

Um pouco antes do segundo turno, foram realizadas algumas atividades de porte. Uma delas foi o encontro com artistas e representantes da Cultura, organizado no Canecão, na cidade do Rio de Janeiro. Hamilton Pereira, coordenador da área, lembra do momento em que Lula entregou um exemplar do caderno de propostas para a Cultura, em primeiro lugar, nas mãos de Gilberto Gil, dando uma pista de que já tinha escolhido o cantor para ministro da Cultura. Hamilton conta, ainda, que o auge do evento foi a chegada de Patrícia Pillar, à época acompanhada de seu companheiro Ciro Gomes, simbolizando a ampliação da aliança em favor de Lula e Alencar. Ciro e Anthony Garotinho, ambos candidatos à presidência no primeiro turno, participaram da campanha de Lula no segundo turno.

A sociedade brasileira estava mobilizada, e o debate de ideias e propostas percorria os mais diversos ambientes. Tal como afirmou Lula em seu primeiro discurso, em 28 de outubro de 2002, após a divulgação dos resultados:

> [...] esta vitória é, sobretudo, de milhares, quem sabe milhões de pessoas sem filiação partidária que se engajaram nessa causa. É uma conquista das classes populares, das classes médias, de parcelas importantes do empresariado, dos movimentos sociais e das entidades sindicais que compreenderam a necessidade de combater a pobreza e defender o interesse nacional (Primeiro discurso de Lula como presidente eleito do Brasil, 2002).[19]

Eu, uma formiguinha no meio desses milhões, vivia sensações ambíguas. Sempre gostei de ir votar sozinha, bem cedo, para poder participar da mobilização do PT à tarde. Naquele 27 de outubro de 2002, eu simplesmente sabia que íamos ganhar. Nem pude participar da mobilização, pois qualquer que fosse o resultado, Lula subiria no caminhão de som e faria um discurso de agradecimento, e precisávamos deixar tudo pronto para esse momento. Então, no dia 28, fui direto para a Avenida Paulista,

---

[19] Disponível na íntegra em: https://bit.ly/3zeKYyn. Acesso em: 18 jul. 2022.

local de grandes comemorações públicas como Carnaval, campeonatos de futebol e manifestações políticas. Com a ajuda de muitas companheiras e companheiros, organizamos o espaço do Hotel Intercontinental, na Alameda Santos, para acolher Lula, seus apoiadores, a imprensa e quem mais comparecesse. Passei o dia entregando crachás, recebendo centenas de pessoas, conferindo cada passo para que tudo desse certo. Estava feliz e emocionada pela grande possibilidade de vitória, mas também muito estressada para dar conta dos infinitos detalhes que se multiplicavam a cada instante, o passado e o futuro misturando-se na minha mente numa intersecção frenética.

Lula dedicou horas e horas para ouvir cada um de seus companheiros de categoria, de partido e de vida política. Percorreu diversas vezes cada cantinho do país para escutar e entender o povo. Em sua bagagem de ex-presidente do Sindicato dos Metalúrgicos de São Bernardo do Campo vinham acondicionadas, além de programas para o governo, milhares e milhares de páginas escritas, faladas e cantadas sobre o Brasil, a América Latina, a África. Sobre a vida dos trabalhadores no mundo todo. Sobre as revoluções, suas perdas e seus ganhos. Sua atuação como candidato e como presidente foi marcada por essas vivências, que constituem um diferencial qualitativo em relação à maioria das outras candidaturas.

A bagagem que Lula levou para Brasília também continha cargas estranhas, como preconceito contra intelectuais e organizações de esquerda existentes antes do PT, ou que optaram pela luta armada; machismo e homofobia; dúvidas sobre a redução da idade penal, a legalização do aborto e a descriminalização das drogas, entre outras tantas adquiridas durante uma vida inteira nas fábricas, no sindicato, na política e nos demais ambientes predominantemente masculinos e influenciados por uma mídia conservadora. Nesse cenário, o incrível não é Lula ter preconceitos. O incrível é ele conseguir identificá-los e ser um líder que procura atuar e governar por cima deles, ainda que possa esporadicamente tropeçar num ou noutro.

Entre a divulgação do resultado e a posse, o trabalho continuou com novas tarefas e atividades para organizar a transição. Mais do que a transmissão de um cargo, o episódio simbolizou a consolidação da rota da democracia. Num gesto inédito, Fernando Henrique Cardoso – intelectual acadêmico e ex-ministro da Fazenda – e Luiz Inácio Lula da Silva, o Lula – líder egresso do movimento operário e fortemente vinculado aos movimentos populares – entravam para a história do Brasil como patrocinadores do processo de transição que vai do início de novembro ao final de dezembro de 2002. Num ritual de passagem presidencial nunca antes ocorrido neste país de tantos golpes, Fernando Henrique destinou diversas instalações e servidores para atender as necessidades do grupo de transição formado por Lula, pelo PT e por seus aliados.

A equipe de transição ocupou as instalações de parte do Centro Cultural Banco do Brasil e cumpriu uma agenda frenética para viabilizar as propostas do "Brasil para Todos", nosso Programa de Governo. Uma de nossas principais pautas envolveu a definição das primeiras medidas a serem adotadas pelo novo governo. Após intensos debates, listamos as medidas consideradas de impacto e que precisavam ser concretizadas, como reuniões periódicas com governadores, conclusão e inauguração de obras iniciadas no governo anterior, política industrial, pacto pela paz, reforma tributária, reforma agrária, visita ao semiárido, documentação da trabalhadora rural, combate à dengue, combate ao racismo, flexibilização de crédito, conta bancária para pessoas idosas, internet nos Correios, entre muitas outras.

Parte da equipe de transição foi composta por técnicos e dirigentes que colaboraram para a elaboração do Programa de Governo e a sua construção junto à sociedade civil. Antonio Palocci, que coordenou a feitura do programa, também coordenou a equipe de transição. Figuras que daí para a frente se tornaram mais conhecidas também participaram desse processo. Lá estavam, além de Ana Fonseca e Marco Aurélio Garcia – que já não estão mais entre nós –, Tânia Bacelar, José Sergio Gabrielli, Dilma

Rousseff, Gleisi Hoffmann, Vera Soares, Sergio Rosa e Humberto Costa, entre outros. Havíamos sido escalados para definir os primeiros passos rumo à concretização do caminho indicado pelo Programa de Governo e norteado pela meta que Lula havia apontado logo após a divulgação dos resultados eleitorais, ainda em outubro:

> Se, ao final do meu mandato, todos os brasileiros tiverem a possibilidade de tomar café da manhã, almoçar e jantar, terei cumprido a missão da minha vida. [...] Vamos promover um Pacto Nacional pelo Brasil, formalizar o Conselho de Desenvolvimento Econômico e Social e escolher os melhores quadros do Brasil para fazer parte de um governo amplo, que permita iniciar o resgate das dívidas sociais seculares. Isso não se fará sem a ativa participação de todas as forças vivas do Brasil, trabalhadores e empresários, homens e mulheres de bem (Discurso de Lula na sessão solene de posse no Congresso Nacional, 2003).[20]

Fui para Brasília com a equipe de transição. Lá me ocupei prioritariamente de esboçar a organização de um Conselho de Desenvolvimento Econômico e Social (CDES), compromisso assumido por Lula na primeira coletiva de imprensa após o resultado eleitoral.

Nunca havia existido um foro como o CDES em âmbito nacional, e a ideia de criá-lo já vinha sendo pensada pelo comando da campanha antes mesmo da vitória. Recebemos várias contribuições sobre o papel e a composição de conselhos em outros países. Baseada nelas, fiz alguns esboços que contemplavam a composição, o tamanho e a diversidade do Conselho brasileiro. À época, já existia a Associação Internacional de Conselhos Econômicos e Sociais e Instituições Similares (AICESIS), e Lula, que contava com a solidariedade de trabalhadores de vários países, já habituado

---

[20] Disponível na íntegra em: https://bit.ly/3zeKYyn. Acesso em: 18 jul. 2022.

à atuação do PT em sintonia com as lutas de outros povos, tinha no horizonte a importância dessas articulações também em seu governo. Para enriquecer a proposta, convidei dirigentes dos conselhos de Portugal, da França e do Conselho Europeu, que foram a Brasília relatar suas experiências e nos ajudar a pensar nossas particularidades.

Três encontros foram realizados antes da posse, com feições de quase um ensaio do que viria a ser o CDES. O primeiro ocorreu antes do segundo turno e contou com pouco menos de vinte pessoas, mas já sinalizava uma composição heterogênea. A criação desse foro, que mais tarde ficou conhecido como "Conselhão", emitiu sinais claros da disposição de Lula de governar em diálogo com os demais setores da sociedade. Ele expressou essa disposição em muitas ocasiões, antes e depois da vitória eleitoral, sendo explícito na intenção de costurar um pacto social com todo o povo brasileiro.

O CDES, ainda que bastante modificado na composição e na pauta ao longo dos anos, manteve-se ativo até mesmo durante o governo Temer, que trocou cerca de 70% de seus integrantes. Pode parecer redundante, mas vale registrar que, nos governos de Lula e Dilma, a maioria dos integrantes do foro não era nem petista, nem de esquerda.

Lula se reuniu poucas vezes com a equipe de transição. Dedicava boa parte de seu tempo a tratativas no âmbito da política, das articulações e das infinitas nomeações que viriam a ser feitas antes da posse.

"Achei minha ministra de Minas e Energia!"

Nas poucas reuniões gerais às quais compareceu, Lula observava atentamente cada um dos participantes. Tal como relatou incontáveis vezes, ficou encantado com a figura de Dilma Rousseff. As razões desse encanto foram repetidas por ele na solenidade de posse de Dilma na Casa Civil, em 8 de julho de 2005:

Mas quero, sobretudo, Dilma, te agradecer, porque no Brasil não era habitual imaginar uma mulher no Ministério de Minas e Energia. Era habitual assim: "mulher vai cuidar de ação social", "mulher vai cuidar de algumas tarefas que o homem não gosta muito de fazer". Pois bem, eu tive o prazer de conhecer a Dilma, não porque ela foi secretária do governo Olívio Dutra, no Rio Grande do Sul [...]. Mas, numa reunião do Tolmasquim, do Pinguelli Rosa e de um monte de gente que me ajudava a produzir o programa energético para o Brasil, eis que um dia chega uma gaúcha com jeito de mineira, com esse rosto delicado, com um computador embaixo do braço, e começou a falar mais forte que os homens. Depois de duas reuniões, decidi que ela seria a ministra.

Eu quero, Dilma, te agradecer. Agradecer porque eu acho que você significa, para as mulheres brasileiras, a definição de que as mulheres podem ir muito mais longe, em qualquer atividade que elas quiserem se meter. Somente, enquanto eu for presidente, por favor, não queiram ser candidatas. Mas eu acho que é a demonstração mais viva disso, Dilma. E agora, na Casa Civil, a sua tarefa vai precisar de outro tipo de energia. E eu não tenho dúvida que você vai ser tão competente quanto você foi no Ministério de Minas e Energia.

O primeiro contato que tive com Dilma foi em uma reunião do comitê eleitoral em São Paulo, sobre as providências no setor de infraestrutura. A pauta era o encontro que ela e Mauricio Tolmasquim teriam com dirigentes da Associação Brasileira da Infraestrutura e Indústrias de Base (ABDIB). Esse modo de trabalhar, elaborando os programas com gente que tinha conhecimento e experiência em cada área, independentemente de partido, era rotina no comitê.

Dilma participava de um grupo de economistas criado pelo PT Nacional que se reunia periodicamente com Lula, então eu já a conhecia de nome. Quando ambas integramos a equipe de transição, passamos a nos encontrar praticamente todos os dias. Ela, Tereza Campello e eu tínhamos o hábito de caminhar cedinho de manhã e aproveitamos o fato de estarmos hospedadas na antiga Academia de Tênis para nos prepararmos fisicamente para as jornadas da transição.

Posso testemunhar com muita tranquilidade que, de todos e todas que dedicaram seu trabalho a esse momento especial, à Dilma coube o osso mais duro de roer. Independentemente do cargo que ela viria a ocupar, o Brasil ainda amargava a tragédia do apagão de energia, e o fato de ela ter sido secretária de Energia no Rio Grande do Sul a colocou frente a frente com Pedro Parente, então ministro-chefe da Casa Civil no governo Fernando Henrique Cardoso e encarregado da gestão dessa crise.

Todos os integrantes da transição tinham muito trabalho e muitos nós a desatar. A passagem para um novo governo que buscava crescer economicamente, reduzir a desigualdade, gerar empregos e melhorar as condições de vida da população não era uma missão fácil. Mas coube à obstinada Dilma enfrentar uma crise das proporções do apagão de energia, cujos meios de mitigação não estavam disponíveis.

Durante as caminhadas, entre 6 e 7 horas da manhã, Dilma nunca largava o celular e mal conseguia bater papo conosco ou com quem mais se juntasse ao nosso pequeno grupo de andarilhas. Sua jornada era maior do que a de todos. O fardo que ela teve que carregar não se referia ao futuro depois da posse: ele estava ali, presente nas casas das pessoas, nos comércios, nas empresas. E Dilma conseguiu não somente mitigar a crise, mas também, especialmente, criar um novo modelo de geração e transmissão que, mais tarde, teve a capacidade de levar energia aos lugares onde porventura ela viesse a faltar.

Com Bush e Chávez

Lula, antes mesmo de assumir o cargo, mantinha contato com autoridades importantes e lideranças de vários países. Até hoje, há dois episódios que ele menciona insistentemente.

O primeiro diz respeito ao encontro com George W. Bush, na Casa Branca, em dezembro de 2002. Lula conta que, após uma longa explanação sobre a guerra do Iraque e uma contundente defesa da invasão por parte do então presidente dos Estados Unidos, ele se posicionou: "Bush, essa guerra não é a minha guerra. Minha guerra é contra a fome". Pela lógica, o ato seguinte a essa conversa mostraria os dois se dando as costas e voltando cada qual para o seu canto. Os dois são totalmente diferentes, e até então nem se conheciam. Mas, por incrível que pareça, a enorme distância de objetivos não impediu que ambos nutrissem certa simpatia, até mesmo um tipo de confiança, a ponto de Bush ter aceitado, anos depois, comparecer a um churrasco na Residência Oficial do Torto, em Brasília, sem que seus assistentes provassem antes a carne, como era de praxe no caso do presidente estadunidense. Esse encontro rendeu o livro *18 dias: quando Lula e FHC se uniram para conquistar o apoio de Bush*, publicado em 2014 pelo jornalista e escritor Matias Spektor. O livro detalha minuciosamente as iniciativas promovidas em acordo entre Lula e FHC para que Bush conhecesse Lula pessoalmente, e não pelo que falavam sobre ele.

O segundo episódio diz respeito à iniciativa, formulada ainda em novembro de 2002, de formar um grupo de "Amigos da Venezuela". Lula fala para quem quiser ouvir sobre a importância desse grupo para atenuar a crise que se instalou depois do golpe desferido pela oposição contra Hugo Chávez, então o presidente eleito. Composto por Brasil, Estados Unidos, México, Chile, Espanha e Portugal, o objetivo do grupo era trabalhar junto à Organização dos Estados Americanos (OEA) para auxiliar o então secretário-geral, César Gaviria, no diálogo em busca de uma boa negociação. O interesse de Lula ao repetir esse episódio é realçar a importância de sentar-se à mesa junto aos diferentes para que haja um verdadeiro diálogo.

O diploma de eleito

Em meados de dezembro de 2002, Lula foi diplomado pelo Tribunal Superior Eleitoral (TSE), então sob a presidência de Nelson Jobim. Em seu discurso de agradecimento, ele não se conteve e desatou em lágrimas, a ponto de descontrolar a fala. Lula, que tanto fora criticado por não ter diploma universitário, pôde se vangloriar de receber 52,7 milhões de votos, o correspondente a 61,27% dos votos válidos, o diploma de cidadão que iria dirigir o país pelos próximos quatro anos. Sem dúvida, vivia uma forte emoção.

Poucos dias depois, finalmente chegou a hora da posse. O dia 1º de janeiro de 2003 foi e sempre será, para mim e, acredito eu, para muitos da minha geração, um marco a ser lembrado e louvado por todo o sempre. Após décadas de pequenas e grandes batalhas, de idas e vindas, de alguns ganhos e muitas perdas, principalmente a perda de pessoas próximas e queridas, como Antonio Benetazzo e Iara Iavelberg, cujas vidas foram roubadas pela brutalidade da ditadura, a democracia continua sendo nosso maior valor. E construí-la numa sociedade é trabalhar uma tecelagem na qual os fios são os milhões de pessoas que se dedicam a garantir, na medida de suas possibilidades, a vitalidade da democracia.

Nem um dia escapa desse fazer coletivo. Qualquer distração pode afrouxar e até romper um fio. E a recuperação é trabalhosa, difícil e até penosa.

Faixa presidencial: o elo da democracia

Naquele 1º de janeiro de 2003 em Brasília, na Praça dos Três Poderes, na Esplanada dos Ministérios – espaço previsto pelo arquiteto Lucio Costa para cerimônias de porte gigante – e através dos aparelhos de TV e rádio de norte a sul do país, milhões de espectadores experimentaram um verdadeiro júbilo no momento em que Fernando Henrique Cardoso, do alto do púlpito projetado por Oscar Niemeyer, transferiu a faixa presidencial para Luiz Inácio Lula da Silva. Era a primeira vez em quatro décadas que o Brasil podia comemorar de novo o fato de um presidente eleito pelo voto direto passar o cargo a outro presidente eleito pelo voto direto. A última vez que um evento como esse havia ocorrido fora em 31 de janeiro de 1961, quando Juscelino Kubitschek passou a faixa a Jânio Quadros.

Em seu discurso de posse, Lula declarou:

> E eu estou aqui, neste dia sonhado por tantas gerações de lutadores que vieram antes de nós, para [...] dizer que chegou a hora de transformar o Brasil naquela nação com a qual a gente sempre sonhou: uma nação soberana, digna, consciente da própria importância no cenário internacional e, ao mesmo tempo, capaz de abrigar, acolher e tratar com justiça todos os seus filhos (Discurso de Lula na sessão solene de posse no Congresso Nacional, 2003).[21]

Celebrava-se ali a vitória de um operário que tinha como vice-presidente um empresário, sinalizando ao Brasil um verdadeiro pacto social. Celebrava-se um futuro marcado pelo crescimento econômico, pela justiça social e pela democracia.

Gente de todas as partes do imenso Brasil se deslocou para compartilhar com Lula essa vitória. Era como se todos ecoassem, juntos, as palavras que Lula havia pronunciado na cerimônia de posse no Congresso Nacional. Como se Lula ecoasse as aspirações e os sonhos de todos.

Mas será que Lula afirmou que só terá cumprido sua missão quando todo brasileiro puder fazer ao menos três refeições por dia para reforçar a marca de uma infância de fome e miséria no Nordeste brasileiro, um retrato de sua própria trajetória? Quando lido na íntegra, seu primeiro discurso como presidente eleito, feito em

---

[21] Disponível na íntegra em: https://bit.ly/3zeKYyn. Acesso em: 18 jul. 2022.

28 de outubro de 2002, nos leva a visualizar mais do que uma meta traçada por uma vivência pessoal. Aquele menino nascido em Garanhuns em 1945, um entre oito filhos criados por Dona Lindu, deu as mãos ao legado de Josué de Castro, Sérgio Buarque de Holanda, Lélia Gonzalez, Luiz Gonzaga, Mário Pedrosa, Henfil, Carolina Maria de Jesus, Dom Paulo Evaristo Arns, Elis Regina e de uma infinidade de militantes, pensadores, lideranças e ativistas que sonhavam, juntos, o mesmo sonho de Lula.

Lula, Dona Marisa, ministros, líderes dos partidos da base, líderes sindicais e membros do Conselho de Desenvolvimento Econômico Social (CDES), o "Conselhão", a caminho do Congresso para a entrega das propostas de reforma tributária e reforma previdenciária em 30 de abril de 2003.

PARTE VI
O governo Lula

A rotina

QUASE TODOS OS DIAS ÚTEIS, por volta das 9 horas da manhã, o presidente Lula chegava ao Palácio do Planalto, edifício projetado por Oscar Niemeyer localizado na Praça dos Três Poderes, no Plano Piloto planejado por Lucio Costa. Eu e minha equipe também chegávamos cedo.

O percurso é bem curto: entre o Palácio da Alvorada, residência do presidente da República, e sua sala de trabalho, Lula percorria 4,1 quilômetros em menos de cinco minutos. O carro oficial que o conduzia fazia o trajeto no interior de uma "cápsula" – é assim que os responsáveis por esse comboio e por garantir a segurança chamam o conjunto de veículos que se desloca protegendo uma autoridade. Lula não se sentia bem com o aparato e diversas vezes se queixou dele. Aos poucos, a cápsula foi sendo reconfigurada, porque o presidente achava que sua passagem pela Esplanada e por outras áreas, com essa aparente pompa, poderia causar – e de fato causava – mal-estar junto à população da região.

O coronel Gonçalves Dias, mais conhecido como G. Dias, institucionalmente responsável pela segurança do presidente, relutava em ceder à vontade de Lula, com receio de falhar na missão que pesava sobre os ombros de sua equipe. G. Dias pareceu sofrer muito até encontrar o equilíbrio entre sua responsabilidade institucional de proteger a vida do presidente e a tendência insuperável de Lula de se aproximar das pessoas em todo e qualquer evento.

Aos poucos, o coronel entendeu que estar perto das pessoas – e ser tocado por elas, ouvir suas curtas e aflitas mensagens – fazia parte do modo de ser de Lula. E como não havia meio de afastá-lo disso, o jeito era pensar a segurança presidencial a partir dessa característica. Ninguém convenceria Lula a ficar fisicamente distante de quem era a razão de ter chegado aonde chegou. G. Dias se curvou, então, à energia do povo, passando a buscar meios de dar conta dessa equação não muito simples que envolvia garantir a segurança de Lula sem limitar seus "excessos". Mas isso não impediu que, junto aos colegas de trabalho que preparavam as agendas de Lula e dialogavam com os movimentos sociais, G. Dias fosse apelidado de "G-grades", numa referência às grades de ferro que eram invariavelmente montadas para isolar o presidente.

O coronel foi um dos maiores leitores que conheci, sempre aproveitando as pequenas brechas do dia a dia para se dedicar a algum livro. Se bem me lembro, dava preferência a livros de história e biografias. Os milhares de quilômetros percorridos no avião presidencial para cumprir agendas no Brasil e no exterior poderiam, também, ser medidos em unidades de livros que G. Dias devorava enquanto a maioria dos integrantes da comitiva aproveitava para conversar ou descansar. Curioso e focado, parecia ter na leitura o alimento para sustentar a disciplina e a dedicação que sua função exigia.

Ainda na residência, antes de tomar seu café, Lula fazia uma longa caminhada pela área aberta do Alvorada, quase sempre com Dona Marisa, mas às vezes com um ou outro ministro, como foi o caso frequente de Antonio Palocci. Aos poucos, essa caminhada foi sendo substituída por exercícios na esteira e em outros aparelhos sofisticados que aprimoram o desempenho da atividade física.

Caminhar pela manhã em Brasília já era um hábito adotado por Lula entre os anos de 1987 e 1991, quando exerceu o mandato de deputado federal. Ele chegou à capital depois de obter, na eleição de 1986, um recorde absoluto para o posto: 651.762 votos. Com a mudança, passou a dividir um apartamento funcional na Asa Norte com o líder sindical gaúcho Olívio Dutra, outro dos dezesseis deputados federais eleitos pelo PT para a legislatura responsável pela elaboração da nova Constituição.

Uma regra básica da equipe responsável pela agenda presidencial era só inserir compromissos para Lula depois das 9 horas. O café da manhã era reservado para o casal e para as pessoas que eles quisessem receber. Mesmo assim, Gilberto Carvalho, chefe de gabinete durante os dois mandatos de Lula, poderia surpreendê-los a qualquer momento para tratar de urgências ou relevâncias. Formalmente, então, a agenda começava às 9 horas da manhã, fosse no Palácio do Planalto, no Palácio da Alvorada ou na Residência Oficial do Torto.

No início de 2003, dada a intensidade do dia a dia e a facilidade de providenciar comida no próprio Palácio do Planalto, o almoço era servido na sala de reunião contígua ao gabinete presidencial. Havia vários restaurantes no Planalto, além de outros espalhados pela Esplanada dos Ministérios e uma incontável oferta em quadras comerciais bastante próximas. Assim, ressalvadas as exceções como os almoços nas dependências do Itamaraty, em visitas de chefes de Estado, o mais fácil era o presidente fazer a refeição no próprio Palácio do Planalto.

Mas aos olhos dos assessores mais próximos havia componentes que recomendavam outro encaminhamento, a começar pela necessidade elementar de nós, assessores, podermos organizar nossas próprias rotinas. Claro que isso podia ser equacionado com um plantão bem organizado, que garantisse pelo menos um de nós à disposição do presidente. Mas Lula, se tinha o hábito de chegar ao Planalto sempre no mesmo horário, não costumava ter hora para sair. Considerando que a residência era muito próxima, o grupo da agenda propôs, então, que o horário do almoço fosse definido no dia a dia como um momento privativo, de convivência familiar. Algo como um momento Lula-Marisa.

De início, Lula esperneou, argumentando mais ou menos o seguinte: "Agora só falta essa: ter que ir almoçar em casa, com tanta coisa pra fazer". Mas insistimos e, em pouco tempo, ele não só se habituou como também passou a valorizar esse intervalo no correr do dia. Comentava até que aquele momento em casa lhe dava a oportunidade de tirar um cochilo e recuperar as energias. Às vezes dava tempo até de tomar um banho rápido e trocar de roupa. E o papo com Marisa, sempre muito crítica com quase tudo e com quase todos, ajudava-o a sair da bolha do Palácio do Planalto. O bônus dessa nova rotina foi o apoio de Dona Marisa, que contribuiu para disciplinar a agenda. Ela passou a cobrar a presença de Lula e informar pontualmente quando tudo já estava pronto para o almoço.

O esquema deu tão certo que, durante a reforma do Palácio da Alvorada, período em que a moradia presidencial passou a ser na Granja do Torto, quase treze quilômetros mais distante que o Palácio da Alvorada, a rotina foi mantida – incluindo o cochilo e a chuveirada.

Boas e más notícias

Ao desembarcar da cápsula, Lula quase sempre era esperado no Palácio do Planalto por Gilberto Carvalho, que no caminho para a sala do presidente já antecipava algumas das boas e das más notícias do dia. Lula subia pelo pequeno elevador privativo que comportava no máximo quatro pessoas. Em geral, subiam junto Gilberto, o chefe do cerimonial, o embaixador Paulo Campos e o ajudante de ordens de plantão. O elevador desembocava numa passagem também privativa, um pequeno corredor paralelo à sala do chefe do gabinete pessoal, que dava acesso direto à sala de trabalho do presidente. Subi algumas vezes nesse elevador, mas, geralmente, eu esperava Lula no terceiro andar, onde trabalhava com minha equipe.

Biodiesel e pré-sal, os xodós de Lula

O local onde Lula despachava com maior frequência era uma sala grande, com vista para o nordeste. Alguns dos móveis que a decoravam haviam pertencido a Getúlio Vargas. Uma mesa grande, redonda, com cerca de dois metros de diâmetro para reuniões de até quinze pessoas. Um sofá de três lugares, uma poltrona e duas cadeiras postadas em volta de uma mesinha retangular onde Lula recebia poucas pessoas para conversas menos formais, mas não menos importantes. Uma enorme escrivaninha ao lado de uma mesinha de apoio e um móvel com gavetas, além de uma cômoda. A cadeira do presidente foi uma novela à parte. Inúmeras cadeiras passaram pela sala até que o coronel Mesquita, chefe da ajudância de ordens, conseguisse encontrar uma que deu a Lula o conforto necessário no trabalho numa época em que ele sofria constantemente de bursite crônica.

Algumas das marcas de Lula na sala presidencial eram muito peculiares. A mais forte, sem dúvida, era a pequena estante que ele encomendou à marcenaria do Planalto. O móvel foi pensado para expor frascos com as variedades de vegetais utilizáveis como matéria-prima do biodiesel. Lula via o biodiesel como uma oportunidade para a Europa reduzir as emissões de carbono e a dependência de combustíveis fósseis adquirindo biocombustíveis produzidos na África. Ninguém saía daquela sala sem receber uma detalhada informação sobre as vantagens do biodiesel e as características de cada vegetal usado para produzi-lo. Foi numa dessas conversas que Roberto Requião, então governador do Paraná, em fevereiro de 2006, não aguardou as explicações de Lula e levou uma mamona à boca, assustando-se com o gosto amargo e repulsivo do fruto. Lula, entre constrangido e divertido, sem saber o que fazer, explicou: "Isso tem toxina, não pode comer".

Nessa estante cheia de frascos com sementes e óleos vegetais, Lula acrescentou também uma pequena amostra do primeiro petróleo extraído da camada do pré-sal.

O Cristo, o papa e as religiões

Numa das paredes da sala presidencial ficava pendurado o Cristo que Lula ganhou do amigo José Alberto de Camargo. A obra havia sido comprada originalmente por Dom Mauro Morelli, bispo de Caxias. Quando o Cristo retornou da restauração, tentei convencer Lula a não o pendurar em sua sala. Era dotado de significativo valor histórico, mas, sendo o Estado laico, eu achava que não cabia, na sala presidencial, dar visibilidade a uma só religião, mesmo que fosse aquela professada por grande parte de brasileiros. Foi em vão. Lula, com o olhar complacente de Gilberto Carvalho, fez que não escutou o argumento e ainda me pediu opinião quanto ao local escolhido para fixar a cruz. Isso não significa, no entanto, que ele tenha discriminado qualquer religião durante seu governo. Pelo contrário, foi sancionada durante seu mandato, em 2007, a Lei n.º 11.635, que estabelece a data de 21 de janeiro como o dia nacional de combate à intolerância religiosa.

Em abril de 2005, Lula viajou ao Vaticano para o funeral do papa João Paulo II. Sugeri que convidasse representantes de outras religiões para acompanhá-lo. Dessa vez, ele concordou. A foto feita na cabine do avião presidencial pode ser considerada o registro de uma das atividades mais diversas do governo. Ali estão, além de Lula e Marisa, os ex-presidentes José Sarney e Fernando Henrique Cardoso; os representantes dos poderes de Estado Nelson Jobim (STF), Renan Calheiros (Senado) e Severino Cavalcanti (Câmara Federal); os representantes de diversas religiões, como o rabino da Congregação Israelita Paulista Henry Sobel, o dirigente islâmico da Mesquita Brasil xeique Armando Hussein Saleh e o pastor da Igreja Evangélica de Confissão Luterana no Brasil Rolf Schünemann; e os representantes da Igreja Católica Dom Odilo Scherer (secretário-geral da CNBB), Dom João Aviz (arcebispo de Brasília) e o padre José Ernanne. O ex-presidente Itamar Franco já os aguardava em Roma, onde exerce o cargo de embaixador do Brasil.

É de se notar a ausência de representantes de religiões de matriz africana na comitiva presidencial. A mãe de santo Areonilthes Conceição Chagas, ou Mãe Nitinha de Oxum, à época com 73 anos, foi convidada por Lula para representar o candomblé no funeral do papa, mas ela infelizmente perdeu o voo do Rio de Janeiro para Brasília e não pôde seguir viagem.

A presença de Dona Marisa

Dona Marisa dispunha de uma pequena sala de trabalho próxima à do presidente. Contava com o apoio de uma assistente, funcionária de carreira do Itamaraty, e tinha uma agenda própria, demandada por diversas instituições, a maior parte delas da área da educação. Ela frequentava o Palácio do Planalto quando convocada pelo cerimonial ou pelo próprio presidente para os grandes eventos.

Marisa foi presença constante nos eventos nacionais e internacionais e opinava bastante, em sua convivência com Lula, sobre as questões do país e as internas do governo. Também foi alvo de muito desrespeito ao longo de sua trajetória. Num comentário grotesco, o ex-governador de São Paulo Paulo Maluf, na ocasião da vitória de Lula, afirmou que Marisa "cuidaria bem das cortinas do Palácio" (que são gigantes), numa manifestação grosseira do preconceito de classe e de gênero enfrentado pelo casal ao longo de décadas de vida política.

Houve também um imerecido silêncio da mídia sobre as intervenções que Marisa fez no Palácio da Alvorada e na Residência do Torto, como o relevante empenho que dedicou – com o apoio de Claudio Soares, diretor de Documentação Histórica da Presidência da República – para resgatar parte da mobília original do Alvorada, da época de Juscelino Kubitschek. Marisa também foi a responsável pela recuperação da vegetação da Granja do Torto e dos peixes de seu lago. Para ela, garantir a vida dos peixes e das plantas era um dever para com a natureza, e não um ato meramente decorativo.

Outra proeza de Marisa foi me fazer pescar o único peixe de toda a minha vida. Aconteceu na Granja do Torto quando passei um fim de semana com a família Silva. Ela também conseguiu me convencer a comprar – e usar – um vestido típico para a festa junina que organizava todos os anos. Dona Marisa era católica devota, e para ela comemorar o Dia de São João era um dever religioso. Do presidente ao último dos convidados e convidadas, então, a participação na procissão era obrigatória, assim como era dever de todos levar um prato doce ou salgado para ser servido na festa.

Filha de benzedeira, Marisa cresceu cercada de pessoas que procuravam apoio em momentos aflitivos. Eu via nisso um forte ponto de encontro das características humanas desses dois seres que conviveram por décadas em situações que sempre envolviam muita gente, muitas tristezas, muitas alegrias e, principalmente, muita solidariedade. Nos anos 1980, numa manhã bem cedo, estive na casa de Marisa e Lula no Jardim Lavínia, em São Bernardo do Campo, casa financiada pelo Banco Nacional de Habitação (BNH). Pude constatar, já no comecinho do dia, uma pequena romaria de companheiros do sindicato se formando na frente da casa: um deles havia ido contar os abusos cometidos contra os trabalhadores em uma fábrica da região; outro se lamentava por ter brigado com a esposa naquela madrugada.

Essas visitas, para mim, revelam a confiança que Lula e Marisa transmitiam para o povo. Os companheiros sabiam que podiam contar com o casal, sabiam que lá estavam Lula e Marisa não somente para ouvir, mas também para opinar, intervir e ajudar a resolver questões familiares, sindicais, políticas e o que mais chegasse.

Tudo passa pelo gabinete pessoal

O gabinete pessoal de Lula foi coordenado por Gilberto Carvalho, militante histórico das lutas sociais, católico devoto, ex-seminarista, bom de forno e de fogão, capaz de perder o controle quando assiste a um jogo do Palmeiras. Liderava um grande contingente de servidores que o apoiava no cuidado com todas as rotinas e com cada aspecto delas: a agenda, o cerimonial, os ajudantes de ordens, as secretárias, a segurança, a administração, os garçons e a assessoria especial, da qual fiz parte.

No segundo mandato de Lula, foram feitas algumas alterações na estrutura do gabinete pessoal, que continuou sob coordenação de Gilberto com três gabinetes adjuntos liderados por: Cezar Alvarez na elaboração da agenda; Swedenberger Barbosa na parte administrativa; e eu na produção de subsídios em apoio às decisões. Lula contava também com o apoio das secretárias Luciana Rodrigues, presente desde a transição até o final dos dois mandatos; Monica Zerbinato, presente no primeiro mandato; Reinieli de Souza, presente no segundo; e os ajudantes de ordens, um grupo de quatro jovens militares escolhidos por seus superiores.

Gerenciar a agenda de Lula requeria equilíbrio entre setores da sociedade e movimentos sociais, entre os ministros e suas áreas de trabalho, entre grupos e personalidades. Nada parecido com o mero preenchimento de cadernos, planilhas e *softwares* de planejamento, como se bastasse encaixar as peças para resolver um quebra-cabeça. Naquele palácio, nos oito anos de governo Lula, a agenda era uma usina de questões com vida própria. Elaborá-la significava identificar espaços na rotina de uma pessoa que realizava, em média, oito encontros no palácio ou atividades externas por dia, sem contar os imprevistos e os chamados despachos internos, que não eram poucos. Em dias de eventos mais amplos, como reuniões do Conselho de Desenvolvimento Econômico e Social (CDES), o Conselhão, do qual participavam mais de oitenta pessoas, o entra e sai e as "agendas não previstas", os "encontros-relâmpago" e algumas outras variedades de contato mais ou menos formais transbordavam toda e qualquer capacidade de previsão.

Solange Fonseca, adjunta de Gilberto, inventou uma modalidade específica para solicitações da participação de Lula em festas regionais e temáticas. Em geral, o convite era trazido por "princesas" – emissárias de cada grupo promotor das festas, que não se conformariam em voltar para suas cidades sem entregar o convite nas mãos de Lula. Era a agenda PAF (em Pé, Abraço e Foto) e durava apenas alguns poucos minutos.

Uma mesa abarrotada de informações

Ao chegar à sua sala, Lula já encontrava muitos documentos, entre os quais as fichas com as estatísticas mais recentes divulgadas pelas instituições de levantamento de dados e pesquisas. É de conhecimento amplo seu apego pelas informações relativas ao país – particularmente os indicadores de emprego, da implantação de equipamentos de educação e saúde, e do andamento dos projetos do governo –, o que se refletia em um intenso grau de exigência para com sua assessoria.

Nós, membros das equipes de assessoramento direto da presidência, responsáveis pela elaboração das fichas, trabalhávamos sob a pressão constante das exigências e das demandas de Lula. Seu rigor em relação à clareza das informações e dos objetivos para o país impunha, permanentemente, um alto patamar às pesquisas, algo muitas vezes incompatível com o tempo e os meios disponíveis para realizá-las.

Lula dava tanta importância aos números que ficava irado ao deparar com indicadores desfavoráveis. Vociferava, em desabafo, contra o Instituto Brasileiro de Geografia e Estatística (IBGE), o Instituto de Pesquisa Econômica Aplicada (IPEA), a Fundação Getulio Vargas (FGV), o Cadastro Geral de Empregados e Desempregados (CAGED) e os demais órgãos de pesquisa. Mesmo assim, jamais solicitou que qualquer número fosse alterado ou que sua divulgação fosse impedida. Pelo contrário, buscava mais informações para entender os fatores que haviam levado a resultados insatisfatórios e, acima de tudo, o que o governo poderia fazer para melhorar esses índices e garantir o crescimento do país.

Hoje, concluo que vários fatores incidiram nessa obsessão. O mais marcante é o fato de que a participação de Lula no movimento sindical se deu exatamente durante a ditadura, quando os dados da inflação foram mascarados, causando enorme prejuízo aos trabalhadores e à poupança. Para se ter uma ideia, a manipulação de um único número em um período de recessão resultou num confisco salarial maior do que os próprios decretos de reajustes salariais.

Acredito que Lula leve dentro de si o compromisso de sempre divulgar informações corretas e atualizadas, pois tem a dimensão exata do prejuízo que a manipulação de dados pode causar à população.

Um palácio aberto

Durante o governo Lula, os salões do Palácio do Planalto acolheram eventos e reuniões de gente que nunca pôde colocar o pé nesses espaços. Gente que sequer imaginava que isso fosse possível. Com frequência, Lula relembra uma cena que presenciou na África do Sul: ao se encontrar com Mandela, ele observou que muitas pessoas pousavam as mãos na parede externa da sede da presidência. Mandela esclareceu que, no governo do Apartheid, o povo não podia nem mesmo se aproximar dali. Tocar a parede era, então, um gesto de celebração do povo por ter vencido aquele obstáculo, por ter conquistado o direito de ser recebido.

Com Lula, o Palácio do Planalto era movimentado mesmo em dias em que não ocorriam eventos. Os locais de maior fluxo eram o terceiro andar, onde o presidente e boa parte de sua equipe trabalhavam, e o quarto, onde se acomodava parte das equipes dos ministérios da Casa Civil, da Secretaria-Geral, das Relações Institucionais e do Gabinete de Segurança Institucional. Talvez perdessem apenas para o segundo andar, onde funcionava a Secretaria de Imprensa, em cujos corredores transitavam jornalistas, repórteres, fotógrafos e cinegrafistas, sempre agitados e sedentos por uma novidade, um "furo", uma imagem exclusiva.

A Casa Civil, por seu papel articulador, era a responsável por dar – ou negar – o aval para a publicação e a execução dos projetos recebidos pelos demais ministérios. A sala do ministro-chefe da Casa Civil ficava exatamente acima da sala do presidente. José Dirceu ocupou esse cargo do início de 2003 até meados de junho de 2005. Toda vez que ia se encontrar com Lula ele dizia que iria subir, embora, logicamente, tivesse que descer. De acordo com ele, era inconcebível que o presidente ficasse abaixo da Casa Civil – daí a dificuldade de fazer coincidir, em seu vocabulário, a hierarquia institucional com a posição física das salas.

A Secretaria de Relações Institucionais era o canal de diálogo com incontáveis deputados, senadores, prefeitos e governadores. Tal compromisso com o diálogo foi assumido pelo governo Lula desde a Marcha dos Prefeitos de março de 2003, quando os ministros foram apresentados a milhares de prefeitas e prefeitos como seus interlocutores. A Caixa Econômica Federal (CEF) também adequou sua dinâmica para receber e assessorar as prefeituras na elaboração de projetos, fator ao qual estava condicionada a liberação de recursos, mas que muitas prefeituras não tinham como atender.

A Secretaria-Geral, por ter entre suas atribuições o relacionamento com o movimento social, também recebia constantemente delegações e lideranças dessas organizações e de seus integrantes. O ministro Luiz Dulci, conhecido por sua vocação para o diálogo, protagonizou muitas conversações visando adequar pautas reivindicatórias às possibilidades ou às limitações do governo para podermos atendê-las. Não raro essa missão prosseguia noite adentro.

Tanto o terceiro como o quarto andar eram palco de um vaivém diário de visitantes, autoridades e servidores, chegando às vezes a lembrar o movimento de pedestres em uma rua central. Mesmo na ausência de Lula, a movimentação que a agenda do vice-presidente Alencar causava não era de se desprezar. Públicos diferentes, é verdade, mas que mantinham o palácio sempre povoado, vivo, em atividade, em ação.

As Margaridas

Do terceiro andar do Planalto é possível visualizar o Salão Nobre, onde acontecia a maioria dos atos com a presença do presidente. Nos oito anos do mandato de Lula, arrisco dizer que passaram por lá milhares de pessoas de setores diferentes da população. De todos esses eventos no salão o que mais me impressionou foi a entrada, em 12 de agosto de 2000, de mais de mil mulheres vindas a pé desde a sede da CONTAG. Era a Marcha das Margaridas, nome dado em homenagem a Maria Margarida Alves, uma das primeiras presidentas mulheres de sindicato de trabalhadores rurais – no caso, o Sindicato de Trabalhadores Rurais de Alagoa Grande, na Paraíba.

Margarida foi assassinada em 12 de agosto de 1983, logo após completar 50 anos de idade e poucos dias antes da realização do Congresso de Fundação da Central Única dos Trabalhadores (CUT). Eu era dirigente da Pró-CUT na época e me lembro perfeitamente do impacto que sua morte causou e o quanto sua vida foi homenageada durante o congresso. Margarida se transformou em símbolo de luta das mulheres trabalhadoras, e assim sua memória vem sendo celebrada. Ela e tantas outras trabalhadoras rurais reivindicavam, principalmente, a aplicação da legislação trabalhista aos trabalhadores rurais e o direito à terra para garantir o alimento de subsistência. Bandeiras essenciais negadas sob a mira de jagunços.

Numa atividade não prevista na agenda de Lula, mas muito bem-vinda, as Margaridas ocuparam o Salão Nobre de ponta a ponta. Uma cena emocionante, um retrato majestoso da diversidade daquele governo que tinha um trabalhador no comando. Mas há relatos de que, na ocasião, um diplomata que passava por ali teria reclamado da ocupação e exclamando "Que fedor!". Boa parte dos diplomatas não costuma estar próxima de quem é capaz de andar quilômetros a pé para lutar por direitos e mostrar o quão longe ainda estamos de reduzir a desigualdade. Esse odor é o de quem é obrigado a mobilizar seu próprio corpo, junto com milhares de outros corpos, para apontar um futuro melhor para si, sua família e seu país. A presença das Margaridas nesse dia fez o palácio perder a dureza do concreto e a frieza dos vidros, impregnando o ar com o odor do suor da luta de gerações de trabalhadores e trabalhadoras rurais em busca do mínimo de reconhecimento e dignidade. Um odor que honra o sangue inocente de muitas Margaridas, pois representa a continuidade de suas lutas.

O repentista e o ouvidor

Marcelo Déda, liderança petista de Sergipe, foi eleito governador de seu estado em 2007. Morreu em dezembro de 2013, cumprindo seu segundo mandato no cargo, vítima de um câncer que o fulminou aos 53 anos. De todas as boas lembranças que guardo dele, seus discursos são o que mais me fazem falta: para mim, nascida na Bolívia e criada em São Paulo, ouvir Marcelo Déda falar era como mergulhar em outro universo. Suas palavras se deslocavam no espaço como peixes no mar – leves, suaves, ordenadas por uma melodia cativante. Ressoavam tão sedutoras que me faziam duvidar de mim mesma: concordava com o que fora dito por ele ou simplesmente estava encantada com o canto do cantador? Déda fazia as duras palavras da disputa política parecerem pétalas de flores.

Já as palavras de Lula, mesmo quando buscam transmitir a paz e o amor, no dizer de José Miguel Wisnik, "combinam pétalas de flores com lâminas cortantes". É como se, do café da manhã até a hora de se recolher, Lula estivesse constantemente participando de um desafio entre repentistas nordestinos. Saído de Pernambuco aos 7 anos de idade, morou a maior parte da vida em São Paulo, mas carrega consigo uma expressão verbal muito presente em sua região de origem, seja na poesia, na música ou na política.

Às vezes, Lula extrapola o tom até com amigos e, não raro, com seus assessores e auxiliares.

Ofensas e provocações

Mesmo tendo concluído, ainda na adolescência, o curso técnico de torneiro mecânico pelo Serviço Nacional da Indústria (SENAI), Lula é frequentemente tachado de ignorante e analfabeto por opositores que mais expressam preconceito contra um presidente de origem operária do que se atentam aos fatos. Essa tentativa de desqualificá-lo vem desde os anos 1980 e se intensificou na disputa eleitoral pela presidência a partir de 1989.

Vinte anos depois, Ali Kamel, diretor de jornalismo da Rede Globo, coordenou uma pesquisa que analisou discursos e entrevistas de Lula desde 2002, quando eleito presidente, até 2008. A equipe foi formada por renomados linguistas, que usavam *softwares* construídos especialmente para contar e interpretar as palavras usadas pelo presidente em seus discursos. O resultado, publicado por Kamel no livro *Dicionário Lula* (2009), constata que Lula domina um vocabulário maior do que o usado, em média, por pessoas que frequentaram um curso superior. O jornalista ainda comenta que, "mesmo entre os críticos mais ácidos de Lula, ninguém duvida de sua imensa capacidade de comunicação".

Esse vasto vocabulário é fruto de uma trajetória que levou Lula a frequentar ambientes diversos e a dialogar com pessoas de todas as camadas da sociedade. Basta pensar em sua atuação entre os milhares de operários, nas muitas negociações com empresários, no acompanhamento das decisões dos tribunais do trabalho. Desde antes da fundação do PT, também convivia com técnicos de alto gabarito, como Annez Troyano e Walter Barelli, do DIEESE, e com importantes nomes da intelectualidade brasileira, como a antropóloga Lélia Gonzalez, o crítico literário Antonio Candido, o crítico de arte Mário Pedrosa, a atriz Lélia Abramo, o geógrafo Aziz Ab'Saber, o historiador Sérgio Buarque de Holanda e o sociólogo Florestan Fernandes, entre muitos outros.

Logo após a primeira vitória de Lula na eleição presidencial, o professor de língua portuguesa Pasquale Cipro Neto afirmou em entrevista ao jornal *O Globo* que:

> Lula fala a língua do Brasil e fala bem. O discurso dele é muito articulado. Ele tem conteúdo. Não é porque ele tropeça numa concordância que a gente vai desautorizar o discurso dele. É preciso parar com essa história de dizer que Lula não sabe falar, porque o Lula sabe falar muitíssimo bem, expressa-se muitíssimo bem, tem um discurso articulado, tem conteúdo, tem vocabulário. Se a gente pegar no pé dele por causa de um cochilo de concordância, a gente vai ter que pegar no pé de todo mundo (*O Globo*, 2002).

Outro episódio referente aos discursos que nos ajuda a entender o quão descabidas são as tentativas de desqualificar Lula ocorreu na Alemanha, em 1992. O relato é de Ricardo Kotscho, que, por ser fluente em alemão, acompanhou Lula a um congresso da

Internacional Socialista. Pouco antes da conclusão do evento, Lula foi procurado por um assessor de Willy Brandt, então presidente da Internacional e ex-primeiro-ministro da Alemanha. O funcionário viera informar que Brandt tinha sido hospitalizado e não poderia participar do encerramento. Então, veio a surpresa: Willy Brandt pedia a Lula que fizesse o discurso de encerramento do congresso. Com enorme espanto, Lula indagou como poderia discursar sobre realidades que ele mal conhecia. O assessor insistiu e, após algumas dicas sobre a Alemanha, Lula finalmente aceitou a missão, encerrando o congresso sob os aplausos dos participantes.

Futebol, humor, agilidade e improvisos

Mesmo conhecendo pouco de futebol, mas sendo corintiana desde que cheguei ao Brasil, percebo que o fascínio de Lula por esse esporte é parte integrante do seu modo de ser, viver e se expressar. Corintiano fanático, faz um reparo ao admitir que no Rio de Janeiro é torcedor do Vasco da Gama. Tal como muitos brasileiros, lembra da escalação das copas do mundo e demais competições importantes. Admira e conhece times de muitos países, refere-se a vários jogadores pelo nome e costuma assistir aos jogos pela TV. Desde o início do governo, instituiu peladas entre ministros, parlamentares e amigos, que cessaram devido à frequência de "atletas" machucados. E conta a lenda que, numa das primeiras reuniões do diretório nacional do PT, nos anos 1980, de repente o pessoal se deu conta de que Lula não estava mais no auditório. Saíram em busca dele, e qual não foi a surpresa de todos quando o encontraram assistindo a um jogo de futebol. Ele reagiu, reclamando: "Também, vocês marcam reunião no fim de semana!".

O humor escrachado e muitas vezes não polido do circo, a organização poética dos versos do cordel e a língua afiada dos repentistas[22]

---

[22] A profissão de repentista foi reconhecida por meio da Lei n.º 12.198, sancionada por Lula em 14 de janeiro de 2010.

fazem parte de sua agilidade e improviso na hora de discursar, conversar e, sobretudo, debater.

Na TV, na década de 1970, o jornalista Humberto Mesquita fez a Lula uma pergunta perigosa: queria saber se ele era socialista ou comunista. Ao que Lula respondeu: "Sou torneiro mecânico".

Nos anos 1990, referindo-se aos deputados federais, Lula afirmou que havia na Câmara "trezentos picaretas", frase perpetuada pela banda Os Paralamas do Sucesso na música "Luiz Inácio (300 picaretas)": "Luiz Inácio falou, Luiz Inácio avisou / São trezentos picaretas com anel de doutor".

Um episódio que presenciei foi quando Luís Carlos Prestes, figura histórica que liderou a Coluna Prestes, ícone do Partido Comunista Brasileiro (PCB) de 1934 a 1980, encontrou-se com Lula para um debate no Sindicato dos Químicos de São Paulo. Depois de Prestes descrever em detalhes como deveria se organizar um partido de trabalhadores, Lula questionou, num improviso digno dos melhores MCs que se enfrentam nas batalhas de rimas nas periferias de São Paulo: "Se o senhor sabe tão bem como deve ser um partido de trabalhadores, por que não faz um assim?".

Já na presidência, Lula foi questionado por empresários do Instituto de Estudos para o Desenvolvimento Industrial (IEDI) sobre o motivo de não controlar o dólar, como era feito na China. Eles acreditavam que o exemplo de um país comunista o sensibilizaria, mas Lula respondeu: "O dólar é flutuante. Portanto, ele flutua". E completou: "Mas por acaso vocês gostariam também que eu limitasse a existência de partidos, como é feito na China?".

Na sala presidencial, Lula nos levava às gargalhadas ao imitar cada uma e cada um dos ministros: o jeito de abrir a porta, de entrar na sala, de carregar papéis e pastas, de caminhar. Nos tempos de movimento sindical, quem se sentasse ao seu lado corria o risco de, ao levantar, deparar com a blusa amarrada na cadeira ou, se tivesse tirado os sapatos, encontrá-los cheios do conteúdo de algum cinzeiro.

Quando Tarso Genro foi empossado ministro da Educação, pediu para apresentar sua equipe. Entraram na sala de Lula, que cumprimentava e observava atentamente cada um dos assessores, até que finalmente comentou: "Em uma categoria de trabalhadores com predominância de mulheres, você, Tarso, só tem assessores homens?".

Numa das primeiras inaugurações de moradias do programa Minha Casa Minha Vida, Lula se indignou ao constatar que os apartamentos não tinham nem mesmo uma pequena varandinha, e perguntou: "E se o casal brigar? Tem que ter um lugarzinho para se isolar. Ou mesmo se precisar soltar um pum".

Em julho de 2017, quando se colocou à disposição do PT para disputar a presidência em 2018, declarou em seu pronunciamento: "Senhores da Casa Grande, permitam que alguém da senzala faça o que vocês não têm competência para fazer neste país". No mesmo ano, referindo-se às 230 mil páginas dos autos do processo que o condenou no caso do apartamento do Guarujá, declarou: "Estou tranquilo, só espero que os juízes leiam o processo". A sentença em si tinha 218 páginas.

As tiradas de Lula são incontáveis, inesperadas e marcantes porque em geral fazem sentido, não são gratuitas. Podem ter humor, mas também têm a altivez. A mesma altivez da resposta de Eriberto França, ex-motorista de Ana Accioly, secretária particular de Fernando Collor de Mello, aos governistas da Comissão Parlamentar de Inquérito que avaliavam o pedido de *impeachment* do então presidente. À época, em 1992, a comissão indagava como a esposa de Eriberto poderia possuir as joias que portava, ao que ele declarou: "São bijuterias compradas na rodoviária de Brasília, senhores deputados, e respeitem a minha esposa". A resposta de Eriberto foi uma contundente defesa da dignidade humana.

Dadirri: o "escutar profundo"

A fala do repentista nordestino é resultado de sua capacidade de cantar e improvisar, juntando, a partir da memória, temas e rimas de outros cantadores e do próprio repertório. Ninguém nasce repentista: aprende-se a ser. E aprende-se ouvindo. Atribuo a habilidade cortante do discurso de Lula não apenas ao saber falar, mas a algo que talvez seja mais importante: o saber ouvir, qualidade que testemunhei por anos a fio, em inúmeras ocasiões.

A maior parte das vezes em que Lula é visto por um grande público ou pela mídia, seja em comícios, assembleias, atos públicos, solenidades, sejam entrevistas, ele está falando. Em geral Lula é visto como um excelente orador que sempre foi capaz de atrair a atenção de milhares de pessoas para as suas mensagens. Frases como "Não sou mais uma pessoa, sou uma ideia", dita à época em que estava prestes a ser preso; "Nunca antes na história deste país", bordão repetido à exaustão em seus discursos sobre feitos do governo; "Sem medo de ser feliz", slogan de sua campanha em 1989; e "A esperança venceu o medo", proferido após a vitória eleitoral de 2002, calaram fundo na memória de milhões de pessoas, transformando-se em mensagens, murais, memes, camisetas, cartazes.

O cotidiano de Lula não é marcado apenas pelo que ele fala, mas definido, em igual ou maior grau, pelo que escuta. Ouso utilizar aqui uma palavra aborígene australiana da qual tomei conhecimento por acaso: *dadirri*.

Dadirri designa o "escutar profundo".

Quando meus olhos leram essa palavra pela primeira vez, sua estranheza me fez buscar seu sentido. Minha mente foi conduzida a lembranças de reuniões e encontros com dezenas, centenas de pessoas, durante os quais Lula passava horas e horas, não raro um dia inteiro, ouvindo cada uma das falas. Em geral, tomava notas breves. Às vezes, escolhia uma frase para debater. Outras, um rol de itens para alinhavar o pensamento. Isso tudo misturado com um ou outro lembrete sobre assuntos aparentemente não relacionados.

Não é por acaso que, quando chegou ao Planalto, Lula fez desse exercício uma grande ferramenta para governar. Não posso deixar de contar aqui pelo menos algumas das muitas ocasiões em que ele dedicou seu tempo a esse *dadirri*, que praticou também antes e depois dos mandatos presidenciais. Na maioria das ocasiões, Lula olha para quem fala como se lesse um livro. Ou melhor, como se "lesse" a pessoa. Claro que, vez ou outra, ele cochicha com quem está ao lado – gesto, aliás, que delicia os fotógrafos.

Lula, no entanto, nunca se cansou de escutar. Creio que sua imagem atenta também acabou, ao longo do tempo, sendo fixada por alguns fotojornalistas e muitos fotógrafos não profissionais. Às vezes, em seminários ou atos públicos, quando a maioria dos presentes parece não ligar para a fala do orador, seja ele um adversário, seja um aliado, Lula aparece nos registros fotográficos, nem sempre descansado, mas, em geral, com o olhar de quem realmente está disposto a aprender.

O teleprompter

"Minhas amigas e meus amigos, é com grande satisfação que estou aqui hoje, na abertura desta conferência, para conversar com vocês sobre um tema essencial para a democracia e para o exercício da cidadania: a comunicação social."

O presidente Luiz Inácio Lula da Silva mal havia começado a ler quando se deu conta de que o discurso projetado pelo teleprompter era um velho conhecido: fora lido por ele na Conferência Nacional de Comunicação (Confecom) pouco mais de um mês antes, em 14 de dezembro de 2009. Lula estava, no entanto, na cerimônia de comemoração dos dez anos do Fórum Social Mundial (FSM), no dia 26 de janeiro de 2010, em Porto Alegre, evento organizado por uma articulação da sociedade civil que envolvia ONGs, sindicatos de trabalhadores, movimentos sociais e populares e partidos progressistas, majoritariamente de esquerda.

O discurso da Confecom, obviamente, não servia para o evento do FSM. Fora pensado para um público específico, muito diferente do que o ouvia naquele momento. Mas, por motivos desconhecidos, a assessoria havia projetado o texto errado. Sem perder a compostura, Lula contornou o incidente fazendo uma fala de improviso, sem texto escrito nem auxílio do teleprompter. Seu discurso foi uma retrospectiva sucinta da política internacional do governo desde 2003, quando decidiu se fazer presente tanto no Fórum Econômico Mundial (FEM) em Davos, na Suíça, como no Fórum Social Mundial (FMS).

Ao final do evento, mesmo sabendo que a troca do texto não havia sido intencional, Lula não economizou impropérios dirigidos, entre outros, aos técnicos responsáveis pela operação do teleprompter, ao chefe do cerimonial, o embaixador Paulo Campos, e até ao responsável pela sua segurança, o coronel G. Dias. É provável que ninguém – ou quase ninguém – tenha percebido a confusão, mas o episódio passou a ocupar um lugar no anedotário e no rol de precauções da assessoria de Lula.

A verdade é que, no início, Lula não gostava muito de teleprompter. Mas, depois de conhecer melhor suas possibilidades, acabou se acostumando à ideia de usá-lo. A ferramenta permitia se libertar dos papéis e deixar as mãos livres na hora de proferir discursos escritos previamente. Permitia mover o corpo de um lado para o outro sem se preocupar. Cravar os olhos nos olhos dos outros, perceber e receber seus olhares. Transmitir fatos e ideias para além das palavras. Tudo isso se tornou ainda mais indispensável a partir do momento em que cada discurso proferido pelo presidente passou a ser transmitido pela TV oficial e divulgado na internet.

Com a palavra, Lula

O jeitão de Lula expor ao público suas ideias ficou conhecido não somente no Brasil, mas também em vários países. Arrancava gargalhadas dos mais diversos públicos nas mais variadas situações, desde palestras com poucos participantes até eventos e comícios com milhares de pessoas. Para Lula, quanto mais gente o assiste, mais ele fica à vontade. E lá ia ele, com a maior naturalidade, expor suas certezas e suas dúvidas para as multidões.

Vale relembrar aqui a frase que ele repetiu em todas as oportunidades que teve em 2006, na campanha por sua reeleição. Fosse em grandes comícios, pequenas reuniões, debates ou entrevistas, Lula dizia insistentemente: "Se não for para fazer mais e melhor, não vale a pena ganhar esta eleição". Impressionado por relatos de autoridades que foram reeleitas e experimentaram, no segundo mandato, uma frustração, como aconteceu com Fernando Henrique Cardoso e com alguns governadores e prefeitos do PT, Lula transformou a disputa pela reeleição num desafio gigantesco. Para ele, tratava-se de honrar um segundo voto de confiança do povo fazendo mais e melhor do que no primeiro governo, que já tinha sido consagrado como exemplar. Era como se a insistência pudesse selar esse compromisso não apenas consigo mesmo, mas também, e principalmente, com os eleitores.

O modo como Lula escolhe discursar é, também, sua forma de fazer algum alerta. Ora ele começa a ler o texto e o intercala com improvisos. Ora ele lê um pouco e, em seguida, abandona a leitura, improvisando até o final. Às vezes, já no início, mostra a quantidade de páginas, avisa que não vai ler e pede para que o teor seja registrado nos anais, em alguma publicação da instituição ou nas atas do evento. Nunca existiu um formato predeterminado em sua fala – a não ser, evidentemente, em declarações conjuntas com outros chefes de Estado.

É comum ouvir Lula reclamar da nominata (rol de presentes que devem ser saudados no início de um evento), em especial quando visualiza, no público, alguém que não foi inserido na lista pela assessoria. E as observações não param por aí. Ele comenta sobre a posição do copo de água ou a ausência dele. Corrige números. Conta casos. Narra histórias. Apresenta fatos vividos com algum dos presentes. Para ele, um discurso é mais do que uma fala: é um elo entre ele e as pessoas, uma oportunidade de aprimorar sua percepção do tema sobre o qual está discursando, enfim, uma vivência.

Quando outros falam antes dele, não raro Lula se refere a seus discursos, mostrando um interesse efetivo pelo que os demais oradores pensam e informam. Diga-se de passagem, ele também não perde a oportunidade de corrigir fatos ou dados apresentados pelos outros quando considera relevante fazê-lo. Aliás, essa é uma das formas "tortas" que Lula tem de manifestar seu carinho. Parece estranho, mas é revelador da atenção que dedica às palavras e ideias de outras pessoas.

O momento de falar é, também, um momento de Lula despachar. Durante seu governo, ele vinha sendo atormentado pelas sucessivas – e justas – reclamações de prefeitos quanto à demora dos encaminhamentos na Caixa Econômica Federal para obter financiamento. A alegação era de que cada setor da Caixa demorava muito para emitir pareceres e passá-los adiante, atrasando, assim, o início das obras. Aconteceu mais de uma vez, em eventos grandes como inaugurações de obras, de Lula caminhar de um lado para o outro sobre o palanque, como faz com frequência, percorrendo a fileira de ministros e autoridades locais sentados ali. Certa ocasião, no meio do discurso, ele se virou para Maria Fernanda Coelho, então presidenta da Caixa Econômica, e sugeriu que ela adotasse o fordismo para agilizar os financiamentos: "Maria Fernanda, não seria mais adequado uma mesa em que todos os setores da Caixa examinam os projetos das prefeituras? Estão todos no mesmo lugar. Para que a demora? Para que perder tempo transitando de um setor para o outro?". Essas mensagens, dicas e orientações eram tão eloquentes que cheguei a fazer um *clipping* de "despachos" desse tipo para debater numa das reuniões periódicas que fazia com os chefes de gabinete dos ministérios.

Lula acabou por transformar seus discursos em personagens. Há muitos comentários sobre suas falas. Muitas suposições. Já presenciei pessoas apostando se ele iria ler ou não o texto que trazia debaixo do braço. Quem o acompanha esporadicamente talvez pense que os discursos são escritos por uma só pessoa da assessoria e que, na hora H, ele escolhe lê-los ou não. Mas ali na coxia, lugar a que só as equipes que trabalham no dia a dia de cada atividade têm acesso, as pessoas que gozavam da total confiança de Lula, a começar por Dona Marisa, sempre na antessala da "execução" do discurso, uma verdadeira indústria funcionava para concretizar o que viria a ser a materialização de suas ideias, suas mensagens, seus recados. Uma linha de montagem pouco convencional que se colocava em movimento para cada compromisso agendado.

À época da presidência, muita gente me perguntava como ele fazia os discursos. Se fosse possível descrever em uma palavra o que

Lula representa na elaboração de seus pronunciamentos, eu o compararia à figura do regente. Para cada atividade ele requer um discurso. Mesmo que não venha a utilizá-lo, porque, como participante ativo da construção das falas, ele se apropria dos temas tratados, refina o domínio sobre os dados e indiretamente se prepara para discursar, debater ou ser entrevistado, com a ajuda de textos ou no improviso, já durante o processo de produção.

Há um ritual ideal, que nem sempre pôde ser cumprido, mas que é tido por Lula como um percurso imprescindível para o bom resultado dos discursos. O primeiro passo é conferir a agenda, sobre a qual deslancha uma bateria de perguntas: "Por que me convidaram? O que o governo já fez por essas pessoas, esse lugar, essa instituição? O que eles esperam que eu fale? Quem mais vai falar? Como é o local?". E a cada resposta ele cita uma lembrança de outra ocasião, conta casos de quando esteve pela primeira vez com tal ou qual personagem, em tal ou qual cidade, tratando de tal ou qual tema. Por um lado, esse método facilita o caminho dos encarregados da escrita na busca por mais e melhores contatos, por mais informações e dados que embasarão o texto. Mas, de outro, afunila a pesquisa e torna mais complexo o ordenamento das informações, missão que era executada pelo grupo coordenado no governo pelo ministro da Secretaria-Geral, Luiz Dulci.

Após uma primeira conversa com Lula para atender seu nível de exigência, a pequena equipe responsável por elaborar os discursos fazia uma romaria – maior ou menor, dependendo da ocasião e do tempo disponível – em busca de dados. Em geral, entravam em contato com os ministérios que tinham alguma relação com o evento e com os especialistas da área em pauta a fim de levantar dados econômicos, sociais, históricos e especialmente números, números e mais números. Para Lula, falar de algum assunto ou local sem ter informações detalhadas é como não falar.

Pode-se dizer que uma espécie de mística numérica acompanha suas falas. É claro que, no caso do governo, os números também eram a forma mais direta de ilustrar ou fazer perceber a tendência positiva de resultados cada vez melhores. Mas o que impressiona não é o fato de Lula citar uma ou mais séries de números, e sim sua capacidade de guardá-los. E não pense que estamos diante apenas de uma ótima e privilegiada memória. A memória de Lula é realmente especial, ímpar, fabulosa. Mas vai além. Seus registros são qualitativos. Nas reuniões de preparação dos discursos, já na primeira leitura do esboço ele era capaz de distinguir referências mal construídas, escalas descabidas, comparações equivocadas, entre outros deslizes. Porque os números em si nem sempre têm força para expressar realidades. Assim, ter noção de escala, validar ou não comparações e encontrar referências são operações mentais que não se limitam à memorização pura e simples. É como se os números lhe contassem histórias. E acredito que contam.

Um bom exemplo de uso dos números foi quando Lula expôs a importância do Programa Luz Para Todos. No evento que comemorou dois milhões de ligações, meta indicativa dada pelo IBGE para alcançar o acesso total, ele chamou a atenção para os "números extraordinários", relatando os quantitativos de postes, os quilômetros de fios e demais componentes, especialmente a quantidade de empregos criados na execução desse programa.[23]

Lula intervinha nas reuniões de preparação dos discursos como se fossem seminários sobre o tema em pauta. É como se acionasse uma enciclopédia que construiu no decorrer de sua vida e medisse cada palavra, cada conceito. Em parte, para reparar afirmações que lhe parecem imprecisas. Mas também para testar até onde quem escreveu tinha segurança do que foi escrito. Para se preparar para qualquer debate ou questionamento decorrente de suas palavras. O rigor era ainda maior ao se tratar de relações políticas. Do viés de sua experiência militante, cada vírgula pode soar como um arranhão desferido a um aliado ou uma concessão feita a um adversário. Assim, o cuidado e a acuidade caminham juntos na feitura de cada discurso.

---

[23] Para mais informações, ver "Discurso de Lula na cerimônia de comemoração das duas milhões de ligações pelo Programa Luz Para Todos", disponível na íntegra em: https://bit.ly/3zeKYyn. Acesso em: 18 jul. 2022.

2.014 discursos

Levando em conta somente os discursos feitos durante os oito anos de governo e os que foram registrados durante seu mandato de presidente, Lula fez 2.014 discursos. Descontados os sábados, domingos e feriados, é praticamente mais de um discurso por dia útil. Mas não para por aí. Em obediência à lei eleitoral, os discursos efetuados em atividades de campanha não são registrados no site do governo. Considerando que Lula participou intensamente, no período de 2003 a 2010, de quatro campanhas eleitorais, duas para prefeitos e vereadores e duas para presidente, governadores, senadores e deputados, sendo a de 2006 sua própria campanha de reeleição, não é exagero supor que ele tenha feito mais algumas centenas de discursos. O total de 2.014 também não inclui falas e intervenções em reuniões amplas – tais como encontros com reitores, governadores, prefeitos, movimentos sociais, associações de jovens e de mulheres, reuniões de ministério, líderes de partidos, entre outras – que, se registradas, não foram publicadas pela comunicação do Planalto.

Cobranças e conversas

Como um apontador de produção em fábrica, Lula cobrava os discursos com antecedência e praguejava quando não estavam prontos a tempo de serem reformulados, se necessário. Desde a hora em que chegava ao Planalto, andando pelos corredores entre uma atividade a outra, já cobrava os discursos do dia ou dos dias seguintes. Sua insistência era maior quanto mais relevantes lhe pareciam os temas que iria tratar ou o público a quem iria se dirigir.

Nesse percurso entre uma sala e outra, no elevador ou nas escadas, ele aproveitava para comentar pedaços do texto, para comunicar se havia dado falta de alguma informação ou mensagem e para solicitar adequações. Se tem algo que prefere não desperdiçar é o tempo. Aliás, o convívio com Lula ensina que não se deve perder um segundo de sua companhia. Muitas vezes as pessoas se dirigem a ele para dizer que precisam de um tempo para conversar, mas perdem a oportunidade de utilizar aquele momento. Antenado como um radar enciclopédico, Lula se conecta rapidamente ao assunto que lhe é colocado, escuta e, em geral, responde. Dialogar para ele é um prazer, não importa o cenário em que isso se dê.

E se num almoço trivial ele sugere substituir os temas de trabalho e política para dar atenção a "outras coisas", é ele mesmo quem termina por estabelecer uma conversa nada trivial e sugerir ações a serem levadas adiante. Nessas ocasiões, quando predomina a informalidade, ele tem uma preferência especial por rememorar episódios que vivenciou, sempre realçando o lado anedótico.

A fera política que habita em Lula, a rigor, não descansa nunca. Mesmo quando parece estar totalmente absorvido por uma boa partida de futebol, ou assistindo aos clássicos bangue-bangue que tanto admira, como os de Charles Bronson, Lula está sempre conectado ao mundo ao seu redor.

Arregaçando as mangas

ERA CHEGADA A HORA de erradicar a miséria e reduzir a desigualdade. Esses dois resultados, somados, podem modificar profundamente o perfil social de uma nação. É um trabalho que demora. Que exige esforço. Que requer comprometimento dos três níveis de governo, de organizações sindicais, de ONGs, do empresariado, de instituições da sociedade civil. Que depende do fortalecimento de uma rede de proteção cuidadosamente tecida a partir de medidas de alcance direto, acolhimento universal e resultados imediatos. Que demanda a implantação estrutural e constitucional de uma renda básica cidadã e a implementação de mecanismos que conduzam a sucessivos aumentos de emprego, renda e investimentos permanentes em ciência, tecnologia e educação, bem como à capacitação de profissionais em todos os níveis, particularmente de professoras e professores.

Em 2003, Lula e sua equipe encontraram medidas de proteção social criadas pelo governo Fernando Henrique Cardoso. Poucas, dispersas em alguns ministérios e de pequeno alcance, mas não desprezíveis. O Bolsa Escola, o Vale Gás e o início do financiamento da agricultura familiar foram algumas das mais importantes, mas que eram insuficientes para constituir uma rede ampla e consistente de proteção social, de antemão limitada pelo ajuste fiscal imposto pelo liberalismo.

Nos oito anos de mandato de Lula, diversas políticas públicas foram agregadas e realizadas nesse cenário. Em 15 de dezembro de

2010, durante a apresentação dos seis volumes de balanço do governo, Lula fez um breve relato das realizações de seu mandato.[24] Não é o caso de listá-las aqui: elas são incontáveis e podem ser encontradas em estudos acadêmicos, compilações oficiais, reportagens, comentários de analistas, publicações, sítios e acervos de várias instituições, como o PT, a Fundação Perseu Abramo e o Instituto Lula, além de relatos da equipe da presidenta Dilma e de pessoas beneficiadas, e até em histórias em quadrinhos. Mundo afora, também prossegue o reconhecimento internacional que redundou, depois do mandato, numa bateria de prêmios, títulos e convites para palestras e eventos.

Para quem disse que se consideraria vitorioso se brasileiras e brasileiros pudessem dispor de três refeições ao dia, ter conseguido melhorar o perfil da pirâmide social, promovido oportunidades de estudo e trabalho para milhões de jovens e profissionais, elevado o Brasil ao patamar de sexta maior economia do mundo, reduzido as taxas de desmatamento e, acima de tudo, visto o Brasil a caminho de sair do Mapa da Fome, é mais do que gratificante.

Não foi por acaso que dei uma forte atenção aos passos de Lula nas décadas que antecederam sua chegada à presidência. Há um elo entre sua atuação no cargo e cada um dos caminhos que percorreu. Um acúmulo de digitais em seu modo de agir e de olhar o país, de pensar soluções, de enfrentar desafios, de encarar derrotas. Desde as privações sofridas em sua infância em Pernambuco até as enchentes e os demais obstáculos que encontrou em São Paulo. Desde a rudeza de Aristides, seu pai, até a genialidade e a dedicação de Dona Lindu, sua mãe. Desde cada uma das pessoas que conheceu até as muitas perdas que sofreu. Cada ação do governo foi direta ou indiretamente marcada pela experiência e pelas cicatrizes que Lula acumulou em seus caminhos anteriores.

Por ter liderado o gigante movimento operário e a luta pela liberdade e autonomia sindical; ter participado direta e ativamente

---

[24] Para mais informações, ver "Discurso de Lula durante a cerimônia de Registro do Balanço de Governo (2003-2010)", disponível na íntegra em: https://bit.ly/3zeKYyn. Acesso em: 18 jul. 2022.

da construção da Central Única dos Trabalhadores (CUT); ter percorrido o país algumas vezes e conhecido de perto as condições de vida de milhões de brasileiros; ter sido um dos líderes na luta pela construção de um partido de trabalhadores; ter se empenhado na campanha por eleições diretas e participado, como líder da bancada do PT, da elaboração da Constituição de 1988; ter perdido três eleições presidenciais; ter tido contato com lideranças de todos os movimentos sociais, incluindo educadores, artistas, escritores, músicos, estudiosos e cientistas de todas as áreas, com jovens e idosos de todas as idades, com sonhos e pesadelos, com políticos e sindicalistas de todos os matizes do Brasil e do exterior, Lula chega à presidência com fartura de antenas e radares que lhe dão uma visão privilegiada de conjunto do Brasil, de seu povo e de sua diversidade.

Nada do que Lula fez, ele fez sozinho. Sua liderança nasceu, cresceu e se consolidou por mais de quatro décadas como expressão de um andar junto.

Isso não quer dizer que tudo já estava previsto por Lula, pelo PT, por seu programa de governo ou pela campanha, nem que tudo que foi feito saiu exatamente como Lula gostaria. A situação é semelhante àquela da Copa de 1958, quando, no vestiário, o técnico detalhava os passes necessários para chegar ao gol. Garrincha, um gênio dos dribles, referindo-se à pouca atenção que o técnico estava dando aos obstáculos que poderiam ser colocados pelo time soviético, seu adversário, indagou singelamente: "Você avisou os russos?". Essa pergunta se transformou num bordão muito usado no Brasil para se lembrar de que é preciso levar em conta os adversários, a torcida e, cada vez mais, o juiz.

Presidente pode muito, mas não pode tudo

Em qualquer governo, os "russos" são muitos. A começar pelo fato de que vivemos em um país presidencialista, em que as principais decisões dependem da aprovação do Congresso, colocando para quem governa o desafio permanente de convencer a maioria dos parlamentares. E para evitar uma situação como a revelada por Garrincha, para dar conta de um diálogo necessário e para poder conhecer as proposições dos demais partidos, Lula criou a Secretaria de Relações Institucionais com status de ministério. Sua missão era dialogar com executivos e parlamentares em todos os níveis de governo. Assim, governadores, prefeitos e parlamentares passaram a ter uma garantia de interlocução com o governo. Nos eventos anuais da Marcha Nacional dos Prefeitos, que contavam com milhares de participantes, Lula e ministros dialogavam democraticamente com autoridades municipais e parlamentares, levando respostas às suas demandas e questionamentos ou explicando o porquê de não poderem atender determinados pedidos.

E mais: a cada quinze dias, Lula e alguns ministros se reuniam com líderes dos partidos da base governista para tratar da importância de cada projeto e dos obstáculos que poderiam ser encontrados para sua aprovação no Congresso. Fez parte desse amplo rol de iniciativas para o diálogo o Conselho de Desenvolvimento Econômico e Social (CDES) que, não por acaso, teve seu embrião formado antes da posse de Lula, e suas setenta e três conferências nacionais foram precedidas de conferências estaduais e municipais.

Mas esses e os demais mecanismos de participação foram suficientes? O curso seguido pela tramitação das principais reformas sugere que não, alertando para o papel insubstituível da mobilização social e da responsabilidade de cada parlamentar no exercício do mandato.

Uma oportunidade perdida

Para tratar das reformas trabalhista e sindical e dos demais temas concernentes, Lula criou o Fórum Nacional do Trabalho, um coletivo tripartite formado por representantes de trabalhadores, de empresários e do governo. De tudo o que foi proposto inicialmente na reforma sindical, praticamente sobrou apenas o importante – mas insuficiente – reconhecimento legal das centrais sindicais. A questão da autonomia e da sustentação financeira das organizações sindicais ficou no limbo, assim como a reforma trabalhista. Olhando para trás, penso que foi perdida uma oportunidade ímpar de substituir o imposto sindical e de reformar a velha CLT nesse fórum. As declarações públicas de Lula naquela época deixam claro que ele preferia uma atualização da CLT, ao mesmo tempo que o recém-nomeado ministro do Trabalho, Carlos Lupi, afirmava que ela era intocável. Tudo indica que as reformas, se aprovadas, poderiam não ter sido ideais, mas certamente teriam colocado os trabalhadores e as trabalhadoras num patamar menos vulnerável. Basta lembrar do que ocorreu logo após a deposição da presidenta Dilma: Temer, que assumiu a presidência, aprovou uma reforma trabalhista sem nenhum debate ou participação dos trabalhadores, abrindo caminhos para a precarização e a destruição das mínimas garantias sindicais e trabalhistas.

Outras reformas

A reforma previdenciária ficou nos limites dos órgãos governamentais, enquanto a tributária nem sequer chegou perto do esperado, ou seja, não adotou medidas para taxar mais aqueles com maior poder aquisitivo. Do impactante momento em que Lula desceu a rampa do Palácio do Planalto e subiu a do Congresso Nacional, acompanhado pelo Conselhão, por governadores, ministros, líderes de partidos e de centrais sindicais, para entregar aos parlamentares as propostas das reformas tributária e previdenciária, até o resultado final desse processo, boa parte das propostas foi diluída nos corredores e nos embates das votações.

A questão dos impostos pode até parecer distante do dia a dia da maioria das pessoas, mas a verdade é que a taxação incide sobre praticamente todos os produtos e serviços. O assunto, no entanto, só ocupa espaço nas campanhas eleitorais, mesmo assim sob a ótica do tamanho da carga tributária, e não sobre a cidadania que a carrega. Esse processo evidencia por que a escolha de parlamentares é tão importante quanto a de governantes. São os parlamentares que têm a última palavra nas propostas do governo, podendo inclusive derrubar os vetos do executivo. De acordo com a Constituição, em caso de crime de responsabilidade, podem derrubar o próprio executivo. Mas em alguns momentos, como no caso da presidenta Dilma Rousseff, o Parlamento se deu o direito de cassar seu mandato sem que ela tivesse cometido crime algum. Foi, na verdade, um caso de "caça" ao mandato, no qual decidiram impedir que Dilma continuasse no cargo sem se importar com as exigências constitucionais. Daí porque, desde sempre, Lula não se cansa de reiterar o quanto é essencial a eleição de parlamentares comprometidos com as demandas populares. Durante seu mandato, muitas vezes ele lamentou a ausência de uma forte mobilização que cobrasse o comprometimento dos parlamentares com as reivindicações de trabalhadores. "Eu dizia para os sindicalistas, nunca antes neste país tivemos a possibilidade de realizar tantos sonhos. Por isso é preciso manter a mobilização forte e constante", observou Lula em um de nossos papos.

Reforma política e combate à corrupção

A reforma política é vista por Lula como uma construção da sociedade e dos partidos políticos. Daí porque, ainda no Instituto Cidadania, foi elaborada uma coletânea de artigos para incidir no debate em curso, inclusive no Congresso Nacional. Organizado por Maria Victória Benevides, Chico de Oliveira, Paulo Vannuchi e Fábio Kerche e publicado pela Fundação Perseu Abramo, o livro *Reforma política e cidadania* foi lançado no Congresso em meados de 2003 e contou com a participação de Lula, que entregou exemplares aos presidentes do Senado e da Câmara, aos líderes dos partidos e aos demais participantes do evento.

Em 2005, Lula voltou a chamar a atenção para a urgência da reforma política diante da crise provocada pela denúncia do chamado "mensalão", que subverteu a agenda do governo e interferiu em sua rotina tanto pelo tempo e atenção que absorveu nos primeiros escalões como pela oportunidade que abriu para a oposição ofuscar a relevância das realizações, antepondo a denúncia às pautas da gestão. O governo Lula sofreu um forte abalo, perdeu quadros importantes, e o PT teve dirigentes presos por longos períodos.

Naquela época, entre 2005 e 2006, Lula deixou claro para toda a equipe do governo que o trabalho não poderia parar por causa das denúncias. Isso quer dizer que elas foram ignoradas? Não. Diariamente, os assessores avaliavam o noticiário. Com base nos dados coletados, alguns ministros se reuniam, antes de o presidente chegar ao Planalto, para avaliar o cenário. Assim que Lula chegava, as conclusões eram transmitidas a ele pela ministra Dilma Rousseff e pelo ministro Márcio Thomaz Bastos.

Lula foi a público diversas vezes, tendo declarado, em 12 de agosto de 2005, em transmissão aberta a todas as emissoras de rádio e TV, que:

> Por ser o primeiro mandatário da nação, tenho o dever de zelar pelo Estado de Direito. O Brasil tem instituições democráticas sólidas. O Congresso está cumprindo com a sua parte, o Judiciário está cumprindo com a parte dele. Meu governo, com as ações da Polícia Federal, está investigando a fundo todas as denúncias. [...] Estou consciente da gravidade da crise política. Ela compromete todo o sistema partidário brasileiro. Em 1980, no início da redemocratização, decidi criar um partido novo que viesse para mudar as práticas políticas, moralizá-las e tornar cada vez mais limpa a disputa eleitoral no nosso país. Ajudei a criar esse partido e, vocês sabem, perdi três eleições presidenciais e ganhei a quarta, mantendo-me sempre fiel a esses ideais, tão fiel quanto sou hoje. Quero dizer a vocês, com toda a franqueza, eu me sinto traído. Traído por práticas inaceitáveis das quais nunca tive conhecimento. [...] Estou indignado pelas revelações que aparecem a cada dia, e que chocam o país. O PT foi criado justamente para fortalecer a ética na política e lutar ao lado do povo pobre e das camadas médias do nosso país. Eu não mudei e, tenho certeza, a mesma indignação que sinto é compartilhada pela grande maioria de todos aqueles que nos acompanharam nessa trajetória. [...] Queria, neste final, dizer ao povo brasileiro que eu não tenho nenhuma vergonha de dizer ao

povo brasileiro que nós temos que pedir desculpas. O PT tem que pedir desculpas. O governo, onde errou, tem que pedir desculpas. (Trechos do discurso de Lula na abertura da reunião ministerial de 12 de agosto de 2005.)

Acima de tudo, penso eu, a crise comprometeu fortemente, e por muito tempo, a imagem do PT, que hoje suporta a dor de uma ferida não cicatrizada. E, do pronunciamento de Lula, o que cala mais fundo é sua frustração ao ver o partido se enredar em práticas que sempre negou. Paralelamente aos debates em defesa de um *impeachment*, não foram poucas as insinuações e sugestões para que ele renunciasse. E Lula reagiu, comentando: "Quem propõe que eu renuncie não tem noção do compromisso que tenho com quem me trouxe aqui". Do lado de fora do Palácio do Planalto, manifestações ecoavam o refrão trazido pelos operários do ABC Paulista: "Mexeu com Lula, mexeu comigo" e "Deixa o homem trabalhar".

Eu acredito que o combate à corrupção pode ser efetivo se partir de uma ação do Estado em conjunto com a sociedade. Nada que se compare a uma "caça às bruxas" poderá dar conta de extinguir esse mal. Além disso, a busca por recursos para financiar campanhas eleitorais cada vez mais sofisticadas, mais dependentes de técnicas publicitárias e menos esclarecedoras do que de fato está em questão nas eleições não pode servir de biombo para malfeitos.

Dito isso, vale lembrar algumas das iniciativas estruturadas pela Controladoria-Geral da União (CGU), antes conhecida como Corregedoria. A CGU criou, no governo Lula, um sistema de fiscalização da aplicação dos recursos da União que impedia utilizá-los de acordo com interesses de um ou outro integrante do governo, ou de um ou outro lobby. O Brasil é dividido em 5.570 municípios. Fiscalizar de modo imparcial parece quase impossível, mas não foi para o ministro Waldir Pires e seu sucessor, Jorge Hage. Mediante sorteios efetuados pela Caixa – a instituição insuspeita que sorteia os números da loteria federal –, a CGU procedia à fiscalização dos municípios sorteados, em média sessenta por mês. A vantagem complementar foi deixar as gestões municipais sempre em alerta, de tal maneira que muitas se empenhavam em sanear suas contas, já que qualquer uma poderia ser a próxima a ser sorteada. A medida era uma forma de punir e, acima de tudo, de prevenir e evitar a corrupção.

Paralelamente à atuação da CGU, criou-se o Portal da Transparência e passou-se a usar o Pregão Eletrônico, a fazer o mapeamento de riscos de corrupção, a estimular o Controle Social, a distribuir cartilhas informativas sobre as finanças públicas – ao todo foram distribuídos 1,2 milhão –, a investir na capacitação de servidores públicos de prefeituras municipais – medida que atendeu mais de 5 mil funcionários –, a investir na implementação das Convenções Internacionais contra a Corrupção – Organização das Nações Unidas (ONU), Organização dos Estados Americanos (OEA), Organização para a Cooperação e Desenvolvimento Econômico (OCDE) –, a acompanhar a evolução patrimonial de servidores e a fazer o aprimoramento do marco legal.

Esse foi o ponto de partida de uma articulação inédita entre prevenção, fiscalização, controle, correção e combate à lavagem de dinheiro, legislação mais adequada, junto a uma Controladoria-Geral da União e uma Polícia Federal reequipadas e com mais servidores. Não por acaso, o Brasil se tornou referência internacional, tendo sediado, de 7 a 10 de junho de 2005, o IV Fórum Global de Combate à Corrupção, que contou com a participação de representantes de governos de mais de cem países e de especialistas da área. Posteriormente, representantes brasileiros foram convidados a outros eventos internacionais para relatar suas experiências.

Por coincidência, um dia antes da abertura do Fórum, em 6 de junho de 2005, a *Folha de S.Paulo* publicou uma entrevista com o deputado Roberto Jefferson, que acusava o PT de contribuir mensalmente para que parlamentares votassem nas propostas do governo. Essa seria, de acordo com o entrevistado, a prática do "mensalão".

Por fim vale lembrar ainda que, dos trinta e oito denunciados na Ação Penal 470, como foi chamado o processo, apenas oito eram do PT. Em 2012, a sentença foi publicada por um colegiado de juízes cuja maioria havia sido indicada pelo presidente Lula, e em nenhum momento o PT desacatou, desautorizou ou afrontou os juízes ou a instituição.

Governar na diversidade

Governar na diversidade requer, além do preparo e da aposta em políticas públicas, muito diálogo, paciência, tolerância e alta resistência a frustrações. Pode parecer redundância ou preciosismo, mas nunca é demais reiterar que a preservação da democracia é ingrediente obrigatório para alcançar e consolidar resultados consistentes na melhoria das condições de vida e trabalho da maioria da população e na defesa do país e de suas riquezas. A caneta de um presidente é poderosa e, se usada para destruir, pode ser perigosa. Isso porque construir requer um trabalho longo, que envolve a participação de muitos, como mostra o caminho trilhado para chegar à valorização do salário mínimo.

A democracia é uma das metas mais importantes a serem alcançadas e pode ser a garantia da realização das demais metas traçadas por um programa de governo. Lula associa a democracia a praticamente todas as situações e temas que envolvem governar um país. Para ele, trata-se de um escudo para promover a igualdade racial, a redução da desigualdade de renda, a liberdade de expressão, de organização e de manifestação. No caso do governo Lula, o esforço de realizar um mandato democrático fez parte da pequena lista de obsessões que o presidente carregou em sua trajetória. E foram muitas as expressões desse esforço, a começar pelo simbolismo do logotipo do governo federal, que ostentou a frase "Um Brasil de todos".

Mas será mesmo possível existir um país de que todos se sintam parte? Sem dúvida é algo muito difícil, especialmente em um lugar como o Brasil, onde reina a desigualdade. Mas a dificuldade não impediu que buscássemos, no governo Lula, realizar essa meta. Sintetizando suas prioridades, Lula sempre dizia: "Eu governo para todos. E governo com mais carinho para quem mais precisa". Mais do que isso, passou oito anos reiterando uma mesma frase, na qual afirmava que seu governo é "uma combinação especial de democracia, justiça social e crescimento". Palavras alentadoras que encontram correspondência em várias de suas realizações.

Bolsa Família: política de Estado e inclusão social

O Bolsa Família, o Benefício de Prestação Continuada (BPC), o Programa Nacional de Fortalecimento da Agricultura Familiar (Pronaf) e o salário mínimo constituem a tétrade que conduz à redução da desigualdade de renda. Tais iniciativas são complementadas pelo acesso ao crédito, particularmente ao crédito consignado, inicialmente ofertado aos trabalhadores formais e ampliado, mais tarde, para servidores públicos e aposentados.

A ideia do acesso ao crédito foi elaborada durante um almoço no Palácio do Planalto, oferecido por Lula aos presidentes dos maiores bancos sediados no país e da Febraban, com a presença de Luiz Marinho, então presidente do Sindicato dos Metalúrgicos do ABC Paulista. A conversa girou em torno da redução de juros para o consumidor. Lula indagou a razão pela qual há financiamento para imóveis e automóveis, mas não para outros produtos. A resposta foi direta: caso o consumidor pare de pagar, o banco toma o bem que, nesses dois casos, são de alto valor. Foi então que Marinho sugeriu uma modalidade de empréstimo que teria como garantia a própria remuneração do trabalhador. Nasceu assim o crédito consignado, recurso permitido desde que cada parcela não comprometa mais do que 30% do salário do consumidor.

O Bolsa Família é um programa de transferência de renda que nasceu com feições típicas de uma política de Estado, e não apenas de um governo. Foi pensado como estratégia de longo prazo no combate à miséria e planejado para incidir estruturalmente na sua redução. No início, o programa foi muito questionado porque, segundo os críticos, "o importante não é dar o peixe, mas ensinar a pescar", raciocínio que ignora a máxima da campanha contra a fome dos anos 1990, quando o sociólogo Betinho disseminou a frase "Quem tem fome tem pressa". O Bolsa Família chegou a ser desdenhado como uma mera variante do programa Bolsa Escola do governo Fernando Henrique Cardoso e apontado como um risco de acomodamento "para não trabalhar". Com o passar do tempo, porém, mesmo diante das permanentes críticas da oposição, do preconceito e da desinformação, os resultados começaram a aparecer e a receber reconhecimento internacional.[25]

Instituído em 2003, o Bolsa Família atendeu, até 2010, cerca de 12,8 milhões de famílias em todos os municípios brasileiros. Um resultado dessa escala não poderia ser obtido por ação de marketing ou ímpeto eleitoreiro. A ideia de unificar os programas de enfrentamento à miséria já constava do programa de governo elaborado durante a campanha eleitoral, em contraposição à pulverização existente no governo anterior e na busca por uma gestão única, já que antes os programas como Bolsa Escola, Vale Gás, entre outros, eram propostos pelos diversos ministérios. Com a vitória de Lula, o grupo encarregado de elaborar a proposta foi formado ainda na época da transição, em novembro de 2002, sob a coordenação de Miriam Belchior. A proposta foi publicada como medida provisória em outubro de 2003, passando a vigorar como lei em 2004. Foi um trabalho coletivo intenso, feito a partir de análises rigorosas do perfil da pobreza no Brasil, que gerou debates acalorados quanto às medidas a serem tomadas e deu abertura para conhecer estudos e experiências realizadas em outros países.

Em Brasília, participei do encontro com representantes dos programas Progresa, do México, e Oportunidad, do Chile, que expuseram para o presidente as características e os detalhes de cada um. Lula se entusiasmou ao saber que, no México, a renda do Progresa era transferida diretamente para as mulheres, medida que foi incorporada no Bolsa Família. E o programa foi além. Depois da consolidação do Cadastro Único para Programas Sociais (CadÚnico), o recurso

---

[25] Para saber mais sobre o Bolsa Família, ver: CAMPELLO, Tereza. *Desenvolvimento, inclusão social e intersetorialidade: do orçamento participativo ao Brasil sem Miséria*. Disponível em: https://bit.ly/38WTuYv. Acesso em: 21 jun. 2022.

transferido passou a ser retirado diretamente pelas beneficiárias por meio de cartão administrado pela Caixa Econômica, banco público, sem intermediários – um passo importante num país com histórico de clientelismo. Quanto aos valores, o benefício foi composto, de início, por uma parte fixa equivalente, em média, a 20% do salário e uma variável para até três filhos.

Se o Bolsa Família servisse apenas para a transferência de renda, já seria importante. Mas o que torna especial a equação construída pela equipe são as condicionalidades e a intersetorialidade, um passo além da transversalidade. Quem recebe o benefício deve manter os filhos na escola, levá-los para controle de saúde a cada seis meses e, se a mãe for gestante, realizar ao menos três consultas pré-natal. É aí que entra o CadÚnico, sistema gerenciado pela Caixa e atualizado a cada dois anos com informações do Sistema Único de Assistência Social (SUAS), que acompanha a participação e a frequência dos alunos na escola, e do Sistema Único de Saúde (SUS), que acompanha a saúde de crianças e gestantes.

A transferência de renda é o início de um percurso para a inclusão da população de baixa renda na educação e na saúde, e os programas viabilizados pelo governo Lula impuseram às instituições e a seus servidores um envolvimento direto na batalha pela redução da pobreza. O principal ganho do Bolsa Família, mantido e aperfeiçoado pelo governo Dilma, foi a saída do Brasil do Mapa da Fome em 2014, para onde o país infelizmente começou a retornar a partir de 2018.

Agricultura familiar

Em entrevista ao SBT durante a campanha eleitoral de 2002, Lula foi questionado se daria atenção à agricultura empresarial ou à familiar. Sua resposta foi objetiva: "O Brasil é muito grande e comporta os dois tipos de agricultura. As duas serão financiadas e incentivadas". E Lula cumpriu a promessa, viabilizando recordes na produção agrícola empresarial e dando ênfase para quem mais precisava. Além de ampliar os recursos, beneficiou um número maior de agricultores em 5.394 municípios, quase a totalidade do território nacional.

Só essas mudanças já registrariam um salto no alcance do Pronaf, que viria a contar com mais nove subprogramas. Mas os ganhos não foram apenas quantitativos. Ocorreram simultaneamente, entre 2003 e 2010, quando o governo federal estruturou um conjunto de políticas públicas permanentes voltadas para a agricultura familiar que, articuladas, influíram na redução da pobreza rural, no aumento da renda e na melhoria da qualidade de vida de milhares de brasileiros.

A implementação de uma nova linha de crédito do Pronaf a partir do primeiro semestre de 2008, momento em que o mundo se via diante da ameaça de uma grave crise de alimentos, impulsionou o acesso a um nível técnico maior dos produtores rurais familiares, gerando empregos e aumentando a produtividade no meio rural. Foi criado um novo programa, o Mais Alimentos, que tinha como âncora o financiamento de um pequeno trator capaz de incrementar a produção e a geração de empregos no setor de máquinas e equipamentos. Em um ano, a produção familiar de leite, mandioca, milho, feijão, café, arroz e trigo aumentou em quase oito milhões de toneladas.

O circuito aberto pelo maior financiamento contou desde 2003 com o Programa de Aquisição de Alimentos (PAA), criado para facilitar a comercialização dos produtos da agricultura familiar, garantir estoques reguladores e melhorar a qualidade da alimentação escolar. A articulação de projetos voltados para o meio rural guarda uma semelhança com a articulação operada no Programa Luz Para Todos: ambos beneficiam quem mais precisa, proporcionam melhorias na qualidade de vida e impulsionam a indústria e a geração de empregos. Essas são, aliás, características comuns a diversas iniciativas do governo Lula.

Em paralelo, cerca de seiscentas mil famílias foram assentadas pela reforma agrária, o que corresponde a quase o dobro de famílias assentadas até então no Brasil. Várias iniciativas de trabalho de mulheres também foram apoiadas e financiadas, permitindo, entre outros benefícios, a criação de organizações e cooperativas.

De acordo com o Ipea, antes mesmo do final do mandato de Lula, mais de quatro milhões de pessoas saíram da pobreza no campo, e houve uma significativa melhora do índice de Gini, dado estatístico que mede a desigualdade. Foi assim que de 2002 a 2009 as áreas rurais receberam quase um milhão de novos domicílios.

Salário mínimo

"Vocês querem falar com Lula às 3 horas da madrugada?", Dona Marisa indagou ao telefone.

"Sim", respondeu o então ministro do Trabalho, Luiz Marinho, que informou eufórico ao presidente Lula sobre o acordo selado com as centrais sindicais em 2006.[26] O centro do acordo entre as centrais foi cobrar do governo e do Congresso uma regra de valorização permanente do salário mínimo[27] até que se alcançasse o valor estabelecido desde 1936 pela Lei n.º 185 – ou seja, uma remuneração cujo valor garantisse a sobrevivência de trabalhadores urbanos e rurais. Isso foi reiterado sucessivamente pela CLT em 1943, pela Constituição de 1946 e, finalmente, pela de 1988, que incluiu na lei a sobrevivência da família, e não apenas do trabalhador.

O que aconteceu de 1936 a 2005 que impediu o cumprimento da letra da lei? Como poderiam as famílias de trabalhadores sobreviver sem esse mínimo? Causa espanto e revolta saber que, durante

---

[26] Participaram do acordo a Central Única dos Trabalhadores (CUT), a Força Sindical, a União Geral dos Trabalhadores (UGT), a Nova Central Sindical de Trabalhadores (NCST), a Central Geral dos Trabalhadores do Brasil (CGTB) e a Central dos Trabalhadores e Trabalhadoras do Brasil (CTB).

[27] De acordo com o Artigo 7º da Constituição Federal, o salário mínimo é um direito dos trabalhadores urbanos e rurais e deve ser "fixado em lei, nacionalmente unificado, capaz de atender a suas necessidades vitais básicas e às de sua família com moradia, alimentação, educação, saúde, lazer, vestuário, higiene, transporte e previdência social, com reajustes periódicos que lhes preservem o poder aquisitivo".

quase setenta anos, o valor mínimo para garantir uma vida digna para o trabalhador e, a partir de 1988, também para sua família, sofreu apenas pequenos reajustes e em raras e esporádicas ocasiões. Nos governos Sarney e Collor, apesar de fortes oscilações, o valor do salário mínimo caiu. No governo Fernando Henrique Cardoso, houve uma lenta e constante recuperação do valor, que em 1995 permitia comprar 1,02 cesta básica. Lula assume o governo com o salário mínimo já definido para a compra de 1,38 cesta básica e termina o mandato com o valor equivalente a 2,06 cestas. Dilma segue no mesmo rumo. Foram os anos de maior valorização do salário mínimo, o que se traduz em maior poder de compra e maior aumento real. No total, de 2003 a 2016, houve um reajuste de 77,1%.

A valorização do salário mínimo foi um dos fortes compromissos do presidente Lula desde sua primeira campanha eleitoral, além de uma reivindicação histórica dos trabalhadores. O governo federal deu início à política de recuperação do salário mínimo já em 2003, e em 2006 chegou a um acordo com as centrais sindicais quanto à fórmula para garantir a valorização do mínimo nos anos seguintes. Lula e Dilma seguiram-na antes mesmo da aprovação da lei, que entrou em vigor em 2012.

Como forma de garantir um ganho real e o fortalecimento do mercado interno, os reajustes do salário mínimo passaram a incorporar a inflação do Índice Nacional de Preços ao Consumidor (INPC), medido pelo IBGE, e a variação de crescimento real do PIB brasileiro de dois anos antes da data-base. Logo, se o país cresce, cresce também o poder de compra do salário mínimo. Simples assim.

Vale registrar que a política de valorização do salário mínimo não incide apenas na remuneração de trabalhadores assalariados. A Pesquisa Nacional por Amostra de Domicílios (PNAD) aponta que, em 2008, os reajustes impactaram diretamente cerca de 46,1 milhões de brasileiros, incluídos aí os beneficiários do Instituto Nacional do Seguro Social (INSS) e do Benefício da Prestação Continuada (BPC), que recebem rendimentos cuja variação é baseada nos reajustes do mínimo. A PNAD de 2021 mostra que o impacto era ainda maior, atingindo 56,7 milhões de pessoas.

A nova legislação garantiu uma das maiores conquistas dos trabalhadores no que diz respeito à redução da desigualdade de renda. Além dos ganhos reais para assalariados, idosos e pessoas com deficiência, o aumento do salário mínimo incide também na elevação da remuneração de outras categorias profissionais de trabalhadores, já que por lei não pode haver piso salarial abaixo do mínimo. Assim, municípios pequenos, que dependem do Fundo de Participação (FPM), viram a renda de suas cidadãs e cidadãos aumentar como resultado direto do aumento do salário mínimo, o que, por sua vez, aqueceu o comércio e o mercado de prestação de serviços.

Há outros ganhos menos visíveis que ocorreram no processo de luta pela valorização de longo prazo do salário mínimo. Ganhos políticos e organizativos. Afinal, foi uma construção elaborada a muitas mãos. No início, coube à CUT dar forma à proposta. Em seguida, todas as centrais sindicais participaram, num esforço inédito de aparar arestas entre organizações que, até então, tinham muita dificuldade para dialogar. Mesmo no interior da CUT, nem todas as decisões foram unânimes. Arthur Henrique, que participou de todas as negociações em nome da CUT, conta que houve certa resistência dos setores operários mais bem organizados, com remuneração acima do mínimo. No fim, acordaram uma espécie de operação casada: a luta pela valorização do salário mínimo foi acompanhada pela reivindicação de reajustes na tabela do imposto de renda de pessoas físicas, favorecendo trabalhadores mais bem remunerados e parte da classe média.

A campanha foi intensa e durou nada menos que três anos. Inspirados na forma de organização praticada pela Contag para construir a Marcha das Margaridas, os sindicalistas realizaram marchas nacionais em 2004, 2005 e 2006. Os eventos contaram com participação expressiva de trabalhadores de todo o país, que visitaram gabinetes de deputados e senadores num árduo trabalho de esclarecimento e convencimento. Contaram, também, com a preciosa colaboração do

DIEESE,[28] fonte inquestionável de informações para aferir o poder aquisitivo do salário mínimo e sua capacidade de arcar com as despesas mínimas de uma família. Mesmo assim, a lei só foi aprovada em 2012, e nos últimos anos deixou de ser praticada, interrompendo os avanços rumo à redução da desigualdade de renda.

Guardo comigo a imagem que via pela janela da sala da minha equipe, quando a Esplanada dos Ministérios foi ocupada por trabalhadores de todo o país. Dessa lembrança, escuto um alerta: nada é irreversível.

Os dois lados de uma mesma moeda

Em 2003, num dia qualquer, estava eu guardando o troco recebido no restaurante do anexo do Palácio do Planalto quando algo que eu nunca tinha reparado me chamou a atenção na nota de um real.

Olhei várias vezes, cuidadosamente, para os dois lados do papel-moeda que eu tinha diante de mim, pois não estava acreditando no que via: em nenhum lugar da nota constavam os dizeres "República Federativa do Brasil".

Muito intrigada, lembrei que tinha na carteira uma nota de um dólar, e lá fui eu conferir seus dizeres. Encontrei, obviamente, o escrito "Federal Reserve", que é o equivalente ao Banco Central dos Estados Unidos. Encontrei, também, os dizeres "United States of America". Pensei comigo: "Que país é este, o Brasil, que não coloca seu nome no próprio dinheiro?".

Resolvi falar com Lula sobre isso. Desde os primeiros dias de governo, eu insistia na importância da pauta da autoestima dos brasileiros. Luiz Gushiken, então ministro responsável pela Secretaria Especial de Comunicação Social (Secom), elaborou a campanha "O melhor do Brasil é o brasileiro", um esforço de porte para livrar

---

[28] Para saber mais sobre a política de valorização do salário mínimo, ver: https://bit.ly/3zr9j4m. Acesso em: 20 jun. 2022.

nosso país do chamado "complexo de vira-lata", ou seja, a mania de achar que todos os outros países e povos são melhores do que nós.

Em conversa com o ex-ministro Delfim Netto, fui em busca de informações sobre o momento em que o Banco Central foi criado. Delfim Netto relatou ter sido uma ação deliberada dar destaque para o Banco Central nas cédulas, pois se tratava de uma instituição nova, criada em 31 de dezembro de 1964 pela Lei n.º 4.595, e era preciso, na época, "realçar o seu papel para lhe dar maior credibilidade".

Buscando contribuir para o resgate da autoestima, me ocorreu que inserir o nome do país nas cédulas do real chamaria a atenção, sob mais um ponto de vista, para a importância de valorizar o Brasil. Lula gostou da ideia. Combinamos então que eu conversaria com os responsáveis no Banco Central e depois daria encaminhamento para reverter essa que me parecia uma enorme falha.

O ministro Henrique Meirelles me encaminhou para o responsável pela área, que me forneceu materiais históricos do Banco Central e me informou que estava em estudo a segunda "família" de notas. A mudança aplicaria uma série de padrões que já vinham sendo utilizados em diversos países, permitindo a diferenciação entre os valores das notas não somente pela cor e pelos desenhos, mas também pelo tamanho. A informação foi muito importante, porque ali estava a oportunidade de fazer a alteração em todas as notas da nova família, e não apenas na de um real.

Em setembro de 2003, como forma de sinalizar e difundir a necessidade da alteração, a mudança foi feita na cédula de um real, que passou a contar com o texto "República Federativa do Brasil" na parte superior da cédula, enquanto o texto "Banco Central do Brasil" passou para a parte inferior.

Em 12 de setembro, um evento singelo foi realizado no Palácio do Planalto para apresentar a nova nota de um real à imprensa e ressaltar as diferenças em relação à antiga. Estiveram presentes o presidente Lula, o então presidente do Banco Central, Henrique Meirelles, e o então ministro da Fazenda, Antonio Palocci.

Acredito que quando conversei com o ex-ministro Delfim Netto, por desconhecimento meu, não fiz nenhuma relação com o debate sobre a autonomia do Banco Central. Mas o fato é que as cédulas do dinheiro brasileiro, até o momento em que a nova família foi impressa, avalizavam implicitamente uma concepção de Banco Central independente.

A nota de um real acabou saindo de circulação para dar lugar à moeda de metal. Em compensação, anos mais tarde, em dezembro de 2010, a nova família de fato foi produzida e continua em circulação, ostentando em todas as notas os dizeres "República Federativa do Brasil".

Pré-sal e o futuro sequestrado

A trajetória da produção de petróleo no Brasil enfrenta, desde o início, a tensão entre os interesses da nação e das empresas. Basta se lembrar da Campanha do Petróleo do governo Vargas, pautada pelo slogan "O petróleo é nosso" e que culminou, em 1953, na criação da empresa petrolífera nacional, a Petrobras. Com idas e vindas, a Petrobras cresceu e se qualificou para novas descobertas. Foram muitos anos de investimento constante em pesquisa e em técnicos e profissionais da Petrobras, em parceria com as universidades, até o anúncio da descoberta dessa gigante província petrolífera que é o pré-sal,[29] bem como dos meios de acessar o petróleo em águas profundas e de fazer dele uma riqueza nacional.

Desde 2006, quando a Petrobras anunciou a descoberta de petróleo na camada do pré-sal, localizada seis mil metros abaixo do nível do mar, e indicou que sua qualidade era superior à de outras jazidas, uma onda de otimismo envolveu a equipe do governo. A empolgação foi maior entre a então ministra-chefe da Casa Civil, Dilma Rousseff, e o próprio Lula, que em 2008,

---

[29] A camada de pré-sal contém grandes reservas de petróleo e gás natural, além de representar uma das maiores regiões petrolíferas descobertas nos últimos cem anos. Localizada entre os estados do Espírito Santo e de Santa Catarina, a mais de seis mil metros abaixo da camada de sal, tem aproximadamente oitocentos quilômetros de extensão e duzentos quilômetros de largura, o equivalente à distância entre Paris e Milão.

durante seu primeiro pronunciamento público sobre o pré-sal, anunciou que "uma parte dessa riqueza tem que ficar para fazer os pobres crescerem neste país". A cada nova manifestação pública, Lula aumentava as expectativas sobre o que essa descoberta poderia propiciar ao Brasil, detalhando como planejava investir em tecnologia, qualificar a mão de obra e industrializar o país. A construção de refinarias permitiria baratear os combustíveis, e a preservação de uma parcela de conteúdo nacional possibilitaria a multiplicação de empresas e empregos no Brasil.

Para consolidar um processo em que houvesse equilíbrio entre as partes, foi preciso alterar a legislação a fim de garantir os termos da partilha com empresas nacionais e estrangeiras. A experiência norueguesa serviu de inspiração para criar, em 2008, a Lei n.º 13.679, mais conhecida como Nova Lei do Petróleo. E Lula fez questão de resguardar, como questão inegociável, os recursos para "pagar a dívida com a educação e com a pobreza". Ele sabia que, naquele momento inicial, era difícil dimensionar o volume de recursos dos royalties que viriam a ser devidos à União, mas não cansava de reiterar que a educação, a saúde e as pessoas pobres seriam beneficiadas.

Segundo dados da Agência Nacional de Petróleo (ANP), a produção de barris acumulada de 2009 a 2021 no Campo de Tupi, o maior dos campos do pré-sal, é de 5,02 bilhões. Essa quantia ultrapassa "toda a produção acumulada em campos terrestres desde 1941, que somou 4,96 bilhões de barris de óleo equivalente",[30] e ultrapassa a soma dos demais campos marítimos.

Royalties são devidos enquanto dura a extração de petróleo e gás em cada poço. Isso significa que o país poderia ter uma sustentação de décadas para além dos recursos do orçamento da União, sendo capaz de quitar a dívida e elevar a população jovem a um patamar

---

[30] Barril de óleo equivalente é a unidade utilizada para converter um volume de gás natural em um volume de óleo. Essa padronização é necessária porque um mesmo poço pode produzir gás e óleo, e dimensionar seu potencial requer medir a produção dos dois produtos.

compatível com o dos países que mais investem em educação, além de propiciar melhores condições de trabalho, capacitação e remuneração para professores e demais trabalhadores envolvidos na área. Daí o motivo pelo qual o pré-sal passou a ser chamado de "passaporte para o futuro", conceito que adquiriu concretude em 2013, quando foi aprovada a lei que destina 75% dos royalties para a educação e 25% para a saúde.

Mas, após o *impeachment* da presidenta Dilma, o governo de Michel Temer conduziu o pré-sal para outro rumo. Embora, em 2021, 70% da produção brasileira de petróleo e gás viessem dos campos do pré-sal, o povo amarga o sufoco imposto pelos preços internacionais dos combustíveis. O Brasil exporta petróleo e importa gasolina. Mesmo tendo condições de refino, as refinarias estão à venda, e as distribuidoras de gasolina e de gás já foram vendidas.

Entre os prejudicados por esse processo estão crianças e jovens que ainda precisam de muito investimento para superar a dívida acumulada na educação. O esforço de incluir essa pauta entre as beneficiadas pelo pré-sal partiu da intenção do governo Lula de investir mais e realizar mais do que o que vinha sendo feito quando os royalties ainda nem estavam no horizonte. Basta lembrar que, a partir da criação do Fundo de Desenvolvimento da Educação Básica (Fundeb), em 2007, o governo ampliou os recursos orçamentários para todos os níveis do ensino nos estados e municípios.

Para Lula, o ensino superior era mais do que uma prioridade: era uma de suas obsessões. Criticado e discriminado por não ter cursado uma universidade, repetia quase compulsivamente: "Eu, que não pude estudar, vou garantir essa oportunidade para todos os jovens". Até 2010, foram criadas 14 universidades, 126 *campi* no interior e 214 novas escolas técnicas. O programa de Reestruturação e Expansão das Universidades Federais (Reuni) permitiu ampliar o acesso às instalações já existentes, e as bolsas do Programa Universidade para Todos (Prouni) financiaram o estudo de 750 mil jovens de baixa renda em faculdades particulares.

O retrato mais eloquente desse investimento é o Brasil ter filhas e filhos de lavradores graduados em medicina, filhas e filhos de pedreiros graduados em engenharia, filhas e filhos de domésticas graduados em direito, e assim por diante. Milhares de pessoas pobres que nunca tiveram acesso à educação puderam celebrar, com orgulho, a primeira pessoa da família a receber um diploma de ensino superior. Adultos voltaram a estudar para realizar sonhos de se tornarem profissionais qualificados. Jovens de cidades distantes enfim puderam cursar escolas técnicas e frequentar os *campi* próximos dos locais onde viviam, fator que contribuiu para a redução de desigualdades regionais.

Antes de terminar seu segundo mandato, Lula enviou ao Congresso o projeto de lei do Plano Nacional de Educação (PNE), que estabeleceu metas para os dez anos seguintes. O plano só foi aprovado em 2014 e após a cassação do mandato da presidenta Dilma foi solenemente ignorado, dando lugar à atuação de ministros avessos à educação e à democracia.

Olimpíada Brasileira de Matemática das Escolas Públicas (OBMEP)

Não foi só o ensino formal que recebeu a atenção do governo Lula. Ao ouvir, em um encontro no Palácio do Planalto em 2004, o relato da professora Suely Druck, da Sociedade Brasileira de Matemática (SBM); do professor César Camacho, do Instituto de Matemática Pura e Aplicada (IMPA); e de alguns jovens brasileiros medalhados na Olimpíada Internacional de Matemática, Lula perguntou à educadora: "Professora Suely, a senhora poderia organizar, de imediato, uma olimpíada da escola pública para cinco milhões de alunos?".

A Olimpíada Brasileira de Matemática já acontecia desde 1979, mas registrava baixa participação de alunos das escolas públicas – ou seja, jovens de baixa renda e moradia distante dos grandes centros. O fato chamou a atenção de Lula, que imediatamente tratou de viabilizar a competição nas escolas públicas. Nascia aí a Olimpíada Brasileira de Matemática das Escolas Públicas

(OBMEP), cujos torneios e eventos de premiação – alguns destes realizados no Teatro Municipal do Rio de Janeiro – mostraram como a competição despertava o interesse dos alunos. A professora Suely conta que, inicialmente, havia pensado em um nome leve, mais apropriado para o público infantojuvenil, como "gincana". Foi o ministro Luiz Gushiken que insistiu em "olimpíada", pois acreditava que, ao dar à competição um caráter de grandeza, despertaria o interesse dos alunos.

A OBMEP era realizada pelos Ministérios da Educação e de Ciência e Tecnologia. É dirigida aos alunos de 6º a 9º ano do ensino fundamental e aos alunos do ensino médio das escolas públicas municipais, estaduais e federais, que concorrem a prêmios de acordo com sua classificação nas provas. Os professores responsáveis pelos alunos de maior destaque também recebem bolsas de aperfeiçoamento em instituições dedicadas ao estudo da matemática, como o IMPA e a SBM.

Durante seu mandato, Lula participou de praticamente todas as premiações da OBMEP. Em 2005, os torneios contaram com 10 milhões de alunos de 31 mil escolas, e em 2009, foram quase 20 milhões de alunos de mais de 43 mil escolas. Os números revelam uma abrangência de 99% dos municípios, ou seja, quase a totalidade das escolas públicas em todo o território nacional.

O jovem Ricardo Oliveira da Silva[31] é um grande símbolo da amplitude e da inclusão das olimpíadas. Vindo de uma família de lavradores de Várzea Alegre, no Ceará, Ricardo é um jovem com deficiência que ganhou várias medalhas de ouro na OBMEP, entre outros torneios dos quais participou. De origem humilde e vivendo em uma cidade sem qualquer infraestrutura para cadeirantes, Ricardo chegava aos locais de prova com a ajuda do pai, que o transportava pelas estradas de terra em um carrinho de mão. Sua história emociona, entre muitas razões, por evidenciar um talento revelado graças à oportunidade.

---

[31] Para conhecer a história de Ricardo, ver: https://bit.ly/3xEcrsw. Acesso em: 4 jul. 2022.

Plano Nacional do Livro e Leitura (PNLL)

Fora dos marcos curriculares, livros, leitura, literatura e bibliotecas foram incentivados nos dois governos de Lula. Cumprindo a Constituição, Lula desonerou a cadeia produtiva em 2004, aderiu ao Ano Ibero-Americano da Leitura (Vivaleitura) em 2005 e fez cumprir, no Brasil, o grande objetivo de iniciar a construção do PNLL em 2006. A partir daí, mais de 1.600 cidades abriram suas primeiras bibliotecas públicas. Valorizaram-se os mediadores de leitura e multiplicaram-se as feiras e festas literárias. Homenageado em eventos referenciais no exterior, o Brasil brilhou com a presença de escritores, editoras e gestores públicos de seus programas de leitura, que até hoje são referências para as políticas públicas ibero-americanas de cultura e educação. Em 2018, apesar do boicote à cultura, à literatura e aos livros após o *impeachment* da presidenta Dilma, foi graças a esse impulso inicial e à dedicação de parte dos parlamentares que a sociedade civil conquistou a primeira lei que reconhece a leitura como direito de todos e todas. Trata-se da Lei da Política Nacional de Leitura e Escrita (PNLE), que aponta para o Brasil se tornar uma nação de leitores, formando cidadãos plenos nos seus direitos e na leitura do mundo.

Chegar à escola: um desafio

Muitas crianças e jovens que não dispunham de meios de locomoção perdiam aulas constantemente, ou até deixavam de estudar, devido às grandes distâncias entre suas casas e a escola. Um dos programas de combate a esses obstáculos foi o Caminho da Escola, que consistiu em uma articulação do governo federal com as prefeituras das pequenas cidades e as empresas fabricantes de ônibus. Os veículos disponibilizados tinham acabamento simples, mas garantiam transporte seguro para os estudantes. Nessa articulação, como em muitas outras, Lula trabalhou simultaneamente as necessidades das populações desassistidas, a dinamização da indústria e a geração de empregos.

Essa mesma concepção de trabalho simultâneo levou o governo a promover o desenvolvimento das áreas científica e tecnológica e implementar, desde 2003, uma política pública que interliga a vida das pessoas e os rumos do país a partir de pesquisa, desenvolvimento e inovação em áreas estratégicas como saúde, biocombustíveis e Amazônia, entre outros temas.

O Fundo Nacional de Desenvolvimento Científico e Tecnológico (FNDCT) dispunha formalmente de recursos, mas estes vinham sendo perdidos em consequência de contingenciamentos que os direcionavam para outras áreas. Aos poucos, a partir do diálogo entre o governo e as instituições interessadas, os contingenciamentos cessaram e os recursos públicos foram sendo recuperados e direcionados para Pesquisa e Desenvolvimento (P&D). Daí em diante, cresceu o número de pesquisadores envolvidos em P&D, de grupos de pesquisa, de mestres e doutores titulados, de bolsas disponibilizadas no país e no exterior, de produção de artigos científicos, de pedidos de patentes de invenção e de investimentos do setor privado.

Aos poucos, o Brasil atingia um novo patamar no cenário internacional, com elevação da produção científica e ações como a expansão de redes de pesquisa, criação e/ou aprimoramento de laboratórios – como o de nanotecnologia –, incentivo ao desenvolvimento tecnológico nas empresas, coordenação com a política comercial, investimentos em pesquisas para o desenvolvimento social, criação de novos institutos e articulação sistemática da ciência e da tecnologia com a educação.

Rota de inclusão

Sem documento, sem acesso à cidadania

O Programa Nacional de Documentação da Trabalhadora Rural (PNDTR), criado em 2004 pelo Ministério do Desenvolvimento Agrário, tem o objetivo de garantir a emissão gratuita de documentos civis e trabalhistas a mulheres trabalhadoras rurais, assegurando a elas o exercício de direitos básicos. No Piauí, o programa foi inaugurado pelo governador Wellington Dias, do PT, e em outubro de 2008 pude conhecer suas ações no assentamento Recanto de Santo Antônio, na zona rural de Teresina. Na ocasião, acompanhei uma conversa entre governador, parlamentares, secretários e secretárias estaduais com o público, formado majoritariamente por mulheres trabalhadoras rurais.

A cerca de cinquenta metros do local da reunião havia sido estacionada a unidade móvel Expresso Cidadão, onde cada pessoa acolhida pelo programa era fotografada e, a depender da situação, já poderia sair totalmente documentada. O primeiro atendimento era do cartório. Em seguida, era feita a carteira de identidade. Também poderiam ser emitidos, entre outros documentos, a carteira de trabalho e o Cadastro de Pessoa Física (CPF). Graças à ação conjunta dos governos municipal, estadual e federal, com a participação de cartórios de registro civil e entidades de mulheres rurais, responsáveis pela divulgação do PNDTR e pela mobilização da população, foram realizados no Brasil 2.481 mutirões itinerantes, e mais de 620 mil mulheres – entre trabalhadoras rurais, acampadas e assentadas da reforma agrária, ribeirinhas, extrativistas, indígenas, quilombolas e pescadoras – passaram a ter documentos entre 2004 e 2010.

Garantir documentação para quem precisa é permitir o reconhecimento da cidadania, o exercício de direitos constitucionais e o acesso de todos a programas de assistência governamental. Só para se ter uma ideia do impacto do PNDTR, em 2003, 18,8% da população, principalmente mulheres e crianças, não tinham registro de nascimento. De acordo com o IBGE, esse índice caiu para menos de 1% em 2014. Um resultado como esse não acontece por inércia, e sim a partir de ações e campanhas voltadas para a conscientização e, principalmente, para a mobilização do potencial do Estado a favor da população. Daí o orgulho de Lula quando entregou, entre muitos documentos de muitos brasileiros, a certidão de nascimento de uma senhora de 70 anos, que a partir dali finalmente poderia documentar toda a família.

Água para conviver com a seca

Ao longo da minha experiência política nos centros urbanos, algo que me chamou a atenção foi a pouca importância dada às cisternas em debates e reuniões. Não é de se espantar, já que a maioria dos presentes nessas ocasiões nunca precisou andar mais que alguns poucos metros para beber água ou se lavar, ou desconhece a dura realidade do semiárido nordestino, onde chove apenas quatro meses por ano. No cenário da chamada "indústria da seca", milhões de pessoas dependiam de decisões de políticos e administradores locais para ter o direito básico de matar a sede.

A Articulação Semiárido Brasileiro (ASA), rede que agrega diversas organizações da sociedade civil, entre ONGs, sindicatos rurais, cooperativas etc., tem longa experiência na construção de cisternas, mas faltavam fôlego e recursos para produzi-las na escala necessária. Em 2003, o governo federal firmou um convênio com a ASA e a Febraban com o objetivo de construir cisternas no semiárido e propiciar o acesso diário à água em locais próximos às residências.

O público-alvo da região passava dos 4,5 milhões de pessoas. O processo foi mais lento no início, mas a partir de 2011, com maior conhecimento e agilidade, envolvendo também municípios e estados, a meta inicial foi ultrapassada. Assim, até 2016, somados os governos Lula e Dilma, foram construídas em torno de 1,3 milhão de cisternas para consumo e quase 170 mil para produção.

No evento da assinatura do primeiro convênio, a grande lição foi dada por uma senhora que impressionou ao relatar as mudanças em sua vida decorrentes da iniciativa. Ela contou como as caminhadas para buscar água eram longas – entre um e dois quilômetros – e como era difícil equilibrar os recipientes cheios a fim de evitar o desperdício. Com a instalação da cisterna, enfatizou o quanto podia aproveitar melhor seu tempo durante o dia e garantir a presença de sua filhinha na escola. E finalizou, inclinando a cabeça em direção ao ombro, relatando que "agora dá tempo até de namorar".

Transposição de obstáculos

Desde o início do século XIX, a transposição das águas do rio São Francisco, que banha os estados de Minas Gerais, Bahia, Pernambuco, Alagoas e Sergipe, totalizando um trajeto de 2.700 quilômetros, é tida como uma opção para abastecer a região castigada pela seca. O projeto foi defendido por Dom Pedro II e muitas propostas foram debatidas no Parlamento Imperial e da República, mas nunca houve comprometimento com recursos. Lula, que defendia a transposição desde as primeiras caravanas, chegando a percorrer o curso do rio em uma delas, tornou a obra uma prioridade de seu governo através do Programa de Aceleração do Crescimento (PAC),[32] cuja execução chegou a 88% em 2016, quando Dilma foi impedida de continuar seu mandato. O PAC pode ser considerado o centro do Programa de

---

[32] Para mais informações, ver "Discurso de Lula na cerimônia de lançamento do Programa de Aceleração do Crescimento", disponível na íntegra em: https://bit.ly/3zeKYyn. Acesso em: 18 jul. 2022.

Governo do segundo mandato de Lula. Sua coordenação ficou a cargo de Dilma, então ministra-chefe da Casa Civil. Foi por esse motivo que Lula apelidou Dilma de "mãe do PAC", uma forma carinhosa de enfatizar a atribuição que lhe foi delegada.

Em 10 de março de 2017, Temer inaugurou o Eixo Leste em uma cerimônia discreta no município de Monteiro, na Paraíba. Alguns dias depois, em 19 de março, Dilma e Lula foram recebidos no mesmo lugar por uma multidão avaliada em 100 mil pessoas. A visita foi chamada de "inauguração popular"[33] do projeto previsto para ter a capacidade de levar água para 12 milhões de pessoas.

Entre os diversos relatos positivos sobre o Luz Para Todos, os mais emocionantes são os das mulheres pertencentes aos 3,3 milhões de famílias rurais atendidas pelo programa. Em uma das inúmeras inaugurações de ligação da energia elétrica das quais Lula participou, uma delas relatou que acendia a luz para ver como eram seus netos enquanto dormiam, imagem que até então ela não conhecia. E, quando Lula falou sobre a importância desse recurso, outra disse a ele que ainda mais importante do que a luz em si era ter energia elétrica para "poder comprar um liquidificador, fazer sorvete e vender para aumentar a renda da família".[34]

No palácio, café em xícaras de louça

Mais de vinte e seis anos se passaram desde a proposta de reparação defendida pelo Movimento de Reintegração das Pessoas Atingidas pela Hanseníase (Morhan) até o dia 24 de maio de 2007, quando Lula assinou a medida provisória, posteriormente transformada na Lei n.º 11.520, que concede pensão vitalícia e intransferível para pessoas com hanseníase isoladas do convívio familiar de modo compulsório.

---

[33] Para conferir os registros da inauguração popular, ver: https://bit.ly/3NPBazH. Acesso em: 13 jun. 2022.

[34] Para conferir esses e outros relatos, ver "Discurso de Lula na cerimônia de comemoração das duas milhões de ligações pelo Programa Luz Para Todos" disponível na íntegra em: https://bit.ly/3zeKYyn. Acesso em: 18 jul. 2022.

De acordo com o cantor Ney Matogrosso, que esteve envolvido na luta das pessoas com hanseníase e participou do ato de assinatura da medida provisória, "a iniciativa de Lula deu visibilidade à causa". Um caso sempre relembrado aconteceu na primeira vez que representantes do Morhan se reuniram com Lula no Palácio do Planalto. Acostumados a serem servidos em copos descartáveis devido ao estigma do contágio, ficaram surpresos, sentindo-se verdadeiramente respeitados, quando os garçons os serviram em xícaras de louça com o brasão do governo.

Sob os viadutos de São Paulo e diante da prisão em Curitiba

No início do governo Lula, padre Júlio Lancelotti e seu amigo italiano Antonio Vermigli se reuniram com o presidente para tratar das dificuldades enfrentadas pela população pobre da cidade de São Paulo. Na ocasião, padre Júlio e Vermigli sugeriram que Lula se encontrasse, na véspera do Natal, com pessoas em situação de rua e catadores de materiais recicláveis. Lula acolheu a sugestão e, de 2003 a 2010, na companhia de padre Júlio, Gilberto Carvalho, ministros e lideranças populares, organizou celebrações que evocavam os ensinamentos do cristianismo e de outras religiões, como a importância de estar sempre ao lado uns dos outros, de olhar pelos pobres, pelos excluídos, pelos desamparados.

Em 2003, Lula não esperou a chegada do Natal para assinar, com a participação de ministérios e empresas públicas federais, o decreto que criou o Comitê Interministerial para Inclusão Social e Econômica dos Catadores de Materiais Reutilizáveis e Recicláveis (CIISC) e o Movimento Nacional dos Catadores de Materiais Recicláveis (MNCR). Daí em diante até 2010, quando o Congresso Nacional aprovou a Lei n.º 12.305, que instituiu a Política Nacional de Resíduos Sólidos (PNRS), o governo atuou em favor dos catadores e das catadoras, as quais constituem cerca de dois terços da categoria.

Um pouco antes, em 2002, os catadores já tinham conseguido uma importante conquista no governo Fernando Henrique Cardoso, quando deixaram de ser estigmatizados como "catadores de lixo" para serem reconhecidos legal e nacionalmente como categoria profissional de "catador de materiais recicláveis". Voltando ainda mais, na década de 1990, várias prefeituras tomaram iniciativas nessa direção, com destaque para Belo Horizonte, que, durante a administração de Patrus Ananias, do PT, firmou parcerias com as cooperativas de reciclagem e promoveu o uso de uniformes por profissionais responsáveis pela coleta. Célio de Castro, do PSB, e Fernando Pimentel, do PT, deram sequência à valorização do trabalho dos catadores com a distribuição de carrinhos elétricos para facilitar o árduo trabalho. Em setembro de 2008, Lula participou do sétimo Festival Lixo e Cidadania, que contou com a presença de catadores de vários estados do Brasil e de alguns países vizinhos, além de pessoas em situação de rua, lideranças populares, autoridades religiosas, parlamentares e até da presidenta da Fundação France-Libertés, Danielle Mitterrand.

Um dado peculiar sobre as confraternizações de fim de ano é que eram praticamente reuniões de trabalho. Até presidentes do Banco do Brasil e do Banco Nacional de Desenvolvimento Econômico e Social (BNDES) chegaram a participar de alguns eventos, que muitas vezes aconteciam em locais simbólicos. Foi o caso da primeira edição, organizada na baixada do Glicério, tradicional ponto de concentração e trabalho de catadores paulistanos. Outras reuniões aconteceram embaixo de viadutos, em igrejas, em sedes de sindicatos ou de cooperativas, como a edição de 2005, organizada na Cooperativa de Catadores Autônomos de Papel, Papelão, Aparas e Materiais Reaproveitáveis (Coopamare), no bairro paulistano de Pinheiros, primeira cooperativa de catadores criada no Brasil. Em cada encontro, Lula enfatizava a importância de os profissionais se manterem mobilizados e conclamava as prefeituras de todo o país para se apoiarem no trabalho realizado por eles. Em 2006, catadores de todo o Brasil fizeram uma marcha em Brasília reivindicando a inclusão econômica de trinta e nove mil catadores em cooperativas e associações. De acordo com eles, "a partir daí, com o apoio do BNDES, diversas cooperativas puderam comprar caminhões, construir um galpão e adquirir equipamentos adequados para o trabalho organizado".

Não surpreende o fato de, em 2018, o MNCR ter organizado o encontro natalino em Curitiba, na frente da Polícia Federal onde Lula se encontrava preso. E Lula, já livre, continua participando desse encontro todos os anos, sempre às vésperas do Natal.

Confraternizações nos palácios

Ainda às vésperas das festas de final de ano, Lula e Marisa também organizavam confraternizações com os servidores dos palácios e suas famílias. Era a oportunidade que todos tinham de se abraçar e trocar algumas palavras fora do expediente. Valia a pena o tempinho gasto na fila que se formava para chegarem perto do casal, ouvirem palavras de reconhecimento e tirarem uma foto com o presidente e a primeira-dama.

O responsável pelos registros era Ricardo Stuckert, o "Stuckinha", sempre com suas máquinas fotográficas, às vezes uma em cada mão, captando momentos importantes para seus colegas, que no mesmo dia recebiam as cópias das fotos. Era o mesmo procedimento que seguia nas mais de 14 mil agendas em que acompanhou Lula, durante os oito anos de governo. Nascido em uma família de fotógrafos, seu pai foi o fotógrafo oficial do presidente Figueiredo, último general a ocupar o cargo antes da democratização. Entre os membros da assessoria, Stuckinha pode ser considerado uma das pessoas mais próximas de Lula, tanto na presidência quanto depois dela. Quase sempre de roupa preta, tão discreto que parece fazer parte do cenário, acompanha o presidente até hoje, conquistando o privilégio de transitar em praticamente todos os espaços públicos e privados por onde Lula se move.

Os garçons do Palácio da Alvorada são provavelmente as pessoas que mais vezes entram e saem da sala do presidente todos os dias. A equipe da copa coa cafezinho fresco e renova constantemente a água de todos os presentes. Lula, sempre conversador, vira e mexe puxava assunto com eles. Para mim, a entrada de qualquer um deles na sala dava um respiro naquela atmosfera tão sobrecarregada de trabalho.

Todos os funcionários eram muito respeitosos. Alguns, mais despachados, sabiam aproveitar a proximidade diária para papear um pouco com Lula e conosco. Catalão era o campeão. Muito bem-humorado, tinha sempre algo para contar ou comentar. Parecia até que ensaiava, de tão afiado que era. Foi um baque quando soubemos que ele havia sido demitido por Michel Temer, sob o argumento de que Catalão "era muito petista".

Vale lembrar que Temer demitiu centenas de funcionários ao assumir a presidência. Será que eram todos petistas?

E se fossem?

Ministros devem ir aonde o povo está

Lula mal havia começado seu mandato quando, no dia 3 de janeiro de 2003, reuniu o ministério para alinhar informações sobre o projeto Fome Zero e agendar sua ida e a dos ministros à comunidade Irmã Dulce, em Teresina; ao bairro Brasília Teimosa, em Recife; e à cidade de Itinga, no Vale do Jequitinhonha. Essa primeira agenda era uma sinalização para que os ministros mantivessem contato permanente com o povo. Daí em diante, até o final do segundo mandato de Lula, as reuniões do ministério aconteciam a cada dois ou três meses.

O governo Lula teve, em média, cerca de trinta e cinco ministérios, com algumas variações ao longo do tempo. O vice-presidente José Alencar, apesar de todas as dificuldades impostas por seus vários tratamentos de saúde, era assíduo e participante. Já os líderes da Câmara Federal, do Senado e do Congresso participavam como convidados, o que também ocorria, esporadicamente, com alguns governadores.

As reuniões desse coletivo começavam com uma pequena saudação de Lula, um simples bom-dia que, nas entrelinhas, já dava pistas do que o presidente pretendia priorizar na pauta e na conjuntura. Em seguida, os ministros responsáveis por cada área faziam apresentações previamente pautadas, com maior destaque para as áreas de economia, relações internacionais e articulação política, além, é claro, de algum tema candente ou algum novo programa a ser lançado.

As conversas coletivas com Lula também fortaleciam uma das premissas de sua gestão: a transversalidade, termo introduzido no dia a dia do governo pela então ministra do Meio Ambiente, Marina Silva, para designar a necessidade de atuação conjunta e complementar dos ministérios. A palavra ajudou a transmitir as vantagens do maior envolvimento dos ministérios na implementação de programas.

Há dois exemplos que ajudam a visualizar essa prática: a atuação da Secretaria Especial de Políticas de Promoção da Igualdade Racial (SEPPIR), que agiu vigorosamente junto aos ministérios para que todos integrassem a temática racial em suas ações e programas; e o Programa de Aceleração do Crescimento (PAC), que envolveu, desde a elaboração até o acompanhamento da execução, muitos ministros, técnicos, governadores, prefeitos e, vez ou outra, empresários responsáveis por obras em áreas específicas, como foi o caso das ferrovias. Nessas reuniões ministeriais, participei registrando os compromissos assumidos por cada participante e, paralelamente, os compromissos que Lula assumia com cada um deles.

Conferências: cinco milhões de opiniões

A criação de canais para a participação social foi uma forte marca do governo Lula. Ao todo, foram realizadas setenta e três conferências nacionais, a maioria precedida por conferências estaduais e municipais, quando foram eleitos delegados e delegadas representantes dos mais de cinco milhões de pessoas que se envolveram nesse processo e debateram propostas de políticas públicas e ações governamentais.[35] Um caminho institucionalizado pela Constituição de 1988, Artigo 204, Inciso II, que prevê "participação da população, por meio de organizações representativas, na formulação das políticas e no controle das ações em todos os níveis". Essas poucas palavras da nossa Carta Magna abriram espaço para a formalização da mobilização de cidadãs e cidadãos que já vinha ocorrendo no terreno das organizações sociais, mas raramente por iniciativa dos governos.

Algumas áreas realizaram mais de uma conferência durante os oito anos do mandato de Lula. Outras, como a da saúde, faziam-na de forma rotineira. Cada setor tinha seu ritmo, e cada conferência, muitas histórias para contar além da própria. Em 2003, por exemplo, na Pré-Conferência Nacional das Cidades, delegados e delegadas chancelaram a urgência de criar o Fundo Nacional de Habitação de Interesse Social (FNHIS), pauta constante dos movimentos de moradia havia mais de uma década. E, em 2009, durante a Conferência Nacional de Comunicação, um intenso debate levou à elaboração de um anteprojeto destinado a atualizar a regulação dos meios de comunicação.

Todas as conferências tiveram qualidades e defeitos. Nesse caminho, pessoas com ideias e experiências diferentes conversam, discutem, decidem. Os olhares, ainda que distintos, miram melhorias na qualidade de vida da população. Ao mesmo tempo que o governo usufrui de uma escuta privilegiada, a voz da cidadania se faz ouvir desde seu local de vida e trabalho – os municípios – até suas representações nacionais. Cada delegada e cada delegado carregam, com orgulho, a representação a eles outorgada e a parte que lhes cabe nessa teia da vida social. As conferências podem ser consideradas escolas de participação política, uma vez que agregam pessoas em torno de uma perspectiva comum. São terrenos de democracia que movem o coletivo, o todo, em busca de melhores soluções para destravar as dificuldades do dia a dia, especialmente em um país permeado pela desigualdade.

---

[35] Para mais informações, ver "Tabela das Conferências Nacionais (2003-2010)", disponível ao final deste capítulo.

SUS: a consagração do movimento da saúde

A área da saúde realizava conferências frequentes desde 1941. No início, pode-se dizer que as pautas tinham caráter eminentemente técnico, mas, a partir dos anos 1970, passaram a tratar da criação de um sistema nacional de saúde. Foi na grande Conferência Nacional da Saúde de 1986 que nasceu a proposta do Sistema Único de Saúde (SUS), levada aos constituintes pelo poderoso movimento de saúde, liderado pelos profissionais sanitaristas e pelas organizações populares que agiam em defesa do acesso à saúde em fábricas e em bairros de municípios distantes dos grandes centros urbanos. Essa é a gênese do SUS: prevenção acima de tudo e saúde pública para todos. O SUS é a maior prova de que, com um forte movimento social, uma boa estratégia e um governo comprometido com a saúde pública, é possível dar conta dos mais de duzentos milhões de pessoas que habitam o Brasil.

Acompanhei Lula em duas conferências nacionais da saúde na década de 1990, durante o governo Fernando Henrique Cardoso. Os eventos impressionavam pela quantidade de gente e pela riqueza da pauta e dos debates. Tivemos preciosas lições de democracia. Na primeira conferência a que fui, algo inesperado aconteceu: fui informada de que precisaria criar um roteiro para o discurso de Lula apenas quando chegamos lá. A tarefa não era propriamente minha responsabilidade, e, se eu pudesse, teria saído correndo. Mas tive que enfrentar. Catei tudo quanto era texto que circulava com propostas e análises, conversei com conhecidos, esclareci dúvidas. Então, arrumei um canto e fiz um primeiro esboço. Após uma rápida conversa com Lula, arrematei o texto e entreguei a ele. No final, até que nos saímos bem: eu havia conseguido escrever naquelas condições, e ele aproveitou o roteiro do jeito dele, sendo muito aplaudido. No governo Lula, as conferências da saúde estiveram entre as mais concorridas, além de outras conferências específicas sobre saúde indígena, saúde bucal e saúde dos trabalhadores.

Tanto no governo de Lula quanto no de Dilma, a cobertura do SUS foi ampliada em milhares de municípios, para milhões de pessoas, por meio da estratégia Saúde da Família, popularizada pelo programa Mais Médicos. O Serviço de Atendimento Móvel de Urgência (SAMU), o programa Brasil Sorridente, os programas Farmácia Popular e Aqui Tem Farmácia, as Unidades de Pronto Atendimento (UPA) e a ampliação de cursos de medicina, entre outras ações, viabilizaram diversas melhorias no atendimento à população. Até que, a partir de dezembro de 2016, após o *impeachment* de Dilma, entrou em vigor a Emenda Constitucional n.º 95, que determinou o teto de gastos e do SUS e aos poucos exauriu seus recursos. Vale lembrar que, durante a pandemia de covid-19, o SUS mostrou mais uma vez sua relevância.

A Conferência Nacional de Assistência Social era realizada a cada dois anos desde 1995. Ao longo da década de 1990, o setor conseguiu aprovar, entre outras, a Lei Orgânica da Assistência Social (LOAS), além de realizar experiências importantes nas prefeituras, com destaque para o trabalho de Aldaíza Sposati, em São Paulo, e de Marcia Lopes, em Londrina. Na primeira conferência durante o governo Lula, que contou com mais de três mil participantes, a então ministra Benedita da Silva proclamou a criação do Sistema Único de Assistência Social (SUAS). Ao final do governo Lula, sete mil Centros de Referência de Assistência Social (CRAS e CREAS) já estavam em funcionamento e, em 2015, dez mil haviam sido instalados por todos os municípios.

O setor resiste organizado e conseguiu realizar, em 2019, uma conferência autônoma e democrática, apesar da recusa do governo Bolsonaro que, na voz do então ministro Osmar Terra, "não estava disposto a ser vaiado".

A voz de LGBTQIA+

Comecei a falar sobre a Conferência Nacional da Saúde, a mais longeva da história do nosso país, porque ela nos ajuda a perceber que, na vida em sociedade, nada se faz da noite para o dia. Ou melhor: a única coisa que se faz da noite para o dia é destruir. Para construir, muitos passos são dados e, consequentemente, tropeços acontecem. Mas é preciso começar de algum lugar. Foi a partir dessa lógica que se organizou, em 2008, a Primeira Conferência Nacional de Gays, Lésbicas, Bissexuais, Travestis e Transexuais,[36] evento inédito no mundo a ser convocado por um governo.

Em seu discurso, Lula relata que Paulo Vannuchi, então ministro da Secretaria Especial de Direitos Humanos, perguntou se ele concordaria em convocar a conferência por decreto. O motivo de o ministro ter feito essa consulta foi que, como muitos de sua geração, Lula cresceu permeado por preconceitos baseados em diferenças de gênero e sexualidade, fator que se intensificou em seu universo predominantemente masculino. Paulo sabia disso tão bem quanto eu e outras pessoas próximas, que, na maioria das vezes, também eram prisioneiras de tais preconceitos.

O interessante dessa conferência foi que, ao mesmo tempo que Lula assinou o decreto de convocação, chegado o dia do evento ele hesitou muito em ir. Mas acabou indo, e seu discurso foi, na realidade, um depoimento sobre sua própria hesitação. Deixou de lado os papéis e improvisou, como se o texto preparado não servisse mais após os discursos e os depoimentos que havia escutado. Sua fala foi, sobretudo, uma declaração de descoberta dos próprios preconceitos. Ao agradecer aos presentes, Lula revelou o quanto precisava daquele encontro para se dar conta de como é difícil lidar com o que não compreendemos sobre o outro e o que não é compreendido sobre nós.

> Bem, meus companheiros, eu quero agradecer a vocês por estar vivendo este dia. Não é fácil para um presidente da República, nem aqui no Brasil e nem em outro país do mundo, participar de eventos que envolvam um segmento tão grande, tão heterogêneo

---

[36] Foi nessa conferência que, entre outras ações, definiu-se a mudança na ordem da sigla usada para se referir a pessoas LGBT. Hoje, convencionou-se também o uso do termo transgênero e a inclusão de pessoas *queer*, intersexo e assexuais, e o sinal de adição ao final da sigla representa o reconhecimento de outras identidades possíveis.

e tão motivo de preconceitos como vocês. Não é fácil. Então, quando o Toni Reis [líder da Aliança Nacional LGBT] fala que nunca antes na história do planeta um presidente convocou uma conferência como esta, eu fico orgulhoso porque nós estamos vivendo no Brasil um momento de reparação [...] (Discurso de Lula na abertura da Primeira Conferência Nacional de Gays, Lésbicas, Bissexuais, Travestis e Transexuais. Centro de Convenções, Brasília, 5 jun. 2008).

Pedido de perdão na "Porta do Nunca Mais"

A três mil quilômetros da costa brasileira, no Senegal, na Ilha de Gorée, patrimônio histórico da humanidade, Lula discursou, em 14 de abril de 2005, junto à "Porta sem Volta", ou "Porta do Nunca Mais". O monumento é um símbolo do caminho percorrido pelos mais de três milhões de pessoas escravizadas depois de serem pesadas e acorrentadas. Dirigindo-se ao presidente do Senegal, ao lado do então ministro da Cultura, Gilberto Gil, Lula declarou: "Eu queria dizer, presidente Abdoulaye Wade, ao povo do Senegal e ao povo da África, que não tenho nenhuma responsabilidade pelo que aconteceu no século XVIII, no século XVI, XVII, mas eu penso que é uma boa política dizer ao povo do Senegal e ao povo da África: perdão pelo que fizemos aos negros".

Como bem lembra Matilde Ribeiro, primeira ministra da Secretaria de Promoção da Igualdade Racial, em entrevista concedida a mim, "reparação se faz com políticas públicas". E foi isso que ela, assim como Edson Santos e Elói Ferreira, ministros da área entre 2003 e 2010, receberam como responsabilidade: articular com os ministérios para que a implementação de políticas públicas de todas as áreas incidisse na redução da desigualdade e no enfrentamento do racismo estrutural, que permeia o conjunto da sociedade.

No dia 21 de março de 2003, quando Matilde foi empossada, o enorme salão de eventos do segundo andar do Palácio do Planalto vibrava não somente devido aos tambores, mas também à unidade que havia se dado entre os diferentes grupos que lutavam contra o racismo e a favor dos direitos humanos. A euforia tomava conta do ambiente. Parecia que uma verdadeira cerimônia de abolição ocorria no Planalto. Daí até o dia 20 de junho de 2010, quando Lula sancionou o Estatuto da Igualdade Racial, ápice das ações institucionais referentes aos direitos de brasileiros e brasileiras afrodescendentes, não foram poucas as medidas em prol da iniciativa, tampouco as resistências.

Sob dúvidas, polêmicas e os mais variados argumentos contrários, as cotas nas instituições públicas acabaram sendo implementadas por lei a partir de agosto de 2012, podendo ser progressiva em até quatro anos e com previsão de revisão dez anos depois. As cotas viabilizaram a entrada na universidade de milhares de jovens negros, indígenas e de baixa renda. A partir dessa ação, somada às cotas instituídas no Prouni, a composição dos estudantes das universidades públicas e privadas começou a se transformar, espelhando, aos poucos, um retrato mais próximo do verdadeiro conjunto da nossa sociedade.

Mulheres em toda parte, sem violência

Nilcéa Freire ocupou o cargo de ministra da Secretaria da Mulher do início de 2004 até o final do mandato de Lula, em 2010. Foi reitora da Universidade do Estado do Rio de Janeiro (UERJ), pioneira na implementação da lei de cotas para estudantes negros de baixa renda da periferia e uma das responsáveis pela organização do primeiro vestibular com cotas no Brasil. Feminista e militante, imprimiu à Secretaria da Mulher uma feição comprometida com as reivindicações históricas das mulheres da cidade e do campo, além de ter articulado a atuação de mulheres brasileiras com as de outros países.

No Brasil, até o início do século XXI, homens que agrediam ou assassinavam suas companheiras muitas vezes ficavam impunes. O argumento era de que teriam cometido "crimes de honra", e a pena por violência doméstica não raro se limitava somente ao pagamento de algumas cestas básicas. Nesse contexto, Nilcéa se empenhou na aprovação da Lei n.º 11.340, mais conhecida como Lei Maria da

Penha, que garante o enfrentamento à violência doméstica e familiar contra a mulher. A lei significou uma verdadeira reviravolta na defesa e na proteção das mulheres frente à violência e ao feminicídio. O nome é uma referência ao caso de Maria da Penha Maia, cujo marido tentou matá-la duas vezes. Na primeira, atingida por um tiro, Maria ficou paraplégica. Na segunda, o homem tentou eletrocutá-la. A lei não apenas enfrenta a impunidade, mas também estabelece mecanismos de proteção da vítima por meio de abrigos e casas de apoio, evitando que a mulher corra o risco de ser agredida novamente. No discurso que fez por ocasião da sanção dessa lei, em 7 de agosto de 2006, Lula reforça que Maria da Penha "renasceu das cinzas para se transformar em um símbolo da luta contra a violência doméstica no nosso país". No mesmo discurso, o presidente afirma que "a violência doméstica é a expressão mais perversa de como a desigualdade [entre homens e mulheres] se expressa, e o faz de forma oculta, protegida atrás das paredes e naturalizada sob camadas seculares de cultura machista".

Cada vez que Lula, do alto de seu cargo, ciente do poder que tem de influenciar amplas camadas da população, dedicava-se a ampliar os direitos e a proteção das mulheres, eu ficava muito feliz. Mas nenhum desses momentos teve tanta força quanto o dia em que ele enfrentou o alto clero em defesa de uma menina de 9 anos, vítima de abuso sexual, que foi engravidada pelo padrasto. Em 6 de março de 2009, o presidente criticou publicamente o arcebispo de Recife e Olinda que havia excomungado a menina, a mãe, os médicos que fizeram o aborto e as demais pessoas envolvidas, mesmo se tratando de um aborto legal e de a menina correr sérios riscos de morte ao carregar gêmeos em seu pequeno ventre. Para Lula, quem deveria ser excomungado era o padrasto: "A medicina está mais correta que a igreja por ter feito o que tinha que ser feito: salvar a vida de uma menina de 9 anos. Como cristão e como católico, lamento profundamente que um bispo da igreja católica tenha um comportamento, eu diria, conservador como esse".

Lembro-me muito bem do dia em que Nilcéa apresentou ao presidente Lula a proposta de regulamentação do contrato de empregados domésticos, cuja maioria esmagadora é de mulheres negras. A lei assegurou direitos trabalhistas, como férias e décimo terceiro, para 1,8 milhão de trabalhadoras, uma medida necessária para começar a corrigir a distorção e enfrentar o racismo e os resquícios de escravidão no país. O salto na qualidade de vida dessas trabalhadoras foi tão grande quanto a reação de parte de empregadores e empregadoras de classe média e alta, que enxergavam aquelas mulheres como seres de segunda categoria, que não tinham direito à educação nem a conviver com suas famílias.

Em resumo, as mulheres receberam atenção especial em várias áreas durante o mandato de Lula. Embora criada no governo Fernando Henrique Cardoso, foi com Lula que a Secretaria da Mulher foi elevada ao status de ministério, passando a atuar junto aos demais como forma de garantir que suas ações fossem transversais. O Ligue 180, criado em 2005, mudou para o Disque Denúncia 180, que atendeu quase cinco milhões de mulheres. O cartão do Bolsa Família é emitido no nome da mulher. As mulheres também passaram a ter preferência na assinatura da escritura dos imóveis do programa Minha Casa Minha Vida, e, em caso de divórcio, são elas que, por direito, ficam com a casa ou com o apartamento.

Conferências Nacionais

As Conferências Nacionais foram espaços de interlocução entre o Estado e a sociedade civil e simbolizaram a ampliação da participação da sociedade civil na gestão das políticas públicas.

Entre 2003 e 2010, as Conferências Nacionais foram realizadas a partir de um formato inovador: começaram nos municípios e, depois de encontros estaduais, finalmente convergiram para o evento-síntese, de caráter nacional. Geralmente, as conferências eram convocadas pelo Executivo em parceria com os conselhos de Políticas Públicas, reforçando o elo entre os diversos canais de participação social.

Os conferencistas eram delegados eleitos pela sociedade civil e/ou indicados por órgãos governamentais dos três níveis da federação. Os delegados atuavam ativamente nos grupos de trabalho e nas plenárias: opinavam, divergiam, concordavam, ou seja, interagiam o tempo todo. As discussões travadas nas Conferências Nacionais eram norteadas pelo texto-base, em geral elaborado pelo respectivo ministério com contribuições das entidades da sociedade civil.

As deliberações das conferências incidiram fortemente nas políticas públicas implementadas pelo governo. Muitas se tornaram projetos de lei, já aprovados ou em tramitação no Congresso Nacional. Outras, por meio de decretos ou portarias, foram imediatamente postas em prática pelo poder executivo.

Desde 2003, foram realizadas setenta e três Conferências Nacionais que trataram de políticas públicas distintas, como desenvolvimento, geração de emprego e renda, inclusão social, saúde, educação, meio ambiente, direitos das mulheres, igualdade racial, reforma agrária, juventude, direitos humanos, ciência e tecnologia, comunicação, diversidade sexual, democratização da cultura, reforma urbana, segurança pública e várias outras. Muitos temas foram debatidos com a sociedade pela primeira vez. Os brasileiros que viviam no exterior também puderam participar de duas Conferências das Comunidades Brasileiras no exterior, realizadas em 2008 e em 2009. Ao todo, mais de cinco milhões de pessoas compareceram às conferências nas três etapas de organização – municipal, estadual e federal – em cinco mil municípios.

Tabela das Conferências Nacionais (2003-2010)

Conferências	Órgão responsável	Ano(s)	Quantidade
1) Conferência Brasileira de Arranjos Produtivos Locais	Ministério do Desenvolvimento, Indústria e Comércio Exterior	2004, 2005, 2007, 2009	4
2) Conferência das Comunidades Brasileiras no Exterior	Ministério das Relações Exteriores	2008, 2009	2
3) Conferência Nacional das Cidades	Ministério das Cidades	2003, 2005, 2007, 2010	4
4) Conferência Nacional de Aprendizagem Profissional	Ministério do Trabalho e Emprego	2008	1
5) Conferência Nacional de Aquicultura e Pesca	Secretaria Especial de Aquicultura e Pesca (PR)	2003, 2006, 2009	3

Conferências	Órgão responsável	Ano(s)	Quantidade
6) Conferência Nacional de Assistência Social	Ministério do Desenvolvimento Social e Combate à Fome	2003, 2005, 2007, 2009	4
7) Conferência Nacional de Ciência, Tecnologia e Inovação	Ministério da Ciência e Tecnologia	2005, 2010	2
8) Conferência Nacional de Ciência, Tecnologia e Inovação em Saúde	Ministério da Saúde	2004	1
9) Conferência Nacional de Comunicação	Ministério das Comunicações	2009	1
10) Conferência Nacional de Cultura	Ministério da Cultura	2005, 2010	2
11) Conferência Nacional de Defesa Civil e Assistência Humanitária	Ministério da Integração Nacional	2010	1
12) Conferência Nacional de Desenvolvimento Rural Sustentável	Ministério do Desenvolvimento Agrário	2008	1
13) Conferência Nacional de Direitos Humanos	Comissão de Direitos Humanos e Minorias da Câmara dos Deputados	2003, 2004, 2006, 2008	4
14) Conferência Nacional de Economia Solidária	Ministério do Trabalho e Emprego	2006, 2010	2
15) Conferência Nacional de Educação	Ministério da Educação	2010	1
16) Conferência Nacional de Educação Básica	Ministério da Educação	2008	1
17) Conferência Nacional de Educação Escolar Indígena	Ministério da Educação; Ministério da Justiça; Funai	2009	1
18) Conferência Nacional de Educação Profissional Tecnológica	Ministério da Educação	2006	1
19) Conferência Nacional de Gays, Lésbicas, Bissexuais, Travestis e Transexuais	Secretaria Especial dos Direitos Humanos (PR)	2008	1
20) Conferência Nacional de Gestão do Trabalho e da Educação na Saúde	Ministério da Saúde; Ministério do Trabalho e Emprego; Ministério da Previdência Social	2006	1

Conferências	Órgão responsável	Ano(s)	Quantidade
21) Conferência Nacional de Juventude	Secretaria-Geral da Presidência da República	2008	1
22) Conferência Nacional de Medicamentos e Assistência Farmacêutica	Ministério da Saúde	2003	1
23) Conferência Nacional de Políticas de Promoção da Igualdade Racial	Secretaria Especial de Políticas de Promoção da Igualdade Racial (PR)	2005, 2009	2
24) Conferência Nacional de Políticas para as Mulheres	Secretaria Especial de Políticas para as Mulheres (PR)	2004, 2007	2
25) Conferência Nacional de Recursos Humanos da Administração Pública Federal	Ministério do Planejamento, Orçamento e Gestão	2009	1
26) Conferência Nacional de Saúde	Ministério da Saúde	2003, 2007	2
27) Conferência Nacional de Saúde Ambiental	Ministério da Saúde; Ministério das Cidades; Ministério do Meio Ambiente	2009	1
28) Conferência Nacional de Saúde Bucal	Ministério da Saúde	2004	1
29) Conferência Nacional de Saúde do Trabalhador	Ministério da Saúde	2005	1
30) Conferência Nacional de Saúde Indígena	Ministério da Saúde	2006	1
31) Conferência Nacional de Saúde Mental	Ministério da Saúde	2010	1
32) Conferência Nacional de Segurança Alimentar e Nutricional	Conselho Nacional de Segurança Alimentar (PR)	2004, 2007	2
33) Conferência Nacional de Segurança Pública	Ministério da Justiça	2009	1
34) Conferência Nacional do Esporte	Ministério do Esporte	2004, 2006, 2010	3
35) Conferência Nacional do Meio Ambiente	Ministério do Meio Ambiente	2003, 2005, 2008	3
36) Conferência Nacional dos Direitos da Criança e do Adolescente	Secretaria Especial dos Direitos Humanos (PR)	2003, 2005, 2007, 2009	4

Conferências	Órgão responsável	Ano(s)	Quantidade
37) Conferência Nacional dos Direitos da Pessoa com Deficiência	Secretaria Especial dos Direitos Humanos (PR)	2006, 2008	2
38) Conferência Nacional dos Direitos da Pessoa Idosa	Secretaria Especial dos Direitos Humanos (PR)	2006, 2009	2
39) Conferência Nacional dos Povos Indígenas	Ministério da Justiça; Funai	2006	1
40) Conferência Nacional Infantojuvenil pelo Meio Ambiente	Ministério da Educação; Ministério do Meio Ambiente	2003, 2006, 2009	3
TOTAL:			73

Fonte: Governo Federal, 2010.

O pior momento dos oito anos de governo

EM 27 DE DEZEMBRO DE 2010, poucos dias antes de terminar seu segundo mandato, Lula recebeu jornalistas e fotógrafos setoristas do Planalto, tal como fazia todos os anos, para uma conversa. Na ocasião, um repórter perguntou qual teria sido seu pior momento durante os oito anos de governo. Sua resposta foi contundente: "O dia do acidente da TAM".

Eu também penso assim. E penso que os dois acidentes graves – o da GOL, em 29 de setembro de 2006, e o da TAM, em 17 de julho de 2007 – devem ser lembrados a fim de chamar a atenção para a complexidade da aviação civil e da responsabilidade dos setores nela envolvidos. Ao mesmo tempo que é responsável pelo transporte, pelo deslocamento e pela vida de milhões de pessoas, a aviação civil é também uma arena na qual se encontram e se confrontam interesses públicos e privados; civis e militares; nacionais e internacionais; instituições de Estado e agências reguladoras (autarquias); leis de mercado e disciplina militar, para citar apenas os principais. O governo respondeu à chamada crise aérea enfrentando as dificuldades – que não foram poucas – com medidas imediatas, como a descentralização dos voos no Aeroporto de Congonhas, em São Paulo, e, principalmente, com uma política nacional instituída pelo Decreto n.º 6.780 de 18 de fevereiro de 2009, elaborado sob o comando do novo ministro da Defesa, Nelson Jobim.

O dia do acidente da TAM

Naquele 17 de julho de 2007, eu estava tratando de vários assuntos com Lula. Estávamos no sétimo mês do segundo mandato e havia muita coisa para resolver. Então, fomos surpreendidos pela notícia: um Airbus A320 da TAM, saído de Porto Alegre, não conseguiu frear ao aterrissar em São Paulo. A aeronave atravessou a Avenida Washington Luís e chocou-se contra o depósito de carga da própria TAM, localizado do outro lado da via. Dentro do avião estavam 187 pessoas, entre passageiros e tripulantes. No depósito, mais 12 vítimas morreram. Um profundo pesar pela perda irreparável de 199 vidas se espalhou pelo país e tomou conta de todos no Palácio do Planalto.

Por uma estranha coincidência, poucos momentos antes, um pequeno incidente envolvendo a presença de fumaça em uma das salas do Aeroporto Santos Dumont, no Rio de Janeiro, havia assustado as autoridades, que pautaram um diálogo entre Lula e o brigadeiro Juniti Saito, comandante da Aeronáutica.

Saito já tinha dado todas as informações sobre a solução do incidente no Santos Dumont quando Lula foi avisado de que ele havia voltado a procurá-lo. Olhando para mim com uma expressão de interrogação, Lula comentou: "Ele acabou de falar comigo". Mesmo assim, atendeu ao telefonema, e seu semblante se alterou imediatamente ao ser informado daquela que veio a ser a maior tragédia da aviação civil brasileira.

Só voltei a ver essa expressão no rosto de Lula anos mais tarde, em 2014, quando ele foi informado, numa ligação da presidenta Dilma Rousseff, sobre o acidente que vitimou Eduardo Campos, candidato a presidente pelo PSB. Novamente, o irreversível batia à porta. E Lula, que costuma dizer que é um sobrevivente por sua história de vida, pela capacidade que desenvolveu de enfrentar contrariedades e dificuldades políticas e materiais, viu-se diante de um fato sobre o qual não tinha qualquer poder.

Por maiores e mais intensas que tivessem sido as crises que o governo enfrentou nos dois mandatos, por maiores que tenham sido as resistências de parte do empresariado e da classe média às políticas públicas adotadas, por mais violentas que tenham sido as ofensivas que buscaram associar o governo Lula à corrupção, nada se compara à comoção que a perda dessas vidas lhe causou. Porque a morte é uma perda irreversível. Porque não há atitude, plano ou ação que possam trazer de volta essas vidas. A lógica política pode até ser perversa, as escolhas econômicas podem causar fortes enfrentamentos de interesses, mas a perda de vidas, o imprevisto, a incerteza e a tristeza causam comoções imensuráveis. A expressão "tempestade perfeita", muito usada para definir situações de extrema dificuldade, tornou-se insuficiente para expressar o que o governo passaria a enfrentar.

O acidente na imprensa

Logo após o telefonema de Saito, Lula ligou a televisão e assistimos estupefatos à sequência de acusações contra o governo vindas de deduções e ilações, algumas até previsíveis devido ao cenário de crise que se configurou no período de dez meses entre os dois acidentes aéreos. Mas parte importante dessas acusações não se baseava em dados ou informações concretos. O deputado federal Raul Jungmann, então filiado ao PPS, classificou o episódio como "matança" e afirmou que "o conjunto da obra aponta para uma responsabilidade governamental".

O noticiário que predominou nos primeiros momentos tratou do acidente como resultado direto da crise aérea, dedução que poderia parecer óbvia pelas circunstâncias, mas que seguramente não estava alicerçada em evidências. À medida que os dados foram sendo conhecidos e o conteúdo das caixas pretas e muitas outras informações vieram a público, as causas do acidente foram ficando cada vez mais claras.

No dia 19 de julho, quando a Infraero tornou público o vídeo que registrou a velocidade excessiva com que a aeronave do voo TAM 3054 tocou o solo, é que um sopro de sensatez se fez sentir no acompanhamento da maior parte da imprensa. Só aí as acusações de matança e irresponsabilidade do governo começaram a ser substituídas por uma série de entrevistas com técnicos, especialistas, profissionais e acadêmicos da área. A forma como a imprensa tratou o acidente foi tão desproporcional que se tornou objeto de estudos acadêmicos.

No governo, diante das pressões crescentes, a equipe de Franklin Martins, ministro da Comunicação Social, coordenada pelo secretário executivo Ottoni Fernandes, juntou-se ao diretor do Centro de Investigação e Prevenção de Acidentes Aeronáuticos (CENIPA), brigadeiro Jorge Kersul, para uma atuação muito precisa, com coletivas técnicas e notas informativas para impedir que a comoção se sobrepusesse à condução sóbria que o desastre demandava. Esse foi o teor das primeiras mensagens emitidas pelo Planalto e o tom das declarações de Lula.

Num primeiro momento, tudo o que Lula queria saber era o que havia levado ao acidente. Assim, poderia tomar as devidas providências e tocar o governo longe das pressões que tinham se estabelecido, cobrando dele respostas que não podiam ser dadas, pelo menos não ainda. Buscando sempre se embasar em dados, Lula ouviu técnicos e especialistas da aeronáutica. Conversou com ministros e parlamentares. Então, no dia 20 de julho, num curto pronunciamento à nação, em respeito aos familiares das vítimas, anunciou as diversas medidas que seriam adotadas pelo governo.

As medidas tinham o objetivo de evitar novas tragédias. A principal delas, que só foi adotada parcialmente, previa uma mudança radical no perfil operacional do Aeroporto de Congonhas. De acordo com Lula, Congonhas deveria ser voltado para aviação regional e ponte aérea, deixando de ser um ponto de distribuição de voos, conexões e escalas. Essa missão seria atribuída, então, apenas aos aeroportos de Guarulhos, na grande São Paulo, e de Viracopos, em Campinas.

No dia 2 de agosto, Lula se encontrou em Brasília com uma pequena comissão de familiares das vítimas do acidente, que entregaram um manifesto e pediram agilidade e transparência na investigação das causas da tragédia. Um integrante da comissão afirmou que aquela não era a hora de buscar culpados, mas de receber garantias de que não haveria outro acidente como aquele.

As investigações realizadas sobre os acidentes da GOL e da TAM demonstraram que nenhum dos dois teve relação direta com a crise aérea. O primeiro ocorreu devido a uma falha do piloto do Legacy, que danificou a aeronave da GOL, e o segundo, depois de analisadas a gravação da Infraero e as caixas pretas, revelou que o piloto havia posicionado os manetes da aeronave de forma invertida.

A trágica oposição política na tragédia

Diante dos fatos e percebendo que o governo se movimentava no enfrentamento da crise área, a oposição política institucionalizada recuou nos ataques. Foram mantidas duas CPIs, uma na Câmara e outra no Senado. Mas nenhuma trouxe conclusões relevantes, mostrando que a investigação parlamentar passava longe de oferecer subsídios para enfrentar a crise.

Paralelamente, outro modo de oposição se manifestava disfarçado pelo manto da indignação e do apoliticismo.

Menos de quarenta e oito horas após a tragédia foi articulada a criação do Movimento Cívico pelo Direito dos Brasileiros, autodenominado pelos seus integrantes como Cansei, que trazia a crise aérea como pauta e tinha lançamento programado para exatamente um mês após o acidente. Esse movimento foi capitaneado pelo então empresário e apresentador de TV João Dória e reunia, segundo ele, "associações de classe, cidadãos, médicos, advogados". Foi uma tentativa de mobilizar segmentos sociais conservadores avessos às pautas progressistas do governo reeleito. Alguns dos elementos que desembocariam na pauta extremista de direita dos últimos anos estavam presentes, como o repúdio à atividade política, o pressuposto de que a corrupção decorre do tamanho do Estado e um enorme preconceito para com as classes populares. Um discreto contraponto foi feito pela CUT Nacional com o lema "Cansamos", que listava as tragédias que assolam os trabalhadores e a população mais pobre.

Para Lula, os problemas da aviação civil apenas reforçaram suas convicções de que uma ação clara e organizada do Estado deveria se impor sobre os conflitos dos agentes privados e públicos envolvidos.

É preciso lembrar que a tragédia da TAM de 2007 ocorreu quando o governo, recém-reeleito, já estava mergulhado na crise aérea, resultado, em parte, de profundas transformações ocorridas no setor nos anos 1990 e início dos anos 2000. Tais transformações, que resultaram na redução da participação – direta ou indireta – do Estado no setor, não ocorreram apenas no Brasil, mas resultaram, aqui, na falência de três empresas que dominavam a aviação nos anos 1990, compondo 97% do mercado em 1991: a Transbrasil, que encerrou suas atividades em 2001; a VASP, que enfrentou processos judiciais; e a Varig, que foi comprada pela GOL.

A situação das empresas aéreas, no entanto, era apenas parte do problema. Após a Segunda Grande Guerra, o sistema de regulamentação da aviação civil foi criado, em escala mundial, com forte participação dos militares. Nos anos 1990, também em escala mundial, ocorreu um processo de desestatização e desmilitarização do setor. Em meio à intensa modernização das aeronaves, a frota de aviões a jato no Brasil cresceu, no período de 1990 a 2000, de 191 para 502 aeronaves, um salto de cerca de 260%. Um movimento significativo, mas longe de ser exclusivo no mercado internacional.

O resultado foi que, na entrada dos anos 2000, o cenário era de empresas tradicionais em crise, regulações novas e insuficientes, investimento em infraestrutura aquém do necessário e transição lenta do controle militar para o civil na gestão do tráfego aéreo. Um marco dessa mudança foi a criação, no governo Lula, da Agência Nacional de Aviação Civil (ANAC) em 27 de setembro de 2005, mas que só passou a atuar após março de 2006, seis meses antes do acidente da GOL.

As agências reguladoras nasceram no Brasil em 1996, com a criação da Agência Nacional de Energia Elétrica (ANEEL). Há contradições em sua gênese, pois, a depender do momento e das regras de cada país, tais agências atuam para enfatizar mais seu caráter estatal, público ou privado. Por isso não há um único modelo ou formato ideal para essas agências. Elas são moldadas pelos caminhos escolhidos no contexto de cada país – ou, em outras palavras, pelo quanto é atribuído ao Estado, ao mercado e ao controle social na dinâmica da sociedade em questão, em cada fase de sua própria história econômica.

Lula defende a atuação do Estado enquanto indutor. Esse conceito foi reiterado insistente e persistentemente em todas as ocasiões em que o tema se colocou durante seus oito anos na presidência.

A polêmica em torno das agências acabou sendo um ingrediente a mais da crise aérea, já que o presidente Lula se pronunciava sistematicamente contra elas, fosse para registrar o excesso de autonomia frente ao governo, fosse para criticar a politização, nas eleições, dos integrantes dessas agências pelo Congresso. Alimentava, assim, ainda que involuntariamente, análises que pretendiam criar elo de causa e efeito entre a concepção das agências, a crise aérea e os acidentes de 2006 e 2007 e incrementar a falsa ideia de que o governo Lula queria controlar tudo diretamente. Na verdade, Lula percebia a necessidade de regulação e de participação mais ativa e coordenada das agências estatais.

Crise? Caos? Apagão?

A crise não era nova. Mesmo antes do acidente da TAM, já se falava em "caos aéreo" ou "apagão aéreo". Começou em 29 de setembro de 2006, quando o Boeing 737 da GOL que fazia o voo 1907, saído de Manaus com destino a Brasília e Rio de Janeiro, foi atingido pela ponta da asa de um jato Legacy 600, que cortou uma das asas da aeronave da GOL. O acidente aconteceu numa altitude de onze mil metros. O avião da GOL se despedaçou na queda, deixando 154 vítimas, entre passageiros e tripulantes. E o Legacy, levemente avariado, seguiu viagem.

A tragédia da GOL evidenciou os problemas que o governo vinha tratando. No dia 20 de outubro de 2006, nove dias antes da queda do avião, houve uma pane no Segundo Centro Integrado de Defesa Aérea e Controle de Tráfego Aéreo (CINDACTA II), o maior centro de controle de voos do país, e no fim de outubro o governo teve de lidar com uma ameaça de greve dos controladores de voo. Após o acidente, com a percepção ampliada de riscos que um ocorrido como esse pode gerar, a ameaça se concretizou.

Os controladores reivindicavam melhores condições de trabalho, jornadas mais curtas e ambiente menos militarizado. Com os atrasos e os cancelamentos de voos, os aeroportos ficaram abarrotados. Para piorar, em dezembro de 2006, equipamentos centrais de controle do CINDACTA sofreram uma pane que desorganizou toda a malha aérea na véspera do Natal.

A partir daí, qualquer pequeno nevoeiro que atrasasse algum voo nos grandes aeroportos do país adquiria dimensão gigantesca e desastrosa, despertando temores na população, atiçando os ímpetos acusatórios de setores da imprensa e da oposição e alimentando bate-cabeças no próprio governo.

Mudanças no complexo da aviação aérea civil

Desde o início do governo Lula, o setor da aviação civil sofreu mudanças significativas que introduziram novos parâmetros de gestão. As passagens aéreas deixaram de ser tabeladas no final do governo de Fernando Henrique Cardoso. O poder aquisitivo da classe trabalhadora aumentou significativamente, e a estabilidade do país dava segurança tanto para investimentos no setor como para as pessoas se permitirem comprometer parte de sua renda com a compra de passagens. A infraestrutura aeroportuária, antes concebida para um país em que as viagens se restringiam a pequenas camadas da população, já não comportava mais a expansão.

Lula adotou medidas que abriram caminho não somente para resolver a crise, mas também, e principalmente, para estabelecer outro patamar no trato da aviação civil. Foi com dor no coração que substituiu o ministro Waldir Pires, "um homem da mais extraordinária história pública deste país", pelo seu colega de constituinte Nelson Jobim, ex-presidente do STF e do TSE, que diplomou Lula. Foi atribuída a Nelson a missão de preparar um plano nacional de defesa, debelar a crise aérea e envidar todos os esforços para que não ocorressem novos acidentes. O discurso de Lula na transmissão do cargo de Waldir para Nelson indica um aprendizado extraordinário que os dez meses entre um acidente e outro – e, especialmente, os três ou quatro dias logo após o acidente – lhe propiciaram.

Ao trocar o ministro e mirar a elaboração de um plano para garantir a soberania do Brasil abrangendo a aviação civil, Lula fez uma operação que possibilitou deixar para trás a dispersão e escolher, para comandar a operação, uma celebridade impermeável a ataques infundados. Então, a partir de 2009, a aviação civil do Brasil passou a contar com uma política nacional instituída pelo Decreto n.º 6.780, de 18 de fevereiro de 2009.[37]

Cabe aqui uma reflexão sobre o período dessa crise. O ganho do país com o incremento do turismo interno e com a ampliação da venda de passagens – que passou de 38,3 milhões em 2002 para 85,5 milhões em 2010, de acordo com os dados fornecidos pela Associação Brasileira das Empresas Aéreas (ABEAR) – é digno de

---

[37] Segundo o texto oficial do decreto, "a Política Nacional de Aviação Civil (PNAC) é um conjunto de diretrizes e estratégias que nortearão o planejamento das instituições responsáveis pelo desenvolvimento da aviação civil brasileira, estabelecendo objetivos e ações estratégicas [...] no contexto das políticas nacionais brasileiras. O principal propósito da PNAC é assegurar à sociedade brasileira o desenvolvimento de sistema de aviação civil amplo, seguro, eficiente, econômico, moderno, concorrencial, compatível com a sustentabilidade ambiental, integrado às demais modalidades de transporte e alicerçado na capacidade produtiva e de prestação de serviços nos âmbitos nacional, sul-americano e mundial".

comemoração. Pessoas de baixa renda puderam, pela primeira vez, valer-se do transporte aéreo, fato do qual um país tão desigual como o Brasil pode e deve se orgulhar. Jamais devemos tolerar afirmações discriminatórias como as que se tornaram frequentes nesse período, insinuando que "os aeroportos parecem rodoviárias" ou que "pessoas malvestidas estão viajando de avião", entre outras tão ou mais reveladoras do incômodo que as políticas públicas implementadas pelo governo Lula para reduzir a desigualdade causaram em algumas camadas da sociedade brasileira.

O Brasil passou por uma dura provação.

Liberdade de imprensa

EU PODERIA DIZER QUE LULA tem um caso de amor e de apreensão com a imprensa.

Amor, porque ele mesmo já disse infinitas vezes que só chegou aonde chegou graças, em parte, à imprensa. Boas ou más notícias, elogios e ataques a Lula vêm sendo veiculados há mais de quatro décadas por todos os meios de comunicação. Ele costuma se colocar à disposição da imprensa, reiterando que "não há pergunta proibida nem assunto proibido".

Quando os fotógrafos setoristas eram convidados a registrar reuniões, Lula se divertia ao ver a quantidade de fotos que faziam, disparando as máquinas fotográficas num clima quase de frenesi. Certa vez perguntou: "Para que vocês fazem tantas fotos se só vão publicar uma?". A que um dos profissionais respondeu: "Pela expectativa do Prêmio Esso". Afinal, trata-se de um personagem que permanece em cena há mais de quarenta anos e que interfere na vida do país independentemente do cargo que ocupa. Lula é notícia desde a fase sindical nos anos 1970 até hoje. Esteja livre ou preso. Seja atuando ou a distância. Seja falando ou se calando.

Já a relação de apreensão se deve ao fato de que não é simples conviver com parte da imprensa que, ao mesmo tempo que reconhece o lugar de Lula, por vezes atua como partido, não raro auxiliando a promoção de políticas contrárias aos interesses do povo e da democracia. Por ser uma das mais importantes formadoras de opinião, a imprensa tem responsabilidade por cada escolha que faz, do que e de como noticiar, e do que e de como omitir.

E o governo, é claro, também tem responsabilidade semelhante ao se dirigir ou não à população de um país da escala do Brasil em extensão territorial e em diversidade de interesses. A relação do governo e do próprio presidente Lula com a imprensa foi intensa. E foi marcada pela firme intenção de fazer chegar as informações sobre o governo em geral ao maior número de brasileiras e brasileiros por meio do maior número de veículos, distribuídos por toda sua gama de formatos.

Para atingir esse objetivo e não depender exclusivamente dos jornais de grande circulação de São Paulo, Rio de Janeiro e Brasília, ou de revistas de circulação nacional e grandes redes de rádio e TV, foi preciso desenvolver cada vez mais um conjunto de ferramentas que alcançasse desde os próprios integrantes do governo, incluídos os servidores federais, até as populações do campo e dos mais distantes municípios, vilas, aldeias, quilombos e acampamentos de trabalhadores sem terra. Foi preciso também ampliar a relação com os profissionais da imprensa, tratando-os com o devido respeito, dando-lhes informações e criando múltiplas oportunidades para realizarem suas coberturas. Trata-se de um investimento importante que, aos poucos, obteve bons frutos. Nem tantos quanto se pretendia nem em todos os momentos. O governo federal ampliou a transparência e reforçou mecanismos de interação entre a sociedade e o Estado desde o primeiro momento, em 2003, quando o então ministro Luiz Gushiken divulgava o boletim diário *Em Questão*, à época enviado por fax, relatando as ações do governo.

O empenho de Lula na ampliação da transparência contou com a participação de ministros e demais dirigentes do governo e de empresas estatais, sob a coordenação do Ministério da Comunicação Social.

Em oito anos de governo, Lula concedeu à imprensa mais de 950 entrevistas, veiculadas, como consta do relatório do balanço geral, "em cerca de 400 publicações e em emissoras de rádio e TV de 65 países e mais de 120 cidades de todos os estados brasileiros". Acompanhei muitas dessas entrevistas, particularmente as concedidas a rádios. Lula não abria mão de ter à disposição um conjunto enorme de informações sobre as iniciativas do governo em cada região para onde as entrevistas seriam transmitidas, incluindo mapas, números da educação e da saúde, descritivos de obras, entre outros. Os colegas da comunicação preparavam dados sobre o veículo e o(s) a(s) profissionais que participariam. Então, conversávamos com o presidente para opinar sobre o que acreditávamos que os jornalistas iriam perguntar e sobre o que julgávamos importante falar mesmo que eles não perguntassem.

Presidente e ministro se contradizem ao vivo

Ao dizer aos jornalistas que não existem pergunta ou tema proibidos, Lula indica que navega melhor pelos mares do improviso, do repente. Mesmo assim, algumas perguntas surpreendiam. Nem sempre pelo conteúdo, mas pela forma inusitada com que eram colocadas. A maior surpresa aconteceu em 24 de novembro de 2005, no meio de uma entrevista para rádios de São Paulo e Rio de Janeiro, que vinha tratando da previdência e das intermináveis filas no INSS para requerer e obter a aposentadoria.

Na ocasião, Lula afirmou categoricamente: "Vou acabar com as filas do INSS". Imediatamente, a redação de uma das emissoras colocou no ar o então ministro da Previdência, Nelson Machado, que afirmou, ao vivo, ser impossível acabar com as filas. Por alguns segundos, pairou um suspense na sala.

O tema da previdência era recorrente, e as filas, parte constante das pautas da imprensa. Com razão. O sofrimento humano era insuportável. As filas, que varavam madrugadas, eram apenas o início do tormento, pois se destinavam à espera de uma senha, e não ao atendimento em si. Como era de se esperar, um lugar na fila passou até a ser moeda de troca. A espera para receber o benefício chegava a durar anos. Era esse o problema na vida das pessoas: o gasto muitas vezes inútil de tempo, a perda de dias de trabalho e a extenuante demora para obter o benefício. E era a isso que Lula se referia quando se comprometeu a acabar com as filas.

E elas de fato acabaram. Isso significa que as pessoas não tiveram mais que esperar? Não, mas um conjunto de medidas fez com que a espera deixasse de ser uma agonia. Porque a espera não se resumia às filas nas agências. A parte mais angustiante era a definição da data para início do recebimento do benefício. À época, muitas pessoas não só enfrentavam essa dificuldade como também conheciam pelo menos um amigo, um vizinho, um colega de trabalho, um parente que teve que esperar anos até receber o benefício. Sim, anos. Diante desse sofrimento, muitos contratavam intermediários para agilizar o processo, como advogados, despachantes e facilitadores que cobravam, em média, o equivalente aos três primeiros benefícios a partir do momento que começavam a ser pagos.

Com as mudanças efetuadas, na maioria dos casos passou a ser possível ao beneficiário resolver a questão diretamente na agência, sem nenhuma ajuda externa. E o mais importante: o benefício passou a ser pago a contar do dia da solicitação, ou seja, a partir do dia em que se marcou a audiência, e não apenas quando o processo terminasse. Parte da documentação comprobatória do pagamento mensal das cotas da seguridade passou a ser de responsabilidade do próprio INSS, e assim a caçada às certidões foi reduzida e simplificada. A linha telefônica 135 teve um aprimoramento significativo, e muito do que antes exigia a presença do interessado na agência passou a ser resolvido com uma simples ligação. Assim, o respeito à cidadania e ao tempo dos cidadãos foi obtido ao mesmo tempo que a Dataprev retomou seu papel de provedora de tecnologia para dar suporte às políticas públicas.

Concluído esse processo, como por um passe de mágica, parte da imprensa nunca mais voltou a falar das filas. Em geral, também não contou por que elas deixaram de acontecer.

Colóquio para começar a semana

O programa de rádio "Café com o Presidente", uma conversa de vinte minutos, gravada aos domingos, com o jornalista Luiz Fara Monteiro, ia ao ar toda segunda-feira às 8 horas da manhã e era retransmitido por cerca de 1.300 emissoras. A coluna "O Presidente Responde", publicada em cerca de 150 jornais cujas tiragens ultrapassavam dois milhões de exemplares em 2010, atendia a perguntas de leitores nos jornais regionais. Há ainda os depoimentos para livros e documentários, que fazem a contagem passar de 1.300 entrevistas. E, a partir de 2006, as entrevistas coletivas informais – conhecidas como "quebra-queixo", situação em que os jornalistas aproximam seus microfones e gravadores do queixo do presidente – passaram à frequência de seis vezes por mês. Isso sem falar do Blog do Planalto, entre outras produções específicas para a internet.

O desafio de gerenciar a distribuição de recursos para a disseminação desse rol de atividades e informações foi enfrentado a partir do uso da chamada "mídia técnica", que estabelece uma proporcionalidade entre a disseminação e o alcance baseado em informações de institutos de pesquisa independentes. Houve diversificação de investimentos para levar ao público informações sobre as ações do governo, ao mesmo tempo que as negociações de mídia feitas por órgãos federais, ao serem coordenadas, resultaram em maiores descontos e economia de recursos.

Larry Rohter, a exceção

Em meio a tantas entrevistas, milhares de discursos e centenas de quebra-queixos, Lula quase consumou uma injustiça contra o jornalista estadunidense Larry Rohter, do *New York Times*. Em matéria divulgada pelo referido jornal, Rohter associa gafes que Lula teria cometido em eventos internacionais ao hábito de beber. O jornalista se baseou em especulações de terceiros. O presidente se ofendeu e decidiu expulsá-lo do Brasil, o que ocorreria se o visto dele fosse cassado conforme a solicitação da presidência. Mas entre 9 de maio de 2004, data da publicação da matéria, e 14 de maio várias negociações ocorreram entre governo, advogados do jornal e amigos. No fim, o pedido de cassação do visto foi revogado, e o jornalista continuou trabalhando no Brasil. Lula, apesar de irritado, se conformou com o recuo. Mesmo assim, ao menos quinze anos após o ocorrido, continuaram circulando notas, memes e falsas notícias dando a expulsão como ocorrida. Em nenhum outro momento, em oito anos de governo, qualquer jornalista foi tolhido ou ameaçado em seu trabalho, mas sempre aparece algum adversário ou comentarista afirmando que Lula é adepto da censura, ainda que não encontrem exemplos disso. No limite, voltam a apelar para o episódio de Larry Rohter como se fosse algo rotineiro.

É preciso registrar que, no âmbito da mídia, há muitos interesses em jogo. A começar pelos econômicos das emissoras de rádio e TV, que ganham com publicidade. Mas o que não pode ser ignorado é que essas emissoras não são propriedade privada. São concessões públicas que desde sempre devem seguir regras estabelecidas pela legislação e pela regulação, algo que existe em praticamente todos os países do mundo.

O Brasil regula, sim, os meios de comunicação há muito tempo, muito antes de Lula e o PT entrarem na cena política. Além dos instrumentos legais anteriores ao Código Brasileiro de Telecomunicações de 1962, temos leis e decretos que requerem ordenamento e atualização a serem alcançados por meio de um marco regulatório. É a isso que Lula se refere quando defende a regulação. Mas a carga pesada derramada sobre sua proposta conduz à ideia de regulação como censura ou controle de conteúdo. Para quem tem dúvidas, basta conhecer o anteprojeto elaborado a partir da Conferência Nacional de Comunicação (Confecom), com a participação de cerca de três mil pessoas, em novembro de 2009.[38]

O Caderno Destaques

A extensão das jornadas da equipe que coordenei não tinha limites. Encarávamos nossas tarefas como obrigações a serem cumpridas e pronto. Essa é, em geral, a rotina de pessoas que ocupam cargos de confiança. Mas faço uma observação: parte importante do que criávamos todos os dias não era propriamente uma demanda explícita do presidente, mas sim o modo como nós interpretávamos ou considerávamos que as demandas deveriam ser respondidas.

---

[38] Para mais informações, ver: https://bit.ly/3AJcHbm. Acesso em: 12 jul. 2022.

Contaminados pelas exigências de Lula e pelo meu preciosismo, acabamos sendo uma entre as equipes que até os vigias do palácio estranhavam o horário avançado que frequentemente íamos para casa.

Toda vez que Lula ia dar uma entrevista, minha equipe preparava um documento contendo a atualização dos dados estatísticos do país e das realizações do governo. Essas informações ficavam reunidas num caderno espiralado que sempre carreguei comigo, e Lula guardava um exemplar na pasta que o acompanhava em todo lugar. Certo dia, em meio à preparação de algumas das muitas entrevistas, ele me perguntou por que eu não disponibilizava essas informações para todos os ministros, visto que a maioria deles não acompanhava regularmente o andar da carruagem inteira. Eu já sabia dessa preocupação que ele externava frequentemente, com mais vigor quando voltava de alguma atividade fora de Brasília. "Um ministro não sabe o que o outro está fazendo", resmungava.

Nesse dia, constatando que em breve haveria uma reunião com todos os ministros, decidi produzir uma cópia do caderno espiralado para cada um. Ao receber e examinar seu exemplar, Franklin Martins imediatamente sugeriu e viabilizou a inserção do conteúdo no site da presidência. Em pouco tempo, passamos a produzir uma grande quantidade de cadernos e, a pedido de Lula, a fazer uma cota em espanhol e outra em inglês, que ele mesmo zelava para que fossem distribuídas para autoridades de outros países.

O último Caderno Destaques da gestão Lula foi publicado em dezembro de 2010 e forneceu um resumo muito sucinto do balanço dos oito anos de governo. O conteúdo do balanço foi divulgado por Lula numa cerimônia em 15 de dezembro, quando cada ministro assinou o original do balanço que está registrado no Cartório Marcelo Ribas, em Brasília.

Paz, fome, clima

Lula e o Oriente Médio

Minha relação com lideranças da comunidade judaica foi maior durante os oito anos em que assessorei o presidente Lula do que em todos os anos anteriores da minha vida. Sendo judia, sempre vivi muito próxima de outros judeus, tendo estudado em escolas judaicas tanto na Bolívia, onde cursei o antigo primário, como no Brasil, onde cursei o ginasial e o primeiro colegial. Em casa, meus pais celebravam rituais e festas judaicos e falavam ídiche no dia a dia, mas eu raramente participava de atividades das organizações da comunidade.

Quanto às questões que envolvem Israel, estou sempre alerta, pois meus familiares mais próximos moram lá. Vivi um ano em Israel, entre 1969 e 1970, quando cheguei a cursar um semestre na faculdade de Arquitetura do Instituto Technion, na cidade de Haifa. No alojamento em que morei, convivi com vários colegas palestinos, tendo a especial oportunidade de visitar suas aldeias e conhecer suas famílias. Sou incondicionalmente pela paz, pela convivência entre os estados de Israel e da Palestina.

Conta a lenda que, até certo momento da história, muitos árabes na cidade de Haifa entendiam – e alguns até falavam – o ídiche, e o mesmo acontecia com os judeus em relação à língua árabe. Haifa é uma cidade portuária e, saborosamente, a mais laica de todo Israel. Diferentemente do que acontece em grande parte do território do país, que, seguindo as restrições estabelecidas pelas tradições judaicas, torna o transporte coletivo indisponível aos sábados, lá esse serviço funciona normalmente.

Nos dias de semana, chegar em Haifa de trem é sair da estação e ser acolhido pela imagem deslumbrante das escadarias que cortam os jardins floridos que levam ao templo da fé Bahá'í, monoteísta, mais um sinal da abertura ecumênica dessa cidade. Poucos quilômetros ao norte, ainda no litoral, fica a cidade de Akko, conhecida por nós brasileiros como Acre. Marco Polo passou por lá durante sua viagem ao Oriente em 1271 d.C. Uma fortaleza cujas muralhas e interiores ainda estão preservados, Akko foi declarada Patrimônio da Humanidade pela UNESCO em 2001. A fortaleza é um importante destino turístico.

Se eu vivesse hoje em Israel, participaria de algum partido de esquerda, pacifista, para ajudar a transformar o sonho da paz em realidade. Me alinharia à luta para cessar a ocupação israelense em colônias de território palestino. Defenderia a bandeira da negociação visando à coexistência pacífica entre os Estados de Israel e da Palestina. Infelizmente, esse horizonte parece ainda estar muito distante.

Pouco se fala no Brasil sobre a existência de organizações que unem israelenses e palestinos na busca pela paz. O conflito é muito doloroso, a tal ponto que diversas articulações reúnem familiares de vítimas dos dois lados para honrar a memória de seus entes queridos, apoiando-se mutuamente pela superação da dor trazida pelo conflito.

Oficialmente, o Brasil é a favor da existência de dois Estados, e a posição tradicional do governo brasileiro vinha sendo a de apostar na paz. Mas a partir de 2018 o que passou a aproximar os governos do Brasil e de Israel foi a omissão na busca pela paz.

Uma anedota circula no interior da comunidade judaica dizendo que onde há dois judeus já se constroem pelo menos três sinagogas. Pode ser que essa lenda seja originária dos inúmeros debates desenvolvidos entre os chamados sábios do judaísmo[39] e que, ao contrário

---

[39] O termo hebraico *chacham* [sábio] se refere, na tradição judaica, a um erudito ou um mestre da Torá tanto na área do direito judaico quanto no pensamento e na filosofia judaica. Na literatura rabínica, o termo é usado para se referir

do que ocorre hoje, divergir e olhar o mundo por ângulos diferentes não somente era natural como também elevava o patamar das buscas espirituais. A origem do mundo, a amplitude da divindade una, ou seja, a força do monoteísmo, tudo isso compunha o perfil da religião judaica e a variedade dos temas que suscitava entre seus seguidores, notadamente os sábios. Interpretações diversas e dúvidas tradicionalmente marcaram os encontros e os diálogos religiosos.

Após ouvir amigos e rabinos conhecedores dessa tradição, posso afirmar com segurança que, de acordo com diversas passagens da tradição rabínica, escutar opiniões opostas é um modo de buscar aprender a sabedoria mais profunda da Torá, de reconhecer que o debate não deve levar ao afastamento, mas sim ao reconhecimento de que todos têm o direito de pensar e de agir de forma diferente. Segundo tais passagens, os debates entre os sábios expressam, no plural, as palavras vivas da tradição. Não por acaso, o rabino Nachman de Bratislava (1772-1810), uma referência de estudo do judaísmo, dizia já no século XVIII que: "O debate é a forma mais sagrada de comunicação, pois é capaz de abrir espaço para a criação de algo novo". Assim, a discordância abre a possibilidade para o surgimento de ideias novas e inesperadas.

Frente à multiplicidade de interpretações que as escrituras judaicas suscitam, surge uma aposta, quase outra anedota, prevendo que as diferentes correntes no interior do judaísmo só se unirão sob um mesmo teto após a chegada do Messias.

Só se falava disso na sala de espera do terceiro andar do Palácio do Planalto em 21 de setembro de 2006, dia em que, a partir de uma proposta da Confederação Israelita do Brasil (CONIB), representantes de praticamente todas as correntes do judaísmo se encontraram para levar a Lula uma cesta de produtos em comemoração ao ano novo judaico, ano de 5767. Participaram do encontro rabinos ortodoxos, com seus chapéus coco e mantos pretos, entre eles Yossi Schildkraut; rabinos reformistas, menos ortodoxos, como

---

especificamente aos rabinos, que recebem na sua ordenação os títulos de *rav* [mestre] e de *chacham* [sábio ou erudito].

Henry Sobel e Michel Schlesinger, da Congregação Israelita Paulista (CIP); e a rabina Luciana Pajecki Lederman, uma prova de que, embora poucas, as mulheres são admitidas na qualidade de rabinas por algumas correntes da religião judaica.

Nunca é demais lembrar que foi o rabino Sobel quem se insurgiu contra a ditadura, impedindo, em 1975, que o jornalista Vladimir Herzog fosse enterrado de frente para o muro e de costas para os demais falecidos, tal como ordena o costume judaico no caso de pessoas que se suicidaram. Vlado, como Vladimir era conhecido, foi vítima de um assassinato brutal nos corredores da Operação Bandeirante (OBAN), mas a causa de sua morte foi apresentada pela repressão como suicídio. Uma foto grotesca pretendia provar que Vlado se enforcara dentro da cela em que estava preso. Mas entre a parcela informada da sociedade ninguém duvidava que ele havia sido assassinado. Na religião judaica, também há o entendimento de que, mesmo se Vlado tivesse se suicidado, evidentemente teria feito isso compelido pelas circunstâncias, e não por vontade própria.

A recusa da versão oficial sobre a morte de Vlado e a soma de forças contra a ditadura tiveram um efeito duplo na sociedade. Primeiramente, contribuíram para o desgaste do governo ao servir como um importante ponto de apoio para a união daqueles que apostavam na democracia. Além disso, fixaram a imagem de que a comunidade judaica tinha convicções democráticas. Isso não significa que toda a coletividade judaica estava de acordo nem que todos estavam descontentes com o golpe militar. Tal como em qualquer comunidade, há diferenças de opinião, de interesses e de perspectivas históricas. Sete dias depois do assassinato de Vlado, em 25 de outubro de 1975, uma cerimônia ecumênica foi celebrada conjuntamente pelo rabino Henry Sobel, pelo cardeal Dom Paulo Evaristo Arns, por Dom Hélder Câmara e pelo pastor James Wright, este último irmão de um militante político de esquerda que também teve a vida ceifada pela ditadura.

O culto realizado na Catedral da Sé, marco zero da cidade de São Paulo, a partir da união de clérigos progressistas judeus, católicos e protestantes, canalizou a indignação, transformando-se em uma das maiores manifestações em praça pública contra a ditadura e contribuindo muito para o desgaste do governo.

Alguns anos antes, em 20 de agosto de 1971, Iara Iavelberg, militante política de origem judaica que vivia uma relação afetiva com Carlos Lamarca, militar que desertou para lutar contra a ditadura, foi assassinada e enterrada na ala dos suicidas. Seus familiares lutaram incansavelmente para mudar seu túmulo de lugar, até que finalmente, em 2003, trinta e dois anos depois do assassinato, conseguiram a exumação do corpo e a prova de que o tiro em seu peito não poderia ter sido disparado por sua própria mão.

Os episódios referentes ao enterro de Iara, Vlado e de outros judeus ajudam a entender parte do que ocorreu durante a ditadura militar e a revelar a quantidade de pressões e mentiras que acompanharam esses assassinatos. Também nos faz perceber que pelo menos parte da comunidade judaica – seja por medo ou convicção – acabou colaborando com a ditadura.

Tal como nessa época, hoje a comunidade judaica mostra, mais uma vez, ser plural. Algumas das lideranças das federações israelitas apoiam explícita ou implicitamente o governo Bolsonaro, que inclusive recebeu auxílio financeiro de alguns empresários. Outras lideranças se encantaram com o fato de a bandeira de Israel estar presente em manifestações de apoio ao governo e acabaram por avalizar as incontáveis manifestações de cunho fascista de Jair Bolsonaro em quase três décadas de mandato parlamentar e na qualidade de presidente da República.

Por outro lado, há uma nítida, crescente e alentadora presença de articulações lideradas por judeus que defendem a democracia, seja por terem identificado a ameaça fascista já na candidatura de Bolsonaro, seja por pertencerem a movimentos de esquerda, alguns sionistas, outros não. Isso sem falar de organizações em prol dos direitos humanos, como a Bnai Brith, a tradicional Associação Scholem Aleichem (ASA), o grupo Judeus pela Democracia do Rio de Janeiro, o Judias e Judeus pela Democracia de São Paulo, o Observatório Judaico dos Direitos Humanos no Brasil (OJDHB) e o Judias e Judeus com Lula, entre outras articulações que se formaram nas redes sociais em oposição a Bolsonaro. Atualmente, um debate tenso ocorre no âmbito das organizações da comunidade judaica, que, não custa insistir, não é homogênea e abrange judias e judeus de todas as posições do espectro político e ideológico.

É provável que a diversidade das correntes religiosas do judaísmo presentes no Palácio do Planalto naquele 21 de setembro de 2006 combinasse, de um lado, a pluralidade dos posicionamentos políticos dentro da comunidade judaica e, de outro, a postura do presidente Lula, sempre apostando no diálogo e na paz. A rigor, Lula recebeu a comunidade judaica no Planalto por dois anos consecutivos: em 2006, no primeiro mandato, para celebrar a chegada do ano 5767, e em 2007, no segundo, para celebrar 5768.

Lula, como boa parte dos brasileiros, foi influenciado por preconceitos contra os judeus. Mas à medida que foi conhecendo pessoas judias, do PT ou de fora, assim como a história do povo judeu, ele foi se despindo desses e de outros preconceitos. Lula aprende observando, perguntando e incorporando novos conhecimentos em seu repertório pessoal e político. Em geral, o preconceito aparece como fruto da falta de informação. Muitos são os exemplos que presenciei e poderia citar aqui. Escolho um episódio ocorrido ainda durante a campanha eleitoral de 2002, que tensionou parte das lideranças da comunidade judaica com a candidatura de Lula.

À época, o candidato à vice-presidência na chapa de Lula, o senador José Alencar, em entrevista ao jornalista Boris Casoy, sugeriu a mudança geográfica de Israel: "Ali só tem uma saída: Israel tem que comprar um território em alguma região. Senão nós vamos ter ali problema o resto da vida". Muitos se apressaram em tachar Alencar de antissemita. O próprio Elie Wiesel, vencedor do Nobel da Paz, conhecido por sua batalha na caça a nazistas e por promover o reencontro de familiares que sobreviveram à Segunda Guerra Mundial, enviou um ultimato ao nosso comitê eleitoral. Para mim, esse é um dos muitos episódios que mostram o desconhecimento da esmagadora maioria dos brasileiros sobre o conflito do Oriente Médio. Ao mesmo tempo, o episódio mostra como é fácil tachar de antissemita uma pessoa que não tem essa intenção.

De tanto ouvir pessoas de todas as camadas da sociedade, com ou sem escolaridade, se referirem a judeus e ao conflito Israel-Palestina sem de fato entender o contexto, cheguei à conclusão de que existem vários tipos de antissemitismo. E são todos nocivos. Num extremo está o antissemitismo estruturado, racional, inspirado no nazismo, que difunde ideias e organiza pessoas em torno de ações. No outro está o preconceito que deriva da desinformação, no qual pessoas diversas reproduzem, sem saber, ideias consolidadas no livro *Protocolo dos sábios de Sião*, obra de 1903 que acusa os judeus de serem autores de uma conspiração universal sustentada pelos maiores magnatas do mundo. Em outras palavras, o livro identifica os judeus diretamente como opressores.

José Alencar, ao responder ao jornalista Boris Casoy, sugeriu uma "solução" de viés empresarial, como se fosse possível comprar uma área para instalar o povo judeu. Após o episódio, e sem nenhuma dificuldade, Alencar se reuniu com lideranças da Federação Israelita de São Paulo para conversar sobre a declaração inoportuna. E o assunto foi superado, pelo menos para as partes envolvidas naquele momento.

Lula também foi alvo de discriminação de parte da comunidade judaica e de suas lideranças. Tal como ocorre até hoje, o cerne desse preconceito, no meu entender, mistura uma aversão à esquerda e ao socialismo a uma espécie de demofobia.

Em 2005, André Singer, Jaques Wagner e eu fomos à Hebraica de São Paulo apresentar um quadro das realizações dos dois primeiros anos do governo Lula. Estávamos às vésperas da realização da primeira reunião dos governantes dos países árabes e sul-americanos, a ASPA, idealizada durante o mandato de Lula. Paralelamente, sem qualquer motivo ou evidência, várias publicações no interior da comunidade judaica vinham vaticinando que Lula estaria "montando um palanque para os inimigos de Israel e para o antissemitismo". Com base nessa suposição sem fundamento, a pergunta que nos foi dirigida no encontro da

Hebraica foi se a presença de Wagner, Singer e eu, judeus integrantes do governo, seria permitida na ASPA. Respondemos na hora que sim, óbvio. O questionamento era tão estapafúrdio que nem conseguimos entender o que se passava na mente daquelas pessoas para fazê-lo.

Em 11 de maio de 2005, fiz questão de ir à reunião da ASPA. Acompanhei o discurso que Lula fez no encerramento do evento, que contou com a participação de chefes de Estado e de governo de todos os países sul-americanos e árabes. Entre eles, destacou-se o recém-eleito presidente da Palestina, Mahmoud Abbas, a quem Lula saudou com algumas palavras não previstas no discurso: "Eu nasci na política brasileira defendendo o Estado Palestino, mas também nunca neguei a necessidade do Estado de Israel, e penso que o ser humano é muito inteligente para aprender que a paz é a única coisa que pode permitir a construção de um mundo harmonioso, democrático e socialmente justo".

Mais do que confirmar que nós, judeus do governo, obviamente tínhamos livre trânsito nessa reunião, me chamou a atenção o fato de Lula reiterar, na presença dos altos representantes de vinte e dois países árabes, a defesa da existência tanto de Israel quanto da Palestina.

A primeira viagem a Israel

Em 1993, Lula esteve em Israel na qualidade de presidente nacional do PT. Em pouco menos de uma semana, ele e a comitiva que o acompanhava foram recebidos tanto pelo governo de Israel quanto pela oposição. O grupo se reuniu com lideranças da Histadrut – histórica central sindical de trabalhadores – e conheceu, em detalhes, o sistema de irrigação adotado pelo país e o funcionamento de um *kibutz*, como são chamadas as fazendas coletivas. Algum tempo depois, por sugestão de Lula, dois agrônomos do MST iriam a Israel conhecer a dinâmica produtiva e de organização social dos *kibutz*.

O ponto alto da viagem foi a visita ao Museu do Holocausto em Jerusalém, o Yad Vashem. Quem passa por ali nunca esquece o que viu: é quase uma viagem no tempo para os campos de concentração, com fotos, filmes, depoimentos, objetos, cartas, documentos pessoais e muitos outros pertences de judeus exterminados. Matéria-prima para provocar vertigem em qualquer pessoa dotada de um mínimo de sensibilidade humana.

Ao final, a comitiva foi conhecer um projeto permanente do museu: a construção de um acervo com nomes de vítimas do Holocausto para que as pessoas possam pesquisar seus parentes. Todos da comitiva, formada por Lula, Dona Marisa, José Graziano e o casal Oded e Mara Grajew, pesquisaram nos arquivos. Para surpresa geral, Oded, que é judeu, não encontrou nenhuma menção de seu sobrenome nos arquivos. Já Lula se deparou com várias pessoas de sobrenome Silva, passando, a partir daí, a tomar esse dado como indicador de que ele próprio talvez seja de origem judaica.

Lula e Dom Pedro II

Sem fazer pirotecnias de fundo religioso, como certos políticos brasileiros que se batizam no Rio Jordão para forjar uma identidade com o povo judeu, Lula, além de ter conhecido Israel ainda nos anos 1990, foi o primeiro presidente brasileiro que viajou ao país em visita oficial, no exercício do mandato. Antes dele, só Dom Pedro II estivera na região.

A viagem oficial aconteceu em março de 2010. Lula e Shimon Peres, então presidente de Israel, já eram velhos conhecidos de outros encontros, como os eventos da Internacional Socialista, dos quais Shimon Peres era dirigente e o PT participava como convidado. Talvez por isso, num dos quatro encontros em que esses dois adeptos da paz tiveram em Israel entre 14 e 15 março, Peres definiu Lula como um "colecionador de amizades". Além do presidente israelense, o primeiro-ministro Binyamin Netanyahu, a líder da oposição Tzipi Livni, o presidente do Parlamento Reuven Rivlin e praticamente todos os parlamentares do país receberam, com satisfação, a visita do chefe de Estado brasileiro.

Essa recepção calorosa deveu-se, em grande medida, ao reconhecimento dos esforços brasileiros para dar novo impulso ao relacionamento bilateral. Apesar de o Brasil ter presidido, em 1947, a sessão da Assembleia Geral da ONU, que consagrou a criação do Estado de Israel, os dois países estiveram muito distantes durante grande parte dos 62 anos de existência de Israel até essa visita. Nos governos de Lula, no entanto, o Brasil quis potencializar relações com o país amigo investindo numa intensa e renovada agenda diplomática. Pelo menos oito ministros israelenses e dez ministros brasileiros, entre eles Fernando Haddad, então ministro da Educação, cruzaram o Mediterrâneo e o Atlântico para fortalecer os laços entre os dois países, firmando acordos nas áreas de educação, meio ambiente, turismo, cultura, saúde, agricultura, defesa e ciência e tecnologia, entre outras.

O intercâmbio crescia cada vez mais, e pude presenciar, nos dois encontros que relatarei abaixo, como o Brasil se tornou o principal parceiro comercial de Israel na América Latina, resultado decorrente da reciprocidade que prevaleceu entre os dois governos. À época Israel era representado pela embaixadora Tzipora Rimon, uma diplomata que percorreu praticamente toda a Esplanada dos Ministérios, fortalecendo laços entre os dois países a ponto de iniciar, por ocasião da visita do ex-primeiro-ministro Ehud Olmert, o acordo de Israel com o Mercosul na qualidade de "terceiro país". O encontro entre Lula, o ministro brasileiro da Indústria e Comércio Luiz Furlan e Olmert ocorreu graças ao profissionalismo do ministro Celso Amorim e da embaixadora Tzipora Rimon, dois diplomatas que souberam tratar das relações entre Brasil e Israel sem se ater a ideologismos. Foi esse mesmo profissionalismo – e por que não dizer pluralismo – que fez com que Celso Amorim, a pedido de ninguém menos que Binyamin Netanyahu, levasse uma mensagem do governo de Israel ao governo da Síria, deixando de voltar ao Brasil junto da comitiva.

Durante a viagem oficial a Israel, numa deferência especial à comunidade judaica do Brasil, várias atividades contaram com a participação do então presidente da Confederação Israelita do Brasil, Claudio Lottenberg, e do presidente do Congresso Judaico Latino-Americano, Jack Terpins. Em sessões mais amplas, participaram várias outras lideranças da comunidade judaica do Brasil. A delegação oficial também foi integrada pelo então governador da Bahia, Jaques Wagner, que posteriormente seguiria junto com Lula para a Palestina e a Jordânia. A programação incluiu, além da agenda oficial, encontros com lideranças de organizações pacifistas e uma reunião com autoridades da Universidade Hebraica de Jerusalém, que informaram a intenção de atribuir a Lula o título de Doutor *Honoris Causa*.[40]

Flores e espinhos

Tratando-se de política, no entanto, nem tudo foram flores, e um ruído ensurdecedor foi emitido com o intuito explícito de ofuscar a visita de Lula a Israel. A diplomacia israelense pretendia incluir na programação a ida ao túmulo de Theodor Herzl, teórico do sionismo, ou seja, da construção de um Estado judeu. A diplomacia brasileira estranhou e recusou a proposta, porque até então nenhum – repito, nenhum – chefe de Estado teve essa atividade incluída na agenda. Além do mais, o rol de encontros, visitas e homenagens realizadas já daria, como de fato deu, amplitude e diversidade respeitáveis ao roteiro. Não ficou muito claro de onde partiu o ruído, mas houve um esforço para macular a presença de Lula sob o argumento de que ele estaria desrespeitando o país por não incluir a sugestão na agenda.

Até hoje fico inclinada a acreditar que foi uma ação do então ministro das Relações Exteriores de Israel, Avigdor Lieberman, membro de um partido de direita. Lieberman havia hostilizado Lula no momento em que este discursava em pleno Parlamento israelense.

---

[40] Para conferir a lista completa de títulos e prêmios concedidos a Lula, ver: www.institutolula.org/premios. Acesso em: 06 jul. 2022.

Uma atitude contrária à boa diplomacia, já que ele próprio tinha sido respeitosamente recebido por Lula no Palácio do Planalto. Diga-se de passagem, nenhum presidente é obrigado a receber ministros de outros países, mas Lula, atendendo ao pedido de Celso Amorim, recebeu Lieberman em seu gabinete. Lembro-me dessa reunião em detalhes. Lieberman não escondeu seu descontentamento quando Lula insistiu que a busca pela paz no Oriente Médio pressupõe o diálogo entre todas as partes envolvidas. A direita efetivamente tem dificuldades para lidar com a diferença, e seus representantes preferem ignorá-la.

De certa forma, a tarefa de desfazer o ruído sobrou para mim. Única integrante da comitiva que falava hebraico, acabei sendo entrevistada pelas duas principais emissoras de rádio e por duas redes de TV israelense. Um dos temas insistentemente levantados pelos jornalistas foi o motivo da não ida de Lula ao túmulo de Herzl. Ao mesmo tempo, nada era dito sobre as tantas outras atividades que honraram o país e sua população, como o fato de que Lula depositou flores em memória de todos os soldados israelenses mortos nos conflitos regionais; discursou no Knesset, a Assembleia Legislativa Unicameral de Israel; reuniu-se reservadamente com o primeiro-ministro e outras autoridades; plantou uma árvore no bosque do Keren Kayemet LeIsrael, histórica organização que administra um fundo para o desenvolvimento de Israel e planta árvores a cada contribuição recebida; conversou com empresários israelenses; entre outras atividades de sua agenda plural e diversa. Por último, se coubesse alguma comparação ao fato de Lula ter em sua agenda uma visita programada ao túmulo de Arafat, seria com o túmulo de Rabin, e não com o de Herzl. Paridade por paridade, é o louvor aos dois – Rabin e Arafat – que se equivaleram na política, buscando um acordo de paz durante as negociações em Oslo.

Em resumo, é necessária muita má-fé para deturpar o significado da visita oficial de Lula a Israel. Para completar, Lula se hospedou em Jerusalém sem nenhum alarde, mesmo a embaixada do Brasil sendo, como todas as demais, em Tel Aviv. Pode parecer uma bobagem, mas essa questão vem sendo cuidadosamente tratada na política internacional por diversos países, pois é uma espécie de termômetro dos avanços ou dos recuos a caminho da paz. O assunto inspirou até as pirotecnias de Trump e Bolsonaro, que afirmaram que deslocariam suas embaixadas para Jerusalém. Não é por acaso que o bom senso tem guiado os principais estadistas do mundo num acordo tácito para manter o assunto em compasso de espera. É mais do que óbvio que a consagração ou não de Jerusalém como capital de Israel deve ser resolvida entre israelenses e palestinos, e não de forma unilateral por países terceiros.

Em todos os eventos e encontros de que participamos, a busca dos caminhos para a paz na região foi um dos temas centrais, e o presidente Lula sempre reiterou a disposição do Brasil em ajudar no que for possível para que esse objetivo seja alcançado. Da mesma forma, defendeu enfaticamente a existência do Estado de Israel, soberano, seguro e pacífico, convivendo lado a lado com um Estado Palestino, igualmente soberano, seguro, pacífico e viável.

O Holocausto

Tal como em 1993, um dos pontos altos da viagem oficial para toda a comitiva foi percorrer as instalações do novo Museu do Holocausto, de cujo acervo Lula guardava fortes recordações. Na ocasião, chegou a sugerir que esse "memorial às vítimas da irracionalidade humana" deveria ser de conhecimento obrigatório para todos aqueles que queiram dirigir uma nação. Também depositou, no museu, uma coroa de flores para todas as vítimas do extermínio nazista, repetindo o que fizera na entrada do Congresso em memória dos soldados israelenses.

Antes de se dirigir à Floresta das Nações para plantar uma oliveira, Lula ouviu do rabino Yisrael Meir Lau, presidente do Conselho Deliberativo do Museu do Holocausto, um pedido de ajuda para viabilizar um encontro entre ele e o presidente do Irã, Mahmoud Ahmadinejad. A intenção de Lau era conversar com Ahmadinejad sobre o extermínio ocorrido durante a Segunda Guerra Mundial, pois o presidente do Irã havia se consagrado como porta-voz do negacionismo do Holocausto, o mesmo pensamento que atualmente cresce nas fileiras fascistas em várias partes do mundo. Para quem não teve a oportunidade de saber do episódio, Lula olhou nos olhos de Ahmadinejad e declarou: "Você não tem o direito de negar o Holocausto. O povo judeu não estava em guerra e foi vítima de um plano de extermínio".

Mesmo assim, Lula foi – e ainda é – hostilizado por parte da comunidade judaica e de suas lideranças. O saudoso jornalista Clóvis Rossi, que o acompanhou nessa viagem, foi um atento observador, relator e crítico, reportando minuciosamente os desdobramentos das relações internacionais que envolviam o Irã. Rossi foi um dos poucos que, de maneira mais do que sensata, comentou em pelo menos duas matérias publicadas no jornal *Folha de S.Paulo* que o acordo proposto para o Irã por Lula e pelo presidente da Turquia, Recep Tayyip Erdoğan, era melhor do que aquele que veio a ser assinado pelas potências. Estranhamente, não houve nenhuma reação relevante das lideranças judaicas ao acordo estabelecido entre as potências, ainda que sua qualidade fosse notadamente inferior ao proposto por Lula.

As vítimas do Holocausto são lembradas em todo o mundo em 27 de janeiro por indicação da ONU e em atenção a uma petição encaminhada por entidades de âmbito internacional da comunidade judaica. Lula foi um dos primeiros chefes de Estado a assinar essa petição. No Brasil, desde que a data passou a ser celebrada, ele participou das cerimônias todos os anos. Em 2010, por sugestão dele às lideranças da CONIB, a última celebração durante seu governo ocorreu em Recife, nas dependências da mais antiga sinagoga em terras brasileiras, onde hoje funciona um museu. Para além da sensação de estar em um local construído há séculos, fiquei muito impressionada ao constatar que Lula e Eduardo Campos, ambos pernambucanos, consideram a sinagoga e a passagem dos judeus por Pernambuco como parte de suas próprias histórias. Vale lembrar que os judeus chegaram a Recife junto com os holandeses e que, de certa forma, os protegeram da Inquisição.

A ONU

Lula valoriza as relações multilaterais e entende que a ONU deve ter força para estimular a paz. Com frequência, sugere que a mesma ONU que criou o Estado de Israel deveria se empenhar na criação do Estado Palestino. Quase uma metáfora para mostrar que a força da ONU não está sendo utilizada, que a organização não está cumprindo seu papel com equidade.

Foi a Assembleia Geral da ONU que, no dia 10 de dezembro de 1948, poucos anos após o fim da Segunda Guerra Mundial, aprovou a Declaração Universal dos Direitos Humanos. A decisão foi motivada pelo rastro deixado pela guerra, ou melhor, para impedir a repetição das atrocidades que acabaram com a vida de sessenta milhões de seres humanos – o equivalente, em 2020, a toda a população da Itália ou da África do Sul. Esse documento poderia ser uma inspiração para a constituição de cada um dos países que compõem a ONU, um guia de ação e um estímulo para privilegiar a paz. Mas não foi. Pelo contrário. O mundo saiu dividido e continua sendo cenário de disputas, guerras e atrocidades no tabuleiro em que se movem os interesses das potências. Que o digam os vietnamitas bombardeados com Napalm em suas aldeias, assim como os demais povos que amargaram – e ainda amargam – guerras e divisões de território patrocinadas pelas próprias potências. Para esses povos, a chamada Guerra Fria não tinha nada de fria e se estendeu até a década de 1990. Que o digam os povos da África, que viram seu território ser fragmentado, e os da América Latina, que suportaram longas ditaduras e dezenas de milhares de mortos. Que o digam, também, as mulheres estupradas nesses conflitos. E que o digam, enfim, a democracia e a liberdade, tantas vezes rifadas.

Na década de 1950, os Estados Unidos, nação que se arvora o berço da democracia e da liberdade, foi palco de uma gigantesca perseguição a jornalistas, intelectuais, artistas, homossexuais, negros, judeus e defensores dos direitos humanos em geral. Sob o comando do senador Joseph McCarthy, de onde vem o termo "macarthismo", até mesmo Hollywood foi alvo de caçada. *Trumbo* (2015), filme de Jay Roach; *Boa noite e boa sorte* (2005), de George Clooney; e *Milk: a voz da igualdade* (2008), de Gus Van Sant, que ganhou o Oscar de Melhor Roteiro em 2009, são boas referências do cinema para saber um pouco mais do que foi essa perseguição.

Faço rápidas referências a esses acontecimentos nefastos do século XX para situar, com algumas pinceladas, a extensão histórica da influência do anticomunismo até o século XXI. Conheci muitas pessoas que se declaram anticomunistas, mas, quando indagadas quanto ao seu significado, nada têm a dizer. Ou seja, a maior parte dessas pessoas não conhece os princípios do comunismo, nem se dá conta das perseguições e dos confrontos a que comunistas são submetidos nos países capitalistas. É verdade que os governos dos países que integraram a União Soviética não se notabilizaram pelas liberdades democráticas. Opositores foram presos, exilados e até assassinados, como aconteceu com Leon Trotsky, entre outros. Prevaleceu por muito tempo a estrutura de representação política de partido único. Enfim, os dois lados dessa lamentável polarização têm a seu favor a aliança construída contra o nazismo. E, no caso dos soviéticos, a triste ferida de ter perdido, durante a Segunda Grande Guerra, vinte milhões de pessoas, entre soldados e civis, e a grande glória de terem sido essenciais para derrotar o nazifascismo.

Ruim com a ONU, pior sem ela

Se com a ONU o mundo mergulhou no enfrentamento bilateral, dá para imaginar o que teria acontecido sem ela. Daí porque apostar em organismos multilaterais eficazes pode atenuar ou reduzir em muito esses confrontos, possibilitando trilhar novos caminhos para as relações entre países, sejam elas culturais, científicas, comerciais, políticas ou militares. E por mais que essa seja uma tarefa difícil, que às vezes pareça impossível, vale muito a pena se empenhar em realizá-la. Parte do que o mundo está sofrendo atualmente se deve ao enfraquecimento das organizações multilaterais. A pandemia do novo coronavírus é um exemplo cabal de que a ausência de cooperação entre países retardou a universalização da vacina, reduzindo, com isso, a possibilidade de salvar vidas. Se o exemplo do Dr. Albert Sabin, que renunciou à patente da vacina contra a poliomielite, fosse seguido na pandemia do coronavírus, a vacinação formaria um escudo mais forte e generalizado em todo o planeta e pouparia milhares de vidas, especialmente nos países mais pobres.

Com todas as falhas, foi no âmbito da ONU que em 2000 foram estabelecidos os Objetivos de Desenvolvimento do Milênio (ODM),[41] a serem cumpridos até 2015. Os ODMs foram uma importante referência para todos os países e, após a posse em 2003, para o conjunto do governo Lula. Governar tendo um elo de identidade com mais de cento e noventa países transforma os esforços nacionais em um esforço global. As metas estabelecidas miraram um patamar mínimo de melhoria da vida das pessoas em todos os países.

Até 2010, o Brasil conseguiu cumprir parte dessas metas, que seguiram pautando os esforços da equipe da presidenta Dilma nos anos seguintes. O empenho conjunto aproxima ministérios e cria referências mundiais. Países com dificuldades para cumprir as metas passaram a solicitar apoio do Ministério do Desenvolvimento Social e Combate à Fome (MDS) em tal escala que a então ministra Tereza Campello acabou definindo datas específicas para o intercâmbio com ministras e ministros de outros países, destacadamente da África e da América Latina.

Em 2015, a ONU definiu dezessete Objetivos de Desenvolvimento Sustentável (ODS) a serem alcançados até 2030. Mas tudo indica que o governo Bolsonaro ignora essa agenda.

---

[41] As metas definidas para o novo milênio foram: acabar com a fome e a miséria; oferecer educação básica de qualidade para todos; promover a igualdade de gênero e a autonomia das mulheres; reduzir a mortalidade infantil; melhorar a saúde materna; combater a Aids, a malária e outras doenças; assegurar a sustentabilidade ambiental; e estabelecer uma parceria mundial para o desenvolvimento.

Clima, desmatamento e biodiversidade

É também no âmbito da ONU que o Brasil decide ampliar sua expressão de *softpower*[42] nas áreas ambiental e climática. Na Conferência das Nações Unidas sobre as Mudanças Climáticas (COP15), realizada em Copenhague em dezembro de 2009, o Brasil surpreendeu os demais chefes de Estado e o mundo quando Lula assumiu o compromisso voluntário de reduzir as emissões de gases de efeito estufa entre 36,1% e 38,9% ao longo de dez anos. Por ser um país em desenvolvimento, o Brasil não estava sendo cobrado internacionalmente nem tinha qualquer obrigação legal junto ao regime climático global para atingir esse resultado. Foi uma opção deliberada que evidencia o alinhamento do país com as medidas necessárias para frear o avanço dos riscos à segurança climática do planeta.

O Brasil ofereceu ao mundo o maior esforço de mitigação de emissões de carbono com o enfrentamento e a redução de 80% do desmatamento ilegal na Amazônia. A estratégia avançou no governo Dilma, que consolidou as menores taxas de desmatamento da Amazônia desde que o seu monitoramento foi implementado pelo Instituto Nacional de Pesquisas Espaciais (INPE) a partir de 1998.

No que diz respeito à conservação da biodiversidade, Lula implementou o Programa Áreas Protegidas da Amazônia (ARPA), considerado um dos mais ambiciosos por ambientalistas do mundo todo. Em seu governo, foi criada a maior área de preservação de florestas tropicais do mundo, totalizando sessenta milhões de hectares de unidades de conservação. No governo Dilma, mais três milhões de hectares foram consolidados na Amazônia.

O que vimos ser feito a partir do governo Bolsonaro foi o inverso. Como vem reiterando a ex-ministra do Meio Ambiente Izabella

---

[42] "Poder brando", em tradução livre, é a expressão usada para qualificar o poder de países que não têm poderio econômico nem militar, mas que conseguem influenciar outros a partir de sua cultura, de sua diplomacia ou de seus recursos naturais.

Teixeira, ao promover a destruição da Amazônia, Bolsonaro priva o Brasil da perspectiva de um futuro mais justo e da chance de o país voltar a figurar como referência em conservação e preservação ambiental no mundo.

Um pacto pela paz e contra a fome no mundo

Se Lula deixou mais do que evidente a meta central de seu governo quando sinalizou, em outubro de 2002, que um de seus maiores objetivos era permitir que cada brasileira e brasileiro pudesse "tomar café da manhã, almoçar e jantar", não demorou mais do que um mês para que o mundo entendesse que essa pauta o acompanharia por onde passasse.

Em janeiro de 2003, Lula participou do Fórum Social Mundial em Porto Alegre, no Rio Grande do Sul, e em fevereiro, do Fórum Econômico Mundial (FEM) em Davos, na Suíça. Em Davos, deixou claro que seu "maior desejo é que a esperança que venceu o medo, no meu país, também contribua para vencê-lo em todo o mundo. Precisamos, urgentemente, nos unir em torno de um pacto mundial pela paz e contra a fome". E em Porto Alegre disse querer "poder dizer ao mundo como seria bom, como seria maravilhoso se em vez de os países ricos produzirem e gastarem dinheiro com tantas armas, se a gente gastasse dinheiro com pão, com feijão, com arroz para a gente matar a fome do povo". O corolário desse início foi sua estreia na Assembleia Geral da ONU, em 23 de setembro de 2003: "Reitero perante esta assembleia verdadeiramente universal o apelo que dirigi aos fóruns de Davos e Porto Alegre e à Cúpula Ampliada do G-8, em Évian. Precisamos engajar-nos política e materialmente na única guerra da qual sairemos todos vencedores: a guerra contra a fome e a miséria".

Nas relações comerciais, Lula exaltou a importância de intensificar trocas com os países sul-americanos sem desistir dos fortes parceiros tradicionais, como os Estados Unidos e os países da Europa.

Apelidou os ministros da Indústria e Comércio e o das Relações Exteriores de "mascates" e lançou o governo a buscar mercados. Exortou empresários a terem coragem de atuar para tornar suas empresas multinacionais.

Lula posicionou o Brasil como ator relevante no fortalecimento das articulações do país entre Rússia, Índia, China e África do Sul, os BRICS. Também investiu na atuação do Mercosul para as transações comerciais e participou da criação da União das Nações Sul-Americanas (Unasul), congregando doze países – Argentina, Bolívia, Brasil, Chile, Colômbia, Equador, Guiana, Paraguai, Peru, Suriname, Uruguai e Venezuela – com o objetivo de promover a integração social, produtiva, energética, de infraestrutura e financeira da região. Lula cansou de repetir que o país não quer apenas ser uma economia próspera em uma região marcada por estagnação e desigualdades. Ao contrário, entende que quanto menos desigualdade existir entre países vizinhos melhor será a vida de seus povos e mais tranquila e produtiva será a convivência ao longo das fronteiras.

A mesma ideia conduziu a uma forte aproximação com os países da África, possibilitando cooperação técnica no âmbito de ciência e tecnologia, esportes, transportes, energia, defesa e investimento brasileiro em mineração, energia e infraestrutura. Na educação, foram firmadas parcerias voltadas para o intercâmbio de docentes e discentes de graduação e pós-graduação. Em dezembro de 2010, a Universidade da Integração Internacional da Lusofonia Afro-Brasileira (UNILAB) foi inaugurada no estado do Ceará, em Redenção, primeira cidade do Brasil a libertar totalmente as pessoas escravizadas em seu território. Na saúde, a cooperação se voltou para o combate a doenças, particularmente a Aids, sob a condução de um escritório regional da Fiocruz, em 2008, e a instalação de uma fábrica para a produção de medicamentos antirretrovirais, ambos em Moçambique. Em Gana, instalou-se a Embrapa.

No âmbito institucional, a principal batalha buscava – e continua buscando – mudanças na ONU, especialmente no Conselho de

Segurança. A composição dos países que ocupam vagas permanentes só foi alterada uma vez desde o final da Segunda Guerra Mundial, com a entrada da China em 1971. Lula defende insistentemente, em discursos, entrevistas e foros internacionais, que sejam agregadas representações permanentes de países africanos, sul-americanos e centro-americanos. Com isso, o Conselho de Segurança seria mais representativo e incluiria interesses de países emergentes.

A ideia não é nova. Celso Amorim, que foi chanceler no governo Itamar Franco, já defendia esse formato desde então. O governo Fernando Henrique Cardoso prosseguiu nesse rumo, discretamente. E foi no governo Lula que a proposta passou a ser reiterada em conversas, articulações, discursos e declarações, em toda e qualquer oportunidade.

Paralelamente, Lula contou com a assessoria de Marco Aurélio Garcia, companheiro que exerceu por muitos anos o cargo de secretário de Relações Internacionais do PT e que contribuiu com essa longa experiência durante os oito anos de mandato de Lula, dando amplitude política aos contatos de Estado e de governo, mantidos nos quatro cantos do mundo.

O embaixador Paulo Campos, chefe do cerimonial, provavelmente foi quem passou mais tempo ao lado de Lula, pois era responsável pelas atividades do presidente no Brasil e no exterior. De poucas palavras e muita rigidez, raramente dava oportunidade para o questionamento de suas decisões.

Não pode faltar uma menção a Sergio Xavier Ferreira, o intérprete para a língua inglesa que, nessa função, completou uma das maiores quilometragens em viagens para o exterior e em visitas de autoridades estrangeiras recebidas no Brasil. Ficou conhecido pelo mundo por conseguir traduzir os improvisos de Lula na mesma velocidade com que traduzia os discursos previamente elaborados. Sergio e Lula já se conhecem desde 1992, de reuniões entre ONGs de várias partes do mundo e de eventos sindicais internacionais, nos quais trabalhadores brasileiros receberam apoio e solidariedade de operários e democratas de outros países. Sergio provavelmente é quem mais acompanhou conversas privadas de Lula e quem, por dever e ética do ofício, menos pode relatar o que ouviu.

Na volta para São Bernardo do Campo, Lula dará continuidade à luta pela redução da fome e da pobreza no mundo e pela consolidação da democracia, estabelecendo fortes relações com países africanos e latino-americanos.

O primeiro operário presidente coloca a faixa na primeira mulher presidenta em 1º de janeiro de 2011.

Lula fala em coletiva após a operação de busca e apreensão em sua residência e após ter sido conduzido e interrogado coercitivamente pela Polícia Federal em 2016.

PARTE VII
Glória, asfixia, prisão

LULA, ACOMPANHADO PELA PRESIDENTA DILMA ROUSSEFF, desce a rampa do Palácio do Planalto pela primeira vez como ex-presidente. Alheio ao protocolo, segue em direção ao povo. Acenos para todo lado. Abraça muito e é muito abraçado antes de entrar no carro para seguir, junto com Dona Marisa, para a base aérea de Brasília, de onde vai para casa.

Mas, ao chegar em São Paulo, Lula ainda tem mais um compromisso a cumprir antes de seguir para São Bernardo do Campo: dar um abraço de gratidão naquele que foi seu parceiro todos os dias, em oito anos de presidência. Aquele camarada que permitiu a Lula dedicar boa parte de seu mandato – 470 dias de agenda no exterior – ao fortalecimento de laços do Brasil com outros países do mundo, erguendo em toda parte a bandeira da luta contra a fome e a pobreza. O carro para no Hospital Sírio-Libanês e Lula vai ao encontro do ex-vice-presidente José Alencar, cujo estado de saúde impediu que participasse da posse de Dilma.

Quando finalmente chega a São Bernardo, Lula, já em frente de casa, é aclamado por centenas de pessoas, mesmo debaixo de chuva. Ele aproveita o momento para contar o que fará dali em diante. Diz que vai descansar por vinte dias, mas, se não me falha a memória, não completou nem quinze. Aliás, vi isso acontecer muitas vezes: Lula anunciava que tiraria férias prolongadas e quase sempre reaparecia após oito, no máximo dez, dias de descanso. Quando questionado, respondia que se sentia estranho por não estar fazendo nada.

Lula conta aos presentes que deixou a presidência, o que não significa que deixará a política. Insiste, com várias formulações, que ajudará a presidenta Dilma sempre que ela precisar. Pede que ela seja tão amada quanto ele foi. Alerta para a enxurrada de preconceitos que ela terá que enfrentar, ainda que os adversários sejam os mesmos. Diz que pretende levar as experiências bem-sucedidas para os países da América Latina e da África. Que voltava para casa de cabeça erguida e com a sensação de dever cumprido. E, como não poderia deixar de ser, celebra os índices de popularidade que ele e seu governo alcançaram nos dois mandatos, respectivamente 87% e 83%. Então finaliza, entoando outra vez o preâmbulo mais repetido nos oito anos de presidência: "Nunca antes na história deste país um presidente teve a aprovação que tivemos. O mérito não é só meu: é meu e de vocês!".

Na verdade, segundo pesquisa divulgada pelo Instituto Sensus e pela Confederação Nacional do Transporte (CNT),[43] a aprovação de Lula foi um recorde não apenas na história do Brasil, mas também no mundo. Até então, as melhores avaliações apontavam para Michelle Bachelet, do Chile; Tabaré Vázquez, do Uruguai; e Nelson Mandela, da África do Sul, os três num patamar semelhante, porém abaixo do atingido por Lula. Diante de tamanha glória, era de se esperar que o fim de seu mandato presidencial não significasse – como de fato não significou – o fim de seu prestígio.

Após deixar a presidência, Lula recebeu milhares de convites para as mais variadas atividades públicas, além de ter sido agraciado com centenas de homenagens, distinções, prêmios e com os títulos de Cidadão Honorário e de Doutor *Honoris causa*. Uma curiosidade sobre este último é que, durante o governo, o presidente foi informado de que haviam lhe concedido dezenas de títulos de Doutor *Honoris Causa* em universidades brasileiras e estrangeiras. Mas Lula sendo Lula decidiu que não receberia nenhum deles antes de terminar o mandato. Alegava que preferiria sair do governo sem

---

[43] Para mais informações, ver: https://bit.ly/3tU8sp8. Acesso em: 22 jun. 2022.

nenhum título outorgado por qualquer universidade, tendo em vista que, antes de ser eleito, a falta de curso superior havia sido motivo de muitas críticas e preconceitos, a partir dos quais seus opositores afirmaram que ele seria incapaz de governar.

Antes de deixar Brasília, recebi da equipe de agenda do gabinete pessoal um pacote de convites solicitando a presença de Lula em diversos eventos durante os primeiros meses de 2011. Mas nossas condições de trabalho no Instituto Cidadania ainda não haviam sido dadas. A casa onde o instituto funcionava estava passando por uma pequena reforma para se adequar ao novo momento. Paralelamente, o apartamento em que eu morava estava praticamente alagado, e, depois de me hospedar por alguns dias na casa de amigos, acabei alugando um quarto em um hotel. O quarto, que não tinha nem mesmo uma mesinha, acabou servindo de local de trabalho para mim e para Leonardo Martins, meu colega de equipe, por algumas semanas. E mesmo sem acomodações adequadas, as demandas continuavam chegando.

Em atenção aos convites, entre 2011 e 2015 Lula compareceu a inúmeros debates, congressos, palestras e encontros com autoridades, movimentos sociais, organismos multilaterais, universidades, veículos de comunicação, ONGs, associações de classe de trabalhadores e de empresários, entidades assistenciais e partidos políticos. E eu, que havia prometido a mim mesma nunca gerenciar a agenda de Lula, acabei assumindo essa tarefa insana. Quando voltamos para a sede do Instituto, éramos poucos, mas o volume de demandas aumentava como se Lula estivesse cercado de incontáveis ministérios e funcionários. Minha equipe[44] nunca passou de quatro pessoas, e muitas vezes nem sequer dávamos conta de atender os telefones que tocavam ininterruptamente. Para completar, parte importante dos contatos era feita em inglês,

---

[44] Fizeram parte da equipe ao longo de seis anos, não simultaneamente: Camila Marmo, Flavio Sousa, Gabriel Ayroza, Guilherme Giufrida, Leonardo Martins, Luciana Martins, Marco Antônio Riechelmann, Marco Aurélio Ribeiro e Péricles Egydio.

idioma no qual consigo me virar, mas que não domino. Até que um dia reparei que uma das recepcionistas do hotel onde eu estava hospedada, além de atenciosa e eficiente, era fluente em inglês. Perguntei se ela topava se juntar à equipe. Ela ouviu a proposta com espanto e, depois de resolver sua demissão, veio nos socorrer. Camila deu conta de todas as demandas em inglês e me apoiou em cada detalhe da construção das agendas. E eu, de tanto ouvi-la falar o idioma, até que melhorei minha fluência.

Glória

Em meados de 2011, após intensos debates sobre as atividades de Lula e do Instituto Cidadania, decidimos transformá-lo no Instituto Lula (IL). De início, os principais objetivos eram concretizar os rumos esboçados pelo ex-presidente no discurso de volta a São Bernardo e disseminar, nos países africanos e latino-americanos, as políticas públicas que ajudaram a reduzir a fome e a pobreza no Brasil. O Instituto também procurou dar continuidade ao legado acumulado pelas experiências do Governo Paralelo, do Instituto Cidadania e de governos municipais e estaduais do PT e aliados, além dos oito anos ocupando o cargo de presidente da República. Para isso, foi formado um conselho com lideranças de vários movimentos sociais e participantes da trajetória do Instituto Cidadania. Paulo Okamotto foi eleito presidente, e Lula, presidente honorário. A diretoria foi composta por Celso Marcondes, Luiz Dulci, Paulo Vannuchi e por mim.

Se eu tivesse que comparar o Instituto Lula com algum outro local, diria que a rotina se parecia, nessa época de glória, com a de uma pequena e movimentada praça. Lá, todos trabalhávamos adoidado. Inicialmente, lutávamos para pôr de pé uma ideia e dar conta das demandas pela presença de Lula em toda parte. Então, à medida que a ideia ia se concretizando, a presença de pessoas envolvidas em cada uma das atividades crescia dia após dia. Recebíamos desde estudantes que vinham entrevistar autoridades brasileiras e estrangeiras até escritores, artistas, lideranças sindicais daqui e de outros países, além de mulheres e homens imbuídos de ideias para todo e qualquer tema. Esse combustível popular que sempre alimentou Lula esteve presente a cada dia, em cada canto. O Instituto Lula vibrava. O Instituto Lula respirava futuro.

Em meio a essa rotina intensa, também havia tempo e espaço para as queixas de ministros da presidenta Dilma. Ela e Lula se encontravam em Brasília a cada duas ou três semanas. Conversavam sobre tudo, e nas brechas Lula transmitia as reclamações que chegavam até nós, vindas de dentro e de fora do governo, fossem por discordâncias quanto às decisões da presidenta, fossem por algo que começava a ser tramado contra sua gestão, ancorado, na maioria das vezes, em pura misoginia.

E por que não se lembrar dos ataques e das baixarias direcionados a Dilma? Como se esquecer do adesivo obsceno feito para ser colocado na entrada do tanque de gasolina dos automóveis, imitando a figura dela? Como se esquecer – e digo como alguém que estava lá, na arquibancada do Estádio do Corinthians, o Itaquerão – da hostilidade durante o jogo de abertura da Copa do Mundo de 2014 quando a presidenta Dilma foi ofendida diante de câmeras do mundo todo? Era o prenúncio do que estava por vir, cujo corolário foi a fala do então deputado Jair Bolsonaro, que dedicou seu voto pelo *impeachment* de Dilma ao coronel Ustra, o mesmo que comandou as sessões de tortura impostas a ela, então uma jovem militante, durante os anos em que esteve presa no período da ditadura.

Voltando à praça dos tempos de glória, vou contar alguns episódios que transmitem um pouco do que vivemos nos primeiros anos que se seguiram ao governo Lula.

Nessa fase inicial, Lula quase sempre almoçava no Instituto. Aproveitava para cumprir agendas com poucas pessoas, às vezes com membros da própria diretoria, outras com seus familiares. Claudia Troiano, sua secretária, entrava em desespero para resolver o cardápio desses almoços. A princípio não era tarefa difícil, já que Lula adora uma comidinha caseira. Mas Claudia, exigente consigo mesma, eficiente e atenciosa em suas muitas atribuições, ficava aflita para saber quem, quantos e o que iriam almoçar.

Em 2011, acompanhei Lula em uma viagem que se revelou uma amostra do ritmo e da intensidade que permeavam suas atividades pelo Brasil e pelo mundo após o fim de seu mandato. Refiro-me a uma agenda que começou em Paris, onde Lula recebeu o título de Doutor *Honoris Causa* do Instituto de Estudos Políticos de Paris, o Sciences Po. Um auditório enorme estava lotado de jovens na maior empolgação para recebê-lo. Jean-Claude Casanova, presidente da Fundação Nacional de Ciência Política de Paris (FNSP), entregou o título a Lula, citando, em seu discurso, o crescimento da classe média e a redução da desigualdade social durante o governo do ex-presidente brasileiro. Discursos semelhantes foram repetidos em todo o mundo durante as cerimônias de outorga dos títulos de Doutor *Honoris Causa* concedidos a Lula. Invariavelmente, os acadêmicos destacavam sua trajetória de vida e as iniciativas de seu governo para acabar com a fome, reduzir a pobreza e gerar empregos. Lula foi o 16º a receber esse título e o primeiro latino-americano em cento e quarenta anos da história do Sciences Po. Ainda sobre os títulos de Doutor *Honoris Causa*, gosto de lembrar a escolha minuciosamente feita por Lula para dar início ao recebimento das honrarias. No Brasil, ele escolheu receber, em primeiro lugar, o título oferecido pela Universidade Federal de Viçosa (UFV), em Minas Gerais, em 28 de janeiro de 2011. No exterior, a escolha foi pela Universidade de Coimbra, em Portugal, onde foi acompanhado pela presidenta Dilma. Para a tristeza de todos, no dia anterior à cerimônia, em 29 de março de 2011, faleceu José Alencar, vice-presidente de Lula em seus dois mandatos. Daí porque, logo após a outorga, as agendas foram interrompidas, e Lula e Dilma voltaram ao Brasil.

Nenhuma das agendas de Lula se limitava ao evento que lhe deu origem. Quando ainda era dirigente sindical e também quando presidiu o PT, antes de ser eleito, Lula já era recebido pelas embaixadas como autoridade brasileira. Em respeito a esse hábito diplomático, toda vez que fechávamos os detalhes de uma agenda, eu transmitia os dados da viagem às respectivas embaixadas. Ato contínuo, na maioria dos casos, os próprios diplomatas pediam que Lula participasse de algum evento e iniciavam as solicitações de encontros com autoridades do país. Não foi diferente em Paris. Já na véspera da atividade da Sciences Po, em 26 de setembro de 2011, Lula, recebido pelo embaixador do Brasil em Paris, José Maurício Bustani, encontrou-se com o então presidente da França, Nicolas Sarkozy, e participou de um jantar com autoridades e convidados dos organizadores da cerimônia de outorga do título de Doutor *Honoris Causa*, entre eles os diretores do Sciences Po. No dia seguinte, em 27 de setembro, encontrou-se com o primeiro-secretário em exercício do Partido Socialista francês, Harlem Désir, e no dia 28 concedeu uma entrevista para o jornal *Le Monde*. Eu me canso só de lembrar da correria que é cobrir agendas como essas, sem falar do vaivém entre os aeroportos.

E as atividades não acabaram aí. A próxima parada, ainda no dia 28, foi em Gdansk, na Polônia. Terra de Lech Wałęsa e dos estaleiros Lenin, onde teve início, em setembro de 1980, o glorioso movimento de construção do Sindicato Solidarność. Em Gdansk, encontramos o embaixador do Brasil em Varsóvia, Carlos Simas, e visitamos locais históricos do Movimento Solidariedade, de onde seguimos para um jantar com Lech Wałęsa e seus convidados. Este encontro foi memorável. Wałęsa presidiu a Polônia entre 1990 e 1995, período em que visitou o Brasil. Na ocasião, criticou Lula, mas em Gdansk, dezesseis anos depois, preparou uma recepção importante para o ex-presidente do Brasil. Qual seria o motivo para essa homenagem? Nas conversas, Wałęsa lamentou diversas vezes o esvaziamento da indústria naval na Polônia e a consequente redução de empregos nos estaleiros. Já Lula não se cansava de contar sobre a recuperação da indústria naval e as dezenas de milhares de empregos criados no Brasil durante seu governo. Wałęsa transmitia certa melancolia, chegando a dizer que, naquele momento, preferiria o socialismo. No dia seguinte, o ex-presidente polonês entregou a Lula o prêmio que leva seu nome em um ato público, seguido de uma coletiva de imprensa e de um encontro com jovens ativistas europeus do Instituto Lech Wałęsa.

Partimos de Gdansk para Londres, onde fomos recebidos pelo embaixador Roberto Jaguaribe. Lá, Lula se reuniu com o ex-primeiro-ministro e líder do Partido Trabalhista Gordon Brown e participou de um almoço com investidores convidados pelo banco Santander, então presidido por Emilio Botín, que gostava de conversar com Lula sobre os cenários políticos e econômicos previstos para o Brasil. O encontro aconteceu em um lugar espetacular: o Museu de História Natural de Londres. Foi uma daquelas palestras remuneradas que ex-mandatários de várias partes do mundo realizam, a exemplo de Bill Clinton, Tony Blair e outros. O tema preferido por quem as contratava era "Crescimento econômico e desenvolvimento social: a experiência do Brasil".[45]

A rigor, a agenda deveria terminar depois desse almoço, mas a revista *The Economist*, que por coincidência realizava uma conferência em Londres naquele mesmo dia, insistiu para que Lula participasse do evento. E ele aceitou. Lula recebeu um título e um prêmio, encontrou-se com muitos jovens, reuniu-se com um presidente, um ex-presidente, um ex-primeiro-ministro, três embaixadores e inúmeros acadêmicos. Fez vários discursos, não sem antes revisar cada um detalhadamente nos intervalos entre as atividades.

Esse era o padrão das viagens de Lula ao exterior. Lembrava muito o ritmo das Caravanas da Cidadania. Seus discursos, suas palestras, as entrevistas e os bate-papos sempre eram pautados pela defesa da paz, do desenvolvimento social e da democracia. Em cada oportunidade, Lula divulgava e compartilhava as experiências positivas brasileiras de combate à fome e à miséria. Não por acaso, naqueles anos as políticas públicas e os programas sociais vitoriosos no Brasil passaram a servir de referência para dezenas de países em desenvolvimento.

Foi o reconhecimento das realizações dos mandatos de Lula junto ao povo pobre que abriu um leque amplo de contatos internacionais e viabilizou que o Instituto Lula firmasse acordos ou convênios com instituições renomadas de outros países, além de nove organismos multilaterais, entre eles o UNICEF, a União Africana (UA), a Organização das Nações Unidas para a Alimentação e a Agricultura (FAO/ONU), o Programa Mundial de Alimentos (PMA) e o Banco Interamericano de Desenvolvimento (BID).

---

[45] Para mais informações, ver relatório da L.I.L.S. disponível em: https://bit.ly/3uzFnjb. Acesso em: 8 jul. 2022.

Em números, de 2011 a 2015, a agenda internacional de Lula contou com 80 viagens por 38 países, 170 encontros com autoridades e altas autoridades internacionais, 82 eventos, 51 encontros com embaixadores brasileiros, 15 prêmios internacionais e 14 entrevistas de imprensa.

Aí vem a pergunta frequente: Lula não descansa? Nos vários voos em que o acompanhei, notei que ele sempre dormia pouco e permanecia bem-disposto. Lula tem uma capacidade enorme de recuperar energias rapidamente. Depois de um curto descanso, ele não deixava ninguém mais dormir. Conversava, comentava a atividade anterior, expunha e testava novas ideias, corrigia discursos.

Na época da presidência, durante os voos longos, quando a maioria já estava dormindo, ele andava pelo corredor do avião, falava (e ouvia) até chegar ao destino. Nenhum de nós se sentia importunado, porque seus gestos eram entendidos como reverências, como demonstrações de carinho. Sempre bem-humorado, brincava com todos e perturbava quem dormia profundamente. Nesse período, o Instituto Lula priorizou as atividades voltadas para os países africanos e latino-americanos – o que não quer dizer, no entanto, que as relações com os demais países do mundo e suas organizações tenham sido deixadas de lado. Os Estados Unidos, os países árabes e os europeus foram destino de vários encontros.

Permanece em minha memória a impactante participação de Lula como orador convidado na abertura da Conferência Anual da União Africana (UA), em Malabo, capital da Guiné Equatorial, em 2011. Diante de chefes de Estado e ministros de cinquenta e cinco países do continente africano, Lula foi ovacionado quando destacou em seu discurso que o mundo não podia ver a África somente através das câmeras e dos olhos de países de outros continentes. A receptividade que presenciei em Malabo foi um reconhecimento claro das ações de seu governo em diversos países africanos. Vários dos presentes fizeram questão de conversar com ele em particular, ao que Lula se colocou à disposição para compartilhar as experiências brasileiras no combate à fome e à miséria.

E Lula cumpriu rigorosamente essa promessa.

● A Iniciativa África

O Instituto Lula definiu como uma de suas prioridades a aproximação, o diálogo e a apresentação das experiências do seu governo e do governo da presidenta Dilma Rousseff. Essa visão foi decisiva para viabilizar, em 2013, a assinatura de um acordo para lutar conjuntamente pela erradicação da fome nos países africanos até 2025. Assinaram esse documento a União Africana, a FAO, a Agência de Desenvolvimento da União Africana (AUDA-NEPAD) e o próprio Instituto Lula.

Vale assinalar que não foi só no âmbito institucional que o Instituto atuou. Entre os eventos dos quais Lula participou destacam-se a reunião com dirigentes do Congresso dos Sindicatos Sul-Africanos (COSATU); os encontros com Graça Machel, uma das principais lideranças populares de Moçambique e então esposa de Nelson Mandela; a visita dos principais dirigentes do Instituto Cultural Steve Biko, nome dado em homenagem ao líder do movimento estudantil na luta contra o *apartheid* na África do Sul; e as incontáveis homenagens e prêmios que recebeu no Brasil e no exterior. Em praticamente todos os países africanos que visitou após deixar a presidência (Etiópia, Malauí, Moçambique, África do Sul, Angola, Nigéria, Guiné Equatorial, Gana e Benim), Lula foi recebido como um verdadeiro chefe de Estado. E em todas as ocasiões, encontrou-se com os chefes de cada país.

De todas as viagens que Lula fez para a África, a mais simbólica foi para Benim, em junho de 2014, contada em detalhes pelo companheiro Celso Marcondes, responsável pela Iniciativa África. No aeroporto de Cotonou, capital do país, Lula foi recebido por dezenas de mulheres vestidas com trajes típicos, cantando "Bem-vindo, presidente Lula!", em português. Daí foi conduzido pelo então presidente de Benim, Boni Yayi, ao encontro dos ministros, que lhe apresentaram uma síntese do Programa de Governo. Ao final, Yayi presenteou Lula com tecidos para Dona Marisa, uma caixa de abacaxis – fruta típica local – e uma cadeira em formato de trono com os dizeres "Para Lula, o rei da África". Depois dessa recepção e de um almoço com mais de trezentas pessoas, o momento mais emocionante do dia ocorreu quando Lula foi apresentado a uma comitiva de "Souzas" e

"Silvas", descendentes de famílias que haviam retornado ao país de origem após a abolição da escravatura no Brasil. À época, Lula era considerado por grande parte dos líderes africanos como o chefe de Estado mais querido originário de um país de fora do continente.

Em 2015, o Instituto Lula criou o Conselho África, formado por cerca de trinta líderes do movimento negro, alguns dos mais importantes estudiosos da África no Brasil, africanistas, ativistas, pesquisadores, professores, jovens estudantes do tema e jornalistas especializados. O Conselho teria como principais incumbências produzir estudos sobre o continente, organizar eventos e subsidiar Lula em suas atividades junto às lideranças e a militantes negras e negros em diferentes cidades do Brasil. Na nova diretoria do Instituto Lula, quem assumiu a direção da Iniciativa África a partir de 2020 foi a advogada Tamires Sampaio. Mulher jovem e negra, Tamires expressa a integração entre o combate ao racismo e a luta de Lula pelas relações do Brasil com o continente africano. Nunca é demais lembrar que a escravidão foi o mais terrível e abominável período da nossa história, principal responsável pela discriminação, perseguição e violência sofridas por negras e negros, motivo pelo qual é urgente dar voz e ouvir o povo negro.

A Iniciativa América Latina

Na Iniciativa América Latina, o seminário internacional Desenvolvimento e Integração da América Latina, organizado em parceria com a Comissão Econômica para a América Latina e o Caribe (CEPAL), o Banco Interamericano de Desenvolvimento (BID) e o Banco de Desenvolvimento da América Latina (CAF) e realizado em Santiago do Chile em 26 e 27 de novembro de 2013, foi um dos pontos altos da colaboração do Instituto Lula na direção da integração latino-americana. O evento, que contou com a participação do ex-presidente chileno Ricardo Lagos, de lideranças políticas e sindicais e de importantes acadêmicos de vários países, foi uma das mais de oitenta atividades realizadas entre 2011 e 2015 pela Iniciativa América Latina. Nesse período, Lula fez trinta e seis viagens a países latino-americanos e reuniu-se com ex-presidentes, dirigentes de órgãos multilaterais, líderes políticos e representantes de movimentos sociais.

Na esteira do que foi realizado durante o governo Lula, Luiz Dulci, ex-ministro da Secretaria-Geral e coordenador da Iniciativa América Latina no Instituto Lula, reiterava que "unidos, os países e a sociedade da América Latina conseguem defender melhor os seus legítimos interesses e têm maior peso nas decisões globais". No período mais intenso dessa atividade, a maioria dos países contava com governos progressistas que retomaram o crescimento econômico, distribuindo renda e promovendo amplamente a inclusão social.

A integração avançou nos aspectos comercial e político e entusiasmou governantes das mais variadas orientações ideológicas. Afinal, por volta de 2014, a população da região já passava dos 400 milhões e, segundo a CEPAL, o comércio entre os países latino-americanos movimentava, na época, cerca de 140 bilhões de dólares. Valia muito a pena – como continua valendo – apostar na integração política, comercial, física, social e cultural para o bem de todos os povos.

O diálogo com a intelectualidade foi outra marca importante da Iniciativa América Latina, fato atestado pelo encontro com intelectuais sul-americanos Caminhos Progressistas para o Desenvolvimento e a Integração Regional, e pelo colóquio Integração das Cadeias Produtivas na América do Sul, organizado em parceria com a União de Nações Sul-Americanas, que contou com a participação de seu secretário-geral, o ex-presidente da Colômbia, Ernesto Samper. Lula participou de diversos eventos acadêmicos realizados pela Iniciativa América Latina em parceria com a Facultad Latinoamericana de Ciencias Sociales (FLACSO), o Consejo Latinoamericano de Ciencias Sociales (CLACSO) e o Fórum Universitário do Mercosul (FoMerco), tendo sido homenageado, nesse período, com o título de Doutor *Honoris Causa* por várias universidades da Argentina, do Peru, do Equador, da Bolívia, entre outras.

Tanto na Iniciativa América Latina quanto na Iniciativa África, as ações do Instituto Lula não se limitaram ao campo institucional. Em julho de 2011, quando esteve no Chile, Lula se encontrou com os trabalhadores mineiros resgatados da mina San José, no deserto do Atacama, e participou de um bate-papo com lideranças das mobilizações estudantis da época, entre elas Gabriel Boric, eleito presidente do Chile em 2022. Lula também se reuniu com vários mandatários e ex-mandatários latino-americanos para tratar de temas relacionados à agenda da integração regional, entre eles Pepe Mujica, Cristina Kirchner, Michelle Bachelet e Fernando Lugo.

Susto e medo

Chegamos ao final de outubro de 2011. Quase um ano celebrando os louros da missão cumprida. Dia a dia frenético preparando atividades no Brasil e no exterior. De repente, fomos surpreendidos por uma notícia assustadora: Lula havia sido diagnosticado com câncer na laringe. Nada mais nada menos do que o órgão responsável por produzir o som de nossas vozes. De todas as vozes, incluindo a voz daquele que a tem como ferramenta de vida, de contato, de expressão, de relacionamento principal com o mundo. O mundo do diálogo, das conversas, das controvérsias, dos discursos, dos desafios. O quase-tudo de Lula.

Foi no sábado, dia 29 de outubro daquele ano, que a nota do Hospital Sírio-Libanês foi emitida. Ato contínuo, Lula começou a receber um tratamento de quimioterapia e radioterapia. O diagnóstico não parecia assustador, diziam os médicos. No domingo, conversamos na diretoria do Instituto e decidimos que toda informação deveria se pautar pelo que fosse divulgado pelo hospital. Sabíamos de antemão que poderia haver distorções e notícias falsas, como de fato houve por anos a fio, quando *fake news* tentaram emplacar a mentira de que Lula não estaria curado.

Para mim, um dos momentos mais difíceis foi redigir a nota que seria enviada às pessoas e às instituições que tinham encontros marcados com Lula, além daquelas que ainda aguardavam retorno sobre sua solicitação. À exceção de eventos já confirmados,[46] todos os compromissos precisaram ser desmarcados.

---

[46] Foi o caso do Encontro Empresarial Brasil-África, realizado em 11 de novembro de 2011 e organizado pela FIESP, pelo Instituto Lula e pela Febraban. Contou

A primeira atividade pública a que Lula compareceu foi uma das comemorações do 60º aniversário do BNDES, realizada no Rio de Janeiro em 3 de maio de 2012, sete meses após o diagnóstico do câncer. Na ocasião, participou de um debate sobre as oportunidades de investimento na África oferecidas pelo Programa para Desenvolvimento das Infraestruturas em África (PIDA), que mirava a transformação do continente por meio de sua interligação e integração. Também participaram da conversa embaixadores de vários países africanos, representantes do Banco Africano de Desenvolvimento, técnicos do BNDES, além de parlamentares e empresários brasileiros.

Memorial da Democracia: do edifício ao museu multimídia

Desde o retorno a São Paulo, pensávamos em criar um memorial que comportasse os registros das lutas pela democracia ao longo da história do Brasil. Haveria nesse espaço um local dedicado à trajetória de Lula, personagem de muitas décadas dessas lutas. Coube ao companheiro Paulo Vannuchi coordenar a elaboração e a execução da proposta, e, junto com Paulo Okamotto, pesquisar e visitar instituições de perfil semelhante, voltadas para a preservação da memória democrática e/ou para a guarda dos acervos de ex-mandatários. Paralelamente, Vannuchi ia ouvindo historiadores e demais acadêmicos voltados para o mesmo objetivo. Finalmente, em 26 de junho de 2012, o projeto foi a público, apresentado pela equipe da historiadora Heloísa Starling, da Universidade Federal de Minas Gerais (UFMG); pelo designer Gringo Cardia; e pelo arquiteto Marcelo Ferraz, que apresentou um projeto adequado ao terreno cedido pela prefeitura de São Paulo, em lugar central,

---

com a presença de Bobby Pittman, representante do Banco Africano de Desenvolvimento; Jay Naidoo, da diretoria da Global Alliance for Improved Nutrition; Luciano Coutinho, presidente do BNDES; e eu, diretora do Instituto Lula.

próximo ao Memorial da Resistência, à Sala São Paulo, ao Museu da Língua Portuguesa e ao Parque da Luz.[47]

A notícia foi divulgada amplamente, e a partir daí vários questionamentos foram apontados contra a concessão do terreno, a qual foi interceptada pelo Ministério Público. A ideia não foi abandonada, nem o Instituto Lula ficou de braços cruzados. Um consistente memorial, desta vez virtual, multimídia, vem sendo construído, dando acesso a um vasto material em língua portuguesa que, no futuro, estará disponível também em outros idiomas.[48] E quem sabe um dia possa ser erguido como espaço físico de preservação da luta pela democracia no Brasil.

Asfixia

As ruas e os porões

Do lado de fora das paredes do Instituto Lula, enquanto brindávamos a glória do reconhecimento das políticas públicas do governo Lula e sua influência no rumo da integração latino-americana, o dia a dia da política brasileira mostrava tensões cada vez maiores. Nas ruas, desde 2013, as mobilizações estudantis iniciadas a partir de uma reivindicação justa contra o aumento das tarifas do transporte público foram permeadas por pautas e grupos alheios ao movimento social. Estranhamente, parecia que estavam todos juntos e misturados. No Congresso, diante da resistência por parte do senador Aécio Neves e

---

[47] Entre os convidados para assistir e debater o projeto estavam a ministra da Cultura Ana de Hollanda; o ministro da Secretaria-Geral da Presidência da República Gilberto Carvalho; o ex-ministro da Educação e pré-candidato à Prefeitura de São Paulo Fernando Haddad; o ex-ministro da Comunicação Social Franklin Martins; o cientista político e professor da USP Lúcio Kowarick; a psicanalista Maria Rita Kehl; os rappers GOG e Rappin Hood; o presidente da CUT Artur Henrique; e a presidenta do Sindicato dos Bancários de São Paulo, Osasco e Região Juvandia Moreira.

[48] Disponível em: www.memorialdademocracia.com.br. Acesso em: 21 jun. 2022.

de seus seguidores em aceitar o resultado eleitoral que reelegeu a presidenta Dilma em outubro de 2014, a chamada "pauta-bomba", que dificultava a aprovação de propostas da presidência, passou a ocupar o tempo dos embates. Em 2015, petistas e CUTistas, ou simplesmente pessoas vestidas de vermelho, passaram a ser ameaçadas. Ministros e lideranças sindicais começaram a ser hostilizados em restaurantes. Uma enorme agressividade se voltou para diversos programas sociais, como o Mais Médicos. Vieram à tona grupos neonazistas. Passaram a ser rotineiras as ações de violência nas manifestações.

O cenário instaurado nas manifestações era perfeito para a aparição de figuras que, intitulando-se apolíticas, prometem salvar a pátria da corrupção. Foi nesse cenário que se formou a Operação Lava Jato: criado originalmente para combater a corrupção a partir de denúncias envolvendo a Petrobras, esse conjunto de investigações passou a focar prioritariamente na figura do ex-presidente Lula até levá-lo à prisão e inviabilizar sua candidatura a presidente da República. Um dos procuradores da Lava Jato apresentou um *power point* precário, acusador, que, de acordo com suas convicções, seria a prova de que Lula comandava uma organização criminosa que se alimentava de propinas constituídas de recursos públicos. Os integrantes da Lava Jato começaram a ser tratados como heróis por amplos setores da imprensa, que os comparavam aos Intocáveis – policiais que combateram a produção e a comercialização clandestina de bebidas alcoólicas no período da lei seca nos Estados Unidos entre os anos 1920 e 1933. Aos poucos, os coordenadores da Lava Jato ganharam prestígio e autoridade junto à opinião pública, levando a cabo operações espalhafatosas.

Às 6 horas da manhã do dia 4 de março de 2016, a Polícia Federal apresentou, simultaneamente, mandados de busca e apreensão para Lula, seus filhos, diretores do Instituto Lula e dezenas de outras pessoas. Na sede do Instituto, os policiais chegaram com armas pesadas e uniformes camuflados. Passaram horas a fio remexendo tudo e levaram todos os equipamentos que continham dados.

Em meu apartamento entraram seis agentes, quatro da Polícia Federal e dois da Receita Federal. Ficaram duas horas e vinte minutos. Mexeram em tudo. Levaram telefones e outros equipamentos, que só foram devolvidos dezesseis meses mais tarde. Ou seja, todos tivemos que comprar equipamentos novos para poder trabalhar.

Mais grave ainda foi a entrada na casa de Lula e, segundo seu relato, o desrespeito com Dona Marisa e a dureza com que seus filhos foram tratados. Desrespeito também com a lei, pois Lula foi conduzido coercitivamente e interrogado sem que houvesse motivo legal. Em poucas horas, a sede nacional do PT se transformou em destino de centenas de lideranças, ativistas e simpatizantes. A partir daí, o dia a dia do Instituto Lula se transformou num calvário, e foi ficando cada vez mais claro que estávamos sob um ataque contínuo.

Como se tudo isso não bastasse para amargar a vida de Lula e sua família, em 3 de fevereiro de 2017 Dona Marisa faleceu em decorrência de um AVC. Casados durante quarenta e quatro anos, Marisa e Lula compartilharam as alegrias e agruras de uma vida pública intensa. Nos dias em que Marisa esteve em coma, amigas e amigos foram ao hospital para se despedir dela e consolar Lula. Quando estive lá, custei a aceitar que aquela mulher cheia de energia estivesse inerte. Presenciei a chegada de Fernando Henrique Cardoso, que, junto com José Gregori, deu apoio a Lula. Um daqueles encontros que, quando acontecem, contam histórias de respeito e solidariedade. Dona Marisa foi velada na sede do Sindicato dos Metalúrgicos do ABC. Lula foi criticado por supostamente transformar esse momento em um ato político – comentário que provavelmente foi emitido por alguém que não conheceu a trajetória de Marisa.[49]

E a rotina no Instituto ficou assim: a cada nova acusação, jornais cobravam respostas a longos questionários pautados por informações que a Lava Jato fornecia, mas dificilmente publicavam nossas respostas. Os convites solicitando a presença de Lula foram minguando, assim como as demandas por agendas. Amigos de Brasília vinham para o Instituto transmitir a preocupação insistente: "Lula vai ser preso". A Receita Federal, em parceria com a Lava Jato, multou o Instituto Lula em cerca de quinze milhões de reais. Mais tarde,

---

[49] Para saber mais sobre a vida e o trabalho de Marisa, ver: VANNUCHI, Camilo. *Marisa Letícia Lula da Silva*. São Paulo: Alameda, 2020.

indisponibilizou os recursos do Instituto, de Lula, de Marisa e de muitos outros. Passamos dias inteiros produzindo relatórios para provar o óbvio, e até as palestras que Lula proferiu foram questionadas sistematicamente sob o argumento de que serviam para encobrir propinas. Se quisessem realmente confirmar as informações, bastava apertar uma tecla no computador e pesquisar na internet a data, o local, os temas abordados e os participantes de cada palestra. Se o tivessem feito, veriam que todas foram contratadas formalmente.

Mesmo assim, Lula foi obrigado a dedicar um bom tempo a advogados e interrogatórios construídos de ponta-cabeça, pois partiam de onde os acusadores queriam chegar: prender Lula.

Prisão

"Aqui é o Wagner, presidente do Sindicato dos Metalúrgicos do ABC, convocando todos os democratas militantes de esquerda pra comparecer no sindicato dos metalúrgicos do ABC agora, nós temos uma tarefa importante aqui."

Poucos minutos depois do então juiz de primeira instância Sergio Moro noticiar a ordem de prisão e o prazo para que fosse cumprida, Wagner Santana, único membro da diretoria que ainda se encontrava na sede do sindicato no dia 5 de abril de 2018, enviou pelo celular essa mensagem de voz, que se espalhou rapidamente entre trabalhadores da região do ABC Paulista e apoiadores de Lula. O próprio Lula atendeu ao chamado de Wagner, assim como sua filha Lurian. Em poucas horas, a sede do sindicato, o estacionamento e as ruas em volta foram ocupados por pessoas dispostas a impedir que Lula fosse preso. Wagner conta que caminhou muito entre os apoiadores, e o que mais escutava era: "Wagnão, nós não vamos deixar levar, não vão levar, Wagnão. Fala pra ele não se entregar". Companheiros e companheiras davam a Wagner papéis, bilhetes e até fotos com Lula, repetindo cada vez mais o bordão: "Não vamos deixar levar".

Paralelamente, um grupo apareceu nas proximidades para provocar os apoiadores de Lula e defender o juiz Sergio Moro. Sem resultado. Cada vez mais gente a favor de Lula chegava de outras cidades, de outros estados. Chegavam passeatas. Autoridades. Grupos formados nas fábricas. O desejo de todos era unânime: impedir que Lula fosse preso. Ânimos acirrados, muita polícia nas proximidades. Um confronto poderia ocorrer a qualquer momento.

Sobre essa possibilidade, Wagnão comentou em uma conversa que tivemos no final de 2021: "Entrei na categoria em 1984, passei por muitas coisas nesse período todo: fui preso, fiz greve, greve de fome do Vicentinho, fábrica fechando, peão chorando, vi gente sendo morta. Mas acho que eu nunca passei, do ponto de vista emocional, por uma coisa tão intensa quanto aqueles dias, tão forte, tão representativa do quanto as pessoas são capazes de se emocionar, de se mobilizar, de defender algo. Aquele dia eu consegui perceber por que as pessoas se doam, por que as pessoas simplesmente abdicam, ou aceitam correr o risco da própria vida em defesa de algo, entendeu? Porque era isso, não a defesa da figura do Lula em si, mas em defesa de algo, algo em que acredita, entendeu?".

Enquanto Wagnão contava os detalhes do que havia ocorrido naqueles dois dias, eu, sentada ao seu lado na sala da presidência do sindicato, não pude evitar me lembrar daquele dia em 1981, quando Lula me recebeu para conversarmos sobre a CONCLAT. Mais de quatro décadas haviam se passado, e continuávamos juntos. De Lula a Moisés Selerges, que assumiu a presidência do sindicato em 2022, conheci todos os presidentes,[50] tendo me encontrado com a maioria deles em diversas ocasiões e atividades.

Com lágrimas nos olhos, Wagnão me trouxe de volta para a conversa e se lembrou da postura de Lula, preocupado que alguém acabasse se machucando e deixando claro que obedeceria ao mandado de prisão.

Em seu longo discurso no dia 7 de abril de 2018, antes de "cumprir o mandado", Lula disse:

---

[50] São eles: Luiz Inácio da Silva (Lula), Jair Meneguelli, Vicente Paulo da Silva (Vicentinho), Heiguiberto Della Bella (Guiba), Luiz Marinho, José Lopez Feijóo, Sérgio Nobre, Rafael Marques, Wagner Santana (Wagnão) e Moisés Selerges.

[...] Não adianta tentar acabar com as minhas ideias, elas já estão pairando no ar e não tem como prendê-las. Não adianta tentar parar os meus sonhos porque, quando eu parar de sonhar, eu sonharei pela cabeça de vocês. Não adianta achar que tudo vai parar no dia que o Lula tiver infarte. É bobagem porque o meu coração baterá pelo coração de vocês, e são milhões de corações. Não adianta eles acharem que vão fazer com que eu pare, eu não pararei porque eu não sou mais um ser humano. Eu sou uma ideia. Uma ideia misturada com a ideia de vocês.[51]

Lula foi preso. Preso sem provas. Condenado a doze anos e mais alguns dias de reclusão. Foi encarcerado em um sábado, dia 7 de abril de 2018. Eu estava no Inhotim, em Minas Gerais, com passagem marcada para voltar naquele mesmo dia. Distante de São Bernardo do Campo, mandei uma mensagem através de um colega de trabalho do Instituto Lula, Marco Antonio. Ele me relatou que Lula sorriu ao ler o bilhete, que dizia:

"Querido amigo Lula,
Por ironia, hoje estamos geograficamente distantes.
Mas quero que você saiba que hoje também é o dia em que me sinto mais perto de você do que em todas as décadas que a gente se conhece.
Sinta-se fortemente abraçado.
Clara Ant."

Só pude me encontrar com ele no dia do velório de seu neto Arthur.
Angústia coletiva foi o que senti e presenciei nesse dia passado no Cemitério Jardim da Colina, em São Bernardo do Campo. Recebi a notícia por volta de meio-dia daquela sexta-feira, dia 1º de março de 2019. Quem me ligou foi Leonardo Martins, amigo

---

[51] Para ler o discurso completo, ver: https://bit.ly/2IBAoUG. Acesso em: 22 jun. 2022.

querido que voltou a trabalhar no Instituto Lula. Após alguns segundos de espanto e desnorteio, durante os quais eu perguntava insistentemente se aquilo era mesmo verdade, acabei me calando. A tristeza na voz de Leonardo era o suficiente para confirmar que, mesmo que eu não quisesse acreditar, sim, Arthur, uma criança de 7 aninhos, sapeca por inteiro, filho de Marlene e Sandro, neto de Lula e Marisa, havia morrido.

Um choro desconhecido tomou conta de mim. Há tempos que choro pouco e muito ocasionalmente. Chorei a morte dos meus pais e da minha irmã mais velha. Mortes que me fizeram conhecer o que é a perda de gente feita da mesma matéria que a minha. Gente que levou junto pedaços do meu ser e deixou pedaços de si para que eu continuasse vivendo. Chorei, na época da ditadura, a perda de amigos que levaram parte das minhas ilusões ao mesmo tempo que, contraditoriamente, alimentaram minhas esperanças. Chorei gente que foi levada pela Aids quando nem existia tratamento, e o preconceito era ainda mais cruel do que hoje. Chorei amigos que o câncer levou – foram muitos. Chorei, recentemente, a perda de Guila Flint, pacifista desiludida com a política em Israel que voltou ao Brasil "para morrer". Chorei, também, a perda de Antonio Lancetti, um ser especial que combinava a mais profunda compaixão humana com o conhecimento clínico, dedicando toda sua energia para cuidar, de braços abertos, das pessoas que sofrem com os danos provocados pelo uso do crack.

Mas, naquele 1º de março, chorei uma dor que atravessou meu peito e apertou minha garganta. Que provocou soluços. Uma dor de pura angústia, de pura tristeza.

Chorei pensando em Sandro, pai de Arthur, que conheci décadas atrás, talvez tão pequenino quanto o filho, em uma reunião do PT no auditório do Instituto Sedes Sapientiae, em São Paulo. Enquanto Lula, sentado à mesa, participava da condução dos trabalhos, com Marisa acompanhando sentada no auditório, Sandro e o irmão Fábio corriam de um lado para o outro como se fizessem parte daquele coletivo, daquela atividade, daquele nosso partido. E faziam. Independentemente da orientação política que esses meninos viessem a adotar no futuro, naquele momento era como se os filhos de Lula e Marisa fossem filhos do PT, circulando entre nós como se circulassem dentro da própria família. Eu ficava imaginando que, para essas crianças, o conceito de família devia ser algo muito singular se comparado ao das famílias tradicionais. O pai deles, Lula, tem tantos irmãos que, de fato, naquelas cabecinhas provavelmente vigia a ideia de que todos ali eram primos, tios ou coisa parecida. E, é claro, o pai deles era quem comandava.

Chorei, por fim, lembrando que conheci Marlene, mãe de Arthur, quando ela foi assistente de Ricardo Kotscho, nos idos dos anos 1990. Tempos das primeiras caravanas e da campanha eleitoral de 1994. Marlene que ajudava muito Dona Marisa nas atividades. Marlene irmã de Mariângela, boa de programação visual, que sempre me dava força na localização de fotos. Marlene irmã de Marta, madrinha do menino Arthur e que dava todo o suporte administrativo para o Instituto Lula. Marlene sobrinha de Paulo Okamotto, que, como sempre, desde os velhos tempos do Fundo de Greve do Sindicato dos Metalúrgicos do ABC Paulista, nos anos 1980, assumiu mais uma dura responsabilidade: tratar dos trâmites do velório e da cremação do menino Arthur. Quando meu olhar cruzou com o de Paulo Okamotto naquele cemitério, foi como se nossas desavenças de anos a fio tivessem desaparecido, adquirido a dimensão ínfima do nada. Ali, entre nós dois, existia apenas a solidariedade entre companheiros e a dor da perda que esse tio-avô precisava administrar.

Estávamos todos ali. Os irmãos de Lula, Maria Baixinha e Frei Chico, filhos de Dona Lindu. Estudantes, trabalhadores, militantes políticos e sindicais, autoridades e lideranças. Parentes diretos ou indiretos, incluindo aí a família ampla de seguidores, admiradores e companheiros de jornada de Lula. Pessoas que conheço há décadas. Todos consternados, de semblante abatido, mas querendo dar um pouco que fosse de conforto para Lula, Marlene e Sandro. Gente unida por sonhos, esperanças, ideais. Gente que foi lá para abraçar, e nada mais.

Esse, aliás, foi o único momento em que estive com Lula durante os 580 dias de sua prisão: um forte e intenso abraço.

• Dezessete mil novecentas e oitenta saudações

Desde o dia de sua prisão, dezenas de militantes se revezaram na Vigília Lula Livre, instalada próximo à entrada principal da Superintendência da Polícia Federal em Curitiba, Paraná. Estive lá três vezes. Uma delas foi com a comitiva que acompanhou o rabino Jayme Fucs, que visitou Lula no período em que foi permitida a entrada de religiosos. Éramos pouco mais de vinte judias e judeus junto ao rabino, mas, pelas regras, só religiosos graduados podiam entrar na cela sozinhos.

Enquanto o rabino esteve com Lula, nós, da comitiva, visitamos a cozinha comunitária e os demais ambientes criados e cuidados por amigas e amigos da batalha por Lula Livre e assistimos a uma exposição do histórico da vigília feita por Roberto Baggio, do MST, que, junto com Neudicleia de Oliveira e um batalhão de voluntárias e voluntários, mantinha o local funcionando ininterruptamente. Lula recebeu visitas de católicos, candomblecistas, umbandistas, protestantes, judeus, budistas, muçulmanos, entre outros. Sem falar de autoridades, artistas, intelectuais, delegações de sindicatos, movimentos sociais e jornalistas do Brasil e de outros países. Cada visitante que podia falar com Lula dava entrevista na saída e atraía a curiosidade de todos que esperavam ansiosamente por aquele momento, querendo receber mais informações sobre ele. Lula estaria confiante? Preocupado? De segunda a sexta, os advogados de Curitiba, Manoel Caetano e Luiz Carlos da Rocha, se revezavam – um de manhã, outro à tarde – para pôr Lula a par do andamento de seus processos, levar e trazer cartas, livros, bilhetes e abraços. A equipe do fotógrafo de Lula, Ricardo Stuckert, também tinha muito a fazer.

Em São Paulo, os colaboradores do Instituto Lula cuidavam de receber a correspondência, que nunca parou de chegar. Foram mais de 25 mil cartas que inspiraram o livro *Querido Lula: cartas a um presidente na prisão* (2022), organizado pela professora e historiadora francesa Maud Chirio. Claudia Troiano, secretária de Lula, Calinka Lacorte, recepcionista do Instituto Lula, e um grupo de voluntárias abriam, liam e preparavam mensagens de agradecimento para todas as cartas. A gentil, competente e discreta equipe de apoio e segurança coordenada pelo tenente Valmir Moraes também esteve presente tanto em São Paulo como em Curitiba, e em muitas cidades do Brasil e do exterior foram formados comitês Lula Livre.

Quem conhece Lula sabe que ele nunca escolheria ficar sozinho, muito menos em um ambiente fechado. Além dos advogados, ele tinha o direito de receber familiares e outras duas pessoas por uma hora às quintas-feiras. Por um período limitado, também recebeu religiosos por apenas uma hora às segundas-feiras. Na vigília, em geral tinha alguém cantando e tocando violão. Mas o que de fato marcou a presença constante da vigília foi o ritual de saudar Lula, em coro, três vezes ao dia, todos os dias, durante os 580 dias em que ele esteve preso. De manhã, o "bom dia, presidente Lula" era repetido treze vezes. Depois do almoço, o "boa tarde, presidente Lula" era repetido cinco vezes. E no começo da noite, o "boa noite, presidente Lula" também era repetido treze vezes. A cada dia, 31 saudações. Em 580 dias, 17.980 saudações. Não por acaso, Lula vive dizendo que não sabe como agradecer a atenção e o carinho que recebeu durante todos esses dias.

Quando Lula foi preso, eu não tinha ideia se haveria algum meio de me comunicar com ele. Até o dia em que, ainda em abril, chegou até mim o seguinte bilhete:

"Querida Clara,
A saudade é imensa. Espero logo estar de volta.
Vou ser candidato e o Brasil vai voltar a ser feliz.
Beijos, Lula."

Querida Clara
a saudade é imensa
espero logo estar
de volta, vou
ser candidato e o
Brasil vai voltar a
ser feliz

Beijos
Lul

Primeiro encontro de Clara com Lula livre no Sindicato dos Metalúrgicos do ABC em 9 de novembro de 2019.

PARTE VIII
Lula livre

Clara com Wellington Dias, Benedita da Silva e Fátima Bezerra no primeiro encontro com Lula livre, em 2019.

Lula com Janja Silva e Gleisi Hoffman na comemoração do aniversário de 42 anos do PT em 2022.

Agradecimentos

Pouco antes de eu concluir o curso de Arquitetura na USP, participei de uma intensa mobilização que se iniciou com a greve da Escola de Comunicações e Artes, a ECA. Grandes assembleias a céu aberto, a emoção de estar junto de tanta gente e ter um horizonte comum. O percurso entre a minha casa e a Cidade Universitária era o cenário das minhas reflexões sobre o público e o privado, o coletivo e o individual. Por ali, eu ia traçando minhas trajetórias e desenhando meu futuro.

O momento de chegar em casa, ouvir música e usufruir da privacidade das minhas paredes era, ao mesmo tempo, quando eu mais me via como parte de um conjunto que, mesmo não sendo de pessoas que se conheciam, era o encontro daquelas que se reconheciam. Em cada instante da minha trajetória, encontrei pessoas às quais devo agradecer. Espero que cada uma delas que me der a honra de ler este livro sinta-se abraçada e se reconheça nestas páginas e nestes agradecimentos.

Começo pela minha mãe, meu pai e minhas irmãs. Um ninho da diversidade. Um ensaio de convivência e tolerância. Passo pelas professoras e professores, do jardim de infância à universidade, bem como pelos colegas de todas as fases de aprendizado. Pelas companheiras e companheiros das atividades políticas e sindicais, verdadeiras escolas de camaradagem, de coragem e de conflito de ideias. Por todas e todos com quem compartilhei ou coordenei equipes de trabalho.

Cabe um lugar especial às minhas paixões. Tanto as fulminantes como as duradouras. Uma menção aos que se foram. E um caloroso abraço a amigas, amigos, vizinhas e vizinhos, a quem devo muito. Gostaria de ser tão importante para eles quanto eles são para mim.

Agradeço amigas e amigos que me deram apoio material e permitiram que eu não abandonasse o convênio médico. Agradeço também aos meus médicos, dentistas, ao meu fisioterapeuta e meu professor de ginástica, sem os quais eu não enfrentaria o medo na pandemia. Agradeço à diarista, Dona Neuci Bernardo, responsável por me ajudar a dar conta da bagunça que armei dentro do apartamento com papéis, livros, canecas de café e objetos em geral, todos fora do lugar.

Finalmente, um agradecimento especial a quem me deu apoio direto neste trabalho que, confesso, foi muito difícil para mim. Agradeço o tempo dedicado pelas pessoas que entrevistei e pelas que aceitaram conversar informalmente. Agradeço as dicas que recebi, os arquivos e as fotografias que me foram cedidos. Sou grata às pessoas que me ajudaram a desfrutar do prazer da escrita, a percorrer os labirintos da memória e a fugir das armadilhas do ego, ou parte delas.

A maior felicidade neste período foi encontrar a editora que me adotou com respeito e entusiasmo.

Lula e Clara no Encontro do PT de São Paulo em 1982.

Clara e o jornalista Fúlvio Abramo em ato em memória a Leon Trotsky, em 1978.

Em 1979, Wilson de Souza Pinheiro, presidente do Sindicato de Trabalhadores Rurais de Brasiléia, vizinha de Xapuri, cobra do então governador do Acre, Joaquim Macedo, uma ação contra o desmatamento na região.

Clara junto a Vicentinho, Malta e Raimundo, líderes da greve dos trabalhadores da Mercedes-Benz na Vila Euclides, em São Bernardo do Campo, São Paulo, em 1982. João Ferrador, personagem da *Tribuna Metalúrgica*, estampa a camiseta de todos.

Clara no II Encontro Nacional do PT na capital paulista, entre os dias 27 e 28 de março de 1982.

Clara presidindo o Encontro Estadual da Classe Trabalhadora (ENCLAT) na nova sede, ainda em construção, do Sindicato dos Metalúrgicos de São Paulo, em 1983.

Jacó Bittar, presidente do Sindicato dos Petroleiros de Paulínia, São Paulo, e Clara com dirigentes sindicais urbanos e rurais de vários estados na Articulação Nacional de Movimentos Populares e Sindicais (ANAMPOS) em 1983.

Lula e Clara no IV Congresso dos Metalúrgicos de São Bernardo do Campo em 1983.

Salário dos deputados — não ao privilégio

CLARA ANT

Em recente pesquisa divulgada pela revista "Veja", 64% dos entrevistados declararam que a única forma de conseguir aumento salarial no Brasil é a greve. Milhões de trabalhadores brasileiros conhecem essa amarga realidade há muitos anos. Nem por isso conquistaram aumentos. Apenas conseguem perder menos.

Há porém setores da sociedade que resolvem o problema de outra forma. Entre esses estão os parlamentares. Quando a corrosão inflacionária atinge a sua remuneração, basta votar um decreto legislativo (como é o caso em São Paulo) ou baixar um ato da Mesa (como é o caso de diversos Estados) e o poder aquisitivo é recuperado ou aumentado.

Independentemente do montante de remuneração dos parlamentares, esse privilégio —o de poder reajustar o próprio salário, enquanto a esmagadora maioria dos trabalhadores tem que se expor ao risco da demissão e da repressão— gera uma tensão insuperável entre representantes e representados. E essa tensão tende a crescer, quanto maior a diferença entre as respectivas remunerações e a perda salarial a que é submetida a maioria da sociedade.

Muitos alegam que a boa remuneração dos parlamentares é uma condição para a valorização do Poder Legislativo. Nós do PT entendemos que a única via para a valorização deste poder é o alinhamento dos parlamentares com as aspirações da grande maioria do povo brasileiro, sistematicamente humilhado pelos governantes. É buscar na lei e na atividade cotidiana contribuir para impor a dignidade e melhores condições de vida para a população. É contribuir para o fortalecimento da organização e da consciência política do povo. Esse trabalho impõe despesas e deve ser remunerado adequadamente.

O problema é que, para uma boa parte dos parlamentares, o subsídio é tido como fonte de recursos para manter a "clientela" e sustentar a reeleição. Num país sem valorização partidária, com mandatos individualizados, tradição clientelista e assistencialista, isto pode até ser compreendido sociologicamente mas não pode ser aceito politicamente. Aos olhos de 40 milhões de pessoas que vivem em estado de pobreza absoluta ou dos dois terços de brasileiros que comem menos que o necessário (FAO, 1988) o que importa é que cada um desses brasileiros precisa trabalhar de 5 a 12 anos para ganhar o que um deputado (ou um magistrado) ganha em um mês! Desigualdade que, diga-se de passagem, existe até com maior intensidade na empresa privada.

O PT defende na Constituição paulista a regra do reajuste para os deputados em conformidade com o do funcionalismo e a eliminação definitiva de quaisquer ajuda de custo ou verba de representação. Essa regra vigora em São Paulo desde dezembro de 1988, submetendo os deputados às perdas que o governador impõe ao conjunto do funcionalismo. É ela que explica o fato de os deputados estaduais paulistas figurarem entre aqueles que percebem uma das mais "baixas" remunerações. Se depender do PT, nenhum reajuste, além do índice geral do funcionalismo, vigorará para os deputados paulistas.

A adoção desse critério para todo o país depende única e exclusivamente da vontade política dos parlamentares, e contribuiria para desfazer a vala comum a que fomos todos atirados pelos falsos moralizadores. Estes, por sua vez, seriam obrigados a se posicionarem frente aos reais problemas que afligem a nação, como o arrocho, a dívida externa, a matança no campo e outros.

É preciso recolocar o debate político no seu devido lugar.

CLARA ANT, 40, arquiteta, é deputada estadual (PT-SP) e líder do seu partido na Assembléia Legislativa do Estado de São Paulo.

Artigo de Clara publicado no jornal *Folha de S.Paulo* em 20 de junho de 1989.

Caderno da Campanha Salarial de 1980. Exemplar de Tarcísio Tadeu Garcia Pereira, presidente da Associação Henrich Plagge de trabalhadores da Volkswagen Brasil perseguidos no período da ditadura.

Acima, João Ferrador, personagem do jornal *Tribuna Metalúrgica*. Abaixo, logotipo da CUT criado por Jorge Bittar em 1982.

Cartaz publicado na *Revista Povo* de 19 de abril de 1985. A foto mostra Clara na delegacia de polícia de Limeira, em São Paulo, após ter sido ferida com um golpe de cassetete por um policial por prestar apoio aos metalúrgicos em greve na cidade.

Metalúrgicos da Mercedes-Benz em greve, caminhando com suas famílias rumo ao Paço Municipal de São Bernardo do Campo em 1989.

Lula e Clara caminham de braços dados em sua primeira campanha presidencial, em 1989, no centro bancário de São Paulo.

Clara e Lula na convenção do PT que escolheu candidatos para a disputa eleitoral de 1990.

Lula e Clara em um dia normal de trabalho na sala do presidente.

Clara e Lula durante o lançamento do Projeto Moradia no auditório da Universidade Mackenzie, em São Paulo, em 2000.

Lula com crianças em Moçambique em 6 de novembro de 2003.

Reunião diária de comunicação de Lula com Luiz Gushiken, André Singer e Ricardo Kotscho, em 2003. À esquerda, Clara anota as decisões no *palmtop*.

Lula apresenta à imprensa a nova nota de um real com os dizeres "República Federativa do Brasil", até então ausentes nas cédulas, em setembro de 2003.

Lula na porta da sala presidencial saudando o ajudante de ordens em 2004.

Estante confeccionada na marcenaria do Palácio do Planalto para expor a diversidade de biocombustíveis e a primeira amostra de petróleo do pré-sal.

Clara e Lula analisam mapas fornecidos pela Embrapa no segundo mandato.

Lula confere informações entregues por Clara. Ao fundo, José Alencar, vice-presidente, conversa com o ministro das Cidades Márcio Fortes.

Ricardo Stuckert.

Lula acompanha as notícias na sala presidencial.

Marisa e Clara comemoram o Dia de São João em festa junina na Granja do Torto, em Brasília.

Lula conversa com crianças em Lauro de Freitas, Bahia, em 21 de março de 2006.

Lula e Dona Marisa a caminho do funeral do papa João Paulo II, em 2005. Também estão presentes os ex-presidentes José Sarney e Fernando Henrique Cardoso; representantes dos poderes de Estado Nelson Jobim (STF), Renan Calheiros (Senado) e Severino Cavalcanti (Câmara Federal); representantes de religiões diversas, como o rabino da Congregação Israelita Paulista Henry Sobel, o dirigente islâmico da Mesquita Brasil xeique Armando Hussein Saleh e o pastor da Igreja Evangélica de Confissão Luterana no Brasil Rolf Schünemann; e representantes da Igreja Católica Dom Odilo Scherer (secretário-geral da CNBB), Dom João Aviz (arcebispo de Brasília) e o padre José Ernanne.

Lula com o presidente do Senegal Abdoulaye Wade e os ministros Gilberto Gil e Matilde Ribeiro na Ilha Gorée, no Senegal, em abril de 2005.

Lula, o ex-presidente e o então presidente do Uruguai, José Mujica e Tabaré Vázquez, se reencontram em Montevidéu, Uruguai, em dezembro de 2009.

Lula tenta emitir o som do *shofar*, instrumento de sopro feito a partir de chifre de carneiro e utilizado em cerimônias religiosas judaicas, sob olhares atentos de lideranças civis e religiosas da comunidade.

Campanha eleitoral Dilma Presidenta em plenária de mulheres sindicalistas realizada no auditório da Casa de Portugal, em São Paulo, em 2010.

Em 15 de dezembro de 2010, Lula entregava ao presidente da Associação dos Notários e Registradores do Brasil (ANOREG-BR), Rogério Portugal Bacellar, os seis volumes em que foram registradas as realizações de seu governo, de 2003 a 2010.

Os ex-presidentes Lula, do Brasil, e John Kufuor, de Gana, recebem prêmio concedido pela Fundação World Food Prize, em Demoins nos EUA, em junho de 2011, por sua contribuição no combate à fome no mundo.

Lula visita Antonio Cândido em sua residência logo após o início das atividades do Instituto Lula, em São Paulo, em 2011.

Lula com José Graziano, diretor-geral da FAO; Paulo Okamotto, presidente do Instituto Lula; e Nkosazana Dlamini Zuma, presidenta da Comissão da União Africana, em Adis Abeba, Etiópia, em novembro de 2012. Na ocasião, as instituições representadas definiram um acordo para combater a fome no continente africano.

Fernando Haddad e sua esposa Ana Estela no aniversário de Clara em 2014.

Lula assina o compromisso do movimento solidário Eles por Elas, impulsionado pela ONU, em 2013.

Lula e Bill Clinton na Fundação Clinton, em Nova York, em fevereiro de 2014. Da esquerda para a direita: Sérgio Ferreira, Clara Ant e José Chrispiniano.

Reunião de mulheres no Instituto Lula em 2016.

Reunião de mulheres do PT em 7 de março de 2017.

Clara na Vigília Lula Livre em frente à sede da Superintendência da Polícia Federal em Curitiba, onde o ex-presidente estava preso, em setembro de 2018.

Adonis Guerra.

Lula com o ex-presidente do Sindicato dos Metalúrgicos do ABC, Wagner Santana (à direita), na cerimônia de posse de Moisés Selerges (à esquerda), em janeiro de 2022.

Referências

Para ler na íntegra alguns dos discursos de Lula mencionados neste livro, acesse o QR Code:

Publicações

BENEVIDES, Maria Victoria; VANNUCHI, Paulo; KERCHE, Fábio. *Reforma política e cidadania*. São Paulo: Perseu Abramo, 2003.

BITTAR, Jorge (Org.). *O modo petista de governar*. (Caderno Especial de Teoria & Debate.) São Paulo: Secretaria Nacional de Assuntos Institucionais, 1992.

CASTRO, Josué de. *Geografia da fome*. Rio de Janeiro: O Cruzeiro, 1946.

FILIPPA, Marcella. *Hubiera sacudido las montañas: Giorgina Levi en Bolivia, 1939-1946*. La Paz: Producciones Cima, 2005.

FRENTE Brasil Popular pela Cidadania. *Os compromissos da Frente Brasil Popular com a saúde e a vida*. Disponível em: https://bit.ly/3ah0pw8. Acesso em: 06 jul. 2022.

FUNDAÇÃO Perseu Abramo. *Carta Compromisso de Lula*. Disponível em: https://bit.ly/3ye1fBG. Acesso em: 06 jul. 2022.

FUNDAÇÃO Perseu Abramo. *Carta de Lula ao povo brasileiro*. Disponível em: https://bit.ly/3NOePSn. Acesso em: 06 jul. 2022.

FUNDAÇÃO Perseu Abramo. *Resoluções de Encontros e Congressos & Programas de Governo Partido dos Trabalhadores*. Disponível em: https://bit.ly/3yginH8. Acesso em: 06 jul. 2022.

GONÇALVES, João C.; MONTEIRO, Ruth C.; SOUZA, Milton B. O capítulo dos trabalhadores na Comissão Nacional da Verdade. *Centro de Memória Sindical*, 30 jul. 2019. Disponível em: https://bit.ly/3Encqeg. Acesso em: 14 abr. 2022.

GOVERNO Federal. *Lula presidente: Programa de Governo 2007-2010*. Disponível em: https://bit.ly/3bVRcKf. Acesso em: 06 jul. 2022.

GOVERNO Federal. *Programa de Governo 2002: Coligação Lula Presidente*. Disponível em: https://bit.ly/3yNu5L0. Acesso em: 06 jul. 2022.

INSTITUTO CIDADANIA. *Contrato coletivo de trabalho na Administração Pública Direta: diretrizes para implantação*. São Paulo, fev. 1996.

KAMEL, Ali. *Dicionário Lula: um presidente exposto por suas próprias palavras*. Rio de Janeiro: Nova Fronteira, 2009

KOTSCHO, Ricardo *et al*. *Diário de viagem ao Brasil esquecido*. São Paulo: Scritta, 1993.

KOTSCHO, Ricardo *et al*. *Viagem ao coração do Brasil*. São Paulo: Scritta, 1994.

LULA fala a língua do Brasil e fala bem. *O Globo*, São Paulo, 24 nov. 2002. Disponível em: http://glo.bo/3MWuj72. Acesso em: 02 jun. 2022.

MARX, Karl; ENGELS, Friedrich (1848). *Manifesto do Partido Comunista*. Porto Alegre: L&PM, 2009.

MEDINA, Cremilda; MEDINA, Sinval. Representação jornalística do maior acidente da aviação comercial. São Paulo, *Líbero*, v. 11, n. 22, dez. 2008. Disponível em: https://bit.ly/3zvkt85. Acesso em: 20 jul. 2022.

PARTIDO dos Trabalhadores. *Carta de Princípios do Partido dos Trabalhadores*. Disponível em: https://bit.ly/3aiFg4R. Acesso em: 06 jul. 2022.

PARTIDO dos Trabalhadores. *Estatuto do Partido dos Trabalhadores.* Disponível em: https://bit.ly/3nGhvGS. Acesso em: 06 jul. 2022.

PARTIDO dos Trabalhadores. *Manifesto do Partido dos Trabalhadores.* Disponível em: https://bit.ly/3OMYVIZ. Acesso em: 06 jul. 2022.

PARTIDO dos Trabalhadores. *Programa do Partido dos Trabalhadores.* Disponível em: https://bit.ly/3ylCpQz. Acesso em: 06 jul. 2022.

SILVA, Luiz I. L. da. *Documento de instalação do Governo Paralelo.* Brasília, 15 jul. 1990.

SILVA, Luiz I. L. da (Coord.); MANTEGA, Guido; VANNUCHI, Paulo (Orgs.). *Custo Brasil: mitos e realidade.* São Paulo: Vozes, 1997.

SPEKTOR, Matias. *18 dias: Quando Lula e FHC se uniram para conquistar o apoio de Bush.* Rio de Janeiro: Objetiva, 2014.

SPITZER, Leo. *Hotel Bolivia: The Culture of Memory in a Refuge from Nazism.* Nova York: Hill & Wang, 1999.

THE FACTORY'S Basement. Direção: Gustavo Ribeiro. Produção: Grifa Filmes. São Paulo, 2022.

Acervos

Biblioteca Nacional: www.bn.gov.br

Centro de Memória Sindical: www.memoriasindical.com.br

Centro de Pesquisa e Documentação de História Contemporânea do Brasil da Fundação Getúlio Vargas (CPDOC-FGV): www.cpdoc.fgv.br

Centro Sergio Buarque de Holanda (CSBH) da Fundação Perseu Abramo: www.acervo.fpabramo.org.br

Memorial da Democracia: www.memorialdademocracia.com.br

Projeto Memória do Departamento Intersindical de Estatística e Estudos Socioeconômicos (DIEESE): www.memoria.dieese.org.br

Sindicato dos Metalúrgicos do ABC Paulista: www.smabc.org.br

Lista de atividades do Instituto Lula

- **Histórico e relatório completo de atividades:**
  www.institutolula.org/uploads/institutolula2015.pdf

- **Relatório de atividades internacionais:**
  www.institutolula.org/relatorio-de-atividades-internacionais-do-instituto-lula

- **Relatório da Iniciativa África:**
  www.institutolula.org/conheca-as-atividades-e-leia-o-relatorio-da-iniciativa-africa-do-instituto-lula

- **Relatório da Iniciativa América Latina:**
  www.institutolula.org/uploads/relatorio_america_latina2016.pdf

- **Relatório de palestras L.I.L.S.:**
  www.institutolula.org/uploads/relatoriopalestraslils20160323.pdf

- **Relatório dos projetos digitais:**
  www.institutolula.org/relatorio-dos-projetos-digitais-do-instituto-lula

Este livro foi composto com tipografia Adobe Garamond Pro e impresso em papel Off-White 80 g/m² na Formato Artes Gráficas.